Projet OCDE/G20 sur l'érosion de la base d'imposition et le transfert de bénéfices

Les défis fiscaux soulevés par la numérisation – Rapport sur le blueprint du Pilier Deux

CADRE INCLUSIF SUR LE BEPS

OCDE
DES POLITIQUES MEILLEURES POUR UNE VIE MEILLEURE

Ce document, ainsi que les données et cartes qu'il peut comprendre, sont sans préjudice du statut de tout territoire, de la souveraineté s'exerçant sur ce dernier, du tracé des frontières et limites internationales, et du nom de tout territoire, ville ou région.

Merci de citer cet ouvrage comme suit :
OCDE (2020), *Les défis fiscaux soulevés par la numérisation – Rapport sur le blueprint du Pilier Deux : Cadre inclusif sur le BEPS*, Projet OCDE/G20 sur l'érosion de la base d'imposition et le transfert de bénéfices, Éditions OCDE, Paris, *https://doi.org/10.1787/6c4f8dde-fr*.

ISBN 978-92-64-36208-6 (imprimé)
ISBN 978-92-64-68343-3 (pdf)

Projet OCDE/G20 sur l'érosion de la base d'imposition et le transfert de bénéfices
ISSN 2313-2620 (imprimé)
ISSN 2313-2639 (en ligne)

Crédits photo : Cover © ninog – Fotolia.com.

Les corrigenda des publications sont disponibles sur : *www.oecd.org/about/publishing/corrigenda.htm*.

Avant-propos

L'intégration des économies et des marchés nationaux a connu une accélération marquée ces dernières années, mettant à l'épreuve le cadre fiscal international conçu voilà plus d'un siècle. Les règles en place ont laissé apparaître des fragilités qui sont autant d'opportunités pour des pratiques d'érosion de la base d'imposition et de transfert de bénéfices (BEPS), appelant une action résolue de la part des dirigeants pour restaurer la confiance dans le système et faire en sorte que les bénéfices soient imposés là où les activités économiques sont réalisées et là où la valeur est créée.

À la suite de la parution du rapport intitulé Lutter contre l'érosion de la base d'imposition et le transfert de bénéfices en février 2013, les pays de l'OCDE et du G20 ont adopté en septembre 2013 un Plan d'action en 15 points visant à combattre ces pratiques. Les 15 actions à mener s'articulent autour de trois principaux piliers : harmoniser les règles nationales qui influent sur les activités transnationales, renforcer les exigences de substance dans les standards internationaux existants, et améliorer la transparence ainsi que la sécurité juridique.

Après deux ans de travail, des mesures en réponse aux 15 actions ont été présentées aux dirigeants des pays du G20 à Antalya en novembre 2015. Tous ces rapports, y compris ceux publiés à titre provisoire en 2014, ont été réunis au sein d'un ensemble complet de mesures, qui représente le premier remaniement d'importance des règles fiscales internationales depuis près d'un siècle. La mise en œuvre des nouvelles mesures devrait conduire les entreprises à déclarer leurs bénéfices là où les activités économiques qui les génèrent sont réalisées et là où la valeur est créée. Les stratégies de planification fiscale qui s'appuient sur des règles périmées ou sur des dispositifs nationaux mal coordonnés seront caduques.

La mise en œuvre est désormais au centre des travaux. L'application des mesures prévues passe par des modifications de la législation et des pratiques nationales ainsi que des conventions fiscales. La négociation d'un instrument multilatéral visant à faciliter la mise en œuvre des mesures liées aux conventions a abouti en 2016, et plus de 90 pays sont couverts par cet instrument multilatéral. Son entrée en vigueur le 1er juillet 2018 ouvrira la voie à une mise en œuvre rapide des mesures liées aux conventions. Les pays de l'OCDE et du G20 ont également décidé de poursuivre leur coopération en vue de garantir une application cohérente et coordonnée des recommandations issues du projet BEPS et de rendre le projet plus inclusif. La mondialisation exige de trouver des solutions de portée mondiale et de nouer un dialogue mondial qui va au-delà des pays de l'OCDE et du G20.

Une meilleure compréhension de la manière dont les recommandations issues du projet BEPS sont mises en pratique pourrait limiter les malentendus et les différends entre États. Une attention accrue portée à la mise en œuvre des actions et à l'administration de l'impôt pourrait être bénéfique tant pour les États que pour les entreprises. Enfin, des solutions sont proposées pour améliorer les données et les analyses, ce qui permettra d'évaluer et de quantifier régulièrement l'impact des mécanismes d'érosion de la base d'imposition et transfert de bénéfices et les effets des mesures issues du projet BEPS appliquées pour lutter contre ces pratiques.

De ce fait, l'OCDE a établi le Cadre inclusif sur le BEPS de l'OCDE et du G20 (Cadre inclusif), rassemblant sur un pied d'égalité tous les pays et juridictions intéressés et engagés dans le Comité des affaires fiscales et ses organes subsidiaires. Le Cadre inclusif, qui compte déjà plus de 135 membres, contrôle la mise en œuvre des standards minimums à travers des examens par les pairs, et finalise actuellement l'élaboration de normes pour résoudre les problèmes liés au BEPS. En plus des membres du projet BEPS, d'autres organisations internationales et organismes fiscaux régionaux sont engagés dans les travaux du Cadre inclusif, et les entreprises et la société civile sont également consultées sur différentes problématiques.

Ce rapport a été approuvé par le Cadre inclusif le 8-9 octobre 2020 et préparé pour publication par le Secrétariat de l'OCDE.

Table des matières

Suivez les publications de l'OCDE sur :

http://twitter.com/OECD_Pubs

http://www.facebook.com/OECDPublications

http://www.linkedin.com/groups/OECD-Publications-4645871

http://www.youtube.com/oecdilibrary

http://www.oecd.org/oecddirect/

Abréviations et acronymes

(EU) AIFMD	Directive de l'UE sur les gestionnaires de fonds d'investissement alternatifs
BEAT	Base Erosion and Anti-Abuse Tax
BEPS	Pratique qui pose des risques d'érosion de la base d'imposition et de transfert de bénéfices
CI	Cadre Inclusif
CII	Crédits d'impôt à l'investissement
CNCI	Conseil des normes comptables internationales
EMN	Entreprises multinationales
EMU	Entité mère ultime
ES	Établissement stable
FMI	Fond Monétaire International
G20	Groupe des vingt
GAAP	Principes comptables généralement reconnus
GILTI	Global Intangible Low-Taxed Income
GloBE	Règle globale de lutte contre l'érosion de base d'imposition
IAS	Norme comptable internationale
IFRS	Normes internationales d'information financière
IM	Instrument multilatéral
IS	Impôt sur les sociétés
OCDE	Organisation de coopération et de développement économiques
OCI	Autres éléments du résultat global
PI	Propriété intellectuelle
PME	Petites et moyennes entreprises
R&D	Recherche et développement
RAI	Règle d'assujettissement à l'impôt
RIR	Règle d'inclusion du revenu
RPII	Règle relative aux paiements insuffisamment imposés
RS	Règle de substitution

SCN	Système des comptes nationaux
SEC	Sociétés étrangères contrôlées
TEI	Taux effectif d'imposition
TSN	Taxes sur les services numériques
TVA	Taxes sur la valeur ajoutée
UE	Union européenne

Déclaration préliminaire du Cadre inclusif relative aux rapports sur les *blueprints* des Piliers Un et Deux

La transformation numérique stimule l'innovation, génère des gains de productivité et améliore les services tout en favorisant une croissance plus inclusive et plus durable ainsi qu'une amélioration du bien-être. Cela étant, la portée et la rapidité de ces changements soulèvent des défis dans de nombreux domaines de l'action publique, dont la fiscalité. Aussi, la réforme du système fiscal international visant à relever les défis fiscaux que pose la transformation numérique de l'économie, rétablir la stabilité du cadre fiscal international et empêcher l'adoption de nouvelles mesures fiscales unilatérales non coordonnées représente depuis plusieurs années une priorité pour la communauté internationale, qui s'est engagée à parvenir à une solution fondée sur un consensus d'ici la fin de l'année 2020.

Le contexte actuel de pandémie de COVID-19 rend la nécessité d'une solution encore plus impérieuse qu'elle ne l'était au début du projet. Les gouvernements ont réagi en augmentant leurs dépenses de santé et en apportant une aide financière sans précédent aux entreprises et aux ménages, afin de les protéger face au choc économique induit par cette crise. Toutefois, le temps viendra où les gouvernements devront s'attacher à remettre leurs finances sur une trajectoire saine et durable.

Une solution fondée sur un consensus, articulée autour de deux piliers (le Pilier Un axé sur le lien et la répartition des bénéfices, et le Pilier Deux basé sur un impôt minimum mondial destiné à répondre aux problématiques de l'érosion de la base d'imposition et du transfert de bénéfices (BEPS) non résolues), peut non seulement jouer un rôle important pour assurer l'équité et la justice de nos systèmes fiscaux tout en renforçant l'architecture fiscale internationale face à l'émergence de nouveaux modèles d'affaires et à la transformation de modèles plus anciens ; elle peut aussi contribuer à remettre les finances publiques sur une trajectoire durable. La pandémie de COVID-19 ne fait qu'accroître la pression qui s'exerce sur les pouvoirs publics pour qu'ils fassent en sorte que les grandes entreprises rentables exerçant une activité internationale paient leur juste part d'impôt dans la juridiction où elles réalisent des bénéfices, conformément à de nouvelles règles fiscales internationales. Dans le même temps, une solution reposant sur un consensus pourrait procurer aux entreprises la sécurité juridique en matière fiscale indispensable pour accompagner la reprise économique.

Dans ce contexte, et malgré leurs divergences et la pandémie de COVID-19 qui a eu des répercussions sur leurs travaux, les membres du Cadre inclusif (CI) ont accompli des progrès substantiels vers l'élaboration d'un consensus. Le CI publie aujourd'hui les *Blueprints* de rapports sur le Pilier Un et sur le Pilier Deux, qui reflètent une convergence de vues sur un certain nombre de caractéristiques essentielles de politique fiscale, les grands principes et les principaux paramètres des deux Piliers, recensent les aspects politiques et techniques sur lesquels des différences de vue doivent toujours être surmontées et évoquent les prochaines étapes.

Nous approuvons le Rapport sur le *Blueprint* du Pilier Un en vue de sa diffusion publique. Il a pour objet de mettre sur pied un cadre fiscal durable en phase avec la transformation numérique actuelle de l'économie, avec le potentiel de parvenir à une attribution plus équitable et plus efficace des droits d'imposition. Le *Blueprint* rend compte des travaux techniques approfondis qui ont été accomplis. Bien qu'aucun accord n'ait été obtenu, ce *Blueprint* n'en constitue pas moins un socle solide pour un futur accord qui consacrerait le concept d'imposition nette des bénéfices, éviterait la double imposition et serait aussi simple et facile à appliquer que possible. Le *Blueprint* offre une base solide pour un futur accord et reflète que :

- à l'heure où le numérique progresse sans cesse, les entreprises entrant dans le champ d'application sont en mesure de réaliser des bénéfices grâce à une participation significative/active et soutenue à la vie économique d'une juridiction, au-delà de la simple conclusion de ventes, avec ou sans présence physique locale, une réalité qui serait prise en compte dans la conception des règles de lien, étant entendu que les coûts de conformité doivent être minimisés ; – la solution poursuivrait la logique de politique fiscale décrite ci-dessus, et attribuerait aux juridictions du marché/des utilisateurs une fraction des bénéfices résiduels des entreprises entrant dans le champ d'application (le « Montant A ») ;
- la solution serait ciblée et comporterait des seuils, de manière à réduire les coûts de conformité pour les contribuables et à faciliter la gestion des nouvelles règles par les administrations fiscales;
- le Montant A serait calculé en partant des états financiers consolidés, contiendrait un nombre limité d'ajustements entre les données comptables et fiscales et veillerait à ce que les pertes soient dûment prises en compte ;
- pour le calcul de la base d'imposition, le recours à la segmentation serait nécessaire afin que le nouveau droit d'imposition soit correctement ciblé dans certains cas, mais en admettant des régimes de protection ou des exemptions de vaste portée afin de réduire la complexité et d'alléger la charge pour les administrations fiscales comme pour les contribuables ;
- la solution prévoirait des moyens efficaces d'éliminer la double imposition dans un contexte multilatéral ;
- les travaux relatifs au Montant B progresseront (un rendement fixe pour certaines activités de distribution et de commercialisation de référence destiné à se rapprocher des résultats obtenus par application du principe de pleine concurrence), en reconnaissant les avantages significatifs qui peuvent en découler pour les administrations fiscales aux capacités limitées ainsi que les difficultés qu'ils peuvent entraîner ;
- la solution élaborée au titre du Pilier Un comporterait un nouveau processus multilatéral de nature à garantir la sécurité juridique en matière fiscale concernant le Montant A, au regard de l'importance de suivre des procédures administratives simplifiées et coordonnées pour l'application du Montant A ;
- une nouvelle convention multilatérale serait élaborée en vue de mettre en œuvre la solution, étant entendu qu'elle représenterait le moyen le plus efficace et le plus pertinent pour appliquer le Pilier Un.

Nous allons maintenant concentrer nos efforts pour résoudre les questions politiques et techniques en suspens, y compris la définition du champ d'application, le chiffrage, le choix entre une application obligatoire et un régime de protection, les caractéristiques des nouvelles procédures de sécurité juridique en matière fiscale concernant le Montant A, ainsi que le champ d'application et la forme que prendrait un nouveau régime renforcé en matière de sécurité juridique pour traiter des problématiques non liées au Montant A.

Nous approuvons également le rapport sur le *Blueprint* du Pilier Deux en vue de sa diffusion publique. Il offre une base solide pour parvenir à une solution systémique qui répondrait aux problématiques qui subsistent à ce jour en matière d'érosion de la base d'imposition et de transfert de bénéfices (BEPS), et expose des règles permettant à une juridiction de « récupérer l'impôt sur les bénéfices » lorsque d'autres juridictions n'ont pas exercé leur droit initial d'imposition ou lorsque le paiement serait sans cela soumis à de faibles taux effectifs d'imposition. Ces règles garantiraient que toutes les grandes entreprises exerçant des activités à l'échelle internationale paient au moins un impôt minimum. Nous reconnaissons que les juridictions sont libres de déterminer leur propre système fiscal – elles auraient ainsi le choix de mettre en place un impôt sur les bénéfices des sociétés et d'en définir les taux -, tout en prenant en compte le droit d'autres juridictions d'appliquer les règles adoptées à l'échelle internationale au titre du Pilier Deux lorsque les bénéfices sont taxés à un taux inférieur à un taux minimum convenu. Bien qu'aucun accord n'ait été atteint, ce *Blueprint* offre une base solide pour un futur accord sur les aspects suivants :

- la règle d'inclusion du revenu (RIR), la règle relative aux paiements insuffisamment imposés (RPII), la règle d'assujettissement à l'impôt (RAI), l'ordre d'application des règles, le calcul du taux effectif d'imposition et l'attribution de l'impôt supplémentaire pour la RIR et la RPII, y compris la base d'imposition, la définition des impôts couverts, les mécanismes de neutralisation des différences temporelles et l'exclusion d'une portion du revenu fondée sur la substance;
- la RIR et la RPII en tant qu'approche commune, y compris l'acceptation du droit de tous les membres du CI de les appliquer dans le cadre d'un régime approuvé fondé sur le Pilier Deux. Il serait néanmoins reconnu et admis que certains membres pourraient ne pas être en mesure d'appliquer ces règles. Toutefois, tous ceux qui les appliqueraient le feraient dans le respect du Pilier Deux vis-à-vis de toutes les autres juridictions (y compris des groupes qui ont leur siège social sur leurs territoires) qui adhèreront à ce consensus. En outre, au regard de l'importance qu'un grand nombre de membres du CI, notamment des pays en développement, accordent à une RAI, nous reconnaissons qu'une RAI ferait partie intégrante d'une solution faisant consensus sur le Pilier Deux ;
- les conditions auxquelles le régime relatif aux revenus mondiaux générés par des actifs incorporels faiblement imposés (Global Intangible Low Taxed Income Regime (GILTI)) adopté par les États-Unis serait considéré comme étant une règle d'inclusion du revenu conforme au Pilier Deux telle qu'exposée dans le Rapport sur le *Blueprint* du Pilier Deux ;
- l'élaboration d'un modèle de législation, d'une documentation et d'instructions standards, la mise au point d'un processus d'examen multilatéral le cas échéant et le recours éventuel à une convention multilatérale qui pourrait couvrir les principaux aspects du Pilier Deux.

Nous accueillons les contributions des parties prenantes à ce processus concernant les deux piliers, et notamment au sujet des règles d'administration et de simplification, qui concourront à éclairer le développement de la solution fondée sur un consensus.

Prochaines étapes

Nous convenons de traiter rapidement les questions en suspens de manière à mener ce processus à bonne fin d'ici mi-2021 et de résoudre les questions techniques, d'élaborer un modèle de législation, des instructions ainsi que les règles et procédures internationales nécessaires pour permettre aux juridictions de mettre en place une solution fondée sur un consensus.

1 Synthèse

1.1. Introduction

1. La transformation numérique stimule l'innovation, génère des gains de productivité et améliore les services tout en favorisant une croissance plus inclusive et plus durable ainsi qu'une amélioration du bien-être. Cela étant, la portée et la rapidité de ces changements soulèvent des défis dans de nombreux domaines de l'action publique, dont la fiscalité. Aussi, la réforme du système fiscal international visant à relever les défis fiscaux que pose la transformation numérique de l'économie représente depuis plusieurs années une priorité pour la communauté internationale, qui s'est engagée à parvenir à une solution fondée sur un consensus d'ici la fin de l'année 2020.

2. Ces défis fiscaux constituaient l'un des axes principaux du Projet OCDE/G20 sur l'érosion de la base d'imposition et le transfert de bénéfices (BEPS), qui a donné lieu à l'élaboration du Rapport sur l'Action 1 du Projet BEPS (Rapport sur l'Action 1) publié en 2015 (OCDE, 2017[1]). Les auteurs du Rapport sur l'Action 1 reconnaissaient que la transformation numérique touche l'économie toute entière et qu'en conséquence, il serait difficile, sinon impossible, de délimiter le champ de l'économie numérique. En mars 2018, le Cadre inclusif a publié, en collaboration avec le Groupe de réflexion sur l'économie numérique (GREN), *Les défis fiscaux soulevés par la numérisation de l'économie – rapport intérimaire 2018* (le Rapport intérimaire) (OCDE, 2018[2]), rapport qui reconnaissait la nécessité d'élaborer une solution mondiale.

3. Depuis lors, les 137 membres du Cadre inclusif ont travaillé sur une solution mondiale basée sur une approche à deux piliers. Au titre du second pilier, le Cadre inclusif est convenu de réfléchir à une approche centrée sur les questions de BEPS non résolues en offrant une solution pour que les entreprises qui exercent leur activité à l'international s'acquittent systématiquement d'un impôt minimum. Ce faisant, elle contribue à apporter une solution aux problématiques de BEPS non résolues liées à la numérisation de l'économie, numérisation qui va de pair avec un accroissement de l'importance relative des actifs incorporels dans la création de valeur, donnant aux entreprises du numérique souvent davantage d'opportunités pour recourir à des structures d'optimisation via un transfert des bénéfices. Le deuxième Pilier laisse les juridictions libres de déterminer leur propre système fiscal – elles ont ainsi le choix de mettre en place un impôt sur les bénéfices des sociétés et d'en définir les taux – et prévoit le droit d'autres juridictions d'appliquer les règles contenues dans le présent rapport lorsque les bénéfices sont taxés à un taux effectif inférieur à un taux minimum.

4. Conformément à la Note politique intitulée « Relever les défis fiscaux soulevés par la numérisation de l'économie » (OCDE, 2019[3]), approuvée le 23 janvier 2019, et au Programme de travail, approuvé les 28 et 29 mai 2019, les membres du Cadre inclusif conviennent que les règles éventuellement élaborées au titre de ce Pilier ne devront pas conduire à une imposition en l'absence de bénéfice économique, ni faire naître une double imposition. Conscients des coûts liés à la charge administrative et au respect des obligations fiscales, les membres du Cadre inclusif ont également décidé de simplifier toute règle autant que le permet le contexte de la politique fiscale, y compris en envisageant de possibles mesures de simplification.

5. Après l'adoption du Programme de travail en mai 2019, le Cadre inclusif s'est attaché à développer les différents aspects du Pilier Deux. Une consultation publique organisée le 9 décembre 2019 a rassemblé plus de 150 contributions écrites, totalisant plus de 1 300 pages provenant d'un large éventail d'entreprises, d'associations sectorielles, de cabinets juridiques et de conseil et d'organisations non gouvernementales, qui ont apporté un éclairage essentiel sur la conception de nombreux aspects du deuxième Pilier (OCDE, 2019[4]). En janvier, le Cadre inclusif a diffusé un rapport d'étape sur l'avancement des travaux techniques. Depuis janvier, et malgré l'épidémie de COVID-19, tous les membres ont fait avancer les travaux et le dialogue avec les parties prenantes s'est poursuivi par le biais de canaux numériques, y compris les groupes de contact numériques mis en place par le Comité consultatif économique et industriel auprès de l'OCDE (BIAC).

6. Ce rapport représente le *Blueprint* du deuxième Pilier (le « *Blueprint* »). Il identifie des composantes techniques du deuxième Pilier. Il recense également les domaines se rattachant à la mise en œuvre et à la simplification, pour lesquels des contributions supplémentaires des parties prenantes seraient utiles et des travaux techniques complémentaires sont nécessaires la finalisation. La finalisation du deuxième Pilier suppose aussi un accord politique sur les principales caractéristiques de conception de la règle d'assujettissement à l'impôt et des règles GloBE, y compris les exclusions, l'agrégation, la hiérarchie des règles et les taux d'imposition, sur lesquelles des divergences de vue persistent.

7. Le reste de cette section expose les considérations générales relatives à la conception, avant de s'intéresser aux aspects administratifs et de mise en conformité en matière fiscale, qui ont joué un rôle important dans l'élaboration du deuxième Pilier. Il examine ensuite la coexistence du régime GILTI des États-Unis relatif aux revenus mondiaux générés par des actifs incorporels faiblement imposés, avant de résumer chacun des chapitres et de présenter un diagramme synoptique.

1.2. Considérations générales relatives à la conception du pilier et synthèse générale

8. Le deuxième Pilier apporte une réponse aux problématiques de BEPS non résolues et entend faire en sorte que les grandes entreprises multinationales paient un niveau d'impôt minimum sur leurs bénéfices, indépendamment de la localisation de leur siège ou de la juridiction où elles exercent leurs activités. Pour ce faire, il établit des règles interdépendantes qui visent à (i) garantir un niveau minimum d'imposition tout en évitant la double imposition ou une imposition en l'absence de bénéfice économique, (ii) gérer les différences de système fiscal entre juridictions et de modèles d'affaires entre entreprises, (iii) assurer la transparence et l'égalité de traitement, et (vi) minimiser les coûts administratifs et de mise en conformité.

9. Le principal mécanisme permettant d'atteindre ce résultat est la règle d'inclusion du revenu (RIR), associée à la règle relative aux paiements insuffisamment imposés (RPII) en tant que filet de sécurité. À certains égards, le fonctionnement de la RIR repose sur les principes des règles traditionnelles applicables aux sociétés étrangères contrôlées (SEC), et déclenche une inclusion au niveau de l'actionnaire lorsque le revenu d'une entité étrangère contrôlée est taxé à un taux inférieur au taux d'imposition effectif minimum[1]. Elle est complétée par une règle de substitution (RS) qui supprime les obstacles conventionnels empêchant l'application de la RIR à certaines succursales, et qui se déclenche lorsqu'une convention fiscale oblige par ailleurs un État contractant à employer la méthode de l'exemption.

10. La RPII est une règle secondaire qui s'applique uniquement lorsqu'une entité constitutive n'est pas assujettie à une RIR. Néanmoins, la RPII fait partie intégrante de l'ensemble des règles parce qu'elle sert de filet de sécurité à la RIR, garantit l'égalité de traitement et prévient les risques d'inversions motivées par des raisons fiscales.

11. La règle d'assujettissement à l'impôt (RAI) complète ce dispositif. Elle reconnaît qu'en refusant les avantages d'une convention fiscale à certains paiements intragroupe déductibles effectués en faveur de juridictions dans lesquelles ces paiements sont soumis à des taux nominaux d'imposition faibles ou nuls, les pays sources peuvent plus facilement protéger leur base d'imposition, notamment ceux ayant des capacités administratives moins développées. Pour assurer la sécurité juridique en matière fiscale et éviter la double imposition, le deuxième Pilier couvre aussi les questions de mise en œuvre et de coordination de l'application des règles.

Règle d'inclusion du revenu et règle relative aux paiements insuffisamment imposés (les règles « GloBE »)

12. La RIR et la RPII font intervenir les mêmes critères pour déterminer le champ d'application et le niveau d'imposition effectif. Elles s'appliquent aux groupes d'EMN et à leurs entités constitutives appartenant au groupe consolidé, déterminés en fonction des normes de comptabilité financière applicables. Elles ciblent uniquement les entreprises qui réalisent un chiffre d'affaires brut annuel égal ou supérieur à 750 millions EUR[2]. Des synergies sont ainsi créées avec les règles actuelles de l'Action 13 du BEPS sur la déclaration pays par pays (OCDE, 2019[5]), ce qui réduit les coûts de conformité. Cela évite aussi de pénaliser les PME, tout en préservant l'effectivité des règles puisque les groupes d'EMN concernés couvrent plus de 90 % des recettes de l'impôt sur les sociétés au niveau mondial.

13. En outre, les règles excluent certaines sociétés mères, y compris les fonds d'investissement et fonds de pension, les entités publiques telles que les fonds souverains et les organismes internationaux à but non lucratif, qui bénéficient généralement d'une exclusion ou d'une exonération d'impôt en vertu de la législation fiscale nationale applicable. Des règles particulières pourraient s'appliquer aux associés, coentreprises et « entités orphelines » qui ne font pas partie du groupe consolidé.

14. La règle RIR et la règle RPII utilisent une base d'imposition commune. Le calcul de la base d'imposition prend comme point de départ les états financiers établis selon la norme comptable utilisée par la société mère de la multinationale pour préparer ses états financiers consolidés. Il doit s'agir des normes IFRS ou d'une autre norme comptable reconnue. L'utilisation des états financiers comme base commune garantit l'égalité de traitement à la fois pour les juridictions et les EMN, accroît la transparence et met à profit les systèmes existants, ce qui réduit les coûts de conformité. Certains ajustements sont ensuite opérés au niveau des états financiers afin d'éliminer des éléments de revenu spécifiques de la base d'imposition, tels que les dividendes intragroupe, et d'y intégrer certaines dépenses, telles que la rémunération fiscalement déductible sous forme d'actions. Ces opérations sont nécessaires pour empêcher que les règles de comptabilité financière produisent des résultats qui fausseraient les objectifs de politique fiscale du deuxième Pilier.

15. La règle RIR et la règle RPII utilisent également une définition commune des impôts. Cette définition, dite « impôts couverts », provient de celle utilisée à des fins statistiques par de nombreuses organisations internationales, notamment l'OCDE, l'UE, le FMI, la Banque mondiale et les Nations Unies. Cette définition est volontairement large pour éviter de devoir réaliser une analyse précise des différents impôts et pour être compatible avec différents systèmes fiscaux, pour autant qu'ils taxent de façon adéquate les revenus ou bénéfices d'une entité.

16. Le taux effectif d'imposition (TEI) est déterminé en appliquant la base d'imposition et les impôts couverts juridiction par juridiction. Il faut pour cela attribuer les revenus et la charge fiscale entre les juridictions dans lesquelles l'EMN exerce des activités et où elle paie des impôts. Le calcul de la base d'imposition GloBE s'accompagne de deux autres ajustements importants : un mécanisme visant à atténuer l'impact de la volatilité du TEI d'un exercice à l'autre, et une exclusion d'une portion du revenu fondée sur la substance et calculée à partir d'une formule.

17. Le mécanisme de neutralisation des différences temporelles repose sur le principe selon lequel le deuxième Pilier ne devrait pas entraîner une imposition lorsque le TEI faible résulte de différences temporelles dans la comptabilisation des revenus ou des prélèvements d'impôts. Aussi, les règles GloBE autorisent une EMN à reporter des pertes subies ou un excédent d'impôt acquitté lors d'exercices antérieurs sur un exercice ultérieur de manière à lisser toute volatilité potentielle générée par ces différences temporelles.

18. L'exclusion d'une portion du revenu fondée sur la substance et calculée à partir d'une formule exclut du champ des règles GloBE un rendement fixe attribué à la substance localisée dans une juridiction. Du fait de cette exclusion, les règles GloBE se concentrent sur le « revenu excédentaire », tel que le revenu généré par des actifs incorporels, qui est le plus susceptible de donner lieu à des pratiques de BEPS.

19. Si le TEI de la juridiction de l'EMN est inférieur au taux minimum convenu, l'EMN sera redevable d'un surcroît d'impôt permettant de porter la charge fiscale globale sur les bénéfices excédentaires à hauteur du taux minimum. Aussi, le calcul du TEI sert à la fois de seuil de déclenchement de l'impôt et de déterminant du montant de l'impôt supplémentaire dû en vertu des règles. Cette conception garantit l'équité de traitement car toutes les EMN paient un impôt minimum dans chacune des juridictions où elles sont présentes, tandis que le mécanisme d'impôt supplémentaire conjugué à la base commune fait en sorte qu'elles supportent toutes le même niveau d'imposition supplémentaire, indépendamment de la juridiction où elles sont établies. Le montant de l'impôt supplémentaire est recouvré soit par application de la RIR, soit - en l'absence de RIR - par l'application de la RPII.

Règle d'assujettissement à l'impôt

20. La règle d'assujettissement à l'impôt (RAI) complète ce dispositif. Il s'agit d'une règle conventionnelle qui cible spécifiquement les risques pour les pays source posés par les structures de BEPS liées aux paiements intragroupe[3] qui exploitent les faibles taux nominaux d'imposition dans l'autre juridiction contractante (la juridiction du bénéficiaire). Elle permet à la juridiction de la source de prélever un impôt supplémentaire sur certains paiements couverts, à concurrence du taux minimum convenu. Tout impôt supplémentaire appliqué au titre de la règle RAI sera pris en compte pour calculer le TEI aux fins des règles RIR et RPII.

Mise en œuvre

21. Si les règles RIR et RPII ne nécessitent pas de modifier les conventions bilatérales et peuvent être mises en œuvre en amendant la législation nationale[4], la RAI et la RS ne peuvent être appliquées qu'en modifiant les conventions fiscales bilatérales en vigueur. Cela pourrait passer par des négociations bilatérales et des amendements de conventions individuelles, ou par la signature d'une convention multilatérale. Sinon, la Convention multilatérale pour la mise en œuvre des mesures relatives aux conventions fiscales pour prévenir l'érosion de la base d'imposition et le transfert de bénéfices (l'Instrument multilatéral), issue de l'Action 15 du BEPS, peut offrir un modèle d'approche efficient et coordonné pour introduire ces changements.

Coordination des règles et prochaines étapes

22. Afin d'assurer la coordination des règles et accroître la sécurité juridique en matière fiscale, le Cadre inclusif élaborera un modèle de législation et des instructions, mettra au point un processus d'examen multilatéral et envisagera l'utilisation d'une convention multilatérale, qui pourrait couvrir les principaux aspects du deuxième Pilier. Les mécanismes de prévention et de règlement des différends peuvent s'appuyer sur l'infrastructure existante, mais de nouvelles dispositions pourraient aussi être ajoutées à une convention multilatérale.

23. Le graphique ci-dessous illustre les différentes composantes du Pilier Deux et indique le chapitre qui traite de chacune d'elles.

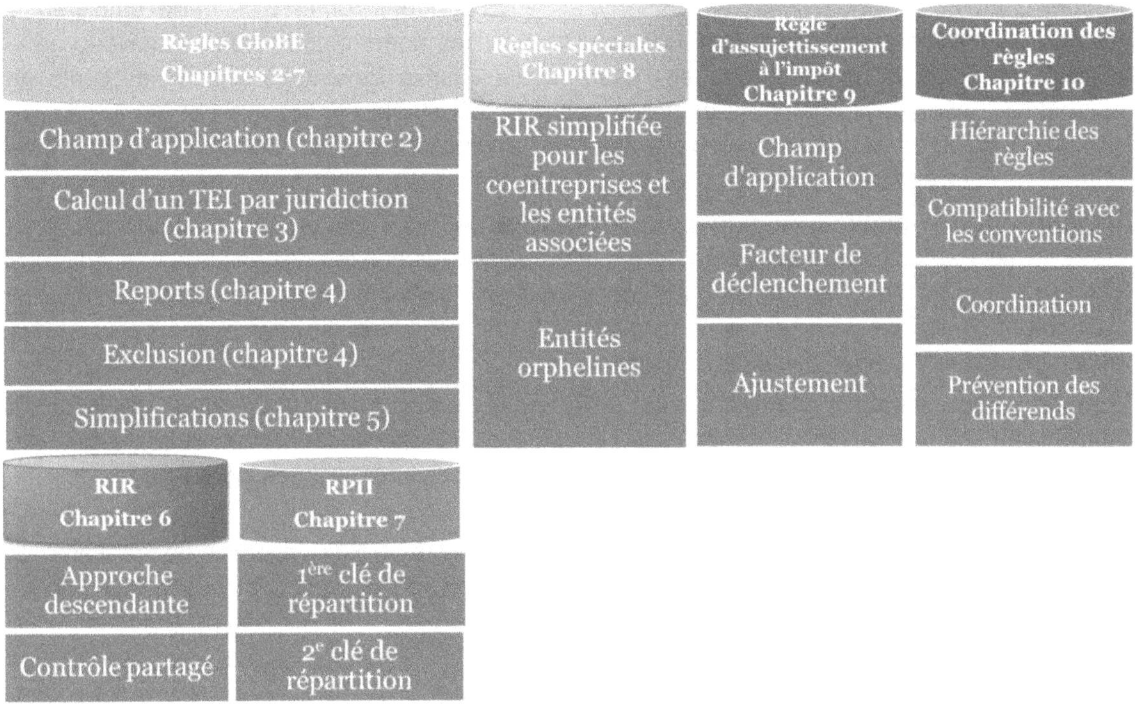

1.3. Considérations administratives et liées à la discipline fiscale

24. Dans le contexte des objectifs de politique fiscale poursuivis par le deuxième Pilier, chaque composante a été conçue dans le but de minimiser l'impact sur les coûts et les ressources des autorités fiscales et des contribuables qu'induisent l'application et l'administration des règles du deuxième Pilier. Cet objectif sous-tend un certain nombre de choix de conception, et notamment :

- **Utilisation des règles de consolidation comptable pour déterminer le champ d'application.** Si des raisons de politique fiscale auraient pu justifier de s'écarter de la définition du groupe consolidé, la conception du deuxième Pilier conserve cette définition afin de minimiser les coûts et la complexité, et traite les domaines à risque spécifiques au moyen de règles ciblées uniquement.
- **Recours aux seuils et aux définitions de la déclaration pays par pays.** Pour limiter les coûts de conformité, optimiser les synergies, éviter les conséquences préjudiciables aux PME et préserver l'effet global des règles, la conception du deuxième Pilier met à profit les concepts et définitions de la déclaration pays par pays, et exclut les EMN dont le chiffre d'affaires brut consolidé est inférieur au seuil de 750 millions EUR.
- **Liste des entités exclues.** Afin d'obtenir davantage de sécurité juridique et respecter la philosophie du projet, la conception du Pilier Deux contient une liste d'entités expressément exclues, ainsi que d'entités qui, dans certaines circonstances, pourraient déjà l'être en vertu des règles actuelles de consolidation.
- **Utilisation des normes comptables de la société mère, pas d'ajustement entre les données comptables et ajustements limités entre les données comptables et fiscales.** Le recours aux informations comptables évite les coûts et la complexité liés au calcul du résultat et des bénéfices de chaque membre d'un groupe étranger conformément aux règles de comptabilité fiscale nationales, ce qui n'est généralement pas requis des EMN, même lorsqu'elles sont soumises aux règles relatives aux SEC. En particulier, l'obligation d'opérer un recalcul en appliquant les lois

fiscales nationales aurait entraîné, dans le contexte de l'application de la RPII, une charge de conformité disproportionnée. En outre, la conception du deuxième Pilier accepte un éventail de normes comptables sans exiger d'ajustements entre les données comptables, par exemple entre les normes IFRS et les normes US GAAP. L'utilisation des normes comptables au niveau de la société mère - plutôt qu'au niveau de l'entité locale - limite davantage encore les coûts de conformité. Enfin, les ajustements entre les données comptables et fiscales ont été réduits au minimum, en partie pour conserver l'avantage de la simplicité liée à l'utilisation prioritaire des normes de comptabilité financière.

- **Recours aux informations financières au niveau des entités**. Dans le cadre du deuxième Pilier, les EMN sont autorisées à se fonder sur les informations financières disponibles au niveau des entités et utilisées pour préparer les états financiers de la société mère, même si elles ne sont pas pleinement conformes à la norme comptable de la société mère, au regard des coûts et des avantages induits, et sous certaines conditions.
- **Simplifications visant à remédier aux différences temporelles**. Les règles prévoient un mécanisme simplifié destiné à remédier aux problèmes de différences temporelles, mécanisme qui s'applique juridiction par juridiction et qui comporte des mécanismes de calcul des pertes antérieures au régime et des excédents d'impôts.
- **Hiérarchie des règles**. Dans le cadre du deuxième Pilier, la règle RIR s'applique en premier, et la règle RPII sert de filet de sécurité. Les deux règles utilisent les mêmes principes de calcul pour déterminer le revenu faiblement imposé, mais la primauté de la RIR obéit essentiellement à un objectif de simplicité et de réduction des coûts de conformité, à savoir : facilité de se procurer les données sur le revenu et les impôts nécessaires pour calculer un TEI ; le fait que la RIR supposera généralement un ajustement unique, réalisé par un seul contribuable ; et la disponibilité de mécanismes permettant d'éviter le risque de double imposition. De la même manière, la décision générale de suivre une approche descendante plutôt qu'ascendante pour l'utilisation de la RIR en cas de groupes d'EMN à plusieurs niveaux répond en grande partie à des objectifs de conformité et de simplicité. L'approche descendante limitera le nombre de juridictions qui appliqueront la RIR, réduisant ainsi la nécessité d'une coordination et, par extension, la complexité, la charge administrative et le risque de double imposition induits par les règles.
- **Règle d'assujettissement à l'impôt utilisant un test du taux nominal d'imposition**. La règle d'assujettissement à l'impôt est limitée à certaines catégories de paiements effectués entre membres d'un groupe contrôlé et repose sur un test du taux nominal d'imposition, ce qui permet d'éviter les difficultés conceptuelles et administratives qu'entraîne l'utilisation d'un test fondé sur un taux effectif d'imposition.
- **Règles objectives et de conception mécanique.** Dans la mesure du possible, dans le contexte des objectifs de politique fiscale, le deuxième Pilier mise sur des règles objectives (concernant par exemple le champ d'application et le calcul de la base d'imposition, y compris les ajustements permanents) et sur des approches plus mécaniques et fondées davantage sur des formules (comme pour la conception d'une exclusion d'une portion du revenu fondée sur la substance et basée sur une formule et les mécanismes de répartition de l'impôt dû au titre de la RIR et de la RPII) ; cette logique devrait faciliter le respect des règles et éviter les différends qui résultent souvent de règles plus subjectives largement tributaires d'une analyse des faits et des circonstances.
- **Options de simplification supplémentaires, concernant notamment l'agrégation par juridiction.** Au cours de la consultation publique organisée en décembre 2019, un grand nombre d'EMN ont souligné la nécessité de prévoir des mesures de simplification destinées à réduire la complexité et à alléger la charge administrative associées au respect des règles GloBE, en particulier dans le contexte de l'agrégation par juridiction. Plusieurs contributions ont fait référence au fait qu'une grande entreprise qui exerce souvent son activité dans plus de 100 juridictions serait

tenue d'effectuer autant de calculs de TEI dans le cadre d'une agrégation par juridiction. D'autres contributions s'inquiétaient de la nécessité, dans le cas d'une agrégation par juridiction, de calculer le TEI dans des juridictions qui sont susceptibles de dépasser le taux minimum convenu année après année, compte tenu de leur base et de leur taux d'imposition. Ces observations ont motivé un certain nombre de choix de conception mentionnés précédemment, mais ont également conduit à envisager d'autres mesures de simplification, ainsi que l'explique le chapitre 5 du Rapport. Il serait opportun de soumettre ces mesures de simplification à des consultations publiques supplémentaires avec les parties prenantes et les entreprises notamment, de sorte qu'aucune décision n'a encore été prise concernant l'intégration éventuelle de ces mesures dans l'architecture définitive des règles.

1.4. Coexistence avec le régime GILTI

25. En 2017, les États-Unis ont adopté le régime relatif aux revenus mondiaux générés par des actifs incorporels faiblement imposés (« GILTI »), dans le cadre d'une réforme de grande ampleur de leurs règles de fiscalité internationale. Le régime GILTI, qui s'inspire d'éléments du rapport sur l'Action 3 du BEPS (OCDE, 2015[6]), prévoit un niveau minimum d'imposition sur les revenus de source étrangère d'un groupe d'EMN. Bien que le régime GILTI et les règles GloBE décrites dans ce Blueprint poursuivent un objectif similaire et que leurs champs d'application se chevauchent, la conception du régime GILTI diffère de celle des règles GloBE à bien des égards.

26. Le régime GILTI aboutit globalement, mais pas complètement, à une agrégation mondiale des revenus et des impôts étrangers, mais sous divers autres aspects les règles GloBE décrites dans ce Blueprint pourraient, en fonction de leur conception définitive, être plus libérales que le régime GILTI. Cela inclut le report de pertes et d'excédents d'impôts, une définition plus large des impôts couverts et une exclusion fondée sur un éventail plus étendu d'actifs corporels et de salaires. En outre, la taxe GILTI s'applique sans limitation de seuil et intègre des règles de répartition des charges dans le calcul des crédits d'impôts étrangers, ce qui peut aboutir à des taux effectifs d'imposition supérieurs au taux minimum. Enfin, le taux effectif de la taxe GILTI est actuellement fixé à 13.125 % et sera porté à 16.4 % en 2026.

27. Au regard de l'antériorité du régime GILTI et de sa finalité législative, il est justifié de le considérer comme une règle admissible d'inclusion du revenu en vue des règles GloBE, à condition que sa coexistence produise des effets raisonnablement équivalents. Ce traitement devrait être réexaminé si l'adoption ultérieure d'une législation ou d'une réglementation aux États-Unis avait pour effet de restreindre sensiblement la base d'imposition de la taxe GILTI ou d'abaisser le taux d'imposition. Le Cadre inclusif reconnaît qu'un accord sur la coexistence du régime GILTI et des règles GloBE devrait faire partie de l'accord politique sur le deuxième Pilier.

28. À un niveau technique, il faudra étudier plus en détail comment coordonner les interactions entre la taxe GILTI et les règles GloBE. Il s'agira de réfléchir à l'application coordonnée de la taxe GILTI aux sociétés mères intermédiaires américaines de groupes étrangers ayant leur siège dans des pays qui appliquent une RIR. En outre, sachant que la règle relative aux paiements insuffisamment imposés soutient la règle d'inclusion du revenu, le Cadre inclusif encourage vivement les États-Unis à limiter l'application de la BEAT (Base Erosion and Anti-abuse Tax) s'agissant de paiements à des entités soumises à la RIR.

1.5. Structure des chapitres et diagramme synoptique

29. Ce rapport sur le deuxième Pilier se compose de dix chapitres qui décrivent la conception d'ensemble des règles, et comprend une annexe contenant des exemples qui illustrent le fonctionnement des règles.

30. Le **chapitre 1** est le présent résumé et l'introduction.

31. Le **chapitre 2** énonce les principes qui déterminent le champ d'application des règles GloBE et contient les définitions pertinentes des groupes et entités constitutives dans le champ d'application, ainsi que des entités exclues. Il explique également le calcul et l'application du seuil de chiffre d'affaires consolidé.

32. Le **chapitre 3** expose et explique les règles de calcul du TEI et de l'impôt supplémentaire en vertu des règles GloBE. Les états financiers consolidés préparés par le groupe d'EMN constituent le point de départ pour l'application des règles GloBE. Des ajustements en nombre limité sont ensuite opérés au niveau des états financiers afin d'ajouter ou de supprimer certains éléments de manière à obtenir la base d'imposition de la proposition GloBE. Enfin, le chapitre définit les impôts couverts qui peuvent être pris en compte dans la détermination du TEI, juridiction par juridiction.

33. Le **chapitre 4** présente les ajustements qui peuvent être apportés au calcul de l'impôt , soit par le report de pertes ou d'excédents d'impôts d'autres exercices, soit par l'application d'une exclusion d'une portion du revenu fondée sur la substance et basée sur une formule. Les ajustements par report de pertes visent à faire en sorte que le deuxième Pilier n'entraîne pas une imposition supplémentaire lorsque le TEI faible est la simple conséquence de différences temporelles de comptabilisation de recettes ou de prélèvement d'impôts, tandis que l'exclusion d'une portion du revenu fondée sur la substance et sur une formule vise à exclure du champ des règles GloBE un rendement fixe au titre d'activités de substance menées dans une juridiction.

34. Le **chapitre 5** analyse un certain nombre de mesures de simplification destinées à réduire la charge de conformité induite notamment par le calcul du TEI par juridiction. Le chapitre explique que ces mesures de simplification seront probablement soumises à des consultations publiques supplémentaires avec les entreprises notamment, de sorte qu'aucune décision n'a encore été prise concernant l'intégration éventuelle de telle ou telle mesure dans l'architecture définitive des règles.

35. Le **chapitre 6** décrit le fonctionnement de la RIR, et notamment les modalités d'application de la RIR dans le contexte d'une structure de propriété à plusieurs niveaux, auquel cas le deuxième Pilier suit une approche descendante, sauf lorsque la détention est partagée avec un actionnaire minoritaire n'appartenant pas au groupe. Dans ce dernier cas de figure, les règles de contrôle partagé imposent à l'entité mère intermédiaire d'appliquer la règle d'inclusion du revenu aux filiales contrôlées du sous-groupe. Ce chapitre explique également pourquoi il est nécessaire d'établir une règle de substitution intégrée aux conventions fiscales, qui autoriserait une juridiction à déroger à la méthode de l'exemption dans la mesure nécessaire pour appliquer la RIR aux bénéfices d'un établissement stable.

36. Le **chapitre 7** contient un examen détaillé de la RPII. La RPII s'applique uniquement aux entités constitutives du groupe d'EMN qui ne sont pas contrôlées par une entité située à un niveau plus élevé de la chaîne qui applique une RIR. Lorsque la RPII s'applique, l'impôt supplémentaire est attribué proportionnellement entre les entités constitutives qui appliquent la RPII en procédant de façon coordonnée, d'abord aux entités qui effectuent des paiements directs à l'entité constitutive faiblement taxée, puis à toutes les entités du groupe qui enregistrent des charges nettes intragroupe.

37. Le **chapitre 8** aborde deux règles spéciales, l'une portant sur les associés et les coentreprises, et l'autre sur les entités dites orphelines. La première règle applique une RIR simplifiée au revenu d'un groupe d'EMN imputable à des participations dans des entités ou dispositifs qui sont comptabilisées selon la méthode de la mise en équivalence. La deuxième règle vise à étendre l'application de la RPII aux entités

« orphelines » ou aux dispositifs qui sinon pourraient servir à extraire des bénéfices du groupe d'EMN pour être reversés aux actionnaires de contrôle, ce qui entraînerait un risque de BEPS.

38. Le **chapitre 9** concerne la règle d'assujettissement à l'impôt. Il présente le cadre d'élaboration d'une règle conventionnelle qui cible spécifiquement les risques pour les pays source posés par les structures de BEPS liées aux paiements intragroupe qui exploitent les faibles taux nominaux d'imposition dans l'autre juridiction contractante (la juridiction du bénéficiaire). Cette règle aura pour effet de permettre à la juridiction du payeur d'appliquer un impôt complémentaire afin de porter l'impôt sur le paiement au niveau du taux minimum convenu.

39. Le **chapitre 10** s'intéresse aux questions de mise en œuvre et de coordination des règles. De nature prospective, ce chapitre explique comment le Cadre inclusif entend coordonner les règles et améliorer la sécurité juridique en matière fiscale, y compris en élaborant un modèle de législation et des orientations, en développant un processus d'examen multilatéral et en examinant la possibilité d'une convention multilatérale qui pourrait comprendre une nouvelle disposition relative à la prévention et au règlement des différends.

1.6. Diagramme synoptique

40. Le diagramme synoptique ci-dessous donne une vue générale des différentes étapes à suivre pour appliquer les règles GloBE aux entités constitutives en propriété exclusive d'un groupe d'EMN.

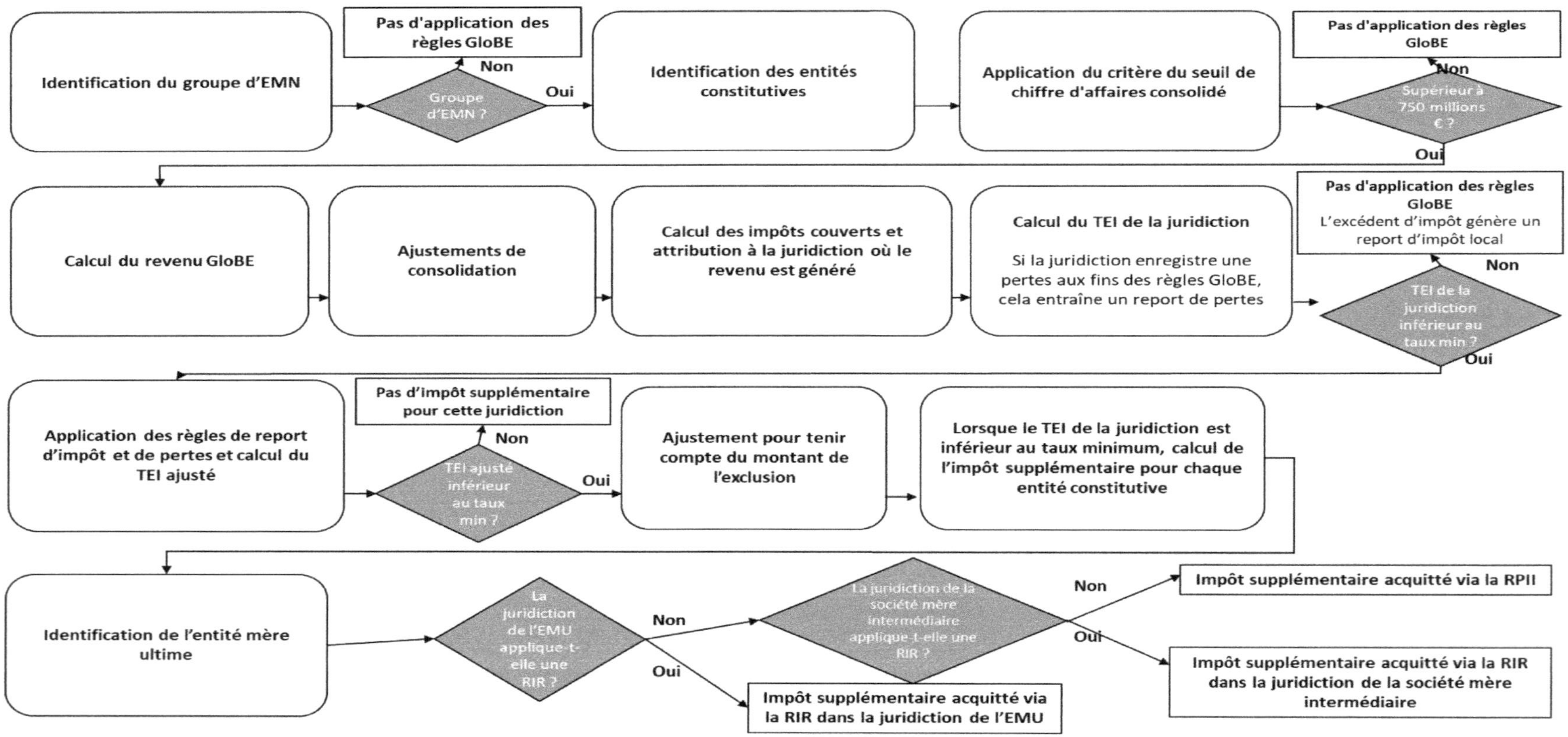

Références

OCDE (2019), *Instructions relatives à la mise en œuvre de la déclaration pays par pays*, OECD Publishing, OECD, https://www.oecd.org/fr/fiscalite/beps/instructions-relatives-a-la-mise-en-oeuvre-de-la-declaration-pays-par-pays-beps-action-13.pdf. [5]

OCDE (2019), *Proposition globale de lutte contre l'érosion de la base d'imposition (GloBE) au titre du Pilier 2*, OECD Publishing, http://www.oecd.org/fr/fiscalite/beps/document-consultation-publique-proposition-globale-lutte-contre-erosion-base-imposition-pilier-deux.pdf. [4]

OCDE (2019), *Relever les défis fiscaux soulevés par la numérisation de l'économie*, OECD Publishing, Paris, https://www.oecd.org/fr/fiscalite/beps/document-de-consultation-publique-relever-les-defis-fiscaux-souleves-par-la-numerisation-de-l-economie.pdf. [3]

OCDE (2018), *Les défis fiscaux soulevés par la numérisation de l'économie – rapport intérimaire 2018: Cadre inclusif sur le BEPS*, Projet OCDE/G20 sur l'érosion de la base d'imposition et le transfert de bénéfices, Éditions OCDE, Paris, https://dx.doi.org/10.1787/9789264301627-fr. [2]

OCDE (2017), *Relever les défis fiscaux posés par l'économie numérique, Action 1 - Rapport final 2015*, Projet OCDE/G20 sur l'érosion de la base d'imposition et le transfert de bénéfices, Éditions OCDE, Paris, https://dx.doi.org/10.1787/9789264252141-fr. [1]

OCDE (2015), *Concevoir des règles efficaces concernant les sociétés étrangères contrôlées, Action 3 - Rapport final 2015*, Projet OCDE/G20 sur l'érosion de la base d'imposition et le transfert de bénéfices, Éditions OCDE, Paris, https://dx.doi.org/10.1787/9789264248489-fr. [6]

Notes

[1] Bien que leur fonctionnement soit similaire, la règle RIR et les règles sur les SEC peuvent coexister parce qu'elles poursuivent des objectifs stratégiques différents.

[2] Pour une discussion plus détaillée du seuil de chiffre d'affaires, voir les sections 2.4 et 10.3 ci-dessous.

[3] Comme la section 9.1 l'explique, le champ d'application de la RAI peut dans certains cas être plus large que les paiements intragroupe.

[4] Voir la section 10.5.3 consacrée à l'examen d'une convention multilatérale destinée à coordonner l'application des règles RIR et RPII.

2 Champ d'application des règles GloBE

2.1. Présentation générale

41. Ce chapitre expose les règles à suivre pour déterminer si un contribuable entre dans le champ d'application des *règles GloBE*. Les règles énoncées dans ce chapitre s'appuient sur les définitions et méthodologies actuellement utilisées par les membres du Cadre inclusif au titre de l'Action 13, aux fins de la Déclaration pays par pays (OCDE, 2019[1]). Les règles GloBE s'appliquent généralement aux groupes d'EMN et à leurs entités constitutives qui sont soumises aux obligations déclaratives décrites dans le Rapport sur l'Action 13 du BEPS (OCDE, 2015[2]); néanmoins, les règles GloBE excluent spécifiquement certaines entités mères ultimes, comme les fonds d'investissement et de pension, les entités publiques (comme les fonds souverains) et les organisations internationales et à but non lucratif, qui bénéficient généralement d'une exclusion ou d'une exonération fiscale en vertu de la législation de la juridiction dans laquelle elles sont constituées (entités exclues).

42. La section 2.2 identifie les groupes d'EMN et les entités qui entrent dans le champ d'application des règles GloBE, et la section 2.3 dresse la liste des entités exclues. La section 2.4 porte sur le seuil de chiffre d'affaires de 750 millions EUR applicable aux groupes consolidés, et notamment sur la méthodologie utilisée pour le calculer, ainsi que ses implications en lien avec les règles GloBE.

2.2. Identification des groupes et entités constitutives couvertes

Groupes et entités entrant dans le champ d'application des règles GloBE

Groupe

Le terme « groupe » désigne un ensemble d'entreprises[1] liées en vertu de leur structure de détention ou de contrôle, tenu à ce titre d'établir, à des fins d'information financière, des comptes consolidés conformes aux principes comptables applicables ou qui serait tenu de le faire si des participations dans l'une ou l'autre de ces entreprises étaient cotées en bourse[2].

Groupe d'EMN

L'expression « groupe d'EMN » désigne tout groupe qui comprend deux entreprises ou plus, dont la résidence fiscale se trouve dans des juridictions différentes, ou qui comprend une entreprise établie dans une juridiction à des fins fiscales mais soumise à l'impôt dans une autre juridiction au titre des activités exercées par l'intermédiaire d'un établissement stable[3].

Entité constitutive

L'expression « entité constitutive » désigne

(a) toute unité opérationnelle distincte d'un groupe d'EMN qui est intégrée dans les comptes consolidés de ce groupe à des fins d'information financière, ou qui le serait si des participations de l'entité mère ultime du groupe d'entreprises multinationales étaient cotées en bourse ;

(b) toute unité opérationnelle qui est, ou qui serait, exclue des comptes consolidés du groupe d'EMN uniquement pour des raisons de taille ou de matérialité ; et

(c) tout établissement stable d'une unité opérationnelle distincte du groupe d'EMN relevant des catégories (a) ou (b) supra sous réserve que l'unité opérationnelle établisse un état financier distinct pour cet établissement stable à des fins réglementaires, fiscales, d'information financière, ou de contrôle de gestion interne[4].

Une entité constitutive ne comprend pas, cependant, une unité opérationnelle qui est une Entité Exclue.

Entité mère ultime (EMU)

L'expression « entité mère ultime » désigne une entité constitutive d'un groupe d'EMN qui remplit les critères suivants :

(a) elle détient directement ou indirectement une participation suffisante dans une ou plusieurs autres entités constitutives de ce groupe d'EMN de sorte qu'elle est tenue d'établir des comptes consolidés selon les principes comptables généralement utilisés dans sa juridiction de résidence fiscale, ou serait tenue de le faire si ses participations étaient cotées en bourse dans sa juridiction de résidence fiscale ; et

(b) aucune autre entité constitutive d'un tel groupe d'EMN ne détient directement ou indirectement une participation décrite au paragraphe (a) ci-dessus dans l'entité constitutive susmentionnée.

43. Les définitions énoncées dans l'encadré ci-dessus permettent de déterminer les entités et opérations qui constituent un groupe d'EMN. Elles sont identiques à celles utilisées aux fins de la Déclaration pays par pays, à l'exception de quelques modifications rédactionnelles mineures pour tenir compte de la conception différente des règles GloBE[5], qui, à leur tour, se fondent sur les normes utilisées pour déterminer si les activités de deux entreprises ou unités opérationnelles doivent être consolidées à des fins d'information financière.

44. Utiliser la norme de consolidation applicable en comptabilité financière pour définir le périmètre d'un groupe d'EMN et des entités constitutives qui le composent présente un certain nombre d'avantages. Les règles qui déterminent si une EMN est soumise à des obligations de consolidation à des fins comptables sont solides, exhaustives et relativement cohérentes d'une norme comptable à l'autre. Le recours à une norme de comptabilité financière offre également un intérêt du point de vue de la conformité, dans la mesure où l'application de la norme fera, dans de nombreux cas, l'objet d'un examen par un commissaire aux comptes. Définir les « groupes d'EMN » à partir des normes de comptabilité financière appropriées pourrait même réduire l'incitation pour ces groupes à mettre en place des structures conçues pour exclure ou inclure artificiellement des filiales de ce groupe. Par exemple, une EMN pourrait avoir un intérêt à inclure dans son groupe une entité déficitaire afin de réduire la base d'imposition GloBE dans une juridiction. En revanche, une telle approche aurait une incidence négative sur le bénéfice consolidé à des fins de communication financière du groupe dès lors que la définition de groupe d'EMN retenue dans les règles GloBE est alignée sur celle utilisée à des fins d'information financière.

45. Les définitions énoncées dans l'encadré ci-dessus se fondent sur celles adoptées dans le cadre de l'Action 13 du BEPS[6]. Le Rapport final sur l'Action 13 (OCDE, 2015[2]) a introduit une approche à trois niveaux de la documentation des prix de transfert, consistant en un fichier principal, un fichier local et la Déclaration pays par pays. La Déclaration pays par pays impose à un groupe d'EMN de communiquer certaines informations, comme le bénéfice perçu, les impôts acquittés et les activités économiques exercées dans chaque juridiction, ainsi qu'une liste de l'ensemble de ses entités constitutives. Les administrations fiscales utilisent les informations fournies dans ces déclarations pour évaluer les risques généraux liés aux prix de transfert et autres risques connexes de BEPS. L'objectif stratégique de l'Action 13 du BEPS est toutefois différent de celui du deuxième Pilier. La Déclaration pays par pays est une obligation déclarative conçue pour promouvoir la transparence et améliorer l'évaluation des risques, tandis que le deuxième Pilier se traduit concrètement par l'imposition d'une charge fiscale. Néanmoins, l'alignement des définitions retenues dans le cadre de la Déclaration pays par pays et des règles GloBE devrait réduire les coûts et les charges administratives tant pour les administrations fiscales que pour les contribuables. Parallèlement, l'utilisation de normes de consolidation comptable comme point de départ de la définition d'un groupe d'EMN permet de tirer parti de ces mêmes normes pour d'autres aspects des règles GloBE (comme la détermination de la base d'imposition).

2.2.1. Définition de groupe et de groupe d'EMN

Définition de Groupe

46. La définition de « groupe » applicable en vertu des règles GloBE est identique à celle utilisée dans la Déclaration pays par pays. Un groupe est un ensemble d'entreprises consolidées à des fins de comptabilité financière. Ce critère de consolidation repose, à son tour, sur un critère de contrôle utilisé à des fins comptables. En règle générale, il résultera de l'application de ce critère que deux entités seront considérées comme membres du même groupe dès lors que l'une d'elles contrôle l'autre ou qu'elles sont toutes deux contrôlées par une entité tierce. La définition de « groupe » s'étend également aux cas de figure dans lesquels une entité ou une construction juridique exerce des activités économiques dans des juridictions étrangères exclusivement par le biais d'établissements stables dans la mesure où les actifs, passifs, produits et charges des établissements stables sont intégrés dans les états financiers du siège comme s'ils étaient consolidés par intégration globale.

Groupe d'EMN

47. La définition de « groupe d'EMN » applicable en vertu des règles GloBE est également cohérente avec celle utilisée aux fins de la Déclaration par pays et se traduit par des résultats similaires. On note néanmoins une différence rédactionnelle mineure entre les deux définitions, en ce sens que le critère du seuil de chiffre d'affaires, qui est intégré directement dans la définition de groupe d'EMN aux fins de la Déclaration pays par pays, est exclu de la définition retenue pour les règles GloBE. Bien que le seuil de chiffre d'affaire appliqué soit le même, ce point est traité séparément dans le cas des règles GloBE. La finalité de la définition de groupe d'EMN énoncée dans l'encadré ci-dessus est d'identifier le groupe d'EMN et les entités constitutives membres de ce même groupe, plutôt que de déterminer si un groupe d'EMN donné est assujetti aux règles GloBE. C'est pourquoi, il est plus logique de traiter le seuil de chiffre d'affaires comme une caractéristique distincte des règles GloBE. Voir la section 2.4.1.

2.2.2. Définition d'entité constitutive

48. Une entité constitutive désigne une unité opérationnelle distincte qui est (ou aurait été) intégrée dans les comptes consolidés du groupe d'EMN. Comme pour la Déclaration pays par pays, les règles GloBE appliquent un critère de « consolidation présumée », qui considère qu'une unité opérationnelle est

membre d'un groupe d'EMN dès lors que cette unité aurait dû être intégrée dans les comptes consolidés du groupe si des actions de l'entité mère ultime de ce groupe avaient été cotées en bourse.

49. Toute unité opérationnelle distincte qui est exclue des comptes consolidés, ou qui aurait été exclue si le groupe d'EMN avait préparé de tels comptes consolidés, uniquement pour des raisons de taille ou de matérialité est également considérée comme une entité constitutive. Enfin, un établissement stable d'une entité constitutive est traité comme une entité constitutive distincte. La définition d'une entité constitutive n'inclut pas les entités spécifiquement identifiées comme "Entités exclues" dans la section 2.3. De plus amples explications sur les membres distincts de l'entité constitutive sont données ci-après. Un diagramme reprenant les éléments de cette section est présenté en annexe (voir diagramme inclus dans l'exemple 2.2.2).

(a) Unités opérationnelles (autres que les établissements stables)

50. L'expression « unité opérationnelle » désigne une entité ou une construction juridique telle qu'une société commerciale ou une société de personnes, et doit s'entendre comme revêtant la même signification que dans la Déclaration pays par pays. Pour correspondre à la définition d'entité constitutive, l'unité opérationnelle doit être « intégrée dans les comptes consolidés du groupe d'EMN ». Une unité opérationnelle sera considérée comme une entité constitutive d'un groupe d'EMN dès lors que ses comptes sont consolidés avec ceux de l'entité mère ultime en vertu des normes comptables applicables à cette dernière. L'obligation de consolidation repose sur un critère de contrôle, et si ce critère est rempli les activités de l'entité constitutive doivent être consolidées avec le reste du groupe d'EMN par intégration globale. Une entité non contrôlée n'est pas consolidée par intégration globale dans les comptes consolidés du groupe d'EMN, mais est comptabilisée séparément selon la méthode de la mise en équivalence. Une telle entité n'est donc pas considérée comme une entité constitutive aux termes de l'alinéa (a) de cette définition. Une unité opérationnelle qui n'est pas consolidée par intégration globale parce qu'elle fait l'objet d'un traitement comptable spécial en vertu d'une norme comptable applicable, au motif par exemple qu'elle est détenue en vue d'être vendue, doit continuer à être considérée comme une entité constitutive à des fins fiscales tant que l'entité mère ultime exerce sur elle un contrôle suffisant pour qu'elle soit soumise aux exigences de consolidation en vertu de la norme comptable applicable.

Activités conjointes

51. L'expression « intégrée dans les comptes consolidés du groupe d'EMN » fait également référence aux cas de figure dans lesquels le groupe d'EMN détient une participation dans une activité conjointe, de telle sorte qu'une part appropriée des actifs, passifs, produits et charges de cette unité opérationnelle soit intégrée dans ses comptes consolidés selon la méthode de l'intégration globale[7]. Par conséquent, une unité opérationnelle qui est considérée comme une activité conjointe doit être traitée comme une entité constitutive distincte dès lors que les produits et charges de cette activité conjointe sont intégrés dans les comptes consolidés du groupe proportionnellement à la participation du groupe dans l'unité opérationnelle. L'entité constitutive correspond, néanmoins, uniquement à la part détenue par le groupe d'EMN dans cette activité conjointe, telle que reflétée dans les comptes consolidés.

52. À titre d'exemple, une entité constitutive peut être constituée d'un associé d'une société de personnes traitée comme une activité conjointe à des fins de comptabilité financière, et le groupe d'EMN inclut 40% des produits, charges, actifs et passifs de la société de personnes dans ses comptes consolidés. Cette société de personnes sera traitée comme une entité constitutive distincte en vertu des règles GloBE. Néanmoins, sa base d'imposition GloBE sera calculée à partir de la part du groupe d'EMN des produits, charges, actifs et passifs de la société de personnes qui sont comptabilisés dans les comptes consolidés, et le groupe d'EMN sera considéré comme exerçant un contrôle sur cette entité constitutive dans la limite du revenu perçu.

Entreprise résidente

53. Une entité constitutive qui est résidente fiscale d'une juridiction sera traitée comme une entité constitutive dans cette juridiction de résidence fiscale. La juridiction de résidence fiscale de l'entité constitutive est la juridiction dans laquelle l'unité opérationnelle est redevable d'un impôt couvert sur son revenu tel que déterminé selon son siège de direction, son lieu de constitution ou d'autres critères similaires. Le statut juridique de l'unité opérationnelle n'est pas déterminant pour établir si elle doit être traitée comme une entité constitutive. À titre d'exemple, si une société de personnes ou une fiducie est considérée comme résidente fiscale d'une juridiction, elle doit être considérée comme une entité constitutive distincte de ses propriétaires aux fins de l'application de ces règles.

54. Lorsqu'une juridiction ne dispose pas de système d'impôt sur les sociétés, l'entité qui est constituée dans cette juridiction (et qui n'est résidente fiscale d'aucune autre juridiction) est considérée comme située dans sa juridiction de constitution. Par conséquent, une entité ou une construction juridique qui est constituée ou établie dans une juridiction qui n'impose pas d'impôts couverts est traitée comme une entité constitutive dans sa juridiction d'établissement ou de constitution, à moins qu'elle ne soit résidente fiscale d'une autre juridiction en vertu de la législation de cette dernière (par exemple, selon le critère du siège de direction effective).

Entités ou constructions juridiques fiscalement transparentes

55. Une entité ou une construction juridique qui est considérée comme transparente sur le plan fiscal par l'ensemble de ses propriétaires ainsi que dans la juridiction où elle a été créée sera considérée comme une entité constitutive en vertu des règles GloBE si, comme indiqué ci-avant, ses actifs, passifs, produits et charges sont consolidés par intégration globale dans les comptes consolidés du groupe d'EMN. Traiter une entité fiscalement transparente comme entité constitutive quand elle est consolidée par intégration globale est cohérent avec l'approche retenue au titre de la Déclaration pays par pays. Une telle entité transparente doit être traitée comme une entité apatride. En vertu des règles exposées à la section 3.4.2 néanmoins, tous les produits et charges (et les impôts couverts correspondants) de cette entité peuvent être attribués à d'autres entités constitutives du groupe. Il peut s'agir des propriétaires de l'entité transparente ou de tout établissement stable de cette entité (ou de ses propriétaires). Le fait qu'une unité opérationnelle n'enregistre pas de bénéfices ni de pertes et ne se voit pas attribuer d'impôts couverts en vertu des règles GloBE n'empêche pas, s'il s'agit d'une entité fiscalement transparente, qu'elle soit traitée en entité constitutive distincte.

Entités hybrides et hybrides inversées

56. En application des critères ci-dessus, une entité hybride (autrement dit une entité réputée être une entité distincte selon les dispositions fiscales de sa juridiction de constitution ou de création, mais comme transparente par ses propriétaires) doit être traitée comme une entité constitutive distincte située dans la juridiction dans laquelle elle est considérée comme résidente[8]. Une entité hybride inversée (autrement dit une unité opérationnelle qui est réputée être transparente fiscalement dans la juridiction où elle a été créée, mais qui est considérée comme une entité fiscale distincte à des fins fiscales dans la juridiction de l'un de ses propriétaires au moins), en revanche, est traitée comme une entité constitutive qui n'est située dans aucune juridiction (autrement dit comme une entité apatride).

Entités ayant une double résidence

57. Il est possible dans certains cas qu'une entité constitutive puisse être considérée comme résidente fiscale de plusieurs juridictions. Un tel résultat serait néanmoins incompatible avec les règles GloBE, qui déterminent le TEI et l'impôt supplémentaire applicables dans chaque juridiction. Conformément aux instructions spécifiques relatives au modèle de Déclaration pays par pays contenu dans le Rapport final sur l'Action 13 (OCDE, 2015[2]), cette question de la double résidence potentielle doit être tranchée,

uniquement aux fins des règles GloBE, en appliquant le critère de départage de la convention fiscale convenue entre les deux juridictions dont l'entité ou la construction juridique est résidente (même si ces règles ne concernent qu'un avantage particulier de la convention). D'autres travaux seront entrepris pour élaborer des règles permettant de déterminer la résidence fiscale d'une entité constitutive en l'absence de critère applicable à la convention fiscale, ou si les critères de la convention fiscale ne résolvent pas le problème (par exemple, si les autorités compétentes doivent résoudre le problème par le biais d'une procédure amiable ou si son application aboutit à refuser les avantages de la convention fiscale).

(b) Absence d'exclusion au titre de la taille ou de matérialité

58. La définition GloBE d'entité constitutive suit l'approche adoptée en vertu de la Déclaration pays par pays et s'écarte de la comptabilité financière pour prendre en compte les entités ou les constructions juridiques qui seraient autrement exclues des comptes consolidés en raison de leur taille ou de leur matérialité. La finalité de cette extension dans les règles relatives à la Déclaration pays par pays était de recueillir des informations sur les unités opérationnelles non prises en compte dans les comptes consolidés en raison de leurs faibles niveaux de bénéfices ou de rentabilité. Quoiqu'elles puissent ne pas revêtir d'importance sur le plan de l'information financière, ces entités restent néanmoins susceptibles de soulever des risques en matière de prix de transfert en ce sens que l'unité opérationnelle peut ne pas avoir été correctement rémunérée pour les fonctions exercées, les actifs utilisés, et les risques supportés par celle-ci. Ces entités ou constructions juridiques sont également, pour les mêmes raisons, considérées comme des entités constitutives du groupe d'EMN aux fins des règles GloBE. Les règles GloBE sont appliquées au niveau de chaque juridiction et une entité considérée comme peu significative dans le contexte global du groupe d'EMN pourrait être importante du point de vue d'une juridiction en particulier (au titre de la règle relative aux paiements insuffisamment imposés par exemple). De plus, le fait de traiter ces entités comme des entités constitutives n'augmentera pas indûment les contraintes de conformité pesant sur les groupes d'EMN dans la mesure où ceux-ci sont déjà tenus de collecter et de soumettre des informations sur ces entités aux fins de la Déclaration pays par pays. L'alinéa b) de cette définition couvre également les cas de figure dans lesquels le groupe d'EMN ne prépare pas de comptes consolidés parce qu'il n'est pas tenu de consolider ses filiales dans la mesure où aucune d'entre elles n'atteint le seuil de taille ou de matérialité fixé.

(c) Établissements stables

59. Enfin, un établissement stable est considéré comme une entité constitutive distincte (autrement dit distincte de l'entité constitutive qui le possède) au sens de l'alinéa (c) de la définition d'entité constitutive dès lors que cet établissement stable produit des états financiers distincts à des fins réglementaires, d'information financière ou fiscale, ou encore de contrôle de gestion interne. La distinction entre les activités économiques de l'établissement stable et du siège est d'autant plus nécessaire dans le cadre de l'agrégation par juridiction. Cette approche permet de s'assurer que le taux d'imposition sur le revenu d'établissements stables situés dans une autre juridiction n'est pas agrégé avec celui du siège dans une juridiction différente. En ce sens, elle garantit une parité de traitement entre les filiales étrangères et les établissements stables du groupe d'EMN, ce qui est cohérent avec la stratégie et les caractéristiques des règles GloBE.

60. Le terme « établissement stable » n'est pas défini dans les règles de la Déclaration pays par pays. Aux fins des règles GloBE, l'existence de l'établissement stable est déterminée conformément à la convention fiscale applicable. Si aucune convention fiscale applicable n'est en vigueur, un établissement stable sera jugé comme existant dans une juridiction si sa présence économique sur le territoire de cette juridiction est suffisante pour que le revenu tiré de ces opérations soit imposable sur un montant net au sens du droit interne applicable. Dans ce cas, l'existence d'une présence économique imposable sera généralement établie en référence à certains facteurs. On cherchera par exemple à déterminer si l 'entité constitutive possède un lieu fixe d'affaires dans une juridiction étrangère, ou si elle est présente pour une

période donnée, en exerçant son activité par l'intermédiaire d'un agent, ou tout autre critère de nature similaire. À titre d'exemple, si une entité constitutive est constituée d'un associé d'une société de personnes fiscalement transparente et est considérée comme ayant un établissement stable dans une juridiction parce que cette société de personnes est gérée et contrôlée, ou exerce des activités substantielles, sur le territoire de cette juridiction, alors l'établissement stable de cette entité constitutive sera, lui-même, considéré comme une entité constitutive distincte. Voir Annexe, exemple 3.4.2G. De plus, aux fins des règles GloBE, un établissement stable est réputé exister si la juridiction de résidence de l'entité constitutive qui possède ladite succursale ou autre établissement similaire le considère comme un contribuable distinct de l'entité résidente. Par exemple, une succursale sera considérée comme un établissement stable et une entité constitutive distincte même si elle bénéficie d'une exonération d'impôt sur le revenu dans la juridiction de résidence du propriétaire. Dans ce type de situation, l'établissement stable est réputé exister même si la juridiction dans laquelle est située la succursale n'exerce aucun droit d'imposition.

61. Une succursale ou un établissement similaire d'une entité constitutive qui correspond à la définition d'établissement stable est considéré comme une entité constitutive distincte du groupe d'EMN dans la juridiction dans laquelle elle est située. Le fait que l'établissement stable soit ou non considéré comme appartenant à une autre entité constitutive en vertu de la législation locale ou des conventions fiscales ne doit pas être pris en compte aux fins des règles GloBE. À titre d'exemple, lorsqu'une entité mère ultime qui est fiscalement transparente possède dans une autre juridiction une succursale qui remplit les conditions d'établissement stable, cet établissement stable est considéré comme une entité constitutive du groupe d'EMN aux fins des règles GloBE, même si en vertu de la législation locale ou des conventions fiscales applicables, il est considéré comme un établissement stable des propriétaires de l'entité mère ultime.

2.2.3. Définition d'entité mère ultime

62. La définition d'entité mère ultime est un élément central qui sert de référence pour l'application d'autres règles GloBE. Cette définition est notamment utilisée pour identifier l'ensemble des entités contrôlées qui composent le groupe d'EMN, y compris les entités exclues, et joue un rôle important dans les mécanismes qui sous-tendent la règle d'inclusion du revenu décrite plus loin au Chapitre 6.

63. L'entité mère ultime est l'entité constitutive qui détient directement ou indirectement une participation de contrôle dans toutes les autres entités constitutives membres du même groupe d'EMN. C'est également celle qui est, ou qui serait, tenue de consolider les comptes financiers de toutes les autres entités constitutives du groupe d'EMN. Il est précisé au paragraphe (b) de la définition d'entité mère ultime qu'une entité n'est pas une entité mère ultime s'il existe une autre entité dans le groupe qui détient une participation suffisante dans cette entité pour être tenue de consolider les comptes de cette dernière avec les siens. Généralement, cette précision signifie qu'aucune entité au sein du groupe d'EMN ne détient une participation de contrôle dans l'entité mère ultime. Néanmoins, elle s'applique également pour exclure une entité qui détient une participation de contrôle dans l'entité mère ultime mais qui n'est pas tenue de consolider les comptes de cette dernière avec les siens. À titre d'exemple, les organismes de placement, tels que les fonds, peuvent être autorisés à comptabiliser leurs investissements, y compris les participations majoritaires, dans un groupe d'EMN, selon la méthode de la juste valeur, plutôt que par intégration dans les comptes consolidés. Ces organismes de placement ne seraient donc pas considérés comme des entités mère ultimes de ces groupes d'EMN.

2.2.4. Entreprises associées et coentreprises

64. Les normes comptables, telles que la norme IFRS 10, imposent généralement à l'entité mère ultime de consolider entièrement selon la méthode de l'intégration globale les actifs, passifs, produits et charges des entités ou des constructions juridiques qu'elle contrôle. Ce critère du contrôle est fondé sur

un contrôle *de facto* et peut s'appliquer pour considérer qu'une entité ou une construction juridique est consolidée même lorsque la société mère détient une part minoritaire dans ladite entité ou construction juridique.

65. Lorsque l'entité mère ultime ne contrôle pas directement ou indirectement l'entité ou la construction juridique, elle n'est pas tenue d'en consolider les comptes selon la méthode de l'intégration globale, qu'il s'agisse d'une entreprise associée ou d'une entreprise conjointe. Dans ce cas, les bénéfices (ou les pertes) de cette entité doivent être comptabilisés selon la méthode de la mise en équivalence, à moins que les investissements ne soient comptabilisés en tant qu'actifs financiers non courants[9]. Les entités et les constructions juridiques comptabilisées selon la méthode de la mise en équivalence ne seront pas considérées comme des entités constitutives membres du groupe d'EMN en vertu des règles GloBE.

Entreprises associées

66. Une entreprise associée, au sens des normes IFRS, est une entité ou une construction juridique sur laquelle l'investisseur exerce une influence notable. Un investisseur est présumé exercer une influence notable lorsqu'il détient au moins 20 % des droits de vote de l'entité dépendante[10]. Les entreprises associées (entités et constructions juridiques)[11] sont généralement comptabilisées selon la méthode de la mise en équivalence et sortent par conséquent du périmètre de la définition d' « entité constitutive » dans la mesure où elles ne sont pas contrôlées par l'entité mère ultime. En outre, cette même entité pourrait également être une filiale d'un autre groupe d'EMN, être entièrement consolidée selon la méthode de l'intégration globale dans les états financiers de celui-ci, et donc être considérée à ce titre comme une entité constitutive de cet autre groupe. L'application des règles GloBE à une entreprise associée pourrait par conséquent entraîner d'importantes complications dès lors qu'une même entité est soumise à la RIR et à la RPII appliquées par différents groupes d'EMN dans différentes juridictions. Pour ces raisons, une entité ou une construction juridique doit uniquement être considérée comme une entité constitutive du groupe d'EMN s'il s'agit d'une entité opérationnelle dont les actifs, passifs, produits et charges sont consolidés selon la méthode de l'intégration globale dans les états financiers du groupe d'EMN[12]. La section 8.2.2 examine la possibilité d'appliquer une règle d'inclusion du revenu simplifiée pour les revenus insuffisamment imposés des entités ou structures associées.

Coentreprises

67. Une coentreprise est un partenariat dans lequel les parties qui exercent un contrôle conjoint sur l'entreprise ont des droits sur l'actif net de celle-ci.[13] Les coentreprises sont exclues du champ d'application de la définition d'entité constitutive, dans la mesure où aucune des parties n'est détenteur unique d'une participation de contrôle, et elles sont généralement comptabilisées selon la méthode de la mise en équivalence de chaque groupe d'EMN. Les bénéfices des coentreprises pourraient être soumis à une version simplifiée de la règle d'inclusion du revenu conformément à la section 8.2.2 et être considérées comme des entités orphelines en vertu de la section 8.3.

2.2.5. Utilisation des normes comptables acceptables dans la définition d'un groupe d'EMN

68. Les définitions énoncées ci-dessus s'appuient sur les principes comptables appliqués par un groupe d'EMN pour la préparation des comptes consolidés à des fins d'information financière, ou qui seraient appliqués si les participations du groupe d'EMN étaient cotées en bourse dans la juridiction de résidence fiscale de ce groupe. Comme indiqué plus haut, une entité constitutive est toute unité opérationnelle distincte qui est intégrée dans les comptes consolidés du groupe d'EMN (selon la méthode de l'intégration globale). Par conséquent, les normes comptables acceptables, et, en particulier les obligations de consolidation définies par ces normes, jouent un rôle important dans la définition du champ d'application des règles GloBE.

69. Le Rapport final sur l'Action 13 (OCDE, 2015[2]) ne précise pas quelle norme comptable en particulier doit être utilisée aux fins de la Déclaration pays par pays. En vertu de la Déclaration pays par pays, un groupe d'EMN qui n'est pas tenu de préparer des comptes consolidés est libre de choisir entre les principes comptables généralement reconnus localement (« GAAP locales ») et les normes internationales d'information financière (« IFRS »). Seule exception à ce principe : si l'entité mère ultime est résidente fiscale d'une juridiction qui impose une norme comptable spécifique aux entreprises dont les actions ou les participations sont cotées en bourse, alors le groupe d'EMN doit utiliser cette norme. En l'absence de place boursière, les juridictions peuvent préciser la ou les juridictions dotées d'une bourse de valeurs qui seraient considérées comme acceptables à cette fin. Ces mêmes règles s'appliquent à un groupe d'EMN qui prépare, sans être tenu de le faire, des comptes consolidés.

70. Les règles GloBE qui déterminent quelles sont les normes comptables acceptables sont énoncées plus loin à la section 3.3.3. L'application des obligations prévues par une norme comptable acceptable dans le contexte du critère de consolidation permet d'assurer la cohérence des règles utilisées pour déterminer le périmètre du groupe d'EMN. De plus, il est probable que cet exercice ait déjà fait l'objet d'un examen par un commissaire aux comptes. Les critères à respecter pour déterminer les normes comptables acceptables sont examinés plus en détail à la section 3.3.3. de ce document.

2.3. Entités exclues

71. Certaines entités et constructions juridiques, qui seraient autrement considérées comme l'entité de contrôle ultime d'un groupe, peuvent, sous réserve de remplir les conditions énoncées dans les définitions ci-après, être exclues du champ d'application des règles GloBE. Il s'agit des fonds d'investissement, des fonds de pension, des fonds souverains, des organismes publics, des organisations internationales et des organisations à but non lucratif. Le fait de savoir si cette exclusion devrait s'appliquer à une entité constitutive qui ne serait pas autrement considérée comme l'entité mère ultime, comme certains organismes d'assurance vie et de pension dont les comptes sont consolidés au sein d'un groupe d'EMN, lorsque le groupe d'EMN n'est pas le bénéficiaire effectif de ses bénéfices, fera l'objet d'une analyse particulière.

72. Ces entités ou constructions juridiques exclues du champ d'application des règles GloBE ont toutes un objet et un statut particuliers en vertu du droit interne de la juridiction dans lesquelles elles sont constituées ou établies. Il est probable qu'en raison de ce statut, l'entité soit exonérée de l'impôt interne sur le revenu afin de pouvoir mener à bien sa mission spécifique conformément à la législation de la juridiction régissant cet impôt. Le régime fiscal interne peut être conçu, par exemple, de sorte à n'appliquer qu'une seule strate d'imposition aux véhicules utilisés par les investisseurs (fonds, par exemple) ou aux plans de retraite des salariés, ou pour tenir compte du fait que l'entité exerce des fonctions publiques ou semi-publiques. Les objectifs de politique fiscale d'une telle exonération fiscale nationale accordée à ce type d'entités ne sont pas incohérents avec ceux des règles GloBE, pas plus qu'ils ne créent de distorsion de concurrence susceptibles de compromettre la réalisation de l'objectif fiscal poursuivi par la proposition GloBE. Imposer les bénéfices de telles entités en vertu des règles GloBE compromettrait la réalisation des objectifs que la juridiction concernée cherche à atteindre en accordant une exonération, sans pour autant aller dans le sens de la mise en œuvre des objectifs de politique fiscale des règles GloBE.

73. Dans de nombreux cas, les entités décrites dans cette section ne seraient pas considérées comme des entités constitutives au sens des règles généralement applicables examinées à la section 2.2. À titre d'exemple, les fonds d'investissement et de pension seront selon toute vraisemblance considérés comme des « organismes de placement » non tenus de consolider leurs comptes avec ceux des entités qu'ils contrôlent, et ne répondront donc par à la définition d'entité constitutive. De plus, ces entités sont généralement des investisseurs de portefeuille, n'exercent pas d'activités à l'étranger le plus souvent, et ne détiennent pas, dans la plupart des cas, de participations de contrôle dans des filiales étrangères.

Néanmoins, afin de lever toute incertitude, ces entités ont été expressément exclues, sachant que cette décision repose sur trois grands critères :

- si le point de vue de la politique fiscale de la juridiction de résidence justifie d'appliquer un taux d'imposition faible ou nul à un secteur est compatible avec l'objectif fiscal poursuivi par la proposition GloBE ;
- si l'exclusion est nécessaire pour éviter les coûts administratifs et de conformité qui pourraient autrement être induits dès lors que de telles entités perçoivent un revenu qui entre le champ d'application des règles.
- si l'exclusion serait contraire à la politique sous-tendue par les règles GloBE, et créerait des distorsions de concurrence à l'égard des autres entreprises exerçant une activité internationale.

74. La liste des entités exclues présentée dans cette section se veut conforme aux règles fiscales internationales actuelles ainsi qu'à la politique sous-tendue par les règles GloBE, tout en garantissant un traitement cohérent et prévisible des entités énumérées. L'expression « entité ou structure » se veut suffisamment large pour englober les différentes formes juridiques que peuvent revêtir de tels organismes, et y compris les administrations publiques.

75. Les exclusions aux règles GloBE sont spécifiques aux entités ou constructions juridiques énumérées et ne s'étendent pas aux entités qui sont contrôlées par les entités exclues, mais qui ne relèvent pas elles-mêmes de l'une des catégories définies ci-après. La définition peut, néanmoins, être étendue à une entité ou à une construction juridique créée et exploitée aux fins de détenir des actifs ou de placer des fonds pour le compte de l'entité exclue (société holding pure). L'extension de la définition ne permet pas d'exclure une entité ou une construction juridique qui exerce ou gère une activité économique ou commerciale du groupe d'EMN, sachant qu'une entité ou une construction juridique ne serait pas considérée comme exerçant une activité économique ou commerciale si tout ou une grande partie de ses revenus se composent d'éléments de revenu passif (dividendes, intérêts et plus-values). C'est pourquoi, par exemple, si une entité exclue telle qu'une entité publique ou une organisation à but non lucratif détient des participations de contrôle dans un groupe d'EMN qui excède par ailleurs le seuil de chiffre d'affaires consolidé défini à la section 2.4. ci-après, alors les règles GloBE continueront de s'appliquer à l'ensemble des membres du groupe d'EMN en dehors de l'entité exclue.

Entités exclues - Définitions

Entités exclues

Une entité qui serait autrement une entité mère ultime telle qu'un fonds d'investissement, un fonds de pension, une entité publique (y compris les fonds souverains), une organisation internationale, ou une organisation à but lucratif ne pourra pas être considérée comme entité constitutive d'un groupe d'EMN et sera exclue du champ d'application des règles GloBE.

Fond d'investissement

Un fonds d'investissement désigne une entité ou une construction juridique qui remplit l'ensemble des critères énoncés dans les paragraphes (a) à (f) ci-après :

(a) il est conçu pour regrouper des actifs (qui peuvent être financiers ou non financiers) provenant d'une entité exclue ou de plusieurs investisseurs (dont certains au moins ne sont pas liés entre eux) ;

(b) ses investissements sont conformes à une stratégie d'investissement prédéfinie et/ou visent à diminuer les coûts de transaction, de recherche et d'analyse et/ou à répartir le risque pour qu'il soit assumé collectivement ;

(c) il est principalement conçu pour générer des gains et/ou revenus d'investissement ou se prémunir contre un événement ou un résultat à caractère général ou spécifique ;

(d) les investisseurs sont habilités à percevoir des intérêts sur les placements du fonds, ou sur les bénéfices perçus au titre de ces actifs, à concurrence des versements effectués ;

(e) le fonds, ou la gestion du fonds, est soumis aux dispositions réglementaires applicables aux fonds d'investissement dans la juridiction où celui-ci est établi ou géré (et notamment aux règles régissant la lutte contre le blanchiment de capitaux et la protection des investisseurs) ; et

(f) il est géré par des gestionnaires de fonds professionnels pour le compte des investisseurs.

La définition couvre également toute entité ou construction juridique détenue exclusivement ou presque exclusivement, directement ou indirectement, par un ou plusieurs fonds d'investissement ou autres entités exclues, et qui n'exerce aucune activité économique ou commerciale, mais qui est établie et exploitée exclusivement ou presque exclusivement dans le but de détenir des actifs ou de réaliser des placements pour le compte de ces fonds investissement ou entités exclues.

Fonds de pension

Un fonds de pension désigne ici une entité ou une construction juridique créée par une administration publique (y compris toute subdivision politique ou collectivité locale de celle-ci) dans le but de verser des prestations de sécurité sociale, de retraite et des prestations accessoires ou auxiliaires, ou qui est créée et exploitée dans une juridiction exclusivement ou presque exclusivement dans le but d'administrer ou de verser des prestations de retraite et des prestations accessoires ou auxiliaires à des personnes physiques et qui est réglementé au sens de la législation de cette juridiction, ou de l'une de ses subdivisions politiques ou de ses collectivités locales.

La définition couvre également toute entité ou construction juridique détenue exclusivement, directement ou indirectement, par un ou plusieurs fonds de pension ou créée par une administration publique (y compris toute subdivision politique ou collectivité locale de celle-ci) et qui n'exerce aucune activité économique ou commerciale, mais qui est établie et exploitée exclusivement ou presque exclusivement dans le but de détenir des actifs ou de réaliser des placements pour le compte de ces fonds de pension.

Entité publique

Une entité publique désigne une entité ou une construction juridique qui remplit l'ensemble des critères énoncés dans les paragraphes (a) à (d) ci-après :

(a) elle est créée par une administration publique (y compris toute subdivision politique ou collectivité locale de celle-ci) ;

(b) elle a pour principal objet :

   i. de gérer ou placer les actifs de cette administration ou de sa juridiction moyennant la réalisation d'investissements, la détention de placements la gestion d'actifs, et autres activités connexes de placement d'actifs pour le compte de l'administration ou de la juridiction ; ou

   ii. d'exercer des fonctions publiques ; et

   iii. n'exerce pas d'activité économique ou commerciale ;

(c) elle rend compte à l'administration publique de ses résultats d'ensemble et communique des informations annuelles à celle-ci ; et

(d) ses actifs reviennent à cette administration publique à sa dissolution, et les gains nets éventuellement versés sont à destination exclusive de ladite administration, sans qu'aucune fraction de ces gains ne puisse échoir à une personne physique.

Cette définition couvre également toute entité ou construction juridique détenue exclusivement ou presque exclusivement, directement ou indirectement, par une entité publique, et qui n'exerce aucune activité économique ou commerciale, mais qui est établie et exploitée exclusivement ou presque exclusivement dans le but de détenir des actifs, de gérer ou de placer des fonds, ou d'exercer des activités de placement connexes pour le compte de cette entité publique.

Organisation internationale

Une organisation internationale désigne toute organisation intergouvernementale (y compris une organisation supranationale) ou une personne morale de droit public appartenant entièrement à celle-ci, qui remplit l'ensemble des critères énoncés dans les paragraphes (a) à (c) ci-après :

(a) elle se compose principalement d'États ;

(b) elle a conclu avec la juridiction dans laquelle elle est établie un accord de siège ou un accord substantiellement similaire (par exemple un accord octroyant des privilèges et immunités aux bureaux ou établissements (subdivision, ou bureau régional ou local par exemple) de l'organisation qui sont implantés sur le territoire de la juridiction) ; et

(c) ses revenus ne peuvent, en vertu de la loi ou de ses documents fondateurs, échoir à des personnes privées.

Cette définition couvre également toute entité ou construction juridique détenue exclusivement, directement ou indirectement, par une organisation internationale, et qui n'exerce aucune activité économique ou commerciale, mais qui est établie et gérée exclusivement ou presque exclusivement dans le but de détenir des actifs ou de placer des fonds, pour le compte de cette organisation internationale.

Organisation à but non lucratif

Une organisation à but non lucratif désigne une entité qui satisfait l'ensemble des conditions énoncées ci-après :

(a) elle est établie et exploitée dans sa juridiction de résidence :

(i) exclusivement à des fins religieuses, caritatives, scientifiques, artistiques, culturelles, sportives ou éducative ; ou

(ii) en tant que fédération professionnelle, organisation patronale, chambre de commerce, organisation syndicale, agricole ou horticole, civique ou organisme dont l'objet exclusif est de promouvoir le bien-être-social ;

(b) elle est entièrement exonérée d'impôt sur les sociétés dans sa juridiction de résidence ;

(c) elle n'a aucun actionnaire ni aucun membre disposant d'un droit de propriété ou de jouissance sur ses recettes ou ses actifs ;

(d) ses recettes ou ses actifs ne peuvent être distribués ou utilisés au profit de personnes physiques ou à des organismes à but lucratif, autrement que :

(i) en relation avec ses activités caritatives ;

(ii) à titre de rémunération raisonnable pour les services rendus ou l'utilisation de biens et du capital de l'entité ; ou

(iii) à titre de rémunération, au prix du marché, pour les biens acquis par l'entité ; et

(e) au moment de la cession, de la liquidation ou dissolution de l'entité ou de la construction juridique, l'ensemble des actifs doivent être distribués ou reversés à une organisation à but non lucratif ou à l'État ou à toute entité publique de la juridiction de résidence de l'entité ou d'une quelconque subdivision politique de celle-ci ;

Cette définition n'inclut pas toutefois les entités et les constructions juridiques exerçant une activité économique ou commerciale sans lien direct avec l'objet pour lequel l'organisation à but non lucratif été créée.

Certaines entités mères ultimes sont soumises à des régimes de neutralité fiscale

Les bénéfices d'une entité mère ultime peuvent être exclus du champ d'application des règles GloBE dès lors que ces bénéfices permettent à l'entité de bénéficier d'un régime de neutralité fiscale en vertu d'un régime de transparence fiscale ou de distribution imposable dans la juridiction où est établie ou enregistrée cette entité, sous réserve que les propriétaires de l'entité mère ultime soient soumis à une imposition immédiate sur la part des bénéfices de l'entité qui leur revient à un taux égal ou supérieur au taux minimum.

2.3.1. Fonds d'investissement

76. La nécessité de préserver la neutralité fiscale à l'égard des fonds d'investissement est un principe largement reconnu qui sous-tend la conception des règles fiscales internationales. En vertu de ce principe, les fonds d'investissement peuvent bénéficier d'une exonération spéciale, d'une déduction ou d'un autre régime préférentiel conformément à la législation en vigueur dans la juridiction dans laquelle ils sont établis, afin de placer les investisseurs dans la même situation que s'ils avaient investi directement dans les actifs sous-jacents du fonds, plutôt que par l'intermédiaire d'un organisme de placement.

77. Le régime fiscal applicable aux fonds d'investissement ne répond ni à la nécessité ni à la volonté d'attirer des investissements vers telle ou telle juridiction, mais vise plutôt à faire en sorte que des investissements collectifs puissent être réalisés par l'intermédiaire du fonds sans faire peser sur la rentabilité des capitaux investis une charge fiscale supplémentaire. Cet objectif concerne tous les types de fonds d'investissement, y compris les organismes de placement collectif ouverts à de multiples actionnaires, comme les fonds communs de placement, ainsi que les fonds de placement alternatifs généralement ouverts à un petit groupe d'investisseurs. Il existe tout un éventail de structures d'investissement qui peuvent être utilisées pour assurer aux investisseurs une neutralité fiscale des résultats, et le fonctionnement des règles GloBE ne devrait pas induire de distorsion quant à ces choix.

78. La neutralité fiscale d'un fonds ne veut pas dire pour autant que les revenus des placements ne sont pas imposables. Ils le seront si le pays de la source a fait le choix de les taxer (par exemple, par la mise en place d'une retenue à la source)[14], sachant que l'investisseur ultime peut aussi devoir supporter un impôt supplémentaire, soit lors de la distribution, soit sur le revenu d'investissement accumulé. Les récents progrès dans le domaine de la transparence fiscale, notamment grâce à la mise en œuvre de la Norme d'échange automatique de renseignements relatifs aux comptes financiers en matière fiscale par exemple, ont permis aux administrations fiscales d'accéder plus facilement aux informations dont elles ont besoin pour s'assurer que les revenus des fonds soient imposés comme il se doit en vertu des lois de la juridiction de résidence de l'investisseur.

79. Le fait que le fonds lui-même ne soit pas soumis à l'impôt pour les raisons mentionnées ci-dessus ne soulève donc pas les mêmes préoccupations que celles qui sous-tendent l'objectif poursuivi par les règles GloBE. La neutralité des fonds relève d'un principe spécifique et généralement reconnu de la politique fiscale, qui serait remis en question si les règles GloBE devaient s'appliquer aux revenus

d'investissements des fonds, de sorte qu'un organisme de placement fiscalement neutre par ailleurs pourrait supporter un impôt supplémentaire en vertu des lois d'un autre État. Comme cette approche est d'ores et déjà largement utilisée par les systèmes fiscaux nationaux, exclure les fonds d'investissement du champ d'application des règles GloBE ne confère pas un avantage concurrentiel ni ne crée de distorsions économiques. Il convient donc de préserver ce principe de neutralité fiscale en veillant à ce que les règles GloBE ne s'appliquent pas aux fonds d'investissement.

80. La définition des « fonds d'investissement » s'inspire de la définition d'« entité d'investissement » figurant dans la norme IFRS 10, de la Directive 2011/61/UE sur les gestionnaires de fonds d'investissement alternatifs, et de la définition du FMI concernant les organismes de placement collectif utilisée dans les statistiques de la balance des paiements. Comme il est expliqué dans l'encadré ci-dessus, un fonds d'investissement est une entité ou un dispositif conçu pour mettre en commun les actifs d'investisseurs indépendants (ou d'une ou plusieurs entités exclues), et qui est géré par des professionnels pour le compte de ces investisseurs. Les actifs d'un fonds se composent à la fois d'actifs financiers et non financiers, notamment de droits sur ces actifs, tels que des options. La définition ne s'applique qu'à une entité ou un dispositif établi et réglementé en tant qu'organisme de placement collectif, soit directement dans la juridiction de constitution du fonds, soit indirectement lorsque la juridiction dans laquelle le fonds est établi exige que sa gestion en soit confiée à un gestionnaire de fonds réglementé (qui peut être établi et réglementé dans une juridiction différente). La définition ne s'applique pas aux organismes de placement non réglementés, tels que les sociétés à actionnariat familial.

81. Pour que le fonds soit une entité exclue, il n'est pas nécessaire qu'il jouisse d'un statut fiscal particulier en vertu de la législation de la juridiction dans laquelle il est établi, mais l'entité ou le dispositif doit posséder les caractéristiques d'un organisme de placement collectif, ce qui inclut notamment un gestionnaire professionnel qui investit conformément à une politique d'investissement définie. Un gestionnaire de fonds professionnel peut être un dépositaire ou un courtier chargé de mettre en œuvre la politique d'investissement du fonds, et d'exécuter des transactions pour le compte du fonds. La définition requiert qu'un des investisseurs soit une entité exclue, ou que l'entité ou le dispositif compte au moins deux investisseurs non liés, mais ne limite pas par ailleurs les types ou le nombre d'investisseurs.

82. La dernière partie de la définition précise qu'un fonds d'investissement peut recourir à des structures *ad hoc* pour détenir des actifs ou réaliser certains investissements. Ces entités ou dispositifs fonctionnent en principe dans le cadre de l'infrastructure du fonds proprement dit, et devraient être considérés comme faisant partie de l'entité exclue. L'exclusion des structures *ad hoc* ne s'applique pas aux entités qui exercent ou ont la responsabilité de gérer une activité économique ou commerciale du groupe d'EMN lui-même. La définition couvre également les cas où l'entité ou le dispositif sont détenus par plusieurs fonds d'investissement indépendants, ou par un ou plusieurs fonds d'investissement associés à une autre entité exclue, comme un fonds de pension. La définition prévoit aussi les situations où, pour des raisons réglementaires ou commerciales, le gestionnaire de fonds peut être tenu de détenir une participation *de minimis* dans l'entité ou le dispositif.

83. La définition d'entité exclue énoncée dans l'encadré ci-dessus s'applique aux entités du groupe d'entreprises multinationales qui se trouvent au sommet de la chaîne de détention. Toutefois, cette définition n'aborde pas de manière exhaustive les questions liées aux fonds d'investissement contrôlés (c'est-à-dire un fonds contrôlé par une entité constitutive d'un groupe d'entreprises multinationales qui n'est pas une entité exclue). Par exemple, des règles techniques supplémentaires peuvent être nécessaires pour éviter l'application potentielle de la RIR à un fonds contrôlé dans le cadre de l'approche descendante et des règles de détention partagée. D'autres instructions peuvent également être nécessaires quant au traitement des fonds d'investissement contrôlés dans le cadre de la RPII. Le cadre inclusif entreprendra d'autres travaux techniques concernant le traitement des fonds d'investissement afin de déterminer si des règles supplémentaires sont nécessaires pour préserver la neutralité fiscale des fonds d'investissement dans le cadre du deuxième pilier et d'envisager l'application des règles GloBE aux fonds d'investissement contrôlés, et les résultats de ces travaux seront intégrés dans les règles types.

2.3.2. Fonds de pension

84. Dans de nombreuses juridictions, les revenus que les bénéficiaires tirent de fonds de pension sont exonérés d'impôt. Un grand nombre de juridictions utilisent l'approche « exonéré — exonéré — imposé », en vertu de laquelle les versements dans le fonds sont exonérés d'impôt, les revenus générés le sont aussi, tandis que les bénéfices sont taxés au moment de leur distribution au bénéficiaire. L'exonération fiscale d'un fonds de pension peut être obtenue par divers mécanismes, par exemple en assimilant le fonds à une entité transparente aux fins du droit fiscal interne, ou en lui accordant une exonération ou un privilège spécifique en vertu de la législation fiscale nationale.

85. Le fondement qui sous-tend un tel régime est d'encourager les salariés et les entreprises à mettre en place des structures qui permettent aux salariés d'étaler leurs revenus salariaux de façon plus équilibrée tout au long de leur vie, tout en leur assurant une plus grande cohérence sur le plan fiscal. D'un point de vue économique, ces structures aboutissent à ce que l'impôt sur les revenus salariaux se rapproche des taxes sur la consommation en reportant le paiement de l'impôt jusqu'au moment où le revenu est effectivement dépensé. Le modèle « exonéré — exonéré — imposé » encourage les salariés à décaler la perception d'une partie de leurs salaires en leur permettant de bénéficier, en intégralité, de la valeur non imposée des produits des placements accumulés jusqu'à la date de leur distribution. Plusieurs membres du Cadre inclusif privilégient de plus en plus ce type d'approche, considérant que ces structures de placement constituent un outil essentiel permettant de répondre aux besoins des populations vieillissantes. Dans le cas des régimes de retraite de la fonction publique, l'imposition du fonds de pension résulterait simplement en un flux circulaire inefficace d'impôts et de dépenses, car le gouvernement devrait augmenter les cotisations au fonds pour acquitter l'impôt qui s'y rattache. C'est une logique similaire qui s'applique aux fonds de pension privés, lorsqu'il existe un intérêt général à assurer un revenu de retraite stable afin d'alléger la charge qui pèse sur le système public de sécurité sociale, et lorsque prélever un impôt à court terme aurait pour effet d'augmenter les recettes d'une source pour en financer une autre.

86. L'exclusion des fonds de pension du champ d'application de la RIR et de la RPII préserve la capacité des gouvernements à atteindre leurs objectifs de politique fiscale nationale, qui ont inspiré leurs décisions quant au régime fiscal applicable aux fonds de pension. Procéder autrement compromettrait la politique des fonds de pension consistant à maximiser les rendements pour les bénéficiaires. Les fonds de pension, qui fonctionnent dans la pratique comme un compte d'épargne personnelle à fiscalité avantageuse, ne sont par ailleurs pas en concurrence avec d'autres entreprises exerçant leurs activités à l'international. Il convient donc de préserver cette politique en veillant à ce que les fonds de pension ne soient pas soumis à une imposition minimum.

87. La définition de « fonds de pension » s'inspire de la définition de « fonds de pension reconnu » qui figure dans le Modèle de convention fiscale de l'OCDE (OCDE, 2018[3]), article 3, alinéa (i). Elle a été modifiée pour supprimer la référence au fait que le fonds est imposé comme une personne distincte dans la juridiction de formation, afin de ne pas exclure les fonds de pension constitués sous une forme juridique différente, telle qu'une fiducie. Elle s'applique aux fonds de pension publics et privés, à condition qu'il s'agisse d'un organisme de placement réglementé fournissant des services à des personnes physiques (ou à une catégorie définie de personnes physiques). La définition a aussi été modifiée pour couvrir les cas où une entité qui exerce la fonction visée à l'alinéa (b) de détenir des actifs ou d'investir des fonds pour le compte du fonds de pension n'est pas détenue par ce dernier, mais est établie par une autorité publique.

2.3.3. Entités publiques

88. Dans certains cas, une entité publique peut détenir une participation dans un groupe d'EMN. La plupart du temps, les participations publiques sont détenues par l'intermédiaire d'un fonds souverain. Ces fonds sont généralement créés à partir des excédents de la balance des paiements, des opérations sur devises, du produit de privatisations, d'excédents budgétaires ou de recettes tirées des exportations de

produits de base[15]. La fonction d'un fonds souverain est d'investir ces montants dans le but de répondre aux besoins budgétaires futurs d'un pays, de stabiliser la balance des paiements nationale, et de trouver un juste équilibre entre la consommation intérieure et l'épargne.

89. Il existe différentes approches en matière d'imposition des fonds souverains selon les pays. Ils bénéficient généralement d'une exonération d'impôt dans la juridiction dans laquelle ils sont établis, même si dans certains pays, ils sont imposables et relèvent pour leurs revenus du régime fiscal de droit commun. Dans la juridiction de la source, les pratiques sont plus diverses. Dans certaines juridictions de la source, les revenus d'un fonds souverain étranger peuvent être entièrement exonérés d'impôt, ou uniquement au titre de certaines catégories (comme les revenus des investissements non commerciaux). Cette exonération peut s'appliquer en vertu de la législation fiscale, ou seulement lorsqu'un tel traitement est prévu dans le cadre d'une convention fiscale. Les différentes approches en matière de taxation des fonds souverains témoignent des différents intérêts nationaux et accords mutuels entre juridictions. Elles rendent compte aussi de la diversité des objectifs de l'action publique, comme les différences de conceptions en ce qui concerne l'immunité des États.

90. Lorsqu'une Entité publique telle qu'un fonds souverain présente un TEI faible au sens de la proposition GloBE, il est probable que cela soit lié au régime fiscal spécifique accordé à cette entité en raison de l'exercice de ses fonctions publiques. Dans un tel cas, il serait paradoxal d'exiger un impôt supplémentaire. Sinon, les règles GloBE pourraient avoir pour effet d'inciter les autorités de la juridiction de résidence à s'auto-imposer afin d'éviter que leurs propres revenus ne soient soumis à un impôt supplémentaire dans d'autres États en application de la RPII.

91. La référence, dans la définition, à l'expression « établie par une autorité publique » limite le champ d'application aux entités qui sont, par définition, publiques, y compris lorsqu'elles sont établies en vertu d'une loi spécifique, ou sous la forme d'une entreprise publique. Afin de faire en sorte que l'exclusion des entités publiques n'entraîne pas de distorsions de concurrence à l'égard des entreprises exerçant leurs activités à l'échelle internationale, elle ne vise que les entités qui ont pour principal objet de gérer ou d'investir les actifs de cet État ou de cette juridiction, et/ou de remplir une fonction publique, telle que l'administration de programmes d'intérêt général destinés au grand public. Elle ne s'applique pas si l'entité exerce ou gère une activité économique ou commerciale. Pour éviter toute ambiguïté, le fait de mettre en œuvre l'objectif principal de l'entité (tel que décrit aux paragraphes (b)(i) et (b)(ii) de la définition ci-dessus) ne constitue pas une activité économique ou commerciale.

2.3.4. Organisations internationales

92. La logique qui sous-tend l'exclusion des organisations internationales est similaire à celle qui s'applique aux entités publiques. Les organisations internationales, telles que les organisations supranationales ou les organisations de financement du développement, sont en effet financées par les États. Imposer ces organisations sur le faible montant des bénéfices qu'elles réalisent les priverait de l'avantage des exonérations fiscales qui leur sont accordées en vertu du droit international. La définition de l'expression « organisation internationale » s'inspire de la définition retenue dans la Recommandation du Conseil sur la norme d'échange automatique de renseignements relatifs aux comptes financiers en matière fiscale. Le libellé du paragraphe (b), tiré des Commentaires sur cette norme, précise le sens de l'expression « accord substantiellement similaire ».

2.3.5. Organisations à but non lucratif

93. Il existe diverses organisations à but non lucratif qui œuvrent dans l'intérêt général, et dont l'objet n'est pas la distribution de profits à des actionnaires. Ces entités se voient généralement accorder une exonération fiscale par les juridictions, en reconnaissance de leur utilité publique, afin d'encourager le versement de contributions, et de maximiser les rendements disponibles à l'appui de leurs actions en

faveur de l'intérêt général. Ces exonérations sont la plupart du temps soumises à une série de conditions prévues par le droit interne, que les organisations bénéficiaires sont tenues de respecter, et qui font l'objet d'une vérification par l'administration fiscale.

94. La définition de l'expression « organisation à but non lucratif » est conforme à la définition de l'expression « Entité Non-Financière active » (paragraphe (h)) qui figure dans la Recommandation du Conseil sur la norme d'échange automatique de renseignements relatifs aux comptes financiers en matière fiscale. Lorsqu'une organisation à but non lucratif bénéficie d'une exonération fiscale dans une juridiction, les règles GloBE ne peuvent pas la priver du bénéfice d'un tel régime. Compte tenu du fait qu'elles poursuivent un objectif non lucratif, exclure ces entités du champ d'application des règles GloBE ne devrait pas induire un risque de distorsion de la concurrence entre ces organisations à but non lucratif et des entreprises opérant à l'échelle internationale.

95. Le bénéfice de l'exclusion ne s'applique pas à une entreprise multinationale détenue par une fondation à but non lucratif ou une entité de nature similaire qui sert simplement de société holding pour une entreprise commerciale opérant à l'international. Une organisation à but non lucratif qui exerce des activités commerciales à des fins autres que de bienfaisance ne pourra pas non plus prétendre au bénéfice de l'exception aux règles GloBE. L'exclusion est en outre limitée aux organisations qui ne distribuent pas leurs revenus ou leurs actifs à des personnes privées ou à des organisations non caritatives, hormis dans les situations particulières décrites dans l'encadré ci-dessus.

2.3.6. Entités mères ultimes soumises à certains régimes de neutralité fiscale

96. Afin d'assurer aux investisseurs une neutralité fiscale à l'égard des résultats, certaines entités ou certains dispositifs peuvent être considérés comme transparents à des fins fiscales par une juridiction, ou être autorisés à procéder à des distributions imposables à leurs investisseurs. En vertu de ces régimes de transparence fiscale et de distributions imposables, c'est le propriétaire qui s'acquitte dans la pratique de l'impôt sur les revenus de l'entité, soit en étant imposé directement sur la part des revenus de l'entité qui lui revient (dans le cas d'une structure fiscalement transparente), soit en étant imposé au titre d'un dividende déductible ou de toute autre distribution payée par l'entité (dans le cas d'un régime de distributions imposables).

97. Le régime applicable aux entités constitutives qui sont fiscalement transparentes ou qui procèdent à des distributions imposables est examiné aux sections 3.4.2 et 3.3.4. Ces règles garantissent que tout impôt couvert, payé par les actionnaires, sur les bénéfices attribués ou distribués est pris en compte dans le cadre des règles GloBE et traité comme un impôt payé sur ces bénéfices.

98. Toutefois, lorsque l'entité assujettie à ces régimes de transparence fiscale ou de dividendes déductibles est l'entité mère ultime, les propriétaires qui s'acquittent de l'impôt sur le revenu sous-jacent ne sont pas considérés comme des entités constitutives du groupe d'EMN, et par conséquent, l'impôt payé ne sera pas pris en compte dans le calcul du TEI en vertu des règles GloBE, ce qui pourrait donner lieu à des ajustements au titre de la RPII. Des règles spécifiques à ces régimes sont donc nécessaires.

99. Les règles énoncées dans l'encadré ci-dessus permettent à une entité qui est l'entité mère ultime du groupe d'EMN d'exclure ses propres bénéfices de l'application éventuelle de la RPII, dès lors que ces bénéfices sont éligibles à la neutralité fiscale en vertu d'un régime de transparence fiscale ou de distributions imposables dans la juridiction où cette entité est établie ou enregistrée. Pour qu'une entité mère ultime puisse bénéficier de cette exclusion, le régime doit satisfaire aux critères ci-après :

a. les propriétaires sont assujettis à l'impôt dans cette juridiction sur leur part des bénéfices de l'entité,

b. l'impôt dû par le propriétaire est immédiatement exigible, et

c. les propriétaires sont assujettis à l'impôt à un taux égal ou supérieur au taux minimum.

100. Ces critères sont décrits plus en détail ci-après.

Régimes de transparence fiscale

101. Les régimes de transparence fiscale constituent l'approche la plus courante en matière d'imposition à strate unique. En vertu de ces régimes, l'entité ou le dispositif n'est pas soumis à l'impôt sur ses bénéfices. Les bénéfices sont répartis proportionnellement entre les propriétaires, et ce sont eux qui supportent l'impôt. Comme l'entité n'est elle-même pas soumise à l'impôt, faute de règles spécifiques, ses bénéfices seraient bien souvent imposables en application des règles Globe, car le TEI relatif à ces bénéfices serait généralement nul.

102. Les propriétaires de l'entité mère ultime ne sont pas des entités constitutives, et par conséquent, tout impôt dont ils s'acquitteraient ne serait en général pas pris en compte dans le calcul du TEI en vertu des règles GloBE. À défaut d'une règle spécifique, le fait pour une entité mère ultime de bénéficier d'un régime de transparence fiscale donnerait lieu à un impôt à payer selon les règles GloBE dans la mesure où les bénéfices de l'entité mère ultime seraient soumis à taux d'imposition nul. Les bénéfices d'une entité mère ultime peuvent être imposés au niveau de ses associés, et par conséquent, ne pas être soumis à des taux d'imposition faibles dans l'ensemble. Toutefois, en vertu des règles GloBE, les impôts payés par des propriétaires qui ne sont pas des entités constitutives ne sont généralement pas pris en compte, et ce pour deux raisons. Premièrement, il ne s'agit pas d'impôts payés par le groupe d'EMN. Or les règles GloBE s'appliquent aux groupes d'EMN, et visent à faire en sorte que les bénéfices de ces groupes, et non ceux de leurs propriétaires, soient soumis à un niveau d'imposition minimum. Deuxièmement, il n'est pas possible d'attribuer un impôt payé par les propriétaires d'une entité non constitutive aux entités constitutives, en raison notamment du fait que l'entité mère ultime n'exerce aucun contrôle sur ses propriétaires, et ne peut exiger d'eux qu'ils fournissent les informations nécessaires. Même si les propriétaires étaient disposés à transmettre de telles informations, il serait difficile de dissocier leur impôt dû au titre des bénéfices de l'entité, de l'impôt relatif à d'autres revenus, à moins que la juridiction n'applique un régime d'imposition cédulaire sur les bénéfices de l'entité.

103. Néanmoins, dans certaines circonstances, les administrations fiscales peuvent raisonnablement considérer que les propriétaires d'une entité transparente fiscalement sont soumis à un taux d'imposition supérieur au taux minimum sur la totalité des bénéfices de l'entité. On trouvera dans l'exemple 2.3.6A une illustration de ce type de régime de transparence fiscale applicable aux sociétés relevant du sous-chapitre S (*S corporations*) en vertu des articles 1361 à 1379 du Code fédéral des impôts des États-Unis.

104. Une *S corporation* possède trois caractéristiques indiquant que ses bénéfices seront imposés au niveau des actionnaires à un taux supérieur au taux minimum.

a. Première caractéristique, les propriétaires d'une *S corporation* doivent être des résidents fiscaux américains.

b. Deuxième caractéristique, l'impôt dû au titre de leur part des bénéfices est immédiatement exigible comme si ces bénéfices avaient été perçus directement.

c. Troisième caractéristique, les propriétaires sont généralement soumis à l'impôt sur leur part des bénéfices.

105. Ces caractéristiques signifient que du fait de la conception même du régime applicable aux *S corporations*, les propriétaires devraient en principe être soumis à une imposition immédiate aux États-Unis au titre de leur part des bénéfices de l'entité, à un taux égal ou supérieur au taux minimum. Le régime applicable aux *S corporations* est donc un exemple de régime de neutralité fiscale dans lequel les bénéfices attribuables aux actionnaires ne devraient pas être pris en compte dans la détermination du revenu GloBE. Les mêmes principes que ceux énoncés dans le paragraphe ci-dessus peuvent être appliqués pour déterminer si cette exception peut couvrir d'autres régimes de transparence fiscale.

106. L'analyse des régimes de transparence fiscale décrits dans cette section ne porte que sur les bénéfices des entités mères ultimes, et ne vise que les revenus imposables en vertu du droit de la juridiction de l'entité mère ultime concernée. Dans la majorité des cas, les bénéfices attribués au propriétaire seront imposés dans la juridiction de l'entité mère ultime sur la base de la résidence du propriétaire. Toutefois, lorsque les bénéfices sont attribués à un non-résident mais qu'ils demeurent imposables sur la base de la source dans la juridiction de l'entité mère ultime au taux minimum ou à un taux supérieur, ces bénéfices échapperaient, selon le même principe, aux règles GloBE. D'autres travaux techniques seront entrepris pour déterminer si et dans quelle mesure les impôts perçus en vertu du droit de la juridiction de l'entité mère ultime au titre des bénéfices d'une entité constitutive étrangère (par exemple, un impôt national sur une succursale étrangère) devraient aussi être pris en compte dans la détermination du TEI conformément aux règles GloBE.

Régimes de distributions déductibles

107. Les juridictions peuvent prévoir des régimes fiscaux conçus pour assurer un niveau d'imposition unique sur certaines activités coopératives ou exercées en commun par les contribuables. En vertu de ces régimes, l'entreprise est imposée en règle générale sur ses bénéfices, mais elle a droit à une déduction au titre de certaines distributions effectuées au profit des propriétaires de l'entreprise collective ou de ses participants. Les régimes de déduction attachés aux distributions sont le plus souvent destinés aux fonds d'investissement et à d'autres organismes d'investissement passif exclus du champ d'application des règles GloBE. Les sociétés relevant de ce type de régime et qui peuvent prétendre au statut de fonds d'investissement en vertu de la section 3.3.1 seront exclues de la définition d'entité mère ultime au titre de l'exclusion applicable aux fonds d'investissement, et aucune règle particulière n'est nécessaire. Toutefois, dans un nombre restreint de cas, une entreprise active peut avoir le droit de procéder à des distributions déductibles à ses actionnaires. Par exemple, une coopérative agricole qui achète des pommes à ses membres et les commercialise collectivement peut bénéficier d'une déduction au titre de la distribution des bénéfices tirés de la vente de pommes, proportionnellement aux quantités de pommes achetées auprès de chacun de ses membres. Dans la plupart des cas, il est rare qu'une société coopérative atteigne le seuil de chiffre d'affaires consolidé nécessaire pour relever du champ d'application des règles GloBE. Toutefois, lorsqu'une société relevant d'un régime de distributions déductibles est l'entité mère ultime[16] d'un groupe d'EMN, ce groupe n'est pas un groupe exclu.

108. Les bénéfices de l'entité ne devraient pouvoir échapper aux règles GloBE que si les propriétaires sont imposés dans la juridiction sur leur part des bénéfices de l'entité, si l'impôt est immédiatement exigible, et si les propriétaires sont soumis à l'impôt sur les distributions à un taux égal ou supérieur au taux minimum. D'une manière générale, pour pouvoir prétendre à une déduction, les distributions doivent intervenir durant l'exercice imposable de l'entité ou peu de temps après la clôture. Au regard des règles GloBE, on considère que le deuxième critère est respecté si la distribution a lieu dans un délai raisonnable après la clôture de l'exercice imposable de l'entité. Dans ces circonstances, pour déterminer ses bénéfices aux fins de l'application des règles GloBE, une entité mère ultime qui bénéficie d'un régime de distributions déductibles est autorisée à déduire ces distributions selon les mêmes règles que celles applicables en vertu du droit fiscal local.

109. Les principes exposés ci-dessus ont été utilisés pour éclairer l'examen des régimes fiscaux destinés à préserver la neutralité fiscale. L'analyse qui précède s'intéresse dans les grandes lignes aux types de régimes fiscaux visés par les règles, mais toutes les caractéristiques de conception des régimes de neutralité fiscale pouvant relever du champ d'application des règles ne sont pas décrites ou analysées. Les membres du Cadre inclusif qui introduiraient les règles GloBE devront évaluer leurs propres régimes de neutralité fiscale au regard des principes examinés dans cette section. Comme décrit plus en détail dans la section 10.5.2, le même processus multilatéral destiné à déterminer si une juridiction a instauré une RIR compatible avec la proposition GloBE pourrait être utilisé pour décider si le régime de neutralité

fiscale d'une juridiction est conforme aux principes énoncés dans le présent Blueprint sur le deuxième Pilier.

2.3.7. Application des règles GloBE au transport maritime international

110. Les règles de GloBE sont conçues pour s'appliquer à toutes les entreprises en activité. L'exclusion d'un secteur spécifique pourrait soulever des risques BEPS supplémentaires et des problèmes d'équité entre les différents secteurs d'activité et juridictions. Cela pourrait nuire à l'efficacité des règles GloBE. Toutefois, les caractéristiques uniques du secteur du transport maritime international nécessiteront des travaux supplémentaires pour déterminer si, et dans quelle mesure, les règles GloBE doivent s'appliquer à ce secteur.

111. Le secteur du transport maritime international est soumis à des règles fiscales particulières. La forte intensité de capital, le niveau de rentabilité et le long cycle de vie économique du transport maritime international ont conduit un certain nombre de juridictions à introduire des régimes fiscaux alternatifs ou supplémentaires pour ce secteur. Les taxes, telles que les taxes au tonnage, peuvent permettre d'obtenir des résultats moins volatils pour le transport maritime et fournir une base plus stable pour les investissements à long terme. La disponibilité généralisée de ces régimes fiscaux alternatifs signifie que le transport maritime international opère souvent en dehors du champ d'application de l'impôt sur les sociétés. L'inclusion du transport maritime international dans le champ d'application des règles GloBE soulèverait donc des questions politiques à la lumière des choix politiques de ces juridictions.

112. En outre, si le transport maritime international était inclus dans le champ d'application du deuxième pilier, des questions ont été soulevées concernant les implications de cette inclusion, en notant que l'effet sur les recettes pourrait être limité étant donné que les règles prévoient un report de pertes illimité, l'exclusion d'une portion du revenu basée sur une formule et que les taxes au tonnage constitueraient des taxes couvertes. Enfin, le modèle d'exploitation typique d'une compagnie maritime internationale est tel que la plupart des revenus du transport maritime proviennent de tiers ou d'autres membres du groupe qui sont soumis à des régimes fiscaux faibles ou alternatifs. Cette structure opérationnelle peut faire de la règle relative aux paiements insuffisamment imposé un contrepoids inefficace à la règle d'inclusion des revenus, ce qui signifie que l'application des règles GloBE pourrait entraîner des distorsions de concurrence et des résultats instables.

2.4. Seuil de chiffre d'affaires consolidé

Groupes d'EMN exclus

Les groupes d'EMN dont le chiffre d'affaires total consolidé au cours de l'exercice précédent est inférieur à 750 millions EUR d'euros, ou à un montant équivalent en monnaie nationale sont exclus du champ d'application des règles GloBE. Aux fins de la présente règle :

(a) Le seuil de chiffre d'affaires consolidé du groupe s'applique à toutes les entités constitutives détenues et contrôlées par la même entité mère ultime.

(b) L'expression « exercice fiscal » désigne une période comptable annuelle pour laquelle l'entité mère ultime du groupe d'EMN établit ses états financiers.

113. Les règles GloBE visent les groupes d'EMN dont le chiffre d'affaires annuel consolidé au cours de l'exercice précédent est supérieur à 750 millions EUR ou à un montant équivalent en monnaie nationale. Ce seuil est le même que celui qui s'applique en vertu des règles relatives à la Déclaration pays par pays[17].

2.4.1. Seuil de chiffre d'affaires consolidé

114. La règle générale énoncée dans l'encadré ci-dessus limite l'application des règles GloBE aux groupes d'EMN dont le chiffre d'affaires consolidé est d'au moins 750 millions EUR. Le seuil de 750 millions EUR présente plusieurs avantages.

115. **Synergies avec les règles relatives à la Déclaration pays par pays**, utilisées avec d'autres éléments des règles GloBE, comme les définitions énoncées plus haut qui traitent de la composition des groupes d'EMN. En outre, les groupes d'EMN qui ne sont pas soumis à l'obligation de dépôt d'une Déclaration pays par pays n'ont aucune raison particulière, d'un point de vue financier, de déclarer séparément les bénéfices d'une succursale et du siège social de la même entité, comme ils sont tenus de le faire en vertu des règles GloBE. L'utilisation d'un seuil identique peut aussi faciliter le recours aux options de simplification.

116. **Utilisation des comptes financiers.** Un certain nombre d'éléments constitutifs des règles GloBE reposent sur l'utilisation de comptes financiers consolidés. Une large majorité des groupes d'EMN couverts sont des entreprises (cotées) qui ont une obligation publique de rendre des comptes et sont déjà tenues de communiquer des informations financières consolidées aux investisseurs en vertu des normes IFRS ou d'une norme équivalente[18]. Un seuil plus faible ciblerait un plus grand nombre d'entreprises privées qui ne sont pas tenues de préparer des comptes consolidés (ou qui lorsqu'elles le font, peuvent les établir en application des normes comptables locales).

117. **Éviter les conséquences préjudiciables aux PME.** Le fait d'utiliser le seuil applicable à la Déclaration pays par pays aura pour effet d'exclure les petites et moyennes entreprises (PME) opérant dans plusieurs juridictions, pour lesquelles l'application de ces règles pourrait représenter une charge beaucoup plus lourde. Avec un seuil de chiffre d'affaires de 750 millions EUR, entre 85 % et 90 % des groupes d'EMN seront exclus du champ d'application des règles. Les membres du Cadre inclusif seront par conséquent moins incités de prévoir des exceptions à l'application des règles GloBE pour les PME bénéficiant d'incitations fiscales ciblées au niveau national.

118. **Il permet de préserver l'efficacité des règles GloBE.** Les groupes d'EMN concernés par la Déclaration pays par pays représentent plus de 90 % du chiffre d'affaires réalisé par les entreprises au niveau mondial. En conséquence, l'application d'un seuil de chiffre d'affaires permet de préserver l'efficacité des règles GloBE.

2.4.2. Exercice comptable précédent

119. Le seuil de 750 millions EUR est calculé par référence au chiffre d'affaires total consolidé réalisé par le groupe d'EMN au cours de l'exercice comptable précédent. Cette approche est similaire à celle utilisée pour savoir quels groupes d'EMN sont visés par les règles relatives à la Déclaration pays par pays.[19] Par conséquent, pour déterminer si un groupe d'EMN est tenu d'appliquer les règles GloBE, on prend en compte le chiffre d'affaires consolidé de l'exercice précédent, que le chiffre d'affaires réalisé durant l'année où les règles s'appliquent soit inférieur ou supérieur au seuil.

120. Les paragraphes 1 et 2 de la règle font référence au concept d'« exercice comptable ». Les exercices imposables ne coïncident pas toujours d'une juridiction à l'autre. Dans certaines juridictions, l'année imposable peut correspondre à l'année civile, tandis que d'autres juridictions peuvent retenir une période différente (certaines laissent par exemple leurs contribuables libres de choisir leur exercice imposable). Un exercice comptable peut aussi avoir une durée inhabituelle parce que l'entité ou le dispositif a été créé et/ou a commencé à exercer des activités commerciales en cours d'année. Ces différences justifient qu'il faille définir ce qu'est un exercice comptable aux fins de l'application des règles GloBE. Les entités constitutives d'un groupe d'EMN peuvent être situées dans des juridictions où les exercices imposables se clôturent à des dates différentes, que le choix de cette date soit ou non imposées par les autorités. Le groupe d'EMN utilisera cependant le même exercice comptable pour l'ensemble de ses

entités constitutives dans ses rapports financiers consolidés, car la base d'imposition GloBE est définie principalement à partir des comptes consolidés du groupe d'EMN. Étant donné que le modèle de législation sur la Déclaration pays par pays contient déjà une définition de l'expression « Exercice comptable », et compte tenu des similitudes qui existent entre les règles GloBE et les règles relatives à la Déclaration pays par pays, la règle reprend la définition figurant dans la Déclaration pays par pays, laquelle fait référence à l'exercice comptable du groupe d'EMN pour la préparation des comptes consolidés.

2.4.3. Calcul du seuil de chiffre d'affaires consolidé

121. Le seuil fixé ci-dessus s'applique en fonction du chiffre d'affaires consolidé du groupe d'EMN. Comme indiqué à la section 2.2, la définition de « groupe d'EMN » au sens des règles GloBE, comme des règles relatives à la Déclaration pays par pays, se base sur les normes comptables applicables à l'entité mère ultime pour déterminer si les comptes d'une filiale sont consolidés, et par conséquent s'il s'agit d'une entité constitutive. Le chiffre d'affaires consolidé de toutes les entités constitutives est pris en compte pour la détermination du seuil, que le groupe d'EMN détienne ou non la totalité des participations dans l'entité constitutive. En d'autres termes, aucune déduction au titre des montants revenant aux actionnaires minoritaires d'une entité constitutive ne doit être retenue pour le calcul du chiffre d'affaires total du groupe d'EMN. Le chiffre d'affaires de deux groupes d'EMN ou de différentes entités autonomes qui ne sont pas incluses dans les mêmes comptes consolidés ne doit pas être agrégé, même si les entités sont contrôlées par la même personne (une personne physique, par exemple).

122. Cette situation pourrait se produire dans le cas d'entités d'investissement qui contrôlent deux groupes d'EMN différents. La norme IFRS 10 stipule que des entités d'investissement ne sont pas tenues de consolider une participation dans une filiale, à moins que les fonctions et activités principales de cette filiale consistent à fournir des services en relation avec les activités d'investissement de l'entité. Par conséquent, une entité d'investissement qui est l'actionnaire majoritaire d'au moins deux groupes d'EMN n'aurait en principe pas à consolider ces groupes dans ses états financiers, et ne serait pas non plus considérée comme l'entité mère ultime de ces groupes.

123. L'Exemple 2.4.3 de l'Annexe A illustre cette situation. Un fonds d'investissement contrôle deux groupes d'EMN indépendants qui réalisent chacun un chiffre d'affaires consolidé de 500 millions EUR par an. Si l'entité d'investissement répond à la définition d'une « entité d'investissement » au sens de la norme IFRS 10 ou d'une norme comptable similaire, elle ne sera pas tenue d'inclure les groupes d'EMN dans son périmètre de consolidation. Dans une telle situation, chaque groupe d'EMN dispose en principe de ses propres comptes consolidés, et les groupes sont considérés comme des groupes d'EMN indépendants. À ce titre, il leur appartient de déterminer séparément s'ils atteignent le seuil indiqué dans la présente section.

124. L'approche exposée dans les paragraphes précédents est conforme aux règles relatives à la Déclaration pays par pays. Selon ces règles, un fonds ou une entité d'investissement n'est pas considéré comme l'entité mère ultime d'un groupe d'EMN, à moins que les règles comptables ne lui imposent d'inclure les sociétés détenues en portefeuille dans son périmètre de consolidation. Les instructions relatives à la mise en œuvre de la Déclaration pays par pays stipulent que les fonds ou les entités d'investissement qui sont des entreprises détenues ne sont pas considérés comme des entités constitutives ou membres d'un groupe ou d'un groupe d'EMN, à moins de faire partie du périmètre de consolidation du groupe.

125. Les entités qui sont exclues du champ d'application des règles GloBE ne sont pas considérées comme des entités constitutives d'un groupe d'EMN. Le chiffre d'affaires de ces entités n'est par conséquent pas pris en compte dans le calcul du seuil, même si elles sont consolidées ligne par ligne dans les états financiers d'un groupe d'EMN. En outre, étant donné que ces entités ne seraient pas considérées comme l'entité mère ultime d'un groupe d'EMN, les sous-groupes qu'elles contrôlent seraient comptabilisés comme si l'entité exclue n'était pas l'entité mère à des fins de consolidation.

L'Exemple 2.4.3 de l'Annexe A illustre aussi cette situation, et l'entité d'investissement FUND peut être une entité exclue en application de la section relative aux entités exclues. De plus, le chiffre d'affaires consolidé des autres entités constitutives d'un groupe d'EMN peut nécessiter des ajustements supplémentaires aux fins du calcul du seuil. Par exemple, tous les paiements intragroupe réalisés entre l'Entité exclue et le reste du groupe d'EMN doivent être pris en compte pour déterminer le seuil de chiffre d'affaires, car ces paiements sont éliminés dans les comptes consolidés.

126. D'autres travaux pourraient être entrepris afin d'étudier la possibilité de compléter le seuil de chiffre d'affaires consolidé par une règle anti-évitement ciblée destinée à éviter la fragmentation d'un groupe d'EMN unique en différents sous-groupes dans le but d'échapper au seuil de 750 millions EUR. Il conviendrait de prendre en compte les travaux menés actuellement dans le cadre du processus d'examen 2020 de la Déclaration pays par pays (standard minimum de l'Action 13 (OCDE, 2015[2])), et les résultats de ces travaux seraient intégrés dans l'élaboration des règles types (voir section 10.5.1 ci-dessous).

Références

IWG (2008), *Generally Accepted Principles and Practices — "Santiago Principles"*, IWG, https://www.ifswf.org/sites/default/files/santiagoprinciples_0_0.pdf. [4]

OCDE (2019), *Instructions relatives à la mise en œuvre de la déclaration pays par pays*, OECD Publishing, OECD, https://www.oecd.org/fr/fiscalite/beps/instructions-relatives-a-la-mise-en-oeuvre-de-la-declaration-pays-par-pays-beps-action-13.pdf. [1]

OCDE (2018), *Modèle de Convention fiscale concernant le revenu et la fortune : Version abrégée 2017*, OECD Publishing, Paris, https://doi.org/10.1787/mtc_cond-2017-fr. [3]

OCDE (2015), *Documentation des prix de transfert et déclaration pays par pays, Action 13 - Rapport final 2015*, Projet OCDE/G20 sur l'érosion de la base d'imposition et le transfert de bénéfices, Éditions OCDE, Paris, https://dx.doi.org/10.1787/9789264248502-fr. [2]

Notes

[1] Le terme « entreprise » est utilisé dans les définitions de « groupe » et de « groupe d'EMN » dans le modèle de législation relatif à la Déclaration pays par pays. Ce terme est repris dans la définition afin d'assurer une cohérence entre les définitions utilisées pour les règles GloBE et pour la Déclaration pays par pays. À cette fin, le terme « entreprise » est considéré comme globalement équivalent au terme « unité opérationnelle », qui est utilisé dans la définition d'entité constitutive.

[2] Voir OCDE (2015), Rapport final de 2015 de l'OCDE sur l'Action 13 - Documentation des prix de transfert et déclaration pays par pays, Projet OCDE/G20 sur l'érosion de la base d'imposition et le transfert de bénéfices, Éditions OCDE, Paris, page 39 (OCDE, 2015[2]).

[3] Voir le rapport de 2015 sur l'Action 13 du BEPS (ci-dessus), page 39 (OCDE, 2015[2]).

[4] Voir le rapport de 2015 sur l'Action 13 du BEPS (ci-dessus), page 39 (OCDE, 2015[2]).

[5] En résumé, et comme expliqué plus en détail ci-après, les définitions retenues au titre de la Déclaration pays par pays et des règles GloBE divergent sur les points suivants : 1) la référence aux « groupes exclus » (alinéa (ii)) a été supprimée de la définition de « groupe d'EMN » dans les règles GloBE, dans la mesure où celles-ci font référence au seuil de 750 millions EUR énoncé dans une règle distincte ; 2) le terme « unité opérationnelle » a été supprimé de l'alinéa (a) de la définition d'entité constitutive » à des fins de clarification du critère d'obligation de consolidation présumée ; 3) une phrase a été ajoutée à la fin de la définition « d'entité constitutive » en référence aux entités exclues conformément à la section 1.2. Des modifications mineures de forme ont également été introduites afin de se conformer à la conception générale des règles GloBE.

[6] Les définitions retenues pour la Déclaration pays par pays sont en cours d'évaluation dans le cadre du processus de réexamen de 2020 de la déclaration pays par pays (standard minimum de l'Action 13 du BEPS).

[7] Cette approche est conforme au paragraphe 20 de la norme IFRS 11, de même qu'aux Instructions relatives à la mise en œuvre de la déclaration pays par pays (décembre 2019). Voir *Traitement d'une entité détenue et/ou exploitée par plusieurs groupes d'entreprises multinationales non liés* (page 19).

[8] En vertu de cette section, une entité ou une construction juridique est considérée comme créée dans une juridiction si elle a été constituée, organisée ou établie conformément à la législation interne de cette juridiction.

[9] Une EMN qui détient une participation inférieure à 20 % dans une société comptabilisera généralement cet investissement en actif financier non courant dans ses comptes consolidés (voir, par exemple, la norme IFRS 9 - Instruments financiers).

[10] Paragraphe 3 de la norme IAS28. Fondation IFRS

[11] Le terme « Entreprise associée » est un terme comptable dont le sens est différent du même terme utilisé dans le contexte des prix de transfert.

[12] Sont incluses les opérations conjointes pour lesquelles une partie des actifs, passifs, produits et charges sont comptabilisés selon la méthode de l'intégration globale. Voir la section 2.2.2.

[13] Paragraphe 16 de la norme IFRS 11. Fondation IFRS.

[14] Les conventions de double imposition limitent en règle générale les droits d'imposition du pays de la source sur les dividendes, les intérêts et les plus-values perçus par le résident d'un autre pays. Pour des raisons de procédure cependant, les fonds d'investissement et/ou les investisseurs ne peuvent pas toujours bénéficier des allègements auxquels ils peuvent prétendre au titre de la retenue à la source en vertu de ces conventions, ce qui donne lieu à une surimposition.

[15] Voir Groupe de travail international sur les fonds souverains, Principes de Santiago, octobre 2008, Annexe 1 (IWG, 2008[4]) ; également reproduits dans le Modèle de Convention fiscale de 2017 (OCDE, 2018[3]), Commentaires sur l'article 4, paragraphe 8.5.

[16] La section 3.3.4 prévoit des règles spéciales visant les dividendes distribués par des entités constitutives soumises à un régime de distributions déductibles, et les dividendes distribués à des entités constitutives par des sociétés soumises à un régime de distributions déductibles. Ces règles garantiraient que les bénéfices de l'entité constitutive ne soient pas soumis aux règles GloBE au niveau de l'entité simplement en raison d'une déduction des dividendes payés, préservant ainsi les règles d'imposition à niveau unique

de la juridiction, et veilleraient à ce que la part des bénéfices de l'entité détenue par le groupe d'EMN reste elle soumise aux règles GloBE.

[17] Voir la section 10.3.

[18] Voir la section 3.3.13.3.1 ci-après *Bénéfice ou perte déterminé(e) selon les normes comptables*.

[19] Cette règle fait actuellement l'objet d'une revue dans le cadre du réexamen de 2020 de la Déclaration pays par pays.

3 Calcul du TEI selon les règles de GloBE

3.1. Synthèse

127. Ce chapitre expose les principes à appliquer pour déterminer le taux effectif d'imposition (TEI) d'un groupe d'entreprises multinationales (EMN) selon les règles de GloBE (ci-après les « règles GloBE »). Le TEI selon les règles GloBE s'obtient en divisant le montant des impôts couverts par le montant du résultat tel que déterminé selon les règles GloBE. La section 3.2 ci-dessous expose la définition des impôts couverts, après quoi la section 3.3 décrit la méthodologie du calcul du résultat d'ensemble d'un groupe d'EMN pour les besoins de GloBE. Comme l'explique la section 3.3, les règles GloBE prennent comme point de départ les comptes financiers qui sont établis selon la même norme comptable que celle utilisée par l'entité mère de l'EMN pour préparer ses comptes consolidés. Les règles imposent ensuite de procéder à des ajustements de ces comptes financiers afin d'éliminer de la base d'imposition certains produits, tels que les dividendes intragroupe, et de déduire certaines charges, telles que les rémunérations en actions déductibles fiscalement. Toujours en section 3.3 sont exposées plusieurs modifications pouvant être apportées à la base d'imposition pour lisser les différences temporelles dans la comptabilisation des éléments de résultat et des impôts. La première modification (point 3.3.5) porte sur les différences temporelles qui peuvent se produire du fait de la comptabilisation immédiate en charges et de l'amortissement accéléré des actifs en vertu de la législation locale. La deuxième modification (point 3.3.6) porte sur les différences temporelles survenant avec les systèmes d'IS qui taxent les distributions de dividendes. Enfin, le point 3.3.7 décrit le cas particulier de la prise en considération d'une aide publique d'urgence dans la définition de la base d'imposition.

128. La section 3.4 expose comment le TEI GloBE se calcule juridiction par juridiction. Le calcul du TEI par juridiction nécessite d'affecter le résultat et les impôts aux juridictions dans lesquelles l'EMN exerce ses activités et est imposable. En règle générale, le résultat de l'EMN est attribué à la juridiction de l'entité constitutive qui a perçu les revenus, chaque établissement stable étant traité comme une entité constitutive distincte. Les impôts couverts auxquels ces revenus sont soumis sont ensuite affectés à la juridiction à laquelle les revenus ont été attribués. Des règles spéciales s'appliquent aux entités qui sont fiscalement transparentes et qui n'ont pas de juridiction fiscale de résidence.

3.2. Impôts couverts

Définition des impôts couverts

Par « impôts couverts », on entend tout impôt sur l'ensemble des bénéfices ou revenus (y compris les bénéfices distribués) réalisés par une personne morale (« entité »), ainsi que tout impôt équivalent à l'impôt sur les sociétés (« IS ») de droit commun. Les impôts couverts comprennent également les impôts sur les bénéfices non distribués et les capitaux propres des entreprises.

Un impôt est un versement obligatoire et sans contrepartie à l'État.

129. La définition des impôts couverts aligne le numérateur (c'est-à-dire le chiffre des impôts couverts) et le dénominateur (c'est-à-dire le chiffre du résultat net) dans le calcul du TEI au titre de GloBE afin que les impôts pesant sur les revenus pris en compte dans la base d'imposition GloBE soient considérés comme des impôts couverts aux fins de la détermination du TEI GloBE. La définition des impôts couverts est applicable uniquement aux fins des règles GloBE et n'a aucune interaction directe avec l'article 2 (Impôts visés) du Modèle de convention fiscale de l'OCDE (OCDE, 2018[1]), qui a pour but distinct d'éliminer la double imposition. Les impôts qui ne répondent pas à la définition des impôts couverts selon GloBE, tels que les droits d'accises et les charges sociales, seront traités comme déductibles dans le calcul de la base d'imposition de GloBE (c'est-à-dire comme des réductions du dénominateur dans le calcul du TEI GloBE).

130. La définition des impôts couverts englobe non seulement les impôts qui s'appliquent aux revenus au moment où ceux-ci sont générés, mais aussi ceux qui s'appliquent à une distribution ultérieure de bénéfices. La définition s'étend en outre à tout impôt appliqué en lieu et place d'un impôt sur les bénéfices de droit commun (notion d'« équivalence »). Elle couvre également les impôts sur les bénéfices non distribués et sur les capitaux propres des sociétés. Pour déterminer si un impôt est un impôt couvert, on s'intéressera en priorité au caractéristiques sous-jacentes de l'impôt. Ce qui détermine le caractère d'un impôt n'est pas son appellation ou le mécanisme mis en œuvre pour le percevoir (retenue à la source, par exemple). Qu'un impôt soit prélevé en vertu des règles d'imposition des sociétés d'une juridiction, ou en vertu d'un régime ou d'une loi distincts n'a aucune incidence sur son caractère sous-jacent. Le fait qu'un impôt soit déductible n'est pas pertinent pour déterminer s'il s'agit d'un impôt couvert.

131. La définition de l'impôt est fondée sur celle utilisée de longue date par l'OCDE à des fins statistiques – la même définition étant également employée par de nombreuses organisations internationales (FMI, Banque mondiale, Nations unies, Union européenne) (OCDE, 2018[2]) – et qui qualifie d'impôt tout paiement obligatoire et sans contrepartie aux administrations publiques. Les « administrations publiques » selon leur définition aux fins du système des comptes nationaux de l'OCDE et des Nations unies recouvrent l'administration centrale, les établissements publics sous sa tutelle, les administrations d'États fédérés et des collectivités locales et leurs services publics (OCDE, 2018[2]). Les impôts sont sans contrepartie en ce sens que les transferts effectués par l'État au contribuable ne sont pas proportionnels à leurs paiements. Ainsi, les droits et paiements pour des avantages, services, biens ou autres prestations fournis par les administrations publiques ne constituent pas des impôts. De même, les impôts ne comprennent pas les amendes et pénalités, ni les intérêts et autres frais assimilés relatifs au règlement des obligations fiscales après la date d'échéance applicable.

3.2.1. Principes de conception

132. L'accord sur une définition des impôts couverts pour les règles GloBE a été guidé par un certain nombre de principes :

- **S'aligner sur la base d'imposition GloBE et éviter la double imposition.** La base d'imposition GloBE couvrant un large éventail de revenus et de gains, il est impératif que le calcul du TEI GloBE adopte également une définition élargie des impôts couverts afin de tenir compte de la conception actuelle et future des systèmes fiscaux et d'éviter le risque de double imposition.
- **Faciliter des résultats clairs et cohérents.** Pour améliorer la mise en conformité et l'administration des règles, et pour garantir des conditions de concurrence équitables, GloBE exige une définition des impôts couverts qui soit transparente et claire dans son application, et qui produise des résultats cohérents et prévisibles.
- **Éviter la nécessité d'une analyse légaliste des caractéristiques techniques spécifiques de la conception des impôts dans les différentes juridictions.** La définition des impôts couverts se concentre sur les caractéristiques sous-jacentes de l'impôt et évite d'avoir à procéder à une analyse légaliste des nuances techniques de certains impôts prélevés par chaque juridiction afin de déterminer si ceux-ci répondent à la qualification d'impôt couvert.
- **Permettre les différences temporelles dans l'application de l'impôt en vertu de la législation locale.** La définition des impôts couverts est conçue pour tenir compte des effets des différences temporaires afin que GloBE n'entraîne pas d'imposition supplémentaire en cas d'asymétries temporaires entre la comptabilisation d'un résultat et son imposition.

133. Les principes énoncés ci-dessus sous-tendent la définition des impôts couverts qui a été mise au point pour GloBE et qui est développée dans le commentaire ci-dessous. Le commentaire explique comment cette définition est appliquée à certaines caractéristiques de conception communes des impôts dans de nombreuses juridictions membres du Cadre inclusif. Le commentaire ne décrit pas et ne couvre pas toutes les caractéristiques de conception de chaque impôt pouvant relever de la définition. Afin d'apporter une certaine sécurité aux EMN et de garantir une application cohérente des règles, les membres du Cadre inclusif ont adopté une définition commune des impôts couverts. La cohérence dans l'application de cette définition pourrait être assurée par des orientations supplémentaires, le cas échéant élaborées dans le cadre de la mise au point de règles types (voir section 10.5.1).

3.2.2. Impôts sur les revenus

134. Bien qu'il n'en existe pas de définition internationalement reconnue, les impôts sur les « revenus » (terme générique couvrant les notions plus précises de « résultat » ou de « bénéfices », selon le contexte) sont, d'une manière générale, des prélèvements taxant un flux monétaire ou la valeur de gains monétaires réalisés par un contribuable au cours d'une période donnée. Les impôts sur les revenus tiennent compte des dépenses liées à la production du flux monétaire, afin de chiffrer l'enrichissement net (l'augmentation de l'actif net) du contribuable pour la période. Une définition des impôts couverts qui s'applique au résultat calculé sur une base nette (plutôt que brute) est conforme à la définition de l'impôt sur les revenus à des fins comptables ; par conséquent, a priori, un impôt reconnu comme impôt sur le résultat à des fins comptables devrait généralement être un « impôt couvert » en vertu des règles GloBE.

135. Il est clair, en revanche, qu'un impôt ne doit pas forcément mesurer l'évolution exacte de l'actif du contribuable pour être qualifié d'impôt sur les revenus. Une définition des impôts couverts qui obligerait les contribuables et les agents de l'administration fiscale à entreprendre une analyse technique plus précise de chaque type d'impôt afin de déterminer si tel impôt retient le bon montant de charges affectées à la production du résultat imposable serait lourde à appliquer et source d'incertitude dans la détermination du TEI. Aussi la définition des impôts couverts comprend les impôts qui permettent une estimation simplifiée du bénéfice net. Par exemple, un impôt qui autorise seulement la déduction de certaines charges supportées pour percevoir les revenus concernés serait considéré comme un impôt sur le résultat, à condition que l'engagement des dépenses en question puisse raisonnablement être considéré comme indissociable de la génération de ce résultat. De même, un impôt sur les bénéfices qui autorise une déduction forfaitaire en lieu et place des dépenses réelles est généralement considéré comme un impôt

sur le résultat si le montant de la déduction est fondé sur une méthode raisonnable d'estimation des dépenses en question. Un impôt sur le résultat brut ou sur les recettes avant toute déduction (c'est-à-dire, sur le chiffre d'affaires) ne serait pas considéré comme un impôt sur les revenus. Par leur conception et leur substantialité, les taxes sur le chiffre d'affaires présentent généralement plus de similitudes avec des taxes sur la consommation ou sur les ventes. La définition des impôts couverts ne s'applique donc pas à un impôt sur un montant brut, à moins qu'il ne s'agisse d'un impôt qui tient lieu d'impôt sur les bénéfices (voir le point 3.2.3).

136. Les impôts ou les surtaxes sur le résultat net provenant d'activités spécifiques, telles que les activités bancaires ou la prospection et la production pétrolières et gazières, qu'ils s'appliquent ou non en sus d'un impôt sur les bénéfices de droit commun, relèveraient également de la définition générale des impôts couverts. Dans cette catégorie entrerait une taxe distincte sur les ressources imposée au résultat net ou aux bénéfices de l'activité d'extraction (ou une composante d'une taxe multiple s'appliquant au résultat net ou aux bénéfices). Cependant, toute taxe sur les ressources étroitement liée aux activités d'extraction – p. ex., établie sur une base forfaitaire, ou sur la quantité, le volume ou la valeur des ressources extraites, plutôt que sur le résultat net ou les bénéfices – ne serait pas considérée comme un impôt couvert, sauf si elle répond au critère de l'« équivalence » expliqué ci-dessous.

137. Un impôt additionnel qui opère un prélèvement complémentaire sur le résultat net des entités nationales relèverait également de la définition des impôts couverts ; mais les impôts additionnels qui s'appliquent à autre chose que le résultat net ne correspondraient pas au principe général de la définition, n'étant pas des prélèvements qui taxent des revenus nets. Comme indiqué ci-dessus, les impôts sur le résultat net prélevés au niveau des États fédérés et des collectivités locales entrent dans les impôts couverts, même lorsqu'ils sont déductibles aux fins de l'impôt sur les revenus prélevé au niveau de l'État central. Les impôts sur le résultat net attribués à une juridiction au titre du Pilier Un seraient aussi considérés comme des impôts couverts en vertu de GloBE (cf. section 3.3.4 sur les ajustements à opérer au titre des résultats du Pilier Un pour les ajustements à la base d'imposition GloBE).

138. Dans le cadre d'un régime d'imputation des crédits d'impôt, l'impôt par lequel une juridiction taxe les revenus d'une société donne lieu à un crédit, qui peut être affecté à une distribution ultérieure et utilisé par un actionnaire résident pour éviter ou réduire l'impôt dont il est redevable au titre de cette distribution en vertu de la législation de ladite juridiction. Un système d'imputation est conçu pour assurer un niveau unique d'impôt sur les sociétés, en vertu duquel une partie de l'impôt acquitté par la société peut être déduite de l'obligation fiscale incombant à l'actionnaire au titre des distributions de dividendes. D'une certaine manière, une partie de l'impôt acquitté par la société peut ainsi être considérée comme le paiement anticipé de l'obligation fiscale de l'actionnaire. Cependant, le fait qu'un actionnaire puisse ultérieurement bénéficier d'un crédit indirect pour l'impôt payé par la société sur le revenu sous-jacent n'empêche pas de classer l'impôt sur les sociétés dans les impôts couverts. Les régimes d'imputation qui protègent les actionnaires résidents contre la double imposition économique en vertu de la législation de la même juridiction sur les mêmes revenus sont équivalents, en ce sens, à d'autres mécanismes, tels que les crédits d'impôt étrangers, les exemptions et les taux préférentiels, destinés à protéger les actionnaires nationaux contre la double imposition économique sur les distributions de revenus précédemment imposés. L'impôt sur les sociétés payé dans le cadre d'un système d'imputation qui vise à prévenir la double imposition économique au niveau de l'actionnaire résident (et qui n'accorde pas de crédits ou de remboursements aux non-résidents) est correctement considéré comme un impôt couvert à condition que l'actionnaire résident soit assujetti à l'impôt. Cependant, lorsque le régime d'imputation permet le remboursement des impôts payés sur les distributions versées à un actionnaire non-résident qui n'est pas redevable de l'impôt en vertu de la législation nationale, le régime va au-delà de l'élimination de la double imposition économique d'un même revenu en vertu des lois d'une même juridiction en prévoyant, à la place, le remboursement des impôts couverts acquittés les années précédentes. En conséquence, une distribution versée à un non-résident qui donne lieu à un remboursement d'impôts couverts (soit à la société, soit à l'actionnaire) au titre d'une distribution versée à un non-résident doit être traitée comme un

remboursement ou une réduction des impôts couverts dans l'année où cette distribution est effectuée. De même, lorsqu'un régime d'imputation permet un remboursement d'impôts pour des distributions effectuées à une société actionnaire résidente qui n'est généralement pas assujettie à l'impôt sur ces distributions (par exemple en raison d'une exonération des participations) et qui n'est pas une entité exclue[1], cela doit être traité comme une réduction des impôts couverts dans l'année où cette distribution est effectuée. En revanche, lorsqu'un régime d'imputation permet un remboursement d'impôts pour les distributions effectuées à un actionnaire résident qui est généralement assujetti à l'impôt, ou qui est une entité exclue, cela ne doit pas être traité comme une réduction des impôts couverts aux termes de GloBE.

3.2.3. Impôts équivalents à un impôt sur les sociétés de droit commun

139. La définition des impôts couverts comprend les impôts équivalents à un impôt sur les sociétés (IS) de droit commun. Un IS de droit commun peut être un impôt qui s'applique à toutes les sociétés résidentes ou un impôt qui s'applique habituellement aux sociétés résidentes appartenant à grand groupe multinational. Un IS de droit commun comprendrait également un impôt sur les revenus appliqué à une société, mais auquel sont également assujettis d'autres contribuables tels que des particuliers. Le critère d'« équivalence » inclut les impôts qui ne répondent pas à la définition de l'impôt sur les sociétés de droit commun, mais qui fonctionnent comme substituts d'un tel d'impôt. Ce critère, qui sera familier à certaines administrations fiscales dans le cadre de leurs règles sur les crédits d'impôt étrangers, engloberait généralement les retenues à la source sur les intérêts, les loyers et les redevances, ainsi que certains impôts sur d'autres catégories de paiements bruts tels que les primes d'assurance, dans la mesure où ces impôts se substituent à un impôt sur les revenus de droit commun.

140. Le concept d'« équivalence » couvre également les impôts qui sont perçus sur une autre base – p. ex., le nombre d'unités produites ou la surface commerciale – et qui sont utilisés comme équivalents d'un impôt sur les sociétés de droit commun aux termes de la législation de la juridiction. Lorsque, par exemple, une juridiction prévoit une méthodologie simplifiée pour calculer les revenus d'une catégorie particulière d'entreprises ou d'investissements et que l'impôt correspondant est mis en œuvre à la place d'un IS de droit commun, cet impôt doit être considéré comme un impôt couvert. Cela inclut un impôt sur le rendement présumé des participations dans des sociétés étrangères. Il comprend également des impôts tels que les taxes au tonnage qui déterminent les bénéfices et revenus sur la base de la capacité de la société à gagner un revenu comme un équivalent de l'impôt sur les bénéfices des sociétés. En général, lorsqu'un contribuable opte pour un régime de taxation au tonnage, il choisit de ne pas être soumis aux règles de l'impôt sur les sociétés de droit commun[2]. Un impôt prélevé sur une autre base (c'est-à-dire autre que le résultat net) par l'administration fiscale d'un État fédéré ou d'une collectivité locale, qui peut être déduit d'un impôt sur les bénéfices de droit commun perçu par l'État central, serait également considéré comme un impôt selon le critère de l'« équivalence » dans la mesure où il est déduit de l'IS dans la même juridiction. De tels impôts « locaux » peuvent être considérés comme se substituant (partiellement ou totalement) à un impôt sur les bénéfices de droit commun et comme un moyen administrativement efficace de transférer des ressources de l'État central aux administrations locales au sein d'une même juridiction. Un impôt prélevé sur une autre base qui s'applique en sus, et non au lieu, d'un impôt sur les bénéfices de droit commun en vertu de la législation de la juridiction ne répondrait pas au critère de l'« équivalence » aux fins de la qualification en impôt couvert.

3.2.4. Impôts sur les réserves et les capitaux propres

141. Certaines juridictions imposent les capitaux propres nets des entreprises en plus de leurs bénéfices. Les capitaux propres d'une société sont composés des réserves (la part des bénéfices non répartis du résultat après impôt) et du capital social apporté par les actionnaires. L'imposition des capitaux propres des sociétés peut être intrinsèquement liée à la conception des systèmes d'impôt sur les bénéfices des sociétés. Par exemple, la législation d'une juridiction peut permettre l'imputation d'un crédit d'IS sur

un impôt visant les capitaux propres, de telle sorte qu'une société sera autorisée à réduire l'impôt sur les capitaux propres jusqu'à concurrence du montant de l'IS qu'elle paie dans cette juridiction. L'impôt sur les capitaux propres peut également servir de complément à l'impôt sur les bénéfices dans le cadre de l'approche globale d'une juridiction en matière d'imposition des activités des sociétés dans cette juridiction. Par exemple, certains impôts sur les capitaux propres peuvent intégrer un élément d'impôt minimum dans leur conception. Ces impôts sur les capitaux propres font donc partie intégrante de la fiscalité globale des sociétés dans ces juridictions. D'un point de vue économique, un impôt sur les capitaux propres peut être envisagé comme un impôt sur les bénéfices ex ante. Pour ces raisons, ce type d'impôt sur les capitaux propres doit être considéré comme un impôt couvert au sens des règles GloBE.

3.2.5. Impôts appliqués sur plusieurs composantes

142. Certaines juridictions mettent en place des prélèvements pour lesquels la base d'imposition comporte plusieurs composantes. Lorsque tous les éléments de la base d'imposition entrent dans la définition des revenus ou des bénéfices visés par les règles GloBE, l'impôt doit être inclus intégralement dans la définition des impôts couverts. D'autres impôts peuvent être prélevés au titre des activités d'une société dans une juridiction, et d'un point de vue administratif et conceptuel, faire partie du système d'IS dans ces juridictions, mais ils peuvent comprendre à la fois un élément de revenu et un élément non lié au revenu. Lorsqu'un tel impôt est majoritairement un impôt sur le revenu d'une entité et qu'il serait administrativement lourd de le scinder en deux composantes distinctes (un élément de revenu et un élément non lié au revenu), cet impôt doit être considéré comme entièrement visé par les règles GloBE. Cette approche permettrait de minimiser la complexité des règles GloBE et d'éviter la surcharge administrative et les surcoûts de mise en conformité qu'entraînerait l'obligation de séparer les différentes composantes de ces impôts aux fins du calcul du TEI. Elle est, en outre, conforme au principe général selon lequel la définition des impôts couverts doit être axée sur le caractère sous-jacent de l'impôt et éviter la nécessité d'une analyse légaliste des nuances techniques de certains impôts pratiqués par chaque juridiction.

143. Un exemple d'impôt couvert à composantes multiples est la zakat, impôt (à caractère religieux) sur le capital foncier et mobilier acquitté par les sociétés dans le Royaume d'Arabie saoudite, qui est décrite dans l'exemple 3.2.5-1A. La zakat fonctionne comme un impôt sur les revenus, sur les capitaux propres ou sur l'ensemble des revenus et capitaux propres, et il est donc correct de la classer dans les impôts couverts au titre de GloBE.

3.2.6. Impôts sur les bénéfices distribués

144. Conformément au principe de prise en compte des différences temporaires, le moment où un prélèvement a lieu n'a aucune incidence sur la définition des impôts couverts. En conséquence, les impôts sur les bénéfices d'une société distributrice qui s'appliquent au moment où ces bénéfices sont distribués sont des impôts couverts, que la distribution soit imputable aux réserves de l'exercice ou aux bénéfices accumulés lors des exercices précédents (Voir la section 3.3.6. pour plus de précisions sur la modification du calcul du TEI selon les règles GloBE pour les entités assujetties à un régime d'IS imposant les distributions).

3.2.7. Impôts payés en vertu des règles concernant les SEC

145. Les impôts payés en vertu des règles relatives aux sociétés étrangères contrôlées (SEC) sont considérés comme des impôts couverts aux fins de GloBE, à condition qu'ils soient prélevés sur le résultat de la SEC qui est attribué aux actionnaires dans la juridiction de l'entité mère. Ces impôts sur les SEC doivent être affectés, dans la mesure du possible, à la juridiction d'où sont issus les revenus sous-jacents (c'est-à-dire à la juridiction de la SEC) et doivent être exclus du calcul du TEI si les revenus sous-jacents sont exclus (voir la section 3.4.2 *Attribution des revenus et des impôts d'une entité aux différentes*

juridictions pour un développement sur le traitement des revenus de la SEC et des impôts afférents dans le calcul du TEI selon GloBE).

3.2.8. Impôts non couverts

Impôts sur la consommation et sur les ventes

146. Les impôts sur la consommation, tels que les impôts sur les ventes et les taxes sur la valeur ajoutée (TVA), ne sont pas visés par les règles GloBE. Ces impôts sont calculés par référence au montant versé en contrepartie d'une prestation définie et non par rapport au revenu net d'un contribuable.

Droits d'accises

147. Les accises et autres taxes sur les facteurs de production ne sont pas des impôts couverts au sens des règles GloBE. Ces taxes sont liées à un facteur de production spécifique qui ne représente pas un accroissement de revenus.

Taxes sur les services numériques

148. Les taxes sur les services numériques (TSN), telles qu'elles sont actuellement envisagées par plusieurs membres du Cadre inclusif, sont généralement conçues pour s'appliquer aux recettes brutes provenant de la fourniture de certains services numériques ; à ce titre, elles ne seraient donc pas considérées comme des impôts sur les revenus. Les TSN sont généralement conçues pour s'appliquer en sus, et non au lieu, d'un IS de droit commun en vertu de la législation d'une juridiction, et ne répondraient donc pas non plus au critère de l'« équivalence » pour les impôts couverts.

Droits de timbre et autres droits de mutation

149. Les droits de timbre, les taxes ad valorem et les autres taxes qui frappent une transaction particulière ne sont pas des impôts sur le résultat ou des impôts tenant lieu d'impôt sur les bénéfices. Ils sortent donc du champ d'application de la définition des impôts couverts.

Taxes sur les salaires et cotisations de sécurité sociale

150. Les taxes sur les salaires et autres impôts fondés sur l'emploi, de même que les cotisations de sécurité sociale, ne sont pas des impôts couverts en vertu des règles GloBE. Les impôts sur les salaires et les cotisations de sécurité sociale que doit acquitter un employeur ne sont pas fonction de ses revenus. Cela correspond à la conception bien établie selon laquelle les impôts sur les salaires et les cotisations de sécurité sociale sont prélevés sur les revenus du travail (c'est-à-dire les salaires et, dans certains cas, les revenus des particuliers) et non sur les bénéfices des entreprises. En revanche, les charges salariales et les cotisations de sécurité sociale sont généralement déductibles des bénéfices de l'entreprise, de la même manière que les salaires sont déduits de son résultat. Les charges salariales et les cotisations de sécurité sociale seront également incluses dans la composante « masse salariale » de l'exclusion du GloBE d'une portion du revenu fondée sur la substance, calculée selon une formule (section 4.3).

Impôts sur la propriété

151. Les impôts sur la propriété de biens ou de catégories de biens spécifiques se distinguent des impôts sur les capitaux propres des sociétés et ne devraient pas constituer des impôts couverts au sens des règles GloBE. L'imposition des capitaux propres d'une société couvre généralement un éventail d'actifs plus large que ceux qui sont couverts par les impôts sur la propriété. Ces derniers reposent sur la valeur estimée des biens possédés, souvent sans tenir compte de la possibilité qu'un passif s'y attache.

Elle n'est pas fondée sur les revenus, les bénéfices non répartis ou les capitaux propres de l'entreprise. Elle ne tient pas lieu, non plus, d'impôt sur les revenus de droit commun.

152. En outre, l'inclusion des impôts sur la propriété dans les impôts couverts tendrait à privilégier les actifs possédés par rapport aux actifs loués. Dans bien des cas, le choix de la possession par rapport à la location des actifs est une décision de structure ou de financement de l'entreprise. Dans d'autres, le traitement d'un mécanisme de financement en acquisition ou en location dépend de règles comptables qui n'ont aucun rôle au regard des objectifs politiques de GloBE. Il n'y a aucune raison apparente de favoriser la propriété par rapport à la location des actifs au titre de GloBE.

153. Un impôt sur la propriété qui réduit la valeur estimée d'un bien imposable en fonction des passifs qui y sont associés peut être considéré comme analogue à un impôt sur les capitaux propres, puisque l'actif net d'une société est la différence entre la valeur de ses actifs et de ses passifs. Cependant, les impôts sur les capitaux propres ne sont généralement pas fondés sur les actifs spécifiques détenus par une société, bien que certaines catégories d'actifs aient le pouvoir de réduire la base d'imposition des capitaux propres. En outre, pour déterminer les capitaux propres d'une société, on prend en considération l'ensemble de ses passifs, et pas seulement les passifs associés à des actifs en particulier. L'ajustement de la valeur estimée des biens pour tenir compte des passifs qui leur sont liés s'apparente davantage à une méthode d'évaluation aux fins d'un impôt foncier, plutôt qu'aux fins d'un impôt qui porte essentiellement sur le résultat de périodes antérieures. En conséquence, les impôts sur la propriété ne sont pas inclus dans la définition des impôts couverts pour les règles GloBE.

3.3. Base d'imposition

Base d'imposition GloBE calculée par référence aux comptes consolidés

Bénéfice ou déficit déterminé selon les normes comptables

Le point de départ pour déterminer la base d'imposition GloBE est le résultat (bénéfice ou perte) avant impôt tel que déterminé au moyen de la norme comptable pertinente, qui peut comprendre des éléments précédemment inclus dans les autres éléments du résultat global. Certains produits sont retirés et certaines charges sont rajoutées au résultat avant impôt afin d'aboutir à la base d'imposition GloBE.

Norme comptable

La norme comptable appropriée pour le calcul de la base d'imposition GloBE est celle utilisée par la société mère dans la préparation de ses comptes consolidés.

Normes comptables acceptables

Les normes comptables acceptables sont les normes IFRS et toute norme d'information financière équivalente. Les normes d'information financière équivalentes sont essentiellement les principes comptables généralement admis en Australie, au Canada, aux États-Unis, à Hong Kong (Chine), en Inde, au Japon, en Nouvelle-Zélande, en République de Corée, en République populaire de Chine et à Singapour.

En outre, une EMN doit avoir la possibilité d'utiliser toute norme comptable autorisée par l'organe habilité à prescrire, établir ou accepter des normes d'information financière dans la juridiction fiscale de l'entité mère ultime, à condition que l'utilisation de cette norme n'entraîne pas de distorsions de concurrence importantes dans l'application des règles GloBE.

Détermination du résultat avant impôts de chaque entité

Les informations financières au niveau de l'entité entrant dans la préparation des comptes consolidés de la société mère peuvent être utilisées même si elles ne sont pas établies en stricte conformité avec la norme comptable de la société mère, lorsque (a) il est raisonnable de le faire, (b) lesdites informations sont fiables et (c) leur utilisation n'entraîne pas de différences permanentes importantes par rapport aux normes comptables de l'entité mère.

Détermination du résultat d'un établissement stable et du siège

Le résultat avant impôt d'un établissement stable est déterminé sur la base des produits et charges qui sont considérés comme pertinents aux fins de l'imposition dans la juridiction où l'établissement stable est situé. Les transactions entre l'établissement stable et le siège qui sont prises en compte dans le calcul du résultat imposable de l'établissement stable le sont également dans la détermination du résultat avant impôt de l'établissement stable et du siège social en vertu des règles GloBE.

Éléments intragroupe

Les produits, gains, charges et pertes imputables aux transactions entre les membres du groupe fiscal au titre de GloBE doivent être enregistrés dans les comptes financiers de l'entité conformément au principe de pleine concurrence. Les éléments intragroupe peuvent toutefois être exclus dans la mesure où la transaction est effectuée entre des membres du groupe situés dans la même juridiction.

Éléments compris dans la consolidation

Les ajustements comptables liés aux écarts d'acquisition auxquels il est procédé dans la consolidation ne doivent pas être répercutés sur une filiale ou autrement attribués à des entités spécifiques. Les autres éléments conservés au niveau consolidé ne doivent être pris en compte dans la base d'imposition GloBE d'une entité constitutive que s'ils peuvent être rattachés de manière fiable et systématique à cette entité.

Dividendes et bénéfices (pertes) selon la méthode de la mise en équivalence

La base d'imposition GloBE exclut les dividendes reçus d'une personne morale, à l'exception des dividendes sur les actions de sociétés dans lesquelles le groupe d'EMN détient un faible pourcentage de participation. Elle exclut aussi le bénéfice (ou la perte) lié(e) à une participation dans une entité comptabilisée selon la méthode de la mise en équivalence.

Cessions d'actions et plus (ou moins)-values en juste valeur

La base d'imposition GloBE exclut généralement les plus (ou moins)-values résultant de la cession d'actions, y compris dans le contexte d'une fusion. L'entité acquise est tenue de comptabiliser ses actifs sous-jacents à leur coût historique pour calculer sa base d'imposition GloBE après l'acquisition. Une exception à ces règles s'applique aux transactions d'actions entre parties résidant dans la même juridiction fiscale qui sont traitées comme des ventes d'actifs imposables dans cette juridiction. Les plus (ou moins)-values sur actions comptabilisées à la juste valeur doivent être exclues de la base d'imposition GloBE dans la même mesure que le seraient les plus (ou moins)-values sur la cession effective des actions.

Impôts couverts

Les impôts couverts, y compris les impôts qui ne sont pas considérés comme des impôts sur les revenus à des fins comptables, ne sont pas déductibles dans le calcul de la base d'imposition GloBE.

Charges relatives aux rémunérations sous forme d'actions

Les charges liées aux rémunérations sous forme d'actions (attribution d'actions et d'options de souscription d'actions) ne sont admises en déduction pour le calcul de la base d'imposition GloBE d'une juridiction que dans la mesure où elles sont admises en déduction dans la base d'imposition locale de l'entité qui a employé ou engagé le bénéficiaire de la rémunération en actions. Néanmoins, les EMN peuvent réduire la base d'imposition GloBE du montant des charges liées aux rémunérations en actions telles qu'elles sont calculées à des fins comptables (plutôt qu'à des fins fiscales locales), dans les juridictions qui n'ont pas de système d'impôt sur les sociétés.

Pots-de-vin, dessous-de-table et autres paiements illicites

Les pots-de-vin, les dessous-de-table (et les autres paiements illicites) ne sont pas admis en déduction de la base d'imposition GloBE.

Amendes et pénalités

Une amende ou une pénalité infligée à une entité par une administration publique n'est pas admise en déduction de la base d'imposition GloBE d'une juridiction si son montant (y compris celui d'une pénalité périodique) tel qu'acquitté par l'entité dans la juridiction est égal ou supérieur à 50 000 EUR.

Rendement des placements des détenteurs de contrats d'assurance-vie

Tout revenu sur des actifs ayant pour bénéficiaire effectif le détenteur d'un contrat d'assurance-vie qu'une compagnie d'assurance inclut dans ses revenus conformément à la norme comptable qu'elle utilise aux fins de GloBE doit être retiré de la base d'imposition GloBE de la compagnie d'assurance.

Ajustement à opérer au titre des résultats du Pilier Un

Le Pilier Un s'applique avant le Pilier Deux. En fonction de la conception définitive du Pilier Un, il faudra peut-être ajuster la base d'imposition GloBE pour prendre dûment en considération les résultats du Pilier Un.

Modification de la détermination de la charge d'amortissement annuelle

La charge d'amortissement admise pour les biens corporels d'une entité constitutive dans le calcul de la base d'imposition GloBE peut être déterminée selon les règles d'amortissement applicables dans le calcul du résultat imposable dans la juridiction fiscale de l'entité constitutive.

Modification du calcul de la charge d'impôt pour les entités assujetties à un régime d'IS imposant les distributions

L'actionnaire d'une entité constitutive qui est passible d'un IS lors de la distribution de ses bénéfices (« impôt de distribution ») peut choisir d'augmenter la charge d'impôt incluse dans le numérateur pour le calcul du TEI de la juridiction au titre de GloBE à concurrence du taux minimum d'imposition, mais pas au-delà du montant de l'impôt de distribution qui serait dû si la totalité du bénéfice de l'exercice était distribuée (impôt minimum présumé). La filiale doit annuler le montant de cet impôt minimum présumé dans la mesure où l'IS n'est pas payé lors de la distribution des bénéfices dans les [X] années suivant l'exercice au cours duquel le bénéfice a été généré.

3.3.1. Résultat déterminé en application d'une norme comptable

154. Conformément au Programme de travail, le Cadre inclusif a d'abord envisagé la possibilité de déterminer la base d'imposition GloBE en utilisant les règles de la juridiction de l'entité mère pour le calcul

du résultat imposable « national » ou du revenu des sociétés étrangères contrôlées (SEC). Tirer parti des règles existantes de calcul de la base d'imposition utilisées pour les SEC dans un pays pourrait, à première vue, présenter l'avantage de faciliter la mise en œuvre et l'administration des règles par les administrations fiscales. Toutefois, les règles sur les SEC ne s'appliquent généralement pas à toutes les filiales d'un groupe d'EMN et, lorsqu'elles s'appliquent, elles ne prennent généralement en compte que certains types de revenus passifs insuffisamment imposés[3]. En revanche, les règles GloBE s'appliqueront à toutes les filiales du groupe et à tous les types de revenus. Par conséquent, les membres du Cadre inclusif ont considéré qu'utiliser les règles du calcul de la base d'imposition dans la juridiction de résidence de l'entité mère entraînerait des coûts de mise en conformité importants, en raison de la nécessité pour chaque filiale étrangère de recalculer l'ensemble de ses revenus en fonction de la base d'imposition d'une autre juridiction. Elle pourrait aussi déboucher sur des situations dans lesquelles les différences techniques et structurelles entre les modes de calcul des bases d'imposition dans les juridictions de la société mère et de la filiale aboutissent à ce qu'une filiale par ailleurs fortement imposée soit considérée comme bénéficiant d'un faible TEI pour des raisons qui n'ont rien à voir avec la politique sous-tendue par GloBE. Par exemple, les différences entre juridictions dans le traitement des pertes reportables et le moment de la comptabilisation des produits et des charges pourraient avoir une incidence sur le calcul du TEI dans les différentes juridictions. Ces différences pourraient entraîner l'application de la règle dans des cas n'ayant pas donné lieu aux préoccupations qui ont vocation à être couvertes par les règles GloBE.

155. Les différences structurelles dans le calcul de la base d'imposition entre les juridictions pourraient également compliquer l'application des règles GloBE et compromettre ses objectifs stratégiques, notamment celui de garantir des résultats transparents. Par exemple, deux juridictions pourraient, en vertu de leurs règles respectives d'inclusion du revenu, appliquer le même taux minimum d'imposition aux revenus des entités. Mais si leurs bases d'imposition diffèrent, cela pourrait entraîner des résultats sensiblement différents pour des entités se trouvant dans des situations similaires, ce qui compromettrait l'intention politique de créer des conditions de concurrence transparentes et équitables déjà traduite dans l'accord sur un TIE minimum égal à un pourcentage fixe. Enfin, du point de vue de l'application de la règle relative aux paiements insuffisamment imposés (RPII), il serait impossible de concevoir un critère de taux d'imposition effectif qui contraindrait une entité du groupe effectuant un paiement à une partie liée à recalculer le bénéfice imposable du bénéficiaire selon les règles de la base d'imposition en vigueur dans la juridiction fiscale du payeur. Cela pourrait avoir pour conséquence d'obliger les contribuables à recalculer les revenus plusieurs fois, voire des centaines de fois pour les plus grands groupes.

156. Pour réduire les coûts et la charge administrative et pour neutraliser l'incidence des différences structurelles entre les modes de calcul de la base d'imposition, le Programme de travail prévoyait d'explorer des mesures de simplification afin d'aider à résoudre les problèmes découlant de l'utilisation de la base d'imposition dans la juridiction de l'entité mère. Une des simplifications identifiées dans le Programme de travail consistait à commencer par les règles comptables pertinentes. Le revenu net calculé à des fins comptables pourrait ensuite faire l'objet de tout ajustement nécessaire et convenu pour aboutir à la base d'imposition GloBE.

157. L'utilisation des états financiers comme point de départ pour déterminer la base d'imposition au titre de GloBE offre de nombreux avantages. Du point de vue de la mise en conformité et de l'administration des règles, elle facilite la coordination des règles GloBE en vigueur dans différentes juridictions et élimine la nécessité de recalculer le résultat imposable de chaque filiale étrangère selon les règles de la juridiction appliquant les règles GloBE. Elle améliore ensuite la transparence des résultats obtenus avec les règles GloBE et réduit les distorsions entre les juridictions découlant des différences de base d'imposition.

158. Il est important de noter que l'utilisation des comptes financiers pour déterminer la base d'imposition de GloBE s'appuie sur les normes existantes convenues au niveau international. Bien que les normes comptables varient d'une juridiction à l'autre, les normes internationales d'information financière (IFRS) et les principes comptables généralement admis (GAAP) de nombreuses juridictions membres du Cadre inclusif présentent beaucoup plus de similitudes que de différences. En outre, il n'existe pas d'autre

méthode standard issue des normes internationales pour mesurer le résultat d'une entité, et créer, ex nihilo, une nouvelle norme internationale pour le calcul du résultat avant impôt dans le cadre des règles GloBE n'est pas faisable.

159. Les comptes financiers de l'entité sont utilisés pour déterminer le résultat – bénéfice ou perte – avant impôt de l'entité. Le résultat avant impôt est la mesure des revenus privilégiée dans les règles GloBE pour plusieurs raisons. Premièrement, elle tient compte des coûts réels de l'activité, y compris toutes les charges d'exploitation et hors exploitation. Deuxièmement, il s'agit de la mesure comptable la plus proche du résultat imposable, mais qui, surtout, se calcule sans tenir compte des exonérations spéciales, déductions et conventions fiscales locales qui affaibliraient les objectifs de politique des règles GloBE. Par conséquent, utiliser le résultat avant impôt comme mesure des revenus pour calculer la base d'imposition GloBE devrait limiter le risque que cette dernière diverge sensiblement de la base d'imposition du groupe d'EMN selon les règles locales de l'IS, lorsqu'une telle divergence serait incompatible avec les objectifs politiques des règles GloBE.

160. Les normes comptables les plus couramment utilisées, y compris les normes IFRS, ne définissent pas strictement le résultat avant impôt. Les mesures autres que le résultat net, comme le résultat avant impôt, sont généralement qualifiées de mesures « non GAAP », et les groupes d'EMN disposent d'une certaine souplesse dans leur mode de calcul.

161. Aux fins des règles GloBE, il faudra établir, pour les groupes d'EMN, une manière cohérente de déterminer le résultat avant impôt en utilisant les comptes financiers de leurs entités distinctes. Une option consisterait à adopter une approche additive, qui définirait les différents postes de produits et de charges à inclure. Une autre option serait une approche déductive qui supposerait que tous les éléments inclus dans le calcul du résultat net aux fins des comptes consolidés du groupe soient inclus dans le calcul du résultat avant impôt, mais isolerait les éléments qui devraient être exclus pour des raisons de politique spécifiques. Les membres du Cadre inclusif se sont accordés pour donner la préférence à cette dernière approche, qui est susceptible d'être plus simple à appliquer pour les groupes d'EMN étant donné qu'elle n'exige l'exclusion que d'un petit nombre d'éléments.

Autres éléments du résultat global

162. En règle générale, le résultat comptable (bénéfice ou perte) n'inclut pas les autres éléments du résultat global, ou « OCI » (*other comprehensive income*). Toutefois, certains éléments de résultat comptabilisés dans les OCI sont recyclés en résultat. Les OCI sont inscrits au bilan d'une entreprise, dans la section des capitaux propres. Les éléments inclus dans les OCI peuvent être les plus et moins-values sur certains investissements en titres de dette (obligations) et en instruments de capitaux propres (actions), les gains et pertes de change et les variations des régimes de retraite. Peuvent aussi y figurer des revenus, dépenses, gains et pertes enregistrés avant l'achèvement de transactions avec des tiers. Par exemple, si une entreprise a investi dans une obligation portant intérêt et que la valeur de cette obligation change en raison de l'évolution des taux d'intérêt du marché, l'entreprise peut être tenue de constater ce changement de valeur en gain ou en perte dans les autres éléments du résultat global. Une fois que la société a vendu ou racheté l'obligation, elle réalise alors le gain (ou la perte) sur la transaction correspondante, et le (la) comptabilise en résultat, ce qui produit un effet sur le résultat avant impôt (bénéfice ou perte). Certains éléments qui sont inclus dans les autres éléments du résultat global peuvent également être soumis à l'impôt dans la juridiction locale. Dans la plupart des cas, cependant, cela ne devrait donner lieu qu'à un décalage dans le temps (différence temporaire ou temporelle) entre la base d'imposition locale et la base d'imposition de GloBE[4].

163. Dans d'autres cas, on peut généralement s'attendre à ce que le gain (ou la perte) correspondant soit exclu de la base d'imposition GloBE Les règles GloBE ne reconnaissent pas directement les autres éléments du résultat global comme pouvant être inclus dans la base d'imposition GloBE. Toutefois, ces éléments seront inclus dans la base d'imposition GloBE si et quand ils sont comptabilisés comme

bénéfices (ou pertes) à des fins comptables, à condition qu'ils ne soient pas par ailleurs exclus du calcul de la base d'imposition GloBE en vertu d'une autre règle. À cet égard, un ajustement peut être nécessaire pour que la totalité du bénéfice (ou de la perte) soit incluse dans la base d'imposition GloBE dans les cas où seule la partie courante du bénéfice (ou de la perte) total(e) de la cession est enregistrée en résultat à des fins comptables. Cette situation peut se produire lorsqu'un actif est cédé et que les variations précédentes de la juste valeur de cet actif ont déjà été prises en considération dans les OCI. Il convient de tenir compte des ajustements correspondants de la valeur comptable pour déterminer le bénéfice ou la perte pour l'année de la cession.

3.3.2. Utilisation de la norme comptable employée pour les comptes consolidés de l'entité mère

164. Le point de départ de la base d'imposition GloBE est constitué par les comptes financiers de chaque entité constitutive du groupe d'EMN, établis conformément à la norme d'information financière utilisée par l'entité mère du groupe dans la préparation de ses comptes consolidés.

165. L'utilisation de la norme comptable de l'entité mère présente deux avantages. Premièrement, l'utilisation d'une norme unique permet de réduire au minimum les asymétries de traitement des transactions entre entités constitutives, qui peuvent survenir en raison de l'utilisation de normes comptables divergentes dans les différentes juridictions. Deuxièmement, les normes utilisées pour préparer les comptes financiers des entités constitutives suivront, dans de nombreux cas et en particulier pour les groupes d'EMN qui sont cotés en bourse, la norme d'information financière utilisée dans la juridiction de l'entité mère. En effet, bien souvent, la tenue de comptes financiers pour toutes les entités constitutives à l'aide d'une norme unique facilite la préparation de comptes consolidés annuels et trimestriels pour ces groupes. Dans les cas où les comptes d'une entité constitutive ne sont pas régulièrement tenus selon les normes comptables de l'entité mère, il y aura généralement des mécanismes en place qui permettront de les convertir dans ces normes ou de les dériver de celles-ci dans le cadre du processus de consolidation.

3.3.3. Normes comptables acceptables

166. L'utilisation de toute norme comptable aux fins des règles GloBE, y compris la norme retenue par l'entité mère pour préparer ses comptes consolidés, est toujours soumise à la réserve que la norme, elle-même, doit être une norme comptable fiable et admissible.

167. S'entendre sur les normes comptables acceptables est un élément important du consensus sur les règles GloBE. Il est reconnu que les normes comptables établies par des organismes indépendants de normalisation comptable tendent à converger au fil du temps. Les membres du Cadre inclusif s'attendent à ce que les normes comptables admissibles pour déterminer la base d'imposition de GloBE s'accroissent à l'avenir, de sorte qu'une norme comptable ne perdrait ce statut que dans des circonstances rares et exceptionnelles.

IFRS et équivalents

168. La règle accepte les normes IFRS telles qu'elles sont adoptées par la juridiction de l'entité mère. Les normes IFRS (*International Financial Reporting Standards* – normes internationales d'information financière) constituent le référentiel de normes comptables le plus couramment reconnu et utilisé dans le monde. Elles ont été établies par le Conseil des normes comptables internationales (CNCI) afin de créer un langage comptable commun qui assure l'homogénéité et la fiabilité des états financiers d'une entreprise à l'autre et d'un pays à l'autre. Les juridictions adoptent les normes IFRS en y conformant leurs principes comptables généralement admis (PCGR, ou « GAAP » selon l'abréviation anglaise) au niveau national.

Toutefois, certaines juridictions ont adopté les normes IFRS avec des modifications mineures, y compris des dates d'application effectives différentes pour des normes spécifiques.

169. En outre, la règle GloBE accepte toute norme comptable équivalente aux normes IFRS. L'équivalence avec les normes IFRS peut être jugée d'après les travaux du CNCI ainsi que des ceux des autorités boursières qui autorisent d'autres normes comptables pour l'établissement des états financiers des sociétés soumises à une obligation d'information financière.

170. Le CNCI travaille avec l'autorité responsable des normes comptables nationales dans différentes juridictions afin de faire converger ces normes. Sur son site web, le CNCI fournit des informations sur l'état d'avancement des projets d'adoption et de convergence des IFRS dans de nombreuses juridictions. On peut y lire que la convergence avec les normes IFRS est pratiquement complète pour les normes comptables des entités cotées en République populaire de Chine, en République de l'Inde, en République de Corée et à Singapour. De même, le CNCI note que l'Australie, Hong Kong (Chine) et la Nouvelle-Zélande ont adopté les IFRS « presque verbatim pour leurs normes nationales d'information financière »[5]. La version des normes IFRS adoptée par chacune de ces juridictions est considérée comme équivalente aux IFRS aux fins de GloBE. Toutefois, le CNCI n'entreprend généralement pas d'évaluation de la comparabilité globale des normes comptables de chaque juridiction avec les IFRS. Ainsi, l'évaluation de l'équivalence avec les IFRS aux fins des règles GloBE ne peut pas être fondée uniquement sur les travaux du CNCI.

171. Les autorités boursières des juridictions membres du Cadre inclusif peuvent autoriser les émetteurs étrangers de valeurs mobilières à utiliser des états financiers établis selon une norme comptable différente de celles de portée générale applicables aux émetteurs nationaux. Chaque autorité boursière a sa propre procédure pour ce faire, et n'est pas obligée de rendre publique la base sur laquelle elle fonde une telle autorisation. Néanmoins, en général, l'autorité examinera si les états financiers établis conformément à ces autres principes comptables permettent aux investisseurs de disposer des mêmes informations sur l'émetteur, de sorte que les investisseurs soient susceptibles de prendre les mêmes décisions en ce qui concerne l'acquisition, la conservation ou la cession des valeurs mobilières d'un émetteur. Par exemple, les autorités boursières de l'Union européenne reconnaissent que les GAAP du Canada, du Japon, de la République populaire de Chine, de la République de l'Inde, de la République de Corée et des États-Unis sont généralement équivalents aux IFRS. Les décisions prises par les autorités boursières d'un nombre important de juridictions ayant les normes IFRS comme principal référentiel de normes comptables de permettre aux émetteurs étrangers d'utiliser d'autres normes comptables prouve que ces dernières sont considérées comme l'équivalent des normes IFRS.

172. Les évaluations effectuées par le CNCI et la reconnaissance réciproque des normes comptables par plusieurs autorités boursières indiquent clairement que les différences entre les IFRS et les GAAP de l'Australie, du Canada, de Hong Kong (Chine), du Japon, de la Nouvelle-Zélande, de la République populaire de Chine, de la République de l'Inde, de la République de Corée, de Singapour et des États-Unis n'avantageraient ou ne désavantageraient pas sensiblement, sur le plan de la concurrence, un groupe d'EMN qui utiliserait l'un de ces référentiels par rapport à un groupe utilisant les IFRS. En outre, les membres du Cadre inclusif n'ont pas connaissance de différences entre les IFRS et ces normes qui créeraient des distorsions de concurrence importantes dans la base d'imposition de GloBE, et les réponses de la consultation publique de décembre n'ont pas non plus mis en évidence de distorsions importantes sur ce point spécifique. En conséquence, ces normes comptables sont considérées comme équivalentes aux IFRS.

Autres normes comptables généralement admises

173. En raison du seuil de 750 millions d'EUR de recettes consolidées dont il est fait état à la section 2.4, une grande majorité des EMN soumises aux règles GloBE devraient être des sociétés cotées (c'est-à-dire, dont les actions ou les obligations sont négociées en Bourse) ou autrement soumises à des

obligations d'information financière qui établissent leurs comptes consolidés selon les normes IFRS ou un référentiel de normes équivalent. On trouvera toutefois des groupes d'EMN qui, quoique cotés en bourse, établissent leurs comptes consolidés sur base de normes autres que les normes IFRS ou équivalentes, ainsi que des groupes d'EMN qui ne sont pas cotés. Les groupes d'EMN non cotées peuvent avoir leur siège dans une juridiction qui exige les normes IFRS pour les sociétés cotées, mais ils peuvent préparer leurs états financiers en utilisant le référentiel local de normes comptables. Il n'est ni proportionné ni raisonnable d'exiger de ces groupes d'EMN qu'ils établissent leurs comptes financiers selon un référentiel différent aux seules fins de se conformer aux règles GloBE si leurs normes comptables existantes sont reconnues par une autorité compétente et si elles n'entraînent pas de distorsions de concurrence importantes au regard des règles GloBE. Ainsi, la règle permettrait à un groupe d'EMN d'utiliser toute norme comptable généralement admise autorisée par l'organe qui, dans la juridiction fiscale de l'entité mère ultime, est habilité à prescrire, établir ou accepter des normes d'information financière, à condition que l'utilisation de cette norme n'entraîne pas de distorsions de concurrence importantes dans l'application des règles GloBE.

174. Dans un contexte comptable, une distorsion importante de la concurrence est un résultat qui s'écarte fortement de celui qui serait obtenu en vertu des normes IFRS d'une manière qui influe sensiblement sur le TEI dans le cadre de GloBE. Dans le cas où un membre du Cadre inclusif noterait un risque de distorsion de concurrence importante dans une composante d'un référentiel de normes comptables, un réexamen serait engagé par le Cadre inclusif. Si la composante en question est effectivement considérée comme une distorsion importante de la concurrence, cette composante devra être mise en conformité avec les normes IFRS aux fins des règles GloBE. Le processus de réexamen et les critères pertinents seront établis dans le cadre de la mise au point des règles types décrite au point 10.5.1.

3.3.4. Ajustements à opérer au titre des différences permanentes

175. La section 3.3.1 ci-dessus présente une approche de base pour le calcul du résultat avant impôt de chaque entité constitutive selon les normes comptables de l'entité mère comme point de départ de la base d'imposition GloBE. Cette section présente les ajustements qui doivent être apportés au résultat net pour rapprocher le calcul de la base d'imposition GloBE du résultat imposable en vertu des règles de la juridiction dans laquelle l'EMN est présente. Des ajustements peuvent s'imposer lorsque les différences entre les comptabilités financière et fiscale peuvent avoir une incidence disproportionnée sur les résultats en vertu des règles GloBE.

176. Les différences entre les normes comptables pertinentes et les règles de comptabilité fiscale en général peuvent être classées selon deux catégories : celles qui donnent lieu à des différences permanentes, qui ne s'inverseront pas dans une période future, et celles qui génèrent des différences temporaires (c.à.d. temporelles), qui s'inverseront dans une période future. Le présent chapitre s'intéresse aux différences permanentes. Les différences temporaires sont traitées par le régime du report en avant, décrit ci-après au chapitre 4.

Évaluation des différences permanentes

177. Chaque juridiction du Cadre inclusif a sa propre combinaison unique d'ajouts et d'exclusions au résultat comptable pour arriver au résultat imposable. Il est donc implicite, dans la décision d'utiliser les comptes financiers comme point de départ pour déterminer la base d'imposition GloBE, que certaines différences permanentes apparaîtront entre cette base d'imposition « locale » et la base d'imposition GloBE. S'il y a accord sur une base d'imposition commune pour les règles GloBE, il s'ensuit que de telles différences sont à prévoir et qu'il ne serait ni possible ni souhaitable, d'un point de vue politique ou conceptuel, d'élaborer un ensemble complet d'ajustements qui aligneront pleinement la base d'imposition GloBE sur les règles de calcul de la base d'imposition de tous les membres du Cadre inclusif. Néanmoins,

certains ajustements des comptes financiers sont appropriés en fonction des politiques sous-jacentes aux règles GloBE et de la politique fiscale en général.

178. Afin de justifier l'adoption ou le rejet d'éventuels ajustements des comptes financiers pour parvenir à la base d'imposition GloBE, il est nécessaire d'évaluer les différences permanentes à l'aide d'un ensemble de principes convenus. Les principes pertinents pour l'évaluation des différences permanentes sont la matérialité et l'universalité (le caractère commun). Plus précisément, afin d'éviter des résultats disproportionnés qui ne correspondent pas aux résultats escomptés dans le cadre de GloBE, le résultat avant impôt d'une entité constitutive, tel que déterminé au moyen des normes comptables applicables, ne doit être ajusté que pour exclure les éléments significatifs qui sont généralement exclus de la base d'imposition des juridictions membres du Cadre inclusif. En outre, tout ajustement doit être réduit au minimum, afin de ne pas augmenter la complexité. On trouvera ci-dessous une liste complète d'ajustements aux comptes financiers que le Cadre inclusif a jugé nécessaires et appropriés pour calculer la base d'imposition de GloBE. Conformément à la volonté de réduire au maximum à la fois le nombre et la complexité des ajustements requis, les ajustements décrits dans cette section qui consistent à exclure des produits ne nécessitent pas d'exclusion corrélative de charges, autres que certains impôts couverts, imputables à ces produits.

Dividendes et méthode de la mise en équivalence

179. Les règles GloBE exigent généralement que la base d'imposition GloBE et les impôts couverts des entités constitutives soient déterminés pour chaque entité séparément. Les dividendes reçus d'autres entités constitutives sont normalement inclus dans le calcul du résultat avant impôt de l'entité prise séparément et sont donc intégrés au point de départ de la base d'imposition GloBE. De même, les dividendes reçus d'une entité constitutive dont l'actionnaire détient une participation minoritaire, communément appelés « dividendes de portefeuille », seront également inclus dans le résultat avant impôt de la filiale qui reçoit le dividende. Dans nombre de juridictions, les dividendes sont totalement ou partiellement exclus du résultat imposable d'une société actionnaire. Cette différence permanente entre le traitement comptable et les règles d'imposition des dividendes en droit fiscal local pourrait donner lieu à une obligation fiscale au titre de GloBE pour les dividendes, à moins que les règles GloBE ne permettent au contribuable de procéder à un ajustement correspondant aux fins du calcul de la base d'imposition GloBE.

Dividendes intragroupe

180. Les dividendes distribués par une entité constitutive d'un groupe d'EMN à une autre entité constitutive du même groupe d'EMN doivent être exclus de la base d'imposition GloBE, car ils représentent un revenu qui a déjà été inclus. Ne pas exclure ces dividendes de la base d'imposition GloBE du bénéficiaire pourrait entraîner une double imposition du même revenu, ce qui serait incompatible avec les objectifs de politique des règles GloBE. Cette règle s'applique indépendamment du fait que l'entité constitutive qui reçoit le dividende détient ou non une participation de contrôle dans l'entité constitutive qui distribue ce dividende.

Dividendes de portefeuille

181. Dans de nombreuses juridictions membres du Cadre inclusif, les dividendes sont totalement exclus, ou en partie, du résultat imposable d'une société actionnaire (y compris au moyen d'une déduction pour dividendes reçus). Ces règles d'exclusion des dividendes sont souvent qualifiées d'« exonération des participations ». Les exonérations et exclusions de dividendes ou encore les avoirs fiscaux sur dividendes sont habituellement accordés en vertu de la législation locale, en reconnaissance du fait que le dividende est généralement payé sur les bénéfices non répartis qui ont déjà été soumis à l'impôt en tant que bénéfice

de la société distributrice. Imposer ces dividendes en vertu des règles GloBE créerait donc un risque de surimposition.

182. Cependant, certaines juridictions membres du Cadre inclusif n'appliquent pas leur dispositif d'exonération des dividendes à la totalité des dividendes reçus par les contribuables sur leur territoire. Certaines n'exonèrent les dividendes que si l'actionnaire détient un certain pourcentage de participation dans la société distributrice (par exemple, 10 % ou plus). D'autres juridictions ajoutent aussi un critère de durée minimale de détention des parts afin de pouvoir prétendre à l'exonération. En outre, dans plusieurs des juridictions membres du Cadre inclusif, les exonérations de dividendes ne s'étendent pas aux titres détenus par les entreprises de services financiers, les courtiers et les négociants en valeurs mobilières.

183. Par conséquent, bien souvent, les dividendes perçus par un groupe d'EMN sur son portefeuille d'action seront soumis à l'impôt sur les bénéfices en vertu de la législation locale. Si ces dividendes étaient exclus de la base d'imposition GloBE, les impôts correspondants devraient aussi être exclus. En outre, la vente de titres étant une activité essentielle des entreprises de services financiers, des négociants et courtiers en valeurs mobilières, les dividendes et les gains perçus sur cette activité représentent un volume de revenus élevé. Si ces revenus étaient exclus de la base d'imposition GloBE, il conviendrait également d'exclure les dépenses engagées pour les obtenir afin d'éviter qu'elles ne diminuent des revenus qui seraient autrement inclus à juste titre dans la base d'imposition GloBE. Par conséquent, l'exclusion des dividendes et des plus-values sur les valeurs mobilières détenues par ces entreprises ferait probablement naître un besoin de créer des règles d'imputation des dépenses.

184. La règle d'exclusion des dividendes au titre de GloBE prévoit une exception pour les dividendes reçus d'une société dans laquelle le groupe d'EMN détient une faible participation. Le critère du pourcentage de participation est plus facile à administrer qu'une exception qui repose sur une définition des activités de services financiers, des courtiers et négociants en valeurs mobilières. Malgré tout, on s'attend à ce qu'une exception fondée sur un pourcentage de participation plus faible s'applique également à la plupart des actions négociables détenues par une entreprise de services financiers ou un négociant en valeurs mobilières. Cette exception élimine la nécessité d'exclure les impôts liés à ces dividendes et les dépenses imputables.

185. Reconnaissant le besoin de sécurité juridique et de cohérence et les avantages de règles mécaniques très claires, le Cadre inclusif considère qu'une exclusion générale des dividendes fondée sur le pourcentage de participation du détenteur est l'option la plus simple et la plus conforme aux résultats de la politique publique attendus des règles GloBE. Il est toutefois nécessaire de poursuivre les travaux pour déterminer le seuil de participation approprié, tant pour l'exclusion des dividendes que pour celle des plus-values et moins-values de cession d'actions, décrite ci-dessous. La détermination du seuil sera fondée sur une étude des mécanismes d'exonération des participations existant dans les différentes juridictions membres du Cadre inclusif. On examinera également s'il convient de prévoir des règles différentes pour les dividendes sur les actions de sociétés nationales et étrangères. Enfin, en fonction de la conception définitive des règles pour exclure de la base d'imposition GloBE les dividendes et les plus-values de titres de portefeuille, le Cadre inclusif doit examiner s'il convient d'exclure également les frais connexes et comment ceux-ci doivent être mesurés.

Utilisation de la méthode de la mise en équivalence

186. Comme expliqué au chapitre 2, les entreprises associées et les co-entreprises ne sont pas des entités constitutives. Les participations dans les entreprises associées et les co-entreprises sont généralement comptabilisées selon la méthode de la mise en équivalence. Selon cette méthode, le propriétaire comptabilise en résultat sa part proportionnelle du résultat après impôt de l'entité et augmente ou diminue du même montant la valeur comptable de l'investissement. Le revenu inclus par le propriétaire selon la méthode de la mise en équivalence est donc égal au montant du dividende que le propriétaire

aurait reçu si l'entité avait distribué son bénéfice de l'exercice. Les distributions réelles réduisent la valeur comptable de l'investissement mais ne sont pas incluses dans le résultat financier du propriétaire.

187. À des fins fiscales, un actionnaire détenant une participation importante dans une société étrangère ne sera généralement pas tenu d'inclure les revenus de cette entité dans son résultat imposable avant la distribution, en l'absence d'une règle sur les SEC ou d'une autre règle similaire. La méthode de la mise en équivalence, en revanche, inclut la part proportionnelle du propriétaire dans le résultat après impôt de l'entité dans l'exercice au cours duquel il est perçu par l'entreprise associée ou la co-entreprise. Néanmoins, le résultat selon la méthode de mise en équivalence s'apparente davantage à un revenu de dividendes qu'à un résultat consolidé, car le montant inclus dans les revenus de l'actionnaire est le revenu net de l'ensemble de l'investissement sur une base globale.

188. Par conséquent, la règle exclut généralement des revenus de l'actionnaire à la fois le bénéfice et la perte attribuables à une participation dans une entité qui est comptabilisée par le groupe d'EMN selon la méthode de la mise en équivalence. La section 8.2 énonce des règles spéciales pour le traitement des investissements dans des entreprises associées en vertu d'une règle simplifiée d'inclusion du revenu.

189. La détermination du statut d'entreprise associée ou de co-entreprise d'une entité repose sur le mode de propriété qui la lie au groupe d'EMN. Ainsi, si vingt entités constitutives du même groupe d'EMN détiennent chacune 5 % de la même entité, cette entité est une entité constitutive du groupe d'EMN, et non une entreprise associée de chaque entité constitutive actionnaire.

Plus-values et moins-values sur cession d'actions

190. Beaucoup de juridictions membres du Cadre inclusif prévoient l'exonération fiscale des plus-values de cession d'actions. La justification de l'exclusion de ces gains de la base d'imposition est semblable (mais pas identique) à celle de l'exclusion des dividendes. Dans la mesure où le gain obtenu de la vente de l'action représente des bénéfices non répartis, ces montants peuvent avoir déjà été soumis à l'impôt dans la juridiction de l'émetteur. De même, dans la mesure où le gain de cession de l'action représente des plus-values latentes sur des actifs détenus par la société, il peut être soumis à l'impôt dans la juridiction de l'émetteur dans une période future. La plus-value ou la moins-value sur cession d'actions qui entre dans le résultat comptable du vendeur mais est exclue de ses revenus imposables représenterait une différence permanente. Si la différence ne fait pas l'objet d'un ajustement en vertu des règles GloBE, les gains sur la cession se traduiront par un TEI GloBE plus faible pour le vendeur (et une éventuelle obligation fiscale en vertu des règles GloBE) et les pertes, par un TEI GloBE plus élevé. La règle élimine cette différence permanente en excluant de la base d'imposition GloBE du vendeur toutes les plus-values (ou moins-values) découlant de cessions d'actions, y compris les fusions.

191. Toutefois, à l'instar du traitement des dividendes, les plus-values et moins-values sur la cession d'actions d'une société dans laquelle le groupe d'EMN détient moins d'un certain pourcentage de participation sont inclus dans la base d'imposition GloBE.

192. Dans une acquisition d'actions, l'acquéreur achète les actions de l'entité cible aux actionnaires vendeurs. Après l'acquisition, les actifs sous-jacents de l'entité cible ne sont ni majorés, ni réduits à leur juste valeur à des fins fiscales : l'entité cible comptabilise ses actifs sous-jacents à leur coût historique, tandis que l'acheteur enregistre les actifs acquis à leur juste valeur à des fins comptables. Si l'entité cible établit des états financiers séparés, la question se pose de savoir si ces états financiers doivent présenter les actifs sous-jacents de l'entité cible à leur coût historique ou à leur valeur comptable majorée (juste valeur). Cette seconde option est celle qui est retenue dans la méthode de la réévaluation des comptes d'une filiale (*push down accounting*) – technique qui n'est pas admise par les normes IFRS, mais que d'autres référentiels de normes comptables, notamment les GAAP des États-Unis, autorisent dans certaines circonstances.

193. L'application de la réévaluation des comptes d'une filiale a pour effet de réévaluer à la juste valeur les actifs et les passifs de l'entité acquise ; ce relèvement de la valeur comptable de certains des actifs sous-jacents de l'entité cible se traduit normalement par une augmentation des charges d'amortissement, qui, à son tour, entraîne une diminution du résultat comptable pour l'entité acquise. Étant donné que le résultat comptable constitue le point de départ de la base d'imposition de GloBE, le bénéfice de l'entité cible sera généralement inférieur si la réévaluation des comptes d'une filiale est autorisée, ce qui augmentera le TEI de l'entité cible, éventuellement au-delà du taux minimum.

194. Par exemple, supposons que la Société C acquière la Cible B. Après l'acquisition, la Société C comptabilisera les actifs sous-jacents de la cible B à leur valeur comptable majorée en juste valeur (200 EUR) aux fins de l'établissement de ses comptes financiers consolidés. Dans le cas où la Société C répercute les retraitements en comptabilité d'acquisition sur la Cible B, les comptes financiers propres de la Cible B seront fondés sur la valeur comptable majorée de ses actifs sous-jacents (c'est-à-dire 200 EUR). Or, pour les besoins de la fiscalité nationale, la Cible B calculera son résultat imposable sur la base de la valeur comptable au coût historique de ses actifs sous-jacents (c'est-à-dire 50 EUR). L'écart entre ces deux valeurs donnera lieu à une charge d'amortissement plus importante à des fins comptables qu'à des fins fiscales, ce qui se traduira par une base d'imposition GloBE plus étroite et un TEI GloBE plus élevé pour la Cible B.

195. La règle d'exclusion des plus-values sur titres de participation neutralise cet effet en obligeant l'entité cible à utiliser comme valeur comptable le coût historique de ses actifs sous-jacents pour calculer sa base d'imposition GloBE après l'acquisition. La justification de cette règle est que le prix d'acquisition de l'entité cible est égal à la valeur actuelle des revenus futurs estimés de ses actifs sous-jacents. Si l'entité cible n'était pas vendue, alors tous les revenus générés par ses actifs sous-jacents seraient inclus dans sa base d'imposition GloBE. D'autre part, si l'entité cible est vendue et qu'un relèvement de la valeur comptable est autorisée, les revenus « GloBE » de l'entité cible seront réduits par une charge d'amortissement plus importante, ce qui entraînera l'exclusion d'une partie des revenus générés par ses actifs sous-jacents de la base d'imposition GloBE. La règle assure l'inclusion dans la base d'imposition GloBE de l'intégralité des revenus générés par les actifs sous-jacents de l'entité cible. En outre, elle élimine une différence potentiellement importante entre des normes comptables (celles qui permettent une réévaluation des comptes d'une filiale et celles qui ne le permettent pas).

196. Toutefois, si le vendeur et l'acheteur d'une entité cible et l'entité elle-même sont résidents fiscaux dans la même juridiction, et que cette juridiction traite la cession d'actions comme une vente d'actifs à des fins fiscales dans la juridiction de l'entité cible (tant pour le vendeur que pour l'acheteur) et impose un taux égal ou supérieur au taux minimum sur la vente d'actifs présumée, alors l'entité cible peut utiliser la valeur comptable majorée de ses actifs pour le calcul de sa base d'imposition GloBE. Cette exception se justifie par le fait que la plus-value (ou la moins-value) résultant de la vente d'actifs réputée a été soumis à un impôt égal ou supérieur au taux minimum.

Participations comptabilisées selon la méthode de la juste valeur

197. Certaines participations, généralement inférieures à un seuil de 20 %, sont comptabilisées selon la méthode de la juste valeur. Avec cette méthode, la participation est réévaluée périodiquement, et les variations de valeur sont comptabilisées en plus ou moins-values, soit dans le compte de résultat, soit dans la section « Autres éléments du résultat global » du bilan. Ces plus ou moins-values doivent également être exclues de la base d'imposition GloBE dans la même mesure que le seraient les plus-values et moins-values sur la cession effective des actions.

Impôts couverts

198. Comme indiqué ci-dessus au point 3.3.1, on déterminera la base d'imposition GloBE en commençant par le résultat net des entités concernées, dont on retranchera certains produits et auquel on

ajoutera certaines charges, pour obtenir le résultat avant impôt. Les impôts couverts sont les dépenses les plus évidentes qui doivent être ajoutées au résultat net pour déterminer le résultat avant impôt. En outre, comme les impôts couverts sont inclus dans le numérateur de la fraction du TEI, il ne serait pas conforme aux objectifs de GloBE de les admettre par ailleurs en déduction dans le calcul du dénominateur de la fraction. En conséquence, les impôts couverts ne sont pas traités comme une charge dans le calcul de la base d'imposition de GloBE.

199. La comptabilité financière fait la distinction entre les impôts sur le résultat et les autres impôts. Les impôts sur le résultat, tels que définis à des fins comptables, sont le plus souvent présentés séparément dans le compte de résultat. Les impôts qui ne sont pas considérés comme des impôts sur le résultat sont classés en charges d'exploitation et ne peuvent être isolés dans le compte de résultat. La définition des impôts couverts en vertu des règles GloBE est plus large que la définition des impôts sur le résultat à des fins comptables, et par conséquent, les impôts couverts identifiés comme impôts sur le résultat dans les comptes financiers et les autres impôts couverts doivent être ajoutés au résultat net pour déterminer le résultat avant impôt.

Rémunérations sous forme d'actions

200. Généralement, à des fins fiscales, une société a le droit de déduire la valeur des instruments de rémunération en actions, calculée d'après la valeur vénale des actions *in fine*. Par exemple, une société peut déduire la valeur actuelle de l'option d'achat d'actions au moment de l'émission ou pendant la durée de l'option, puis la différence entre la valeur actuelle au moment de l'émission et la valeur vénale au moment de l'exercice de l'option par le détenteur. À des fins comptables, les sociétés inscrivent généralement les rémunérations en actions à la valeur actuelle de l'option d'achat au moment de son émission et amortissent ce montant sur la période d'acquisition des droits. Dans ce cas, si la valeur vénale de l'action augmente pendant la durée de vie de l'option, la société déduira un montant à des fins fiscales qui est supérieur au montant inscrit en charges à des fins comptables, ce qui constitue une différence permanente. Cette différence entre le résultat comptable et la base d'imposition locale se traduira généralement par un TEI « GloBE » plus faible, éventuellement inférieur au taux minimum d'imposition.

201. Des politiques différentes régissent le traitement comptable des rémunérations en actions et leur traitement fiscal. Les règles comptables se concentrent sur la situation économique de l'entité déclarante, et les changements qui affectent la propriété de l'entité se traduisent par des ajustements sur le résultat par action. La politique fiscale tend à traiter le poste des rémunérations en actions comme une charge pour l'entreprise et comme un revenu pour le détenteur d'options, comme les autres rémunérations pour services rendus à l'entreprise. La justification de la politique fiscale de permettre à la société de déduire la valeur vénale à terme de l'option d'achat d'actions est que le détenteur de l'option inclura le même montant dans son revenu imposable.

202. La règle élimine la différence permanente en autorisant la déduction des rémunérations en actions dans le calcul de la base d'imposition GloBE pour autant qu'elle soit autorisée et appliquée dans le calcul de la base d'imposition locale. Autrement dit, la règle aligne le traitement des rémunérations en actions sur leur traitement dans la fiscalité nationale. En principe, la règle s'applique aux rémunérations en actions accordées à des salariés et à des non-salariés. Cependant, si la base d'imposition locale applique des règles différentes pour les salariés et les non-salariés, la base d'imposition GloBE se conformera à ces règles. Cette règle est compatible avec les principes de l'évaluation des différences permanentes. En particulier, les rémunérations en actions peuvent être substantielles et les juridictions membres du Cadre inclusif autorisent communément une déduction sous une forme ou une autre. De plus, la déduction est cohérente avec la volonté d'assurer un niveau unique d'imposition pour ces instruments.

203. Il est cependant reconnu que le fait d'accepter que les rémunérations en actions puissent réduire la base d'imposition GloBE uniquement dans la mesure où elles sont déductibles à des fins fiscales localement signifie que ces rémunérations ne seraient jamais déductibles de la base d'imposition GloBE

pour les juridictions qui n'ont pas de système d'impôt sur les sociétés, même si le revenu de la rémunération est soumis à l'impôt dans la juridiction locale. Par conséquent, les EMN peuvent réduire la base d'imposition GloBE du montant des charges liées aux rémunérations en actions telles qu'elles sont calculées à des fins comptables (plutôt qu'à des fins fiscales locales), dans les juridictions qui n'ont pas de système d'impôt sur les sociétés. Cette règle spéciale est soumise à la condition décrite au point 3.4.1 ci-dessous, selon laquelle la charge doit pouvoir être rattachée de manière fiable et régulière à l'entité dans la juridiction concernée.

Pots-de-vin

204. Les pots-de-vin sont traités comme des charges à des fins comptables, mais ne sont pas déductibles fiscalement dans la plupart des juridictions membres du Cadre inclusif. Leur déductibilité fiscale est rejetée par les administrations pour des raisons d'ordre public. La corruption entrave la concurrence, fausse les échanges et porte préjudice aux consommateurs et aux contribuables. Elle peut également miner le soutien de la population aux gouvernants. Le refus d'une déduction fiscale est un symbole fort de l'engagement international commun à lutter contre la corruption. C'est pourquoi les membres du Cadre inclusif considèrent qu'un pot-de-vin ne devrait pas être déductible en vertu des règles de GloBE.

205. Dans la mesure où un pot-de-vin diminue le résultat comptable mais ne peut être déduit du résultat fiscal, il représente une différence permanente. Ce décalage entre le résultat comptable et la base d'imposition se traduira par un TEI plus élevé au titre de GloBE. La règle élimine cette différence permanente en n'autorisant pas la déduction des pots-de-vin dans la base d'imposition GloBE.

206. Les pots-de-vin peuvent être facilement isolés, car ils sont presque systématiquement exclus des charges déductibles dans la fiscalité locale. L'ajustement requis pour ce poste ne devrait pas être source de complexité ou de coûts de conformité supplémentaires importants, car les pots-de-vin sont typiquement des éléments rares et non récurrents.

207. En pratique, les pots-de-vin peuvent n'être identifiés comme tels par les autorités fiscales locales que plusieurs années après leur versement. Les règles applicables aux ajustements de l'obligation fiscale postérieurs à la déclaration s'appliqueraient lorsque le pot-de-vin est découvert et rejeté au titre de la non-déductibilité fiscale nationale[6].

208. Conformément aux principes de l'évaluation des différences permanentes, cette règle reconnaît que les pots-de-vin, bien que rares, peuvent être importants et qu'une déduction de la charge correspondante est généralement refusée dans les juridictions membres du Cadre inclusif.

Amendes et pénalités

209. Comme les pots-de-vin, les amendes et pénalités payées à des administrations de l'État sont rarement admises comme charges déductibles à des fins fiscales ; mais cette fois, la justification politique est légèrement différente. Le refus de la déductibilité des pots-de-vin étant principalement motivé par la volonté d'affirmer un engagement international commun à lutter contre la corruption, un pot-de-vin ne doit en aucun cas être déductible, quels qu'en soient le but et le montant. La non-déductibilité des amendes et des pénalités vise en revanche à circonscrire le coût économique, qui serait dilué si l'auteur de l'acte était autorisé à partager le fardeau de la sanction avec le reste des contribuables par le biais d'une déduction fiscale.

210. Les amendes et les pénalités, notamment celles qui concernant des faits mineurs tels que les infractions au code de la route, sont toutefois plus fréquentes que les pots-de-vin et leur montant varie considérablement, puisqu'elles peuvent aller d'une contravention de 50 euros pour non-respect des règles de circulation par un employé d'une entreprise de transport routier à une amende de plusieurs millions d'euros pour une infraction à la législation sur les valeurs mobilières commise par une grande banque.

Reconnaissant la nature « de minimis » de nombreuses amendes et pénalités, la base d'imposition GloBE admet leur déductibilité lorsqu'elles ne dépassent pas 50 000 euros. Autrement dit, elle exclut les amendes uniques d'un montant important (supérieures ou égales à 50 000 euros ou l'équivalent en monnaie nationale), mais elle inclut les amendes périodiques visant la même activité (les astreintes journalières, par exemple) dont le montant total cumulé est de 50 000 euros ou plus au cours d'un même exercice. Les amendes périodiques ou les astreintes se composent de sanctions financières imposées à échéances régulières pour une même infraction jusqu'à ce que des mesures correctives soient prises pour y mettre fin, mais elles ne comprennent pas les amendes distinctes pour une infraction similaire commise à plusieurs reprises, comme les contraventions routières. L'objectif du seuil est de continuer à permettre la déduction d'amendes moins importantes qui ne peuvent pas être spécifiquement enregistrées comme des postes distincts dans les comptes de l'entité constitutive. L'avantage de cette approche est d'éviter la complexité du suivi des petites amendes et pénalités aux fins de GloBE tout en empêchant les EMN d'échapper à un impôt complémentaire en raison de quelques amendes ou pénalités importantes et non déductibles. Elle s'accorde aussi avec les considérations de politique publique en faveur d'un ajustement pour les pots-de-vin et avec les principes pour l'évaluation des différences permanentes, notamment celui de matérialité. Les majorations pour le paiement tardif de l'impôt ou d'autres dettes envers des administrations ne sont pas considérées comme des amendes ou des pénalités à cette fin.

Plus-values et moins-values consécutives à une restructuration

211. Les transferts d'actifs entre entités constitutives dans le cadre d'une restructuration ou d'une réorganisation du groupe d'EMN bénéficient généralement d'un report d'imposition. En général, les plus-values et moins-values sur les transferts d'actifs liés à une réorganisation sont reportées de la façon suivante : il est demandé à l'entité acquéreuse d'enregistrer pour l'actif la même valeur comptable que le cédant de l'actif. On préserve ainsi intacte toute plus-value ou moins-value latente portant sur l'actif concerné au moment de la réorganisation, que l'on réalisera par la suite en utilisant l'actif dans la production de revenus ou en le vendant ou le cédant d'une autre manière hors du groupe. Les transactions entre les membres du groupe sont de même éliminées dans la consolidation en vertu des règles comptables. En revanche, au titre des règles GloBE, les plus-values et les moins-values sur les transactions entre entités constitutives seront comptabilisées dans le cadre de la comptabilité séparée des entités individuelles. L'écart entre les règles locales de report d'impôt et les règles de comptabilité séparée des sociétés du groupe au titre de GloBE tendrait à abaisser le TEI dans les juridictions d'où les actifs sont transférés, ce qui pourrait créer une obligation fiscale au titre de GloBE.

212. Compte tenu de la similitude entre les règles fiscales des juridictions membres du Cadre inclusif qui permettent le report des plus-values et des moins-values dans le cadre des réorganisations, ainsi que de la matérialité des différences entre ces règles fiscales nationales et les règles GloBE, les membres du Cadre inclusif considèrent qu'il est approprié de prévoir un mécanisme pour transcrire dans les règles GloBE les reports d'impôt pratiqués par les juridictions. En règle générale, il est prévu qu'un groupe d'EMN exclue la plus-value ou la moins-value sur un transfert d'actif, y compris incorporel, entre deux entités constitutives, et réduise (ou augmente) la valeur de l'actif entre les mains de l'entité constitutive acquéreuse du montant exclu si le transfert s'inscrit dans une réorganisation ou une restructuration non imposables. Toutefois, des travaux supplémentaires sont nécessaires pour développer et affiner les mécanismes qui permettront d'atteindre les résultats appropriés et pour délimiter les circonstances dans lesquelles les règles s'appliqueront.

Impôts couverts sur les revenus exclus

213. Les dividendes intragroupe peuvent être soumis à un impôt sur une base nette dans la juridiction de l'actionnaire ou à une retenue à la source dans la juridiction de l'entité constitutive distributrice. Bien que le dividende soit exclu de la base d'imposition GloBE, ces impôts représentent des impôts nouveaux ou supplémentaires sur le revenu de l'entité constitutive distributrice qui a été inclus dans la base

d'imposition GloBE. Ainsi, ces impôts sont correctement pris en compte dans le calcul du TEI de l'entité constitutive qui a perçu le revenu sous-jacent. Voir la section 3.4.2.

214. Il peut arriver qu'une entité constitutive au sein d'un groupe d'EMN soit redevable d'impôts couverts sur les revenus provenant d'une participation dans une entité qui n'est pas une entité constitutive. Par exemple, une entité constitutive peut être assujettie à une retenue à la source sur les dividendes de portefeuille reçus au titre d'un investissement dans une société ; ou elle peut être imposée sur une participation minoritaire dans une société étrangère contrôlée en vertu d'un régime des sociétés étrangères contrôlées (SEC).

215. De même, une entité constitutive détenant une participation minoritaire dans une société de personnes, une autre entité ou structure fiscalement transparente et qui comptabilise cette participation selon la méthode de la mise en équivalence peut être soumise à l'impôt sur une base nette sur sa quote-part du résultat net de la société de personnes, l'entité ou la structure. En revanche, puisque la participation est comptabilisée selon la méthode de la mise en équivalence, elle est normalement exclue de la base d'imposition GloBE du propriétaire de l'entité constitutive.

216. Tout impôt payé en relation avec des revenus exclus doit être déduit du numérateur du calcul du TEI GloBE pour la juridiction du propriétaire. En effet, ces revenus sont définitivement exclus de la base d'imposition GloBE et donc, du dénominateur du calcul du TEI GloBE. Par conséquent, il convient d'exclure aussi du numérateur du calcul du TEI GloBE tout impôt sur ces revenus. La principale distinction entre les impôts sur les dividendes intragroupe d'une part, les impôts sur les autres dividendes et les résultats exclus de sociétés mises en équivalence est que le revenu sous-jacent qui a généré le dividende intragroupe a été inclus dans la base d'imposition GloBE du groupe d'EMN au moment où il a été perçu, tandis que les revenus qui ont financé les autres dividendes ainsi que le résultat mis en équivalence est exclu de la base d'imposition GloBE. Les impôts payés sur des dividendes entrant dans la base d'imposition GloBE sont inclus dans le numérateur du calcul du TEI.

217. Tout comme les impôts sur les dividendes, les impôts sur les plus-values découlant de la cession d'actions concernent aussi bien les entités constitutives que les entités non constitutives. En raison de la règle qui exclut de la base d'imposition GloBE du vendeur les plus-values (ou moins-values) découlant de la cession d'actions, tout impôt sur les bénéfices prélevé sur les plus-values réalisées par le vendeur doit d'une manière générale être exclu du numérateur du calcul du TEI GloBE dans la juridiction du vendeur.

Rendement des placements des détenteurs de contrats d'assurance-vie

218. Certains produits d'assurance-vie procurent à leur souscripteur à la fois un support d'épargne et un revenu, grâce au rendement des placements associés au contrat. La compagnie d'assurance-vie gère les placements pour le compte du titulaire du contrat. Les supports investis sont théoriquement détenus par la compagnie d'assurance-vie, mais le souscripteur est le bénéficiaire effectif des actifs, des revenus qu'ils génèrent et du produit de leur cession le moment venu. Certaines normes comptables peuvent exiger que la compagnie d'assurance fasse figurer les produits des placements des assurés à son compte de résultat avec un ajustement des capitaux propres au bilan afin de marquer que ces revenus n'appartiennent pas à la compagnie d'assurance vie. Les produits des placements qui bénéficient exclusivement aux assurés ne doivent pas être inclus dans la base d'imposition GloBE de la compagnie d'assurance. Par conséquent, si les normes comptables de cette dernière stipulent que les gains appartenant aux souscripteurs des contrats doivent être comptabilisés dans son résultat, un ajustement permanent de sa base d'imposition GloBE est nécessaire au regard de ces produits. Les impôts couverts qui s'appliqueraient à ces revenus doivent également être exclus du calcul du TEI au titre de GloBE.

Ajustement à opérer au titre des résultats du Pilier Un

219. Le Pilier Un s'applique avant le Pilier Deux. En fonction de la conception définitive du Pilier Un, il faudra peut-être ajuster la base d'imposition GloBE de certaines juridictions pour prendre dûment en considération les résultats au titre du Pilier Un[7]. Les impôts couverts associés à ces revenus devront être affectés en conséquence.

3.3.5. Modification pour la comptabilisation immédiate en charges et l'amortissement accéléré des actifs

220. La comptabilisation immédiate en charges et l'amortissement accéléré des actifs sont parmi les incitations fiscales les plus fréquemment proposées aux entreprises par les juridictions. Par conséquent, ces incitations fiscales seront probablement une cause courante de différences temporaires importantes. Elles peuvent avoir pour effet de faire tomber le TEI dans la juridiction en dessous du taux minimum d'imposition, générant une obligation fiscale en vertu de la règle d'inclusion du revenu et entraînant un paiement important et fréquent de l'impôt – et, au bout du compte, des crédits d'impôt – au titre de la RIR. L'obligation fiscale GloBE découlant de cette différence temporaire annulera les avantages voulus par ce dispositif d'incitation fiscale. En outre, dans les entreprises à forte intensité capitalistique, le risque est grand que les réinvestissements continus empêchent pendant longtemps – peut-être jusqu'à la fin de la vie de l'entreprise – de profiter des crédits d'impôt au titre de la RIR, ce qui pourrait donner lieu à une imposition excessive.

221. Les règles de report décrites au chapitre 4 garantissent qu'*au fil du temps*, l'impôt soit payé à hauteur du taux minimum. Mais elles peuvent aussi effacer, au moins en partie, l'avantage temporel que devraient produire les incitations nationales autorisant la comptabilisation immédiate en charges et l'amortissement accéléré des actifs à des fins fiscales. Une solution visant à empêcher les règles GloBE de supprimer ces avantages temporels sera élaborée dans le cadre de la mise au point des règles types (voir section 10.5.1). La solution retenue devra toutefois être réalisable et n'induire aucune complexité supplémentaire. Globalement, le Cadre inclusif a déjà envisagé deux solutions possibles, qui sont décrites dans les paragraphes ci-dessous.

222. Une approche consisterait à utiliser la comptabilisation des impôts différés appliquée par l'entité constitutive en ce qui concerne les biens amortissables qui peuvent faire l'objet d'une comptabilisation immédiate en charges ou d'un amortissement accéléré à des fins fiscales. La comptabilisation des impôts différés neutralise l'effet sur le TEI de la comptabilisation immédiate en charges et de l'amortissement accéléré des actifs à des fins fiscales, comme toute autre différence temporaire. En s'appuyant sur les principes de la comptabilisation des impôts différés, l'approche du report pourrait être modifiée de telle sorte que le numérateur de la fraction du TEI (c'est-à-dire les impôts payés) soit augmenté du passif d'impôt différé associé à un investissement dans un bien ou à un amortissement accéléré au cours de l'année. Toutefois, pour éviter que l'impôt ne soit compté deux fois dans le numérateur, il faudrait une règle corollaire pour réduire les impôts couverts calculés ensuite chaque année par la diminution annuelle du passif d'impôt différé relatif à l'actif. Mais cette approche présente l'inconvénient d'autoriser la détermination de la charge fiscale sur la base d'estimations des impôts à payer dans le futur tout en se heurtant à d'autres difficultés liées à la comptabilisation des impôts différés.

223. Une autre approche consisterait à calculer la base d'imposition de GloBE en reprenant la provision de recouvrement des coûts et les taux et conventions d'amortissement que l'EMN a utilisés à des fins fiscales locales au lieu des taux et règles d'amortissement utilisés à des fins comptables. Dans cette approche, les règles locales d'amortissement fiscal seraient appliquées à la valeur comptable des actifs telle qu'elle est déterminée à des fins comptables. Les règles d'amortissement concernées comprendraient les taux d'amortissement, les durées d'amortissement, des conventions de mise en service. Toutefois, elles ne permettraient pas de déductions supérieures au coût réel de l'actif. Cette approche réduirait

considérablement les différences temporaires dans le traitement de la valeur comptable de biens amortissables[8].

224. L'utilisation des règles de l'amortissement fiscal plutôt que celles de l'amortissement comptable introduit une complexité supplémentaire dans le calcul de la base d'imposition GloBE, outre qu'elle déroge au principe de la détermination de la base d'imposition GloBE à partir des comptes financiers. Toutefois, l'utilisation des règles d'amortissement fiscal éliminerait une différence temporaire importante et réduirait tant la fréquence que le montant de l'impôt acquitté en vertu de la RIR du seul fait des différences temporaires. Dans l'ensemble, ce retraitement des comptes financiers pour déterminer la base d'imposition GloBE pourrait être moins lourd, sous l'angle de la mise en conformité et de l'administration, qu'une prolifération de crédits d'impôt en vertu de la RIR.

225. Une complexité supplémentaire associée à la comptabilisation immédiate en charges et à l'amortissement accéléré provient de la capitalisation des charges liées à l'amortissement des stocks. Les différences entre le traitement comptable et le traitement fiscal des charges d'amortissement relatives aux stocks et la manière dont il conviendrait de les atténuer doivent être prises en considération dans le cadre de la conception et de la mise en œuvre de cette règle spéciale.

3.3.6. Ajustement relatif aux systèmes d'impôt sur les sociétés fondés sur la distribution

226. Certains membres du Cadre inclusif ont des régimes d'IS qui taxent une société au moment où elle distribue ses bénéfices à ses actionnaires, plutôt qu'au moment où elle les perçoit. Les taux d'imposition dans ces juridictions peuvent être égaux ou supérieurs au taux minimum d'imposition convenu sur la base d'imposition GloBE ; on s'assure ainsi que les revenus ne seront pas soumis à un taux d'imposition faible lorsque les bénéfices sont finalement distribués. En l'absence de distribution, toutefois, les revenus ne sont pas soumis à l'impôt de distribution dans l'année où ils sont perçus et portés aux comptes financiers[9]. Cela signifie que les revenus seraient imposables en vertu des règles GloBE, puisque la charge de l'impôt couvert pour l'année sera inférieure au taux minimum d'imposition applicable au résultat financier. Il serait toutefois inapproprié d'exclure totalement ces revenus des règles GloBE, car l'impôt pourrait en réalité ne pas être payé pendant une longue période, ce qui aurait pour effet de permettre un report quasi permanent de l'impôt sur le résultat généré dans ces juridictions. Permettre un report indéfini de l'impôt sur le résultat soulèverait des questions de BEPS analogues à celles soulevées par les structures qui aboutissent à des revenus apatrides.

227. En l'absence de règles spéciales, pour éviter d'être imposables en vertu des règles GloBE, les groupes d'EMN ayant des entités constitutives soumises à la fiscalité des distributions de dividendes devraient estimer correctement le montant de la base d'imposition GloBE dans la juridiction pour l'exercice avant la fin de l'année et distribuer suffisamment de bénéfices pour que l'obligation fiscale locale encourue sur ces bénéfices soit au moins égale au taux minimum d'imposition. Par exemple, si le taux de l'impôt de distribution est de 20 % et le taux minimum d'imposition de 10 %, les entités constitutives devront distribuer un montant équivalent à la moitié de la base d'imposition GloBE avant la fin de l'année pour que leur obligation fiscale locale soit égale à l'obligation fiscale minimale sur les revenus concernés. Dans la pratique, les groupes d'EMN ayant des entités constitutives dans ces juridictions seraient souvent imposables en vertu des règles GloBE, même si les distributions ultérieures sont susceptibles de faire naître des crédits d'impôt au titre de la RIR qui pourraient servir pour répondre à d'autres obligations fiscales.

228. Afin d'éviter ces situations, la règle permet à une société assujettie à l'impôt fondé sur la distribution d'augmenter sa charge d'impôts couverts pour l'année du montant de l'impôt fondé sur la distribution qui serait dû au titre du résultat de l'exercice, jusqu'à concurrence de l'impôt minimum à payer, aux fins du calcul du TEI GloBE dans la juridiction ; en contrepartie, la société devra reprendre cette augmentation si un montant égal d'impôt sur la distribution n'est pas payé dans un délai raisonnable (2 à 4 ans, par exemple). La période correspondante serait tronquée, sur une base par action, si les actions de

l'entité étaient cédées par le groupe d'EMN avant la fin du délai précisé (en nombre d'années). L'IS payé lors de la distribution serait imputé sur les augmentations annuelles de l'impôt par ordre chronologique. Les impôts fondé sur la distribution payés en sus du solde des augmentations annuelles d'impôt des années précédentes seraient intégrés dans le calcul du TEI pour l'exercice fiscal au cours duquel ils ont été payés et pourraient donner lieu à un report d'impôt dans la juridiction.

229. Mécaniquement, le numérateur de la fraction du TEI (c'est-à-dire la charge d'impôts couverts) est augmenté du montant de l'impôt fondé sur la distribution nécessaire pour porter l'impôt payé au cours de l'année (en sus du solde restant dû de l'impôt minimum à payer) au niveau de l'impôt minimum sur la base d'imposition GloBE de l'année en cours. L'augmentation ne doit pas toutefois pas excéder le montant de l'impôt fondé sur la distribution qui serait payé sur toute portion non répartie des bénéfices imposables au titre de GloBE pour l'année. L'augmentation annuelle des impôts couverts à concurrence du taux d'impôt minimum serait consignée dans un registre afin de permettre un suivi année par année. Les paiements d'impôts fondé sur la distribution réduiraient le solde des augmentations annuelles, le cas échéant, par ordre chronologique. Si l'IS payé sur les distributions au cours d'une année dépasse le solde des augmentations annuelles en début d'année, l'excédent augmente le numérateur de la fraction du TEI et réduit le montant qui devait être cumulé pour atteindre un niveau d'impôt minimum au cours de l'année en question. À la fin de la période spécifiée, le solde relatif aux augmentations annuelles réduirait le numérateur de la fraction du TEI, lequel ne pouvant toutefois pas devenir négatif. La réduction du numérateur de la fraction du TEI impose en pratique une obligation fiscale GloBE pour le montant impayé de l'impôt minimum accumulé à la fin de la période spécifiée. Tout solde relatif aux augmentations annuelles excédant le numérateur de la fraction du TEI créerait un montant égal d'impôt à payer au titre de la RIR pour l'année considérée. La modification visant à prendre en considération l'imposition des distributions est illustrée dans les exemples 3.3.6A et 3.3.6B en annexe.

3.3.7. Traitement des subventions publiques et des crédits d'impôt

230. Cette section traite de la manière dont les subventions en liquidités et les crédits d'impôt accordés par l'État doivent être intégrés dans le calcul du TEI selon les règles GloBE (RIR et RPII). Plus précisément, il s'agit de définir une approche pour déterminer si, et dans quelles circonstances, la subvention ou le crédit d'impôt doivent être traités comme des produits, c'est-à-dire, des revenus pour leur bénéficiaire, ou comme une réduction du montant pris en compte au titre des impôts couverts.

Traitement comptable des subventions publiques et des crédits d'impôt

231. Conformément à l'approche générale de détermination de la base d'imposition GloBE, le point de départ pour déterminer si la subvention ou le crédit d'impôt doivent être comptabilisés comme des éléments de revenu ou comme des réductions de l'impôt à payer est d'examiner les règles comptables existantes.

232. Selon les normes IFRS, le traitement comptable des subventions publiques et autres formes d'aide publique est prescrit par la norme comptable internationale (« IAS ») 20. L'IAS 20 prévoit que les subventions publiques doivent être comptabilisées en produits, sur une base systématique sur les périodes nécessaires pour les rattacher aux coûts liés qu'elles sont censées compenser.

233. Les subventions publiques sont définies de manière générale par l'IAS 20 comme « des aides publiques prenant la forme de transferts de ressources à une entité, en échange du fait que celle-ci s'est conformée ou se conformera à certaines conditions liées à ses activités opérationnelles ». L'État est entendu au sens large et désigne l'État central, les organes publics centralisés et décentralisés et tout autre organisme public similaire local, national ou international. Le but de l'aide publique en général et des subventions en particulier est d'encourager une entité à entreprendre certaines actions qu'elle n'aurait normalement pas entreprises si cette aide n'avait pas été fournie. Ainsi, une subvention publique est traitée comme un prêt non remboursable sous conditions qu'il existe une assurance raisonnable que l'entité

remplira les conditions relatives à la dispense de remboursement du prêt (IAS 20, point 10). De même, est traité comme une aide publique le taux d'intérêt bonifié (inférieur aux taux du marché) d'un prêt accordé par l'État (point 10A). L'IAS 20 couvre l'aide publique en général, c'est-à-dire, y compris les autres mesures prises par l'État qui sont destinée à fournir un avantage économique spécifique à une entité ou à une catégorie d'entités répondant à certains critères. Sont exclues du champ d'application de l'IAS 20 les transactions avec l'État qui ne peuvent pas être distinguées des transactions commerciales habituelles de l'entité (p. ex., une politique d'achat de l'État qui génère une partie des ventes de l'entité) et les formes d'aide publique dont la valeur ne peut pas être raisonnablement déterminée, telles que les conseils techniques ou commerciaux gratuits et les garanties données (IAS 20.35).[10] Sont également hors du champ d'application de la norme d'autres formes d'aide publique de portée générale, telles que la mise à disposition d'infrastructures de transport ou de communication, qui sont disponibles sur une base permanente non quantifiable pour le bénéfice de toute une communauté, ou l'imposition de contraintes commerciales à des concurrents. Selon le principe que le contenu des comptes financiers sert à déterminer la base d'imposition GloBE, les mêmes formes d'aide publique qui sont exclues du champ d'application de l'IAS 20 le sont aussi des revenus pris en considération par les règles GloBE.

234. Le traitement comptable des aides fiscales à l'investissement productif, rassemblées sous l'appellation générique de crédits d'impôt pour investissement (CII), est moins précis. Le traitement comptable des CII est expressément exclu du champ d'application de l'IAS 20 (Comptabilisation des subventions publiques et informations à fournir sur l'aide publique) et de l'IAS 12 (Impôts sur le résultat). En pratique, cela signifie que les règles que les EMN utilisent pour comptabiliser les CII sont souvent établies par analogie avec les prescriptions des normes comptables internationales IAS 20 ou IAS 12. Le CII est un outil employé par de nombreuses juridictions pour encourager certains investissements productifs. Les CII peuvent prendre diverses formes et être soumis à différentes conditions, et l'éligibilité au crédit peut être déterminé de diverses manières. Certains CII peuvent viser l'investissement direct en immobilisations corporelles. D'autres sont accordés pour favoriser la recherche-développement ou d'autres activités. Certains crédits ne sont pas cantonnés à la réduction du résultat imposable de l'exercice. Par exemple, lorsque le montant du crédit dépasse celui de l'IS de l'année en cours, la part non utilisée peut être reportée pour réduire l'IS d'exercices futurs (report en avant) ou passés (report en arrière). Pour certains crédits, le solde peut servir à apurer d'autres dettes fiscales non liées à l'IS, comme la TVA ou les taxes sur la main-d'œuvre. Certains CII peuvent être versés directement en espèces si leur montant est très supérieur à celui de l'impôt à payer, afin que l'entité accède plus rapidement au produit du crédit.

235. Déterminer le traitement comptable le plus approprié pour un CII est une question d'appréciation et fait suite à une analyse qualitative des exigences légales qui doivent être satisfaites pour générer le crédit, plutôt qu'à une évaluation quantitative des résultats économiques obtenus de la réalisation de tel ou tel CII dans la pratique. Un CII qui est déterminé ou limité par référence à l'impôt sur les bénéfices dû par l'entité ou qui est fourni sous la forme d'une déduction d'impôt sur les bénéfices sera probablement comptabilisée selon les prescriptions de l'IAS 12 (Impôts sur le résultat) et enregistré dans les comptes financiers en tant que réduction de la charge d'impôt courante. Si la réalisation du CII ne dépend pas du montant du bénéfice imposable ou d'un passif d'impôt sur le résultat passé ou futur généré par une entité, il est probable qu'il sera comptabilisé en vertu de l'IAS 20 (subventions et aides publiques) et enregistré dans les comptes financiers comme autre produit.

236. Par conséquent, on s'attend à ce qu'en général, en application des normes IFRS et des normes comptables équivalentes, tout CII « remboursable » soit traité comme un produit, ou élément de résultat, tandis que tout CII non remboursable serait traité comme réduction d'une obligation fiscale. Le terme « remboursable » est compris dans un sens large et couvre les CII qui peuvent devenir payables en espèces ou disponibles en équivalents de trésorerie, y compris ceux qui peuvent être utilisés pour apurer des dettes fiscales autres que celles relatives aux impôts couverts. D'un point de vue comptable, la raison pour laquelle les crédits d'impôt remboursables sont traités de la même manière que les subventions de l'État est que, comme pour les subventions, le droit du contribuable à un crédit d'impôt remboursable n'est

pas lié au montant de ses bénéfices ou de l'impôt dû à leur égard, de sorte que, d'un point de vue économique, les subventions et les crédits d'impôt remboursables sont équivalents.

237. Les normes IFRS peuvent considérer un crédit comme « remboursable » même s'il n'est remboursable qu'après un certain nombre d'années ou s'il peut être imputé à une obligation fiscale autre que l'IS telle qu'un impôt sur la main-d'œuvre ou un paiement de TVA. Plus important encore, les normes IFRS adoptent généralement une approche « globale » du remboursement selon laquelle si un crédit présente certaines caractéristiques de potentiel remboursement (par exemple, le crédit doit être reporté et seule la partie inutilisée ou excédentaire du crédit est remboursable après un certain nombre d'années), alors le montant total du crédit est traité comme un produit même si, en pratique, le crédit est imputé à une obligation d'impôt sur les sociétés et pourrait donc n'être effectivement jamais remboursé.

Traitement au titre des règles GloBE sur la base des règles comptables avec précautions pour les zones de risque associées aux crédits d'impôt remboursables

Traitement des subventions publiques et des crédits d'impôt au titre de GloBE

Règle générale

Le traitement des subventions publiques et des crédits d'impôt sera fondé sur les règles comptables, assorties de dispositifs de protection pour les crédits d'impôt remboursables afin de couvrir les zones de risque :

a) lorsqu'un crédit d'impôt remboursable remplit certaines conditions (crédit d'impôt remboursable « qualifié »), la totalité du montant du crédit est traitée comme un produit, ou élément de résultat (conformément au traitement comptable des crédits d'impôt remboursables) ;

b) lorsqu'un crédit d'impôt remboursable ne remplit pas les conditions (crédit d'impôt remboursable « non qualifié »), la totalité du montant du crédit est traitée comme une réduction d'une obligation fiscale relative à un impôt couvert ;

c) pour les crédits d'impôt non remboursables, le montant total du crédit est traité comme une réduction d'une obligation fiscale relative à un impôt couvert (conformément au traitement comptable des crédits d'impôt non remboursables) ;

d) pour toutes les subventions publiques, le montant total de la subvention est traité comme un produit (conformément au traitement comptable des subventions publiques).

Conditions pour un crédit d'impôt remboursable « qualifié » au titre de GloBE :

Pour être traité comme un crédit d'impôt remboursable « qualifié » dans le cadre de GloBE, le régime de crédit d'impôt doit être conçu de telle sorte qu'un crédit devienne remboursable dans les quatre ans à compter de la date à laquelle il est initialement accordé. Lorsque le régime de crédit d'impôt prévu par la législation d'une juridiction prévoit un remboursement partiel, de sorte que seul un pourcentage ou une partie fixe du crédit est remboursable, la partie remboursable du crédit doit être remboursable dans les quatre ans suivant la date à laquelle le crédit a été accordé pour qu'elle soit considérée comme un crédit d'impôt remboursable qualifié.

En outre, s'il est déterminé qu'un régime de crédit d'impôt remboursable donne lieu à une distorsion importante de la concurrence dans le cadre du processus d'examen décrit ci-dessous, un crédit accordé dans le cadre d'un tel régime ne sera pas traité comme un crédit d'impôt remboursable « qualifié » au titre de GloBE.

Processus d'examen :

a) Spécifique : dans le cadre du processus d'examen des normes comptables visant à détecter les « distorsions de concurrence importantes » décrit au point 3.3.3, si une juridiction membre du Cadre inclusif identifie un risque spécifique associé au régime de crédit d'impôt remboursable d'une certaine juridiction, le Cadre inclusif sur le BEPS peut être saisi pour un examen au cas par cas. Ce processus d'examen spécifique viserait à déterminer si le régime de crédit d'impôt a été conçu de telle manière qu'il est peu probable, au moment où il est introduit dans la législation, que des remboursements importants soient versés aux contribuables.

b) Général : dans le cadre d'un processus d'examen multilatéral décrit au point 10.5.2. portant sur le fonctionnement des règles GloBE après un certain nombre d'années d'application, si les membres du Cadre inclusif identifient des risques associés au traitement des crédits d'impôt et des subventions publiques qui entraînent des résultats inattendus, il sera demandé au Cadre inclusif sur le BEPS d'envisager d'autres conditions pour considérer un crédit d'impôt remboursable comme « qualifié » ou d'autres règles pour le traitement des crédits d'impôt et des subventions publiques.

238. Cette approche traite toutes les subventions publiques comme des produits et traite les crédits d'impôt remboursables comme des produits lorsqu'ils remplissent certaines conditions (ils sont alors des crédits d'impôt remboursables « qualifiés »). Ces conditions sont destinées à réduire les zones de risque particulières identifiées précisément en relation avec les crédits d'impôt remboursables. Les crédits d'impôt remboursables qui ne remplissent pas les conditions (crédits d'impôt remboursables « non qualifiés ») et tous les autres crédits d'impôt sont traités comme une réduction d'une obligation fiscale relative à un impôt couvert. Cette approche est fondée sur le principe sous-tendu par l'approche des règles GloBE, à savoir partir des règles de comptabilité pertinentes, en procédant à tout ajustement convenu si nécessaire[11].

239. Cette approche est généralement alignée sur le traitement comptable des subventions publiques et des crédits d'impôt non remboursables, pour lesquels elle ne nécessite donc pas d'ajustements en vertu des règles GloBE. Elle suit également le traitement comptable des crédits d'impôt remboursables lorsque leurs modalités remplissent les conditions d'un crédit d'impôt remboursable qualifié, et ne s'écarte du traitement comptable que pour les crédits d'impôt remboursables non qualifiés. Pour un crédit d'impôt remboursable non qualifié qui est enregistré comme produit à des fins comptables, un ajustement sera nécessaire dans la base d'imposition GloBE (dénominateur) pour ôter du résultat net le montant total du crédit et le traiter plutôt comme une réduction de l'obligation fiscale visée par GloBE (numérateur). Un ajustement peut également être nécessaire pour un crédit d'impôt remboursable qualifié, dans la mesure où ce crédit réduit l'impôt sur les sociétés à payer au titre du régime national d'IS, afin d'ajouter ce montant à l'obligation fiscale couverte par GloBE (numérateur) puisque le montant total du crédit sera traité comme un produit dans la base d'imposition GloBE (dénominateur).

Conditions pour un crédit d'impôt remboursable « qualifié »

240. Les crédits d'impôt remboursables sont généralement utilisés par les États pour encourager des activités, telles que la R&D, lorsqu'il est très incertain que la dépense se traduira finalement par un rendement net pour l'investisseur. En rendant ces crédits remboursables, les pouvoirs publics réduisent le risque associé à ce type d'investissement et mettent les grands et les petits contribuables sur un pied d'égalité, en garantissant la disponibilité de la subvention, que le contribuable qui entreprend l'activité soit ou non effectivement imposable.

241. Les conditions qu'un crédit d'impôt remboursable devrait remplir pour être traité comme un crédit d'impôt remboursable qualifié visent à réduire le risque que les crédits d'impôt soient utilisés comme un mécanisme de distorsion du calcul du TEI GloBE en étant légalement construits comme

« remboursables » mais avec des modalités qui rendent peu probable, en pratique, que le crédit soit effectivement remboursé. En particulier, ce risque peut être spécifiquement identifié lorsqu'un régime de crédit d'impôt est conçu de manière qu'un crédit ne soit remboursable qu'au bout d'une longue période.

242. La principale condition pour se prémunir contre ce risque particulier est de stipuler que, pour être traité comme un crédit d'impôt remboursable « qualifié » dans le cadre de GloBE, il doit s'inscrire dans un régime national de crédit d'impôt conçu de telle manière qu'un crédit devienne obligatoirement remboursable dans les quatre ans suivant l'année où il a été accordé. Cette condition se veut un test très clair et devrait être facile à appliquer afin d'apporter une sécurité juridique aux contribuables et aux administrations fiscales et de limiter au maximum les coûts de mise en conformité. L'analyse serait fondée sur une évaluation qualitative du régime de crédit d'impôt dans son ensemble, et non dans ses applications à des contribuables individuels. Lorsque le régime de crédit d'impôt établi en droit par une juridiction comporte un dispositif de remboursement partiel, selon lequel seule une portion du crédit, exprimée en valeur relative ou absolue, est remboursable, pour que cette partie remboursable soit considérée comme un crédit d'impôt remboursable qualifié, elle doit être remboursable dans les quatre ans suivant la date de la première attribution du crédit. « Remboursable » signifie que le crédit est mobilisable en espèces ou en équivalents de trésorerie, et qu'il peut être utilisé pour apurer des dettes fiscales autres que celles relatives aux impôts couverts. En outre, dans le cadre d'un processus d'examen multilatéral exposé ci-dessous, d'autres conditions pourraient être élaborées pour atténuer les risques spécifiques identifiés lorsque les régimes de crédit d'impôt remboursable sont mis en place d'une manière qui entraîne des distorsions de concurrence importantes dans l'application des règles GloBE.

Processus d'examen

243. Un processus d'examen multilatéral sera mis en place pour limiter tout risque résiduel que des régimes de crédit d'impôt remboursable soient conçus pour contourner la condition énoncée ci-dessus aux fins de manipuler les résultats du TEI selon les règles GloBE. Ce processus d'examen devra permettre d'identifier les risques associés à la conception du régime de crédit d'impôt remboursable d'une juridiction, en particulier lorsque les conditions du crédit d'impôt sont ainsi conçues qu'il est peu probable, au moment où le dispositif est introduit dans la législation, que des remboursements importants soient versés aux contribuables. Le processus d'examen pourrait identifier des caractéristiques d'un régime de crédit d'impôt qui indiquent des risques au titre des règles GloBE, par exemple lorsque le régime de crédit d'impôt est destiné à un contribuable particulier ou à un petit groupe de contribuables.

244. Un processus d'examen spécifique axé sur les régimes de crédits d'impôt remboursables pourrait être intégré au processus d'examen qui permet aux membres du Cadre inclusif d'examiner si une norme comptable « entraîne des distorsions de concurrence importantes dans l'application des règles GloBE »[12]. Autrement dit, si un membre du Cadre inclusif identifie un risque spécifique associé au régime de crédit d'impôt remboursable d'un certain pays, le Cadre inclusif sur le BEPS est saisi pour un examen au cas par cas. Il est logique de traiter l'examen des régimes de crédits d'impôt remboursables et celui des normes comptables applicables dans le cadre du même processus, car la préoccupation principale est le traitement comptable de ces crédits d'impôt remboursables. Des critères seront élaborés pour déterminer quand un régime de crédit d'impôt remboursable peut être soumis à l'examen spécifique du Cadre inclusif afin d'apporter clarté et sécurité juridique aux contribuables et de réduire au minimum la charge pour les administrations fiscales. Le principe directeur de ce processus de révision sera axé sur l'identification des régimes de crédits d'impôt remboursables qui ont pour effet de fausser le calcul du TEI GloBE.

245. Outre un processus d'examen spécifique des régimes de crédits d'impôt remboursables tel que décrit ci-dessus, dans le cadre d'un examen multilatéral général du fonctionnement des règles GloBE après un certain nombre d'années de fonctionnement[13], si les membres du Cadre inclusif identifient des risques associés au traitement des crédits d'impôt et des subventions publiques qui conduisent à des résultats inattendus, il pourrait être demandé au Cadre inclusif sur le BEPS d'envisager de concevoir d'autres conditions pour qu'un crédit d'impôt remboursable soit « qualifié » ou, si nécessaire, d'explorer

d'autres règles pour le traitement des crédits d'impôt et des subventions publiques. Cette analyse serait fondée sur des données empiriques et historiques concernant le régime de crédit d'impôt dans son ensemble, et non ses applications à des contribuables individuels.

246. Les conditions prévues pour les crédits d'impôt remboursables qualifiés, combinées à un processus d'examen, devraient constituer des mesures dissuasives suffisantes pour neutraliser les éventuels comportements qui fausseraient la concurrence.

Aide publique d'urgence

247. L'octroi d'une aide publique d'urgence (p. ex., subvention gouvernementale ou crédit d'impôt spécifique pour atténuer les effets de la crise du Covid-19) peut entraîner un abaissement du TEI GloBE calculé, déclenchant éventuellement un impôt complémentaire en vertu des règles GloBE. La question de savoir s'il convient de prévoir une exonération spéciale dans le cadre de l'élaboration des règles types (voir section 10.5.1) pour garantir que l'aide publique d'urgence ne donne pas lieu à une obligation fiscale en vertu des règles GloBE fera l'objet de travaux spécifiques. Ces règles établiraient les critères permettant d'exclure l'aide publique d'urgence du calcul du TEI GloBE, y compris, par exemple, lorsque l'avantage est :

a. fourni par l'État ;
b. limité dans le temps (p. ex., l'aide n'est disponible que pendant [x] ans) ;
c. destiné à procurer un soutien financier face à un choc externe ; et
d. fourni à un certain groupe de contribuables ou secteur d'activité qui est, ou qui devrait être, plus fortement frappé par le choc externe en question.

3.4. Agrégation par juridiction

248. Les sections ci-dessus traitent de la détermination générale des bénéfices d'une EMN aux fins de GloBE et des impôts couverts sur ces bénéfices. Les sections suivantes décrivent comment déterminer le TEI d'une EMN en vertu des règles GloBE, juridiction par juridiction. Dans une approche d'agrégation par juridiction, un impôt GloBE sera dû lorsque le TEI d'une juridiction dans laquelle le groupe d'EMN exerce est inférieur au taux minimum convenu. Pour déterminer le TEI par juridiction, le groupe d'EMN doit d'abord déterminer le résultat de chaque entité, puis affecter ce résultat et les impôts couverts payés sur ce résultat à la juridiction concernée. Plus précisément, le calcul du TEI par juridiction comporte deux étapes : la première consiste à déterminer le résultat de chaque entité du groupe et à procéder à des ajustements, au niveau de l'entité, eu égard aux éléments consolidés (ajustements au titre de la consolidation) ; et la seconde consiste à affecter le résultat et les impôts payés par chaque entité à une juridiction. La présente section décrit les règles à suivre pour effectuer ces calculs et ces affectations.

3.4.1. Ajustements au titre de la consolidation

> **Ajustements au titre de la consolidation**
>
> **Utilisation des informations financières au niveau de l'entité**
>
> Les EMN peuvent se fonder sur les informations financières individuelles des entités qui entrent dans la préparation des comptes consolidés de la société mère aux fins de déterminer le résultat avant impôt de chaque entité constitutive, même si ces informations ne sont pas établies en stricte conformité avec la norme comptable de la société mère lorsque a) il est raisonnable de le faire, b) lesdites informations sont fiables, et c) leur utilisation n'entraîne pas de différences permanentes importantes par rapport aux normes comptables de l'entité mère.
>
> **Traitement des éléments intragroupe**
>
> Les produits, gains, charges et pertes imputables aux transactions entre entités constitutives ne doivent pas être éliminés et doivent être enregistrés conformément au principe de pleine concurrence. Les éléments intragroupe peuvent toutefois être exclus dans la mesure où la transaction a lieu entre des entités constitutives situées dans la même juridiction.
>
> **Éléments compris dans la consolidation**
>
> Les autres éléments maintenus au niveau consolidé ne doivent être pris en compte dans le calcul du résultat d'une entité constitutive que s'ils peuvent être rattachés de manière fiable et systématique à cette entité.

Utilisation des informations financières au niveau de l'entité

249. Même lorsqu'une filiale tient des comptes financiers en utilisant la norme comptable de l'entité mère, il est peu probable, dans bien des cas, que la filiale puisse produire un compte de résultat autonome qui réponde aux normes rigoureuses qu'un commissaire aux comptes indépendant appliquerait pour évaluer la conformité avec la norme comptable de l'entité mère. Il y a plusieurs raisons à cela.

250. Premièrement, le seuil de matérialité pour une filiale autonome sera, en général, beaucoup plus bas que le seuil de matérialité du groupe consolidé. Le traitement comptable d'une transaction ou d'un élément qui n'est pas exactement conforme à la norme comptable de l'entité mère peut être acceptable dans le contexte des comptes consolidés du groupe. Toutefois, au niveau de l'entité autonome, les transactions ou les éléments peuvent être suffisamment significatifs pour qu'il ne soit pas permis de s'écarter d'une application stricte de la norme comptable.

251. Deuxièmement, dans le cas d'une acquisition, l'acheteur est tenu de comptabiliser les actifs et passifs de l'entreprise acquise à leur juste valeur en procédant à une allocation du prix d'acquisition (un ensemble de principe communément appelé « comptabilité d'acquisition »). La comptabilité d'acquisition entraîne généralement une augmentation ou une diminution de la valeur comptable des immobilisations précédemment incluses dans les comptes financiers de l'entité acquise et l'enregistrement de nouvelles immobilisations incorporelles qui ne figuraient pas dans les comptes financiers de l'entité acquise. L'acquéreur utilise ces montants à la valeur de marché (« juste valeur ») pour établir ses comptes consolidés. Dans de nombreux cas, toutefois, les retraitements de juste valeur ne sont pas transposés dans les comptes financiers autonomes de l'entité acquise. De fait, la réévaluation des comptes d'une filiale (« push-down accounting ») n'est pas autorisée par certains référentiels de normes comptables, notamment les IFRS. En revanche, de nombreux groupes d'EMN procèdent à des retraitements en comptabilité d'acquisition au niveau consolidé, c'est-à-dire dans les comptes financiers qui servent

exclusivement à préparer les comptes consolidés du groupe. Les ajustements pour les postes de la comptabilité d'acquisition sont examinés plus en détail ci-dessous.

252. Troisièmement, à l'instar des retraitements en comptabilité d'acquisition, certains autres éléments de la comptabilité financière sont maintenus au niveau des comptes consolidés, plutôt que dans les comptes financiers d'entités juridiques autonomes. Parmi les exemples courants, on peut citer les charges liées aux rémunérations sous forme d'actions, les gains et pertes de change et les retraitements de juste valeur liés aux produits dérivés et aux retraites. Les ajustements au titre des charges pour rémunération fondée sur des actions et autres éléments compris dans la consolidation sont examinés ci-dessous.

253. Enfin, il est reconnu que tous les groupes d'EMN ne dressent pas des comptes au niveau des entités. Certains groupes d'EMN établissent une comptabilité par secteur d'activité et, lorsque des comptes individuels, au niveau de l'entité, sont requis à des fins légales ou fiscales locales, ils sont établis à partir des comptes de ces secteurs d'activité. Ainsi, si ces comptes sociaux locaux sont dérivés de ceux qui sont utilisés à des fins de consolidation, ils ne constituent pas la base de l'établissement des comptes consolidés.

254. Pour les raisons ci-dessus, le résultat avant impôt d'une filiale qui est utilisé dans l'établissement des comptes consolidés du groupe d'EMN ou qui en découle peut ne pas être, dans les comptes sociaux de l'entité, en parfaite conformité avec la norme d'information financière de la société mère. Il se peut même que, pris séparément, les différences soient suffisamment importantes pour qu'un commissaire aux comptes exige des modifications.

255. L'écart entre les comptes financiers établis en conformité parfaite avec la norme d'information financière de la société mère et les comptes financiers qui sont susceptibles d'être tenus par les filiales d'une EMN soulève la question de ce que cela signifie de calculer le résultat avant impôt d'une filiale en appliquant la « norme d'information financière utilisée par l'entité mère du groupe dans la préparation de ses comptes consolidés ». Autrement dit, cette exigence signifie-t-elle que chaque filiale doit calculer son résultat avant impôt en se conformant strictement à la norme comptable de l'entité mère comme si elle était une entité autonome ? Ou bien, l'exigence signifie-t-elle plus généralement que chaque filiale doit partir du résultat avant impôt qui est utilisé dans la préparation des comptes consolidés de l'entité mère ?

256. La règle énoncée ci-dessus adopte cette dernière interprétation. Un avantage important de l'utilisation des comptes financiers comme point de départ de la base d'imposition GloBE est l'efficacité de commencer avec un chiffre de résultat qui a déjà été calculé à d'autres fins. L'obligation de calculer le résultat avant impôt de chaque entité constitutive dans le cadre d'une application plus rigoureuse de la norme comptable financière de l'entité mère que celle qui est requise pour cette entité dans la préparation des comptes consolidés du groupe d'EMN imposerait des coûts de mise en conformité supplémentaires importants. En outre, le calcul de ce résultat ne serait pas soumis à l'examen des commissaires aux comptes. En revanche, le résultat avant impôt de l'entité constitutive qui est calculé dans le cadre de la préparation des comptes consolidés selon la norme comptable de l'entité mère est soumis à un audit, bien qu'avec un seuil de matérialité établi sur la base du groupe consolidé.

257. Comme déjà indiqué ci-dessus, le résultat avant impôt qui est utilisé dans la consolidation peut ne pas être une application parfaite de la norme comptable de l'entité mère. Toutefois, si l'on peut considérer qu'un commissaire aux comptes qui vérifierait les comptes consolidés n'exigerait aucun ajustement sur le résultat de cette filiale, la même approche serait acceptable pour le calcul de la base d'imposition de GloBE. Bien entendu, si un commissaire aux comptes devait exiger des ajustements concernant les comptes financiers de la filiale, ces ajustements seraient également nécessaires aux fins du calcul de la base d'imposition GloBE, à moins qu'ils ne concernent des produits ou des charges exclus de la base d'imposition GloBE.

258. La règle permet d'utiliser le résultat avant impôt qui sert à la préparation des comptes financiers consolidés dans le calcul de la base d'imposition GloBE au lieu de le recalculer par une application stricte

des normes comptables de la société mère, mais seulement sous certaines conditions qui garantissent l'intégrité des données. Premièrement, cette approche doit être raisonnable, en ce sens que de meilleures informations financières (c'est-à-dire, des informations financières tenues en stricte conformité avec la norme comptable de la société mère) ne sont pas disponibles. Ce critère pourrait être rempli si la filiale locale n'a aucune obligation de conformité ou réglementaire d'établir ses propres comptes sociaux conformément à la norme comptable de la société mère. Deuxièmement, les informations doivent être fiables, ce qui signifie que des mécanismes appropriés doivent être en place pour assurer l'exactitude de leur enregistrement. À cet égard, le dispositif de contrôle interne comptable et financier en place dans la filiale doit être évalué et validé par le commissaire aux comptes conformément aux normes de vérification généralement reconnues de la juridiction de l'entité mère ou de la filiale. Un bon ensemble de normes de vérification généralement reconnues prévoit non seulement une analyse des états financiers, mais aussi un examen des procédures de contrôle interne de la société et des autres processus qui ont une incidence sur l'intégrité des données sous-jacentes. Troisièmement, les informations financières utilisées ne doivent pas entraîner de différences permanentes importantes avec les normes d'information financière de l'entité mère, déterminées par référence à l'entité concernée et non par rapport au seuil de matérialité consolidé du groupe[14].

Traitement des éléments intragroupe

259. Le choix d'une approche d'agrégation par juridiction dans le cadre des règles GloBE implique que les transactions entre entités constitutives dans des juridictions différentes devront être traitées de la même manière que les transactions avec des entités non liées afin de déterminer la base d'imposition GloBE pour chaque juridiction. Par conséquent, en vertu de la règle énoncée ci-dessus, les produits, gains, charges et pertes imputables aux transactions entre entités constitutives ne doivent pas être éliminés et doivent être enregistrés conformément au principe de pleine concurrence. Cela a des implications pour déterminer le moment et le lieu où le revenu sera réalisé.

260. Les implications temporelles sont que, puisque l'effet des transactions entre les membres du groupe n'est pas éliminé, une partie du bénéfice ou de la perte du groupe sera « accélérée » par rapport au résultat consolidé si l'acquéreur et le vendeur ne comptabilisent pas leurs charge et produit respectifs au cours de la même année. Par exemple, le revenu d'une entité constitutive fabricante sur la vente à une entité distributrice membre du groupe sera compensé par le coût des ventes pour l'entité constitutive distributrice au moment où celle-ci vendra les marchandises à un tiers. Si l'entité distributrice ne revend pas les marchandises dans la même année, le résultat agrégé obtenu par addition des résultats individuels de toutes les sociétés du groupe sera supérieur au résultat consolidé du groupe pour l'exercice, car les opérations intragroupe sont éliminées lors de la consolidation. Lorsque l'entité distributrice comptabilisera le coût des ventes l'année suivante, le résultat agrégé de toutes les sociétés du groupe sera inférieur, du même montant, au résultat consolidé du groupe. Ainsi, la chronologie du résultat du groupe d'EMN est modifiée par le traitement en comptabilité séparée des entités qui le composent, mais le montant global du résultat reste le même. Pour les implications en termes de lieu, la non-élimination des gains ou des pertes intragroupe fait que le résultat consolidé du groupe d'EMN sera réparti entre deux juridictions lorsque les entités acquéreuse et vendeuse sont situées dans des juridictions différentes[15].

261. Cependant, les juridictions qui adoptent les règles GloBE peuvent permettre l'élimination des transactions entre entités constitutives résidant dans la même juridiction. La modification pourrait être exigée ou autorisée sur option du contribuable. Cela permettrait d'éviter une différence temporelle attribuable à des transactions entre entités constitutives résidant dans la même juridiction et serait probablement plus conforme aux règles de comptabilité fiscale, de consolidation fiscale ou d'allégement fiscal applicables aux groupes dans la juridiction, ce qui permettrait de mieux aligner la base d'imposition GloBE dans une juridiction sur les règles fiscales locales. Cette exception est particulièrement avantageuse dans un système qui traite les différences temporelles par le régime du report en avant.

262. Si les transactions intragroupe ne sont pas enregistrées dans les comptes financiers des entités constitutives sur la base du principe de pleine concurrence, le produit et la charge pour chacune des parties doivent faire l'objet d'un ajustement visant à les conformer au principe de pleine concurrence. L'application du principe de pleine concurrence dans le calcul de la base d'imposition GloBE est nécessaire pour éviter une répartition faussée des revenus entre les juridictions, garantir la prise en considération en temps voulu des résultats des entités de chaque juridiction, et empêcher la comptabilisation de pertes non économiques sur des transactions entre entités d'une même juridiction. En outre, les contreparties à une transaction intragroupe sont tenues d'appliquer le même prix de pleine concurrence. Cette règle est nécessaire pour éviter que les contreparties puissent éviter l'obligation fiscale GloBE en appliquant des prix de transfert de leur choix sélectionnés dans l'intervalle des prix de pleine concurrence.

263. Des ajustements des prix de transfert fondés sur le principe de pleine concurrence seront souvent requis à des fins fiscales. Les règles GloBE ne concernent que les opérations entre entités constitutives d'un même groupe d'EMN et suivront généralement les obligations qui incombent à ces entités constitutives en vertu du droit local. Ainsi, l'obligation de déclarer les transactions intragroupe selon le principe de pleine concurrence et au même prix en vertu des règles GloBE peut nécessiter un retraitement dans les comptes financiers, mais ne devrait pas, dans l'ensemble, créer une charge supplémentaire notable en matière de conformité.

Éléments compris dans la consolidation

264. Les retraitements en comptabilité d'acquisition représentent les produits et les charges les plus importants et les plus courants qui peuvent ne pas apparaître dans les comptes individuels des entités. Lorsqu'une société devient membre d'un groupe financier consolidé à la suite d'une acquisition d'actions, les règles de comptabilité financière exigent généralement que les actifs de la société nouvellement acquise soient réévalués à leur juste valeur de marché. La réévaluation entraîne soit une augmentation soit une diminution de la valeur comptable de chaque actif à des fins comptables. Si le prix d'acquisition[16] dépasse la juste valeur de marché des actifs corporels moins les passifs pris en charge, la règle comptable pertinente exigera généralement l'enregistrement de nouvelles immobilisations incorporelles – pour le goodwill, par exemple – à l'actif du bilan de la société acquéreuse. Pour ce qui est de la tenue des comptes, cependant, la société acquéreuse ne transposera généralement pas les ajustements de valeur comptable des actifs préexistants ou de tout nouvel actif incorporel dans les registres ou le système de comptabilité du membre acquis (méthode de la réévaluation des comptes d'une filiale). La société acquéreuse inscrira plutôt les retraitements de valeur dans son système de comptabilité utilisé aux fins de la préparation des comptes consolidés, que l'on appelle parfois la « liasse de consolidation ». Cela crée une source potentielle de divergence entre le résultat consolidé avant impôt du groupe et le résultat individuel avant impôt de l'entité acquise.

265. Toutefois, les retraitements en comptabilité d'acquisition peuvent être inutiles aux fins de GloBE compte tenu de l'une des règles examinées ci-dessus, au point 3.3.4 (Ajustements à opérer au titre des différences permanentes). En particulier, l'une des règles consiste à exclure les gains et les pertes résultant de la cession d'actions. Le corollaire de cette règle est que l'entité acquise est tenue de comptabiliser ses actifs sous-jacents à leur coût historique, et non à leur valeur comptable post-acquisition, pour calculer sa base d'imposition GloBE après l'acquisition. Par conséquent, le fait que la société acquéreuse ne puisse pas répercuter sur les comptes de la filiale acquise les ajustements de valeur résultant de la comptabilité d'acquisition ne pose pas de problème ; au contraire, cela facilite le calcul correct de la base d'imposition GloBE. La règle qui exclut la plus-value (ou la moins-value) sur la cession des actions est décrite ci-dessus dans la section 3.3.4. De même, les dépréciations et les reprises de dépréciations d'actifs qui sont eux-mêmes consolidés ne doivent pas être rattachées à l'entité constitutive qui détient l'actif sous-jacent si leur amortissement (ou la portion de leur valeur comptable détenue en consolidation) n'est pas rattaché à l'entité.

266. Il est courant que l'entité mère d'un groupe d'EMN verse des rémunérations en actions à des salariés de ses filiales étrangères. Dans certains cas, la société mère fait supporter la charge de la rémunération à la filiale concernée par le biais d'un accord de refacturation des charges liées à l'attribution des actions, ou d'un autre dispositif similaire. La filiale étrangère rembourse alors à l'entité mère les frais qui se rapportent directement à l'achat des actions et à leur attribution aux salariés de la filiale. La filiale étrangère peut bénéficier de la déductibilité des sommes versées au titre de ces remboursements. Toutefois, les dispositions fiscales et comptables locales diffèrent en ce qui concerne les formes de rémunération admissibles, la valeur de la rémunération qui peut être déduite et les normes comptables à appliquer. Certaines juridictions peuvent autoriser la déduction fiscale locale de ces sommes, même en l'absence d'accord de refacturation. D'autres en revanche n'admettent pas la déductibilité de ces charges, même lorsqu'un accord de refacturation existe. Il en résulte que le coût des rémunérations en actions est répercuté sur la filiale concernée dans certains cas – par exemple, lorsque cela est nécessaire pour bénéficier de la déductibilité locale –, mais pas dans d'autres – par exemple, lorsque la déductibilité locale n'est pas subordonnée à l'existence d'un accord de refacturation.

267. Comme pour les retraitements en comptabilité d'acquisition, le fait qu'une EMN répercute la charge des rémunérations en actions n'est pas nécessairement pertinent aux fins de GloBE, étant donné la règle relative à ce type de rémunérations évoquée ci-dessus au point 3.3.5. (Ajustements à opérer au titre des différences permanentes). En particulier, la règle relative aux rémunérations en actions permet une déduction dans la base d'imposition GloBE d'une juridiction dans la mesure où la même déduction est autorisée dans la base d'imposition locale de la juridiction où est située la société qui emploie les bénéficiaires des actions. Autrement dit, le traitement comptable des rémunérations fondées sur des actions n'a pas d'importance, puisque la règle retient leur traitement dans les comptes fiscaux. L'utilisation de comptes fiscaux pour les rémunérations en actions serait imposée à toutes les entités constitutives du groupe d'EMN afin d'assurer la cohérence entre les membres du groupe.

268. D'autres postes de la comptabilité financière peuvent aussi être maintenus au niveau consolidé, et ne sont pas pertinents au niveau des comptes individuels des entités. Ces postes peuvent comprendre les gains et pertes de change et les retraitements comptables en juste valeur de certains éléments. Ces éléments ne doivent être pris en compte dans le calcul du résultat d'une entité du groupe que s'ils peuvent être rattachés de manière fiable et systématique à cette entité. Un élément peut être rattaché de manière fiable à une entité lorsqu'il se rapporte entièrement ou exclusivement à cette entité ou lorsqu'il se rapporte à un groupe d'entités et qu'il existe une base claire pour répartir le montant concerné entre les entités en question. Cette méthode de rattachement doit être appliquée de manière cohérente par le groupe d'EMN aux éléments et aux entités constitutives au sein du groupe et d'un exercice à l'autre.

3.4.2. Attribution des revenus et des impôts d'une entité aux différentes juridictions

Attribution des revenus et des impôts

Revenus des établissements stables et des entités constitutives avec juridiction fiscale de résidence

Le résultat avant impôt réalisé par une entité constitutive qui est un établissement stable est affecté à la juridiction où l'établissement stable est situé. Dans les autres cas, le résultat avant impôt réalisé par l'entité constitutive est attribué à la juridiction fiscale de résidence de l'entité.

Revenus des entités constitutives sans juridiction fiscale de résidence

Dans le cas d'une entité constitutive qui n'a pas de juridiction de résidence à des fins fiscales (une entité apatride) :

a) la quote-part de bénéfices de chaque propriétaire qui est une entité constitutive est attribuée à la juridiction fiscale de résidence du propriétaire si cette juridiction considère l'entité comme transparente aux fins fiscales, et

b) tous les bénéfices restants, y compris la quote-part de tout propriétaire qui est une entité constitutive dont la juridiction ne considère pas cette entité comme transparente aux fins fiscales, sont attribués à la juridiction fiscale « apatride ».

La juridiction fiscale d'un propriétaire considère une entité comme étant transparente aux fins fiscales si le propriétaire est passible de l'impôt sur sa quote-part des bénéfices de l'entité dans sa juridiction fiscale de la même manière que s'il avait directement perçu les revenus correspondants.

Impôts couverts

Tout impôt couvert acquitté par une entité constitutive sur son résultat ou celui d'une entité fiscalement transparente dont elle est propriétaire est attribué à la juridiction à laquelle les revenus sous-jacents ont été affectés.

Les impôts couverts dont est passible une entité constitutive au titre des distributions de dividende d'une autre entité constitutive sont affectés à la juridiction de l'entité constitutive qui a distribué le dividende.

Principes généraux

269. Une approche d'agrégation par juridiction dans le cadre des règles GloBE implique que l'EMN répartisse ses revenus étrangers entre les différentes juridictions fiscales dans lesquelles elle exerce son activité[17]. En règle générale, le groupe d'EMN serait passible de l'impôt, dans une approche d'agrégation par juridiction, si le taux de l'impôt sur les revenus attribués à une juridiction était inférieur au taux minimum. L'impôt supplémentaire dû par le groupe en vertu des règles GloBE serait égal à la somme des montants nécessaires pour porter le montant total de l'impôt sur les revenus dans chaque juridiction au niveau de celui résultant de l'application du taux minimum d'imposition.

270. Afin de déterminer, sur une base par juridiction, si les revenus d'une EMN sont soumis à un niveau minimum d'imposition, les revenus perçus par les entités constitutives et les impôts couverts qui sont recouvrés ou recouvrables aux termes de la déclaration déposée pour ces revenus doivent être mis en corrélation et attribués à la juridiction appropriée. En général, les revenus d'une EMN doivent être affectés à la juridiction de l'entité constitutive qui les a perçus, que cette entité constitutive soit une société ou une personne morale similaire ou un établissement stable d'une telle entité, et les impôts couverts acquittés par l'EMN doivent être associés aux revenus qui ont été soumis à l'impôt.

271. Le point de départ de la détermination du TEI par juridiction est l'affectation des revenus aux juridictions. Les règles d'affectation des revenus entre les juridictions s'appuient sur les règles applicables aux déclarations pays par pays. Comme indiqué ci-dessus, les règles GloBE adoptent, avec quelques modifications, la définition du groupe d'EMN et de l'entité constitutive retenue pour la déclaration pays par pays[18]. Les règles de la déclaration pays par pays exigent généralement que les groupes d'EMN déclarent certaines informations concernant les entités constitutives en fonction des juridictions fiscales de résidence respectives des entités. Un établissement stable est considéré comme une entité constitutive distincte de son siège social. Aux fins de l'agrégation par juridiction, la même approche doit s'appliquer à l'affectation des revenus entre les juridictions fiscales. Les impôts couverts qui portent sur les revenus d'une entité constitutive doivent également être affectés à la juridiction fiscale de cette entité constitutive. Le résultat d'une entité et les impôts qui y sont associés ne peuvent être attribués qu'à une seule juridiction.

Affectation des revenus

272. La règle d'affectation des revenus est simple dans le cas des établissements stables. Le résultat avant impôt perçu par une entité constitutive qui est un établissement stable est affecté à la juridiction où l'établissement stable est situé. Cette règle est conforme aux règles de la déclaration pays par pays. Afin d'éviter le risque de surimposition, des règles spéciales peuvent être requises pour les succursales imposables, lorsqu'une perte dans la juridiction de l'établissement stable est prise en compte dans le calcul du résultat imposable du siège social.

273. La règle d'affectation des revenus est également simple dans le cas des entités constitutives qui ont une juridiction fiscale de résidence selon les règles de la déclaration pays par pays. Le résultat avant impôt de ces entités constitutives est attribué à la juridiction fiscale de résidence de l'entité. En règle générale, une entité constitutive autre qu'un établissement stable est considérée comme résidente d'une juridiction fiscale aux termes des règles de la déclaration pays par pays si, en vertu de la législation de cette juridiction fiscale, l'entité y est assujettie à l'impôt (hors retenues à la source) sur la base d'un critère tel que le lieu de direction ou le lieu d'organisation ou d'un autre critère similaire. Une société créée dans une juridiction qui n'a pas de système d'IS est considérée comme résidente fiscale dans la juridiction de création, à moins qu'elle ne soit gérée et contrôlée dans une juridiction qui impose les bénéfices sur la base de la résidence.

274. L'affectation des revenus des entités constitutives qui n'ont pas de juridiction fiscale de résidence (entités apatrides) est plus difficile. Comme indiqué dans la section 2.2, cette catégorie d'entités constitutives comprend, globalement, des entités fiscalement transparentes et des entités hybrides inversées. Une entité fiscalement transparente est une entité ou un dispositif qui est transparent(e) aux fins fiscales dans la juridiction du propriétaire et dans la juridiction de l'entité[19]. Une entité hybride inversée, selon l'analyse présentée dans le Rapport final au titre de l'Action 2 du projet BEPS (OCDE, 2017[2]), est une entité ou un dispositif qui est opaque aux fins fiscales dans la juridiction du propriétaire, mais transparent(e) aux fins fiscales dans la juridiction où elle (il) est établi(e). La juridiction fiscale d'un propriétaire considère une entité comme étant transparente aux fins fiscales si le propriétaire est passible de l'impôt sur sa quote-part des bénéfices de l'entité dans sa juridiction fiscale de la même manière que s'il avait directement perçu les revenus correspondants. Dans certains cas, le propriétaire de l'entité apatride peut être un établissement stable situé dans la juridiction fiscale dans laquelle l'entité apatride exerce ses activités commerciales.

275. Selon les règles de la déclaration pays par pays, une entité qui n'a pas de juridiction de résidence fiscale est traitée comme une entité apatride et, dans la déclaration pays par pays, ses revenus sont attribués à la juridiction « apatride », qui est une juridiction hypothétique traitée comme une juridiction fiscale aux fins de la déclaration pays par pays. Si la juridiction fiscale d'un ou de plusieurs propriétaires de l'entité traite l'entité comme fiscalement transparente, la quote-part du propriétaire dans ses revenus est également attribuée à la ou aux juridictions de ces propriétaires. Toutefois, aux fins de l'agrégation par juridiction, les revenus ne peuvent être attribués qu'à une seule juridiction. Néanmoins, la déclaration pays par pays fournit un modèle utile pour l'affectation des revenus des entités apatrides.

276. L'adaptation de l'approche de la déclaration pays par pays aux règles GloBE nécessite la création d'une juridiction apatride aux fins des règles GloBE. Cette juridiction apatride est traitée de la même manière qu'une juridiction fiscale pour les besoins de l'application des règles GloBE par juridiction. Ainsi, tous les revenus attribués à la juridiction apatride en vertu de cette règle ainsi que les impôts couverts correspondants doivent être agrégés aux fins du calcul du TEI et de l'impôt complémentaire pour la juridiction apatride.

277. Les types d'entités constitutives qui sont traitées comme apatrides en vertu des règles énoncées à la section 2.2 comprennent les entités fiscalement transparentes et les entités hybrides inversées. La part de chaque propriétaire dans les revenus d'une entité constitutive apatride est attribuée à la juridiction

fiscale de ce propriétaire, à moins que celui-ci ne soit une entité constitutive et que sa juridiction fiscale ne considère pas l'entité comme transparente aux fins fiscales. Ainsi, dans le cas d'une entité fiscalement transparente détenue exclusivement par des entités constitutives qui sont résidentes fiscales dans (ou, si elles sont des établissements stables, situées dans) des juridictions qui considèrent l'entité comme transparente aux fins fiscales, tous les revenus de l'entité seront affectés aux juridictions des propriétaires de ces entités constitutives. Si la juridiction du propriétaire d'une entité constitutive ne considère pas l'entité comme transparente aux fins fiscales, l'entité est une entité hybride inversée par rapport à ce propriétaire et la quote-part de ce propriétaire dans les revenus de l'entité sera attribuée à la juridiction apatride. La règle traite également des situations dans lesquelles des entités non constitutives détiennent une participation minoritaire dans une entité constitutive apatride du groupe d'EMN. La quote-part du propriétaire dans les revenus de l'entité non constitutive sera attribuée à la juridiction de ces propriétaires et ne sera pas prise en compte par le groupe d'EMN dans le calcul du TEI ou de l'impôt complémentaire de la juridiction apatride. Si le propriétaire d'une entité apatride est lui-même une entité apatride, la règle est appliquée à la quote-part des revenus échéant au propriétaire comme si celui-ci avait directement perçu les revenus correspondants.

278. Comme expliqué dans la section 2.2, une unité commerciale qui est traitée comme une entreprise associée sera considérée comme une entité constitutive distincte si les produits et les charges de l'entreprise associée sont inclus dans les comptes consolidés du groupe au prorata de la participation de celui-ci dans l'unité commerciale. L'entité constitutive est constituée uniquement de la participation du groupe d'EMN dans l'entité ou le montage, telle qu'elle apparaît dans les comptes consolidés. Une entreprise associée peut être imposable dans une juridiction ou peut être une entité transparente fiscalement. Les règles générales de détermination de la résidence fiscale s'appliquent à une entreprise associée qui est traitée comme une entité constitutive. Ainsi, l'entreprise associée peut être résidente fiscale dans une juridiction si elle est imposable dans cette juridiction ou peut être apatride si elle est fiscalement transparente. Si l'entreprise associée est une entité apatride, ses revenus sont affectés conformément aux règles décrites ci-dessus pour les entités apatrides.

Affectation des impôts couverts

279. Les impôts couverts suivent généralement les revenus auquel ils se rapportent en vertu des règles d'affectation des impôts couverts. Autrement dit, les impôts couverts sur les revenus affectés à une juridiction donnée, y compris une juridiction apatride, sont généralement attribués à cette juridiction.

280. Les impôts couverts acquittés sur les revenus d'un établissement stable, y compris les impôts payés dans la juridiction du siège, sont affectés au lieu de l'établissement stable. Les impôts couverts acquittés sur les revenus d'une entité constitutive ayant une juridiction fiscale de résidence sont attribués à la juridiction fiscale de l'entité constitutive. Ces impôts couverts peuvent être prélevés par la juridiction fiscale de l'entité constitutive ou par une autre juridiction fiscale. Par exemple, les retenues à la source dues au titre d'une redevance reçue d'un titulaire de licence dans une autre juridiction seraient attribuées à la juridiction fiscale de l'entité constitutive qui a perçu la redevance. De même, l'impôt versé par l'actionnaire d'une entité constitutive au titre d'un dividende ou dans le cadre d'un régime relatif aux sociétés étrangères contrôlées (SEC) doit être affecté à la juridiction de l'entité constitutive ou de la SEC distributrice, car cet impôt est généré par les revenus de l'entité constitutive ou de la SEC. Voir les exemples 3.4.2A, 3.4.2B, 3.4.2C, 3.4.2D et 3.4.2G en annexe.

281. Idéalement, les impôts couverts payés au titre de l'impôt fondé sur la distribution des bénéfices d'une entité constitutive, y compris les impôts sur une base nette et les retenues à la source, devraient être attribués à la juridiction fiscale de l'entité constitutive qui a perçu les revenus sous-jacents. Cependant, le suivi et la localisation des distributions tout au long de la chaîne de propriété seraient extrêmement complexes et lourds. En conséquence, ces impôts devraient être attribués à la juridiction de l'entité constitutive qui a distribué le dividende générateur de l'obligation fiscale. Cela dit, une distribution effectuée

par une entité constitutive située dans une juridiction à faible fiscalité pourrait être financée par les bénéfices distribués par des filiales de niveau inférieur. Dans ce cas, les impôts sur une base nette payés par l'actionnaire couvriraient d'autres revenus de l'entité constitutive insuffisamment imposée, car la distribution elle-même est exclue de la base d'imposition GloBE. Des règles ciblées peuvent être nécessaires pour s'assurer que ces impôts sont correctement affectés afin de tenir compte de ces structures. Cette question sera examinée plus en détail dans le cadre de l'élaboration des règles types abordée au point 10.5.1.

282. Les impôts couverts découlant de la cession d'actions d'une entité constitutive sont exclus du calcul du TEI. Les impôts couverts découlant de la cession d'autres actions sont attribués à la juridiction du cédant dans la mesure où le gain ou la perte enregistré par le cédant sur la vente des actions est inclus dans la base d'imposition GloBE.

283. Comme pour les autres entités constitutives, les impôts couverts acquittés ou dus par le propriétaire d'une entité apatride sur sa quote-part des revenus de l'entité sont attribués à la juridiction à laquelle les revenus correspondants ont été affectés. En règle générale, cela signifie que l'impôt prélevé sur la part de chaque propriétaire dans les revenus d'une entité fiscalement transparente sera attribué à la juridiction fiscale respective de chaque propriétaire. Par exemple, les associés d'une société de personnes qui est une entité constitutive peuvent être imposés dans leur juridiction sur leur quote-part des revenus de la société de personnes. Cependant, si le propriétaire est situé dans une juridiction fiscale qui ne considère pas l'entité apatride comme fiscalement transparente, la juridiction peut imposer les distributions de l'entité apatride ou la quote-part des revenus de l'entité apatride perçue par le propriétaire dans le cadre d'un régime relatif aux SEC. Dans ce cas, les impôts couverts payés par le propriétaire doivent être attribués à la juridiction apatride tout comme les revenus concernés. L'affectation des revenus et des impôts connexes pour les entités apatrides est illustrée dans les exemples 3.4.2E, 3.4.2F et 3.4.2G en annexe.

284. Dans le cadre de l'approche d'agrégation par juridiction, les impôts couverts sont attribués à la juridiction de l'entité constitutive qui a perçu et enregistré les revenus correspondants. Par conséquent, les impôts couverts collectés par l'autorité fiscale d'une juridiction, tels que les retenues à la source et les impôts sur les SEC, peuvent être pris en compte dans le calcul du TEI d'une autre juridiction. Ces impôts « trans-juridictionnels » présentent certains défis pour les règles GloBE, car ils sont généralement prélevés à des taux élevés et concernent des revenus passifs (et donc très mobiles). Les revenus qui déclenchent ces types d'impôts peuvent être facilement transférés vers une juridiction par ailleurs à fiscalité faible, ainsi que les impôts couverts associés et, dans la mesure où les revenus et les impôts affectés dépassent le taux minimum, les excédents de crédits d'impôt peuvent être utilisés pour réduire le montant de l'impôt complémentaire sur d'autres revenus provenant de la juridiction. Les règles anti-abus empêcheraient les opérations de structuration des groupes d'EMN qui permettent d'utiliser des revenus passifs fortement imposés pour mettre à l'abri d'autres revenus enregistrés dans une juridiction à faible fiscalité. Des travaux complémentaires sur le traitement des retenues à la source et des impôts sur les SEC seront effectués en vue de l'élaboration d'une règle ciblée qui soit compatible avec les résultats de politique publique attendus de GloBE, qui soit administrable et qui réduise autant que possible les coûts de conformité. Le résultat de ces travaux sera intégré dans les règles types décrites au point 10.5.1.

Calcul du TEI par juridiction

285. En général, le TEI de chaque juridiction sera calculé en divisant le total des impôts couverts ajustés attribués à la juridiction par le total des résultats avant impôt attribués à la juridiction. Lorsque le total du résultat avant impôt attribué à une juridiction est nul ou négatif (c'est-à-dire déficitaire), il n'y aura pas de revenu GloBE et aucune obligation fiscale GloBE envers cette juridiction pour le groupe d'EMN sur l'année en question. Les impôts couverts ajustés sont tous les impôts couverts diminués des impôts couverts attribuables aux revenus et aux gains qui sont exclus de la base d'imposition GloBE, tels que les impôts

payés sur les dividendes et les gains de cession d'actions. Le montant des impôts couverts inclus dans le calcul du TEI d'une juridiction en vertu du régime du report utilisé pour traiter les différences temporaires est examiné plus en détail ci-dessous dans la section 4.2.

Références

OCDE (2018), *Modèle de Convention fiscale concernant le revenu et la fortune : Version abrégée 2017*, OECD Publishing, Paris, https://doi.org/10.1787/mtc_cond-2017-fr. [1]

OCDE (2018), *Statistiques de recettes publiques - 1965-2017*, OECD Publishing, Paris, https://www.oecd.org/fr/fiscalite/politiques-fiscales/ocde-classification-impots-guide-interpretation.pdf. [3]

OCDE (2017), *Neutraliser les effets des dispositifs hybrides, Action 2 - Rapport final 2015*, Projet OCDE/G20 sur l'érosion de la base d'imposition et le transfert de bénéfices, Éditions OCDE, Paris, https://dx.doi.org/10.1787/9789264255104-fr. [2]

Notes

[1] Voir la section 2.3 *Entités exclues.*

[2] S'il existe une exclusion des règles de GloBE pour les EMN opérant dans le secteur du transport maritime international (voir section 2.3.7), il convient d'examiner plus avant si les taxes au tonnage doivent être traitées comme des impôts couverts au titre de GloBE.

[3] La portée des règles sur les SEC varie selon les pays et, en tout état de cause, la conception d'une règle sur les SEC, même si elle a une portée plus large que celle décrite dans ce paragraphe, signifie qu'une telle règle ne sera pas considérée comme assimilable aux règles GloBE.

[4] Voir le chapitre 0 *Reports en avant et exclusions.*

[5] https://www.ifrs.org/use-around-the-world/use-of-ifrs-standards-by-jurisdiction/#analysis

[6] Les règles applicables aux ajustements postérieurs à la déclaration au niveau des juridictions sont examinées en section 4.2.2.

[7] Voir la section 3.2.2. pour la description des impôts couverts. L'impôt payé sur le revenu net attribué à une juridiction au titre du Pilier Un serait traité comme impôt couvert en vertu de GloBE.

[8] La règle applique simplement les règles d'amortissement fiscal à la valeur comptable des actifs telle qu'elle est déterminée aux fins de la comptabilité. Elle ne permettrait pas de conformer les règles de l'amortissement comptable des immobilisations dans les comptes de l'entité à celles de l'amortissement fiscal appliquées par la juridiction. Ainsi, la base amortissable du bien aux fins de la fiscalité GloBE et aux fins de la fiscalité nationale peut toujours différer, ce qui produira des différences entre les montants de l'amortissement calculés pour chacune des périodes. Aligner l'amortissement comptable des

immobilisations sur l'amortissement fiscal nécessiterait, dans certains cas, de nombreux autres ajustements de nature temporelle pour différentes charges.

[9] Ces régimes fiscaux contiennent également des règles visant à protéger la base d'imposition de la juridiction contre l'évasion fiscale par le recours à des transactions, telles que les prêts aux actionnaires, qui sont l'équivalent économique d'une distribution.

[10] Le point 39(b) de l'IAS 20 stipule que ces autres formes d'aide publique dont l'entité a directement bénéficié font partie des informations à fournir.

[11] Voir le paragraphe 71 du Programme de travail.

[12] Voir les paragraphes consacrés aux autres normes comptables généralement admises, en section 3.3.3.

[13] Voir les lignes consacrées au processus d'examen multilatéral, en section 10.5.2.

[14] Le processus d'examen multilatéral décrit en section 10.5.2 pourrait inclure un examen spécifique pour évaluer les différences importantes et fournir des orientations supplémentaires à leur égard.

[15] Le moment de l'enregistrement du produit, lorsque les deux entités constitutives sont situées dans la même juridiction, peut être reporté jusqu'à la vente à un tiers à des fins fiscales locales dans le cadre d'un régime d'allégement ou de consolidation au niveau du groupe. En revanche, les produits d'opérations avec des parties liées hors de la juridiction seront probablement comptabilisés au même moment que les produits de transactions avec des tiers, à des fins fiscales locales. Ainsi, la comptabilité séparée des entités aux fins de l'agrégation par juridiction serait conforme, sur ce point, à l'imposition locale des entités soumises à GloBE.

[16] Dans le cas d'une acquisition partielle du capital d'une entité, la valeur de la participation minoritaire est également prise en compte pour déterminer l'existence et le montant du goodwill ou des autres actifs incorporels de l'entité ou des entités acquises.

[17] Une agrégation mondiale pour l'application de GloBE nécessite aussi une répartition des revenus et des impôts des EMN, à la différence que les revenus et les impôts ne doivent être répartis qu'entre la juridiction fiscale de l'entité mère ultime et une juridiction fiscale étrangère. Cette section suppose un paradigme d'agrégation par juridiction. Cependant, les principes s'appliquent également à l'affectation des revenus et des impôts aux juridictions concernées dans le cadre d'un modèle d'agrégation mondiale.

[18] Aucune décision n'a encore été prise par le Cadre inclusif quant à l'adoption des définitions concernées des règles de la déclaration pays par pays par les règles GloBE, mais, étant donné la forte corrélation entre le champ d'application prévu des règles GloBE et celui des règles de la déclaration pays par pays, le présent rapport suppose que les définitions de la déclaration pays par pays seront adoptées.

[19] À cette fin, la juridiction de l'entité peut être celle dont le droit régit sa création si c'est une entité juridique, ou la juridiction dans laquelle elle exerce ses activités si elle est une entité contractuelle ou un dispositif contractuel.

4 Reports en avant et exclusions

4.1. Présentation générale

286. Ce chapitre expose deux ajustements qui peuvent être apportés au calcul de l'impôt supplémentaire d'un Groupe d'EMN pour une juridiction en particulier.

a. Le premier ajustement décrit dans la section 4.2 autorise une EMN à reporter sur un exercice futur les pertes encourues ou les excédents d'impôts au cours d'exercices antérieurs de manière à lisser la volatilité éventuelle résultant des divers impôts payés en vertu de la législation locale ou de différences temporaires. Cet ajustement est destiné à faire en sorte que le Pilier Deux n'aboutisse pas à une imposition supplémentaire dans le cas où un TEI bas observé dans un pays au cours d'un exercice donné est simplement dû à la date de détermination des impôts couverts grevant des éléments du bénéfice déterminé selon les règles GloBE ou à des écarts temporaires affectant la constatation de bénéfices en vertu des règles comptables et de la législation fiscale locale.

b. Le second ajustement décrit dans la section 4.3 est une exclusion fondée sur la substance et reposant sur une formule qui a pour but d'exempter du champ des règles GloBE un taux de rentabilité fixe pour les activités substantielles exercées dans un pays. Exempter un taux de rentabilité fixe sur les activités substantielles a pour effet de focaliser les règles GloBE sur les « bénéfices excédentaires » tels que les revenus des actifs incorporels, lesquels sont ceux qui présentent le plus de risques de BEPS.

287. La section 4.4 décrit la marche à suivre pour calculer le TEI dans un pays donné et l'impôt supplémentaire à la lumière des ajustements destinés à corriger les différences temporaires, et l'application de l'exclusion fondée sur la substance et reposant sur une formule.

Report de pertes en avant et excédents d'impôts

Report de pertes en avant

Les pertes subies dans un pays peuvent être reportées en avant et venir en déduction dans le calcul de la base d'imposition selon les règles GloBE au cours d'un exercice futur de telle sorte que la base d'imposition selon les règles GloBE soit minorée durant cet exercice. Les pertes sont définies comme le surplus des charges sur les produits inclus dans la base d'imposition déterminée dans un pays donné pour un exercice donné selon les règles GloBE.

Pertes préexistantes au régime

Les pertes incluent aussi les pertes préexistantes au régime et remplissant les conditions requises qui sont encourues par une entité constitutive avant qu'un groupe d'EMN ne soit soumis aux règles.

Excédents d'impôts payés

Les excédents d'impôts dans une juridiction au cours d'une année donnée peuvent ouvrir droit à un crédit d'impôt RIR ou à un report en avant de l'impôt payé localement, voire aux deux. Les excédents d'impôts désignent le montant des impôts couverts qui apparaissent comme dus et exigibles dans les déclarations fiscales des entités constitutives au cours d'un exercice et qui dépassent le taux d'imposition minimum sur la base d'imposition totale dans une juridiction donnée pour cette année selon les règles GloBE. Si le calcul de la base d'imposition selon les règles GloBE pour une juridiction donnée fait apparaître un bénéfice nul ou une perte pour une année quelconque, tous impôts couverts payés au titre de cette année seront considérés comme des excédents d'impôts pour cette année et ouvriront droit à un report de l'impôt payé localement.

Crédit d'impôt RIR

Les excédents d'impôts dans une juridiction donnent droit à un crédit d'impôt RIR à concurrence de l'impôt RIR payé durant les exercices précédents au titre de cette même juridiction et qui n'a pas déjà donné lieu à un crédit d'impôt RIR. Un crédit d'impôt RIR peut servir à réduire le montant de l'impôt RIR à payer par l'actionnaire au titre de toute juridiction la même année que celle au cours de laquelle le crédit d'impôt est né ou au cours d'exercices ultérieurs.

Report en avant de l'impôt payé localement

Les excédents d'impôts dans une juridiction qui ne donnent pas naissance à un crédit d'impôt RIR ouvrent droit à un report en avant de l'impôt payé localement. Le report en avant peut durer pendant un nombre d'années convenu et l'excédent d'impôt est traité postérieurement comme une charge fiscale dans cette juridiction lors d'une année au cours de laquelle l'impôt qui y a été payé par les entités constitutives est inférieur au taux d'imposition minimum sur leur revenu global.

Rectification de l'impôt à payer postérieurement au dépôt de la déclaration

Pour la détermination du TEI sur les bénéfices affectés ou attribués à une juridiction conformément aux règles GloBE, le montant dû par une entité constitutive au titre d'un impôt couvert peut être augmenté (ou diminué) postérieurement au dépôt de la déclaration, auquel cas cette modification est considérée comme un ajustement de la charge fiscale de cette entité ou des report en avant de l'année durant laquelle l'augmentation (ou la diminution) de l'impôt est déterminée définitivement.

Transfert d'éléments d'imposition

Les pertes ou reports d'impôt payés localement sont des éléments d'imposition du groupe d'EMN et ne peuvent être transférés ni utilisés par une personne extérieure au groupe. Cependant, si l'actionnariat d'une entité constitutive est modifié au moyen d'une transaction comportant un transfert d'actifs d'impôts différés, l'acquéreur et le vendeur peuvent convenir d'une modification du montant de leurs pertes ou reports en avant des impôts payés localement dans la juridiction de cette entité constitutive, sous réserve que cette modification soit cohérente et en adéquation avec l'effet réel du transfert au regard de la législation fiscale de ce pays.

288. Les écarts temporaires sont des différences temporelles affectant la date de comptabilisation de produits et charges conformément aux règles fiscales et à celles de la comptabilité financière. Ils ne portent pas sur la nature des produits ou charges pris en compte dans le calcul du résultat net. Ils concernent la date à laquelle ces éléments doivent être inclus dans le calcul du résultat net.

289. Les écarts temporaires peuvent expliquer à eux seuls la faiblesse d'un TEI durant l'exercice où ils sont créés et son niveau élevé lorsqu'ils sont repris et inversement. Ils ont une incidence sur la mesure périodique du TEI mais n'affectent pas le TEI moyen sur la durée de vie de l'entité concernée.

290. Les règles GloBE prévoient que les écarts temporaires ne doivent pas donner lieu à une charge fiscale permanente. C'est pourquoi un mécanisme est nécessaire pour corriger les effets des écarts temporaires sur le TEI et le montant de l'impôt à payer en vertu des règles GloBE.

291. Quoique cette section porte essentiellement sur l'application de la règle d'inclusion du revenu, il est possible de se référer à des principes analogues pour la règle relative aux paiements insuffisamment imposés. De manière générale, les reports de pertes en avant et les reports d'impôts payés localement seront pris en compte pour déterminer le TEI d'une juridiction au regard de la règle relative aux paiements insuffisamment imposés. Cependant, il sera impossible de se prévaloir d'un crédit d'impôt similaire au crédit d'impôt RIR pour récupérer des impôts payés au cours d'exercices antérieurs du fait de la règle sur les paiements insuffisamment imposés.

292. Les règles GloBE permettent de compenser les écarts temporaires au moyen soit de reports en avant, soit de la comptabilisation d'impôts différés. Du point de vue de la valeur temporelle de l'argent, la comptabilisation d'impôts différés est généralement plus favorable au contribuable parce qu'elle n'affecte pas la comptabilisation en charges immédiate d'actifs, les amortissements accélérés et les autres mécanismes de report d'imposition généralement adoptés par les États soit pour encourager l'investissement, soit pour d'autres raisons. L'approche basique des reports en avant avec quelques modifications peut préserver la plupart de ces avantages sans pour autant égaler parfaitement les avantages des reports d'imposition octroyés par chaque juridiction.

293. Le principal risque pour l'action publique de la comptabilisation d'impôts différés tient cependant au fait que ceux-ci reposent sur l'estimation par un contribuable du montant des impôts qu'il aura à payer à l'avenir dans une juridiction d'une filiale pour calculer le montant actuellement dû en vertu des règles GloBE. Au contraire, l'approche basée sur les reports en avant se fonde sur le montant des impôts réellement dus à la date où est déterminé le montant de l'impôt à payer en vertu des règles GloBE.

294. Les deux approches (reports en avant et comptabilisation d'impôts différés) entraînent des charges administratives et de mise en conformité. La comptabilisation des impôts différés paraît plus simple à première vue parce que les contribuables y recourent déjà pour leur comptabilité financière. Il est cependant probable que les différences entre les politiques consacrées par les règles GloBE et la comptabilité financière rendent nécessaire de corriger certains effets de la comptabilisation des impôts différés pour adapter cette dernière aux règles GloBE. Ces modifications seraient une source de complexité supplémentaire non négligeable et pourraient être la cause d'incertitudes. Quoique la tenue de comptes d'ordre pour certains reports en avant soit assez fastidieuse, elle est un exercice auquel sont habitués tant les contribuables que les administrations fiscales. C'est pourquoi, bien que la comptabilisation d'impôts différés semble comporter quelques avantages, les membres du Cadre inclusif ne croient pas que cette méthode soit un mécanisme approprié pour régler la question des écarts temporaires. Ils sont néanmoins d'avis que les informations financières sur la comptabilisation des impôts différés pourraient contribuer utilement à la conception d'options de simplification décrites dans la section 5.

4.2. Reports en avant

4.2.1. L'approche basée sur les reports en avant

295. Fondamentalement, la méthode des reports en avant fait appel à deux reports en avant et à un crédit d'impôt pour corriger les divers effets des écarts temporaires sur la base d'imposition déterminée selon les règles GloBE et sur le calcul du TEI. Les deux reports en avant seraient suivis au moyen de comptes d'ordre tenus pays par pays. Le crédit d'impôt est suivi au moyen de comptes d'ordre tenus pour chaque société mère du groupe d'EMN appliquant une règle d'inclusion du revenu.

296. Dans l'approche basée sur les reports en avant, la charge fiscale couverte incluse dans le numérateur pour le calcul du TEI relatif à un exercice donné ne comprend que le montant des impôts déclarés comme dus et exigibles dans les déclarations fiscales des entités constitutives qui ont été déposés pour déclarer le bénéfice qu'elles ont réalisé durant cet exercice. Par conséquent, les impôts couverts inscrits au numérateur pour un exercice donné incluent les impôts payés au titre de cet exercice, à la fois durant l'année et lors du dépôt de la déclaration fiscale relative à ce même exercice, dans la mesure où ces impôts sont dus au titre des bénéfices de cet exercice. Cependant, les impôts couverts figurant dans une déclaration et qui ne sont pas acquittés, par exemple à cause d'une pratique administrative autorisant les reports de pertes en avant lors de l'évaluation administrative de l'impôt et non lors de l'évaluation par le contribuable de l'impôt inscrit dans sa déclaration, ne sont pas inclus dans le numérateur du TEI. Les impôts couverts figurant au numérateur n'incluent pas le montant des impôts dus au regard de la comptabilité financière et qui ne figurent pas dans les déclarations fiscales déposées relativement au bénéfice de l'exercice en question, notamment, par exemple, les montants d'impôts incertains, les impôts contestés et les passifs d'impôts différés. Enfin, tout montant d'impôts inscrit dans les déclarations fiscales portant sur le bénéfice d'un exercice qui n'a pas été payé dans un certain délai (2 ans par exemple) doit être considéré comme une réduction des impôts couverts durant l'année suivante.

297. Limiter les impôts couverts inclus dans le numérateur du ratio du TEI aux impôts figurant dans les déclarations fiscales relatives à l'exercice en question pourrait avoir pour effet dans certains cas de soumettre un groupe d'EMN à la fois à la règle d'inclusion du revenu ou à la règle sur les paiements insuffisamment imposés et à la règle d'assujettissement à l'impôt pour une même transaction. Par exemple, une entité constitutive pourrait résider dans une juridiction généralement considérée comme à faible imposition, si bien qu'elle serait vraisemblablement soumise à une retenue à la source sur les paiements provenant d'une autre entité constitutive en vertu de la règle d'assujettissement à l'impôt. Une différence temporaire entre la date de comptabilisation du revenu et celle du paiement pourrait néanmoins aboutir à un TEI inférieur au taux minimum durant l'exercice où le revenu est comptabilisé, de telle sorte qu'un impôt supplémentaire à concurrence du taux minimum devrait être acquitté dans le pays du payeur en vertu de la règle d'inclusion du revenu ou de celle sur les paiements insuffisamment imposés. En supposant qu'en fait le paiement est réalisé l'année suivante, l'entité constitutive serait aussi soumise à la règle d'assujettissement à l'impôt au moment où elle perçoit la recette correspondante parce qu'elle réside dans une juridiction faiblement imposée. Cependant, si la date à laquelle les recettes ont été acquises et celle à laquelle elles ont été reçues interviennent dans la même année, la retenue à la source prélevée en vertu de la règle d'assujettissement à l'impôt aurait été prise en compte pour le calcul du TEI du pays en question, ce qui aurait pu le porter au-dessus du taux d'imposition minimum et empêcher l'application de la règle d'inclusion du revenu ou de celle sur les paiements insuffisamment imposés. Le crédit d'impôt RIR peut éviter cette anomalie. Cependant, en l'absence de mécanisme similaire dans la règle sur les paiements insuffisamment imposés, il pourrait fréquemment arriver que des transactions soumises à une retenue à la source soient l'objet d'une double imposition.

298. Les règles GloBE remédient à cette asymétrie entre la date à laquelle une recette est comptabilisée et celle où l'impôt est payé en permettant de comptabiliser à l'avance des retenues à la source sur des recettes dont on s'attend qu'elles soient payées peu après la fin de l'année durant laquelle la recette en question est comptabilisée. Plus précisément, toute retenue à la source constatée d'un point de vue comptable par une entité constitutive sur un produit qui n'est pas une distribution provenant d'une autre entité constitutive peut être incluse dans les impôts couverts de l'exercice durant lequel ce produit est constaté d'un point de vue comptable, dès lors que ce produit doit être payé dans les 12 mois suivant la fin de l'exercice imposable où cette entité constitutive constate ce produit dans sa comptabilité. En vertu de cette règle, une entité constitutive sachant qu'elle sera passible d'une retenue à la source en vertu d'une règle d'assujettissement à l'impôt durant l'exercice suivant celui où le produit correspondant est constaté pourra inclure la retenue à la source due qui sera prélevée en vertu de cette règle d'assujettissement dans sa charge d'impôts couverte pour le calcul du TEI par pays, de telle sorte que la règle d'inclusion du revenu/la règle relative aux paiements insuffisamment imposés ne s'appliquera

vraisemblablement pas. La règle n'est pas limitée aux retenues à la source prélevées en vertu d'une règle d'assujettissement à l'impôt. Cependant, elle ne s'applique pas aux retenues à la source dues sur les distributions provenant d'autres Entités constitutives.

299. Certaines juridictions limitent la possibilité de report de pertes en avant à un certain nombre d'années. Imposer un délai de prescription pour l'utilisation des reports en avant peut alléger la charge administrative et de conformité liée à la tenue des comptes d'ordre qui les concernent. D'autres juridictions permettent de reporter en avant les pertes et autres éléments d'imposition pendant une durée illimitée.

300. Les reports en avant prévus par les règles GloBE sont conçus de manière à avoir effectivement une durée illimitée. Les règles GloBE s'appliquent à un large éventail de branches et secteurs d'activité. La durée du cycle des affaires de ces branches est inégale, certaines, notamment l'industrie minière, ayant un cycle très long. Certains groupes d'EMN ou certaines entités constitutives d'un groupe d'EMN qui sont rentables sur la durée du cycle des affaires peuvent être bénéficiaires certaines années et ne pas l'être pendant d'autres années de ce cycle. La possibilité de reporter les pertes en avant sans limite garantit qu'en vertu des règles GloBE un groupe d'EMN ne sera pas imposé sur un montant supérieur à son résultat économique par suite de l'expiration d'un report de pertes en avant.

301. La possibilité d'utiliser des excédents impôts dans une juridiction pour prétendre à un crédit d'impôt RIR pour des impôts payés en vertu de cette règle au cours d'exercices antérieurs et le report en avant de l'impôt payé localement sont toutefois limités dans le temps. Cette limitation a deux effets. Premièrement, elle traite en pratique un report à long terme comme un écart permanent aux fins des règles GloBE. Autrement dit, si un report en avant imputable à une différence temporaire expire avant que cette différence temporaire disparaisse d'elle-même, la différence temporaire donnera le même résultat que si elle était un écart permanent en vertu des règles GloBE. Deuxièmement, elle limite la durée pendant laquelle des impôts dont le taux est supérieur au taux minimum peuvent être invoqués pour protéger des recettes taxées à un taux inférieur au taux minimum et les exclure ainsi de l'assiette de l'impôt dû en vertu des règles GloBE. Cependant, comme le crédit d'impôt RIR n'est pas limité dans la durée, le risque que l'impôt payé au titre d'une différence temporaire en vertu de ladite règle aboutisse à une imposition en vertu de la règle GloBE est éliminé ou sensiblement réduit.

Report de pertes en avant

302. Le report de pertes en avant est nécessaire pour éviter que soient payés des impôts supérieurs au bénéfice économique. La notion de report de pertes en avant est étrangère à la comptabilité financière. Le bénéfice comptable de chaque exercice est déterminé sans prendre en compte les pertes encourues durant les exercices antérieurs. Pour calculer la base d'imposition annuelle selon les règles GloBE, on part de la comptabilité financière, de sorte que peuvent être pris en compte des bénéfices supérieurs au résultat économique constaté durant un exercice. Le report de pertes en avant est autorisé sous la forme d'une déduction destinée à empêcher une imposition supérieure au résultat économique.

303. Le report de pertes en avant autorisé par les règles GloBE est assez simple et les administrations fiscales comme de nombreux contribuables y sont habitués. Un report de pertes en avant est créé dans une juridiction au cours d'une année durant laquelle les charges prises en compte dans le calcul de la base d'imposition pour ce pays en vertu des règles GloBE, en y incluant les pertes antérieures reportées en avant, sont supérieures au montant des recettes prises en compte dans le calcul de la base d'imposition en vigueur dans cette juridiction en vertu des règles GloBE. Les règles GloBE permettent de reporter les pertes en avant sans limitation de durée. Une perte subie dans une juridiction peut être reportée en arrière dans la mesure où son report en arrière est autorisé par les règles de ce pays. Conformément au modèle de l'agrégation par juridiction, les reports de pertes en avant naissant dans une juridiction ne peuvent venir en déduction de la base d'imposition ajustée selon les règles GloBE que dans cette même juridiction. Un report de pertes en avant n'est utilisé pour réduire la base d'imposition GloBE que si le TEI dans une juridiction est inférieur au taux d'imposition minimum avant de tenir compte du report de pertes.

304. On ne s'attendra généralement pas à ce que le report de pertes en avant dans le cadre des règles GloBE soit conforme aux règles régissant les reports de pertes en avant dans la juridiction locale. En réalité, le report de pertes en avant tel qu'il est conçu dans les règles GloBE est destiné à éviter une imposition supérieure au résultat économique eu égard à la nécessité de ne pas imposer une EMN selon les règles GloBE du simple fait de la déduction de pertes sur exercices antérieurs. Un report de pertes autorisé par les règles GloBE ne respecte pas forcément les règles régissant les reports de pertes en avant dans le pays où sont subies ces pertes. Il peut arriver par exemple que les règles fiscales d'un pays limitent le montant des pertes reportables en avant ou la durée pendant laquelle elles peuvent être reportées. À défaut, il se peut que ce pays autorise le report de pertes en arrière et leur imputation sur le montant des impôts dus au titre d'exercices antérieurs, de telle sorte que le contribuable puisse prétendre à un remboursement d'impôts. Dans ces conditions, le report de pertes en avant selon les règles GloBE peut avoir un montant différent de celui qui est autorisé par la législation de ce pays. De plus, les pertes subies par une filiale peuvent être imputées sur les bénéfices d'une autre filiale située dans le même pays pour le calcul de la base d'imposition dans ce même pays qui résulte de la règle GloBE alors qu'une telle imputation n'est pas forcément autorisée par la législation fiscale de ce pays. Dans ce cas, une filiale pourrait disposer d'un report de pertes en avant en vertu de la législation fiscale de ce pays bien que ces pertes aient été intégralement déduites de la base d'imposition dans ce pays en vertu des règles GloBE. Aucun ajustement n'est nécessaire pour compenser ces écarts parce que la base d'imposition selon les règles GloBE ne cherche pas à refléter la base d'imposition déterminée selon les règles du pays en question et que toutes conséquences fiscales des règles GloBE qui résulteraient de ces écarts seront traitées au moyen du report de pertes en avant dans ce pays et du crédit d'impôt RIR qui sont décrits plus bas.

Crédit d'impôt RIR et report en avant de l'impôt payé localement

305. Les règles sur les reports de pertes en avant ont pour but de lisser l'évolution du TEI dans une juridiction pendant une période donnée sans égard pour le fait que ses fluctuations soient dues à des écarts temporaires ou permanents. Les règles GloBE s'appliquent dès lors que le TEI d'une juridiction est inférieur au taux d'imposition minimum. Les écarts temporaires ou permanents entre la base d'imposition locale et celle qui résulte des règles GloBE peuvent avoir pour effet que le TEI observé dans une juridiction soit supérieur, ou au contraire inférieur, au taux d'imposition minimum durant un exercice donné. Les écarts temporaires se résorberont avec le temps et les divers écarts permanents peuvent avoir des effets opposés sur le TEI. De fait, les règles lissent l'évolution du TEI dans un pays pendant une période donnée parce qu'elles autorisent un actionnaire à récupérer les impôts payés antérieurement au titre des règles GloBE ou de ne pas avoir à en payer à l'avenir au titre de ces mêmes règles GloBE dès lors que le TEI observé dans la juridiction dépasse le taux d'imposition minimum. Plus précisément, toutes les fois que l'impôt payé dans une juridiction dépasse le taux d'imposition minimum, un actionnaire ayant payé antérieurement un impôt dans cette juridiction au titre de la règle d'inclusion du revenu a droit à un crédit d'impôt RIR dans la mesure où l'impôt qu'il a antérieurement acquitté au titre de cette même règle n'a pas déjà donné lieu à la constatation d'un crédit d'impôt RIR. Un crédit d'impôt RIR peut venir en déduction d'une dette fiscale actuelle ou future au titre de cette même règle, et ce dans n'importe quel pays. Si un actionnaire n'a pas payé d'impôt dans une juridiction par le passé en vertu de la RIR, les impôts payés dans cette juridiction qui dépassent le taux d'imposition minimum sur la base d'imposition GloBE totale sont considérés comme ouvrant droit à un report de l'impôt payé localement dont cet actionnaire peut se prévaloir lors du calcul de son TEI dans cette juridiction au cours d'un exercice futur, ce qui peut avoir pour effet de majorer le TEI de cette juridiction de telle sorte qu'il atteigne le taux d'imposition minimum durant cet exercice.

306. Il arrivera fréquemment que le taux d'imposition d'une juridiction dépasse le taux minimum dans une mesure suffisante pour éliminer tout impôt à payer au titre des règles GloBE, et ce même après qu'un écart permanent a été pris en compte. En incorporant des mécanismes tenant compte des effets des

écarts temporaires et permanents sur le calcul du bénéfice et des impôts à payer sur une durée de plusieurs années, les règles neutralisent les conséquences résultant de l'application du principe de comptabilisation annuelle retenu par les règles GloBE. Bien que la règle ait pour cible principale les écarts temporaires qui se résorbent avec le temps, elle a aussi des effets bénéfiques sur les écarts permanents parce que leurs répercussions sur le montant de l'impôt à payer en vertu des règles GloBE peuvent aussi être dues au calendrier. À titre d'illustration, des écarts permanents égaux et de sens inverse mais qui par ailleurs sont indépendants les uns des autres n'auraient aucune incidence sur le montant de l'impôt à payer en vertu des règles GloBE s'ils apparaissent au cours du même exercice alors qu'ils entraîneraient une dette fiscale au titre des règles GloBE s'ils naissaient au cours d'exercices différents. Quoique cet écart ne soit pas temporaire, la date à laquelle il apparaît a son importance et le report en avant d'impôts payés en trop dans un pays est donc une solution appropriée. De plus, des règles visant à séparer le montant des impôts payés en trop dans un pays qui sont imputables uniquement aux écarts temporaires seraient excessivement complexes et compliqueraient inutilement les règles GloBE.

307. Le crédit d'impôt RIR et le report en avant de l'impôt payé localement dépendent tous deux des impôts payés en trop dans une juridiction. La règle définit les excédents d'impôts comme le montant des impôts couverts qui, dans les déclarations fiscales des entités constitutives, apparaissent comme dus et exigibles dans une juridiction du fait des bénéfices réalisés au cours d'un exercice et qui dépassent le taux d'imposition minimum sur la base d'imposition totale dans cette juridiction pour cette année selon les règles GloBE. Si le calcul de la base d'imposition selon les règles GloBE pour une juridiction donnée fait apparaître un bénéfice nul ou une perte pour une année quelconque, tous impôts payés dans cette juridiction au titre de cette année seront considérés comme des excédents d'impôts pour cette année et ouvriront droit à un report en avant de l'impôt payé localement. Ce cas pourrait se présenter si, par exemple, la base d'imposition dans une juridiction rejette certaines déductions qui ont été admises dans la base d'imposition déterminée selon les règles GloBE. La définition des excédents d'impôts a pour but de faire en sorte que le TEI soit calculé sur la base des impôts réellement payés au titre de l'exercice concerné. Elle n'inclut pas les impôts sur les bénéfices qui sont constatés, par exemple, à cause du refus probable d'une position fiscale incertaine mais qui n'apparaissent pas comme dus dans la déclaration fiscale de l'exercice.

308. La règle sur le crédit d'impôt RIR veut que pour toute année durant laquelle existent des excédents d'impôts dans une juridiction, l'actionnaire commence par vérifier si par le passé il avait déjà payé un impôt RIR au titre de cette juridiction[1]. Si cet actionnaire a déjà payé un impôt RIR durant les exercices taxables précédents (période de reprise), un crédit d'impôt RIR est créé. Le crédit d'impôt RIR créé pour un exercice donné est égal au montant le plus faible entre le montant des impôts en excédent de l'exercice et le montant de l'impôt RIR payé durant la période antérieure et qui n'a pas déjà donné lieu à un crédit d'impôt RIR. Le crédit d'impôt RIR est illustré dans l'Annexe par l'exemple 4.2.1B. On s'attend à ce que dans la plupart des cas le crédit d'impôt RIR vienne en déduction du montant de l'impôt RIR à payer durant l'année où ce crédit d'impôt est créé ou durant tout exercice ultérieur[2]. Quoique le paiement de l'impôt RIR et tout paiement ultérieur d'excédents d'impôts dans le même pays donnent droit à un crédit d'impôt RIR, ce dernier peut être utilisé pour réduire le montant de l'impôt RIR à payer au titre de n'importe quel pays. L'emploi du crédit d'impôt RIR pour réduire le montant de l'impôt RIR à payer au titre d'autres pays est illustré dans l'Annexe par l'exemple 4.2.1C.

309. Compte tenu de la manière dont la règle est conçue, il se peut, et il est prévu, qu'une société mère ayant droit à un crédit d'impôt RIR n'ait pas d'impôt RIR à payer sur lequel elle puisse imputer ce crédit d'impôt dans un avenir prévisible. Les mécanismes de la RIR et le crédit d'impôt RIR sont inédits et leur fonctionnement dépendra de la structure et des opérations d'une EMN et du niveau auquel cette règle s'applique dans la chaîne des actionnaires. Plutôt que de créer des incitations poussant les groupes d'EMN à restructurer leurs activités dans le seul but de tirer avantage d'un crédit d'impôt RIR inutilisé, les administrations fiscales pourraient envisager d'introduire un mécanisme autorisant un groupe d'EMN à compenser ces crédits d'impôt avec d'autres impôts dus dans le pays par la société mère ou une autre

entité constitutive du groupe d'EMN qui réside dans le pays de la société mère parce qu'il pourrait s'avérer durablement difficile de récupérer le crédit d'impôt RIR, notamment, par exemple, si ce crédit n'a pas été consommé pour réduire une dette fiscale au titre de la RIR dans un nombre d'années raisonnable après la fin de celle durant laquelle le crédit d'impôt est né[3].

310. Pour compenser efficacement les différences temporaires, la durée du report en avant de l'impôt payé localement et la période de reprise pour créer un crédit d'impôt RIR doivent être suffisamment longues pour que la différence temporaire qui était à l'origine de l'impôt au titre de ladite règle ou le report d'impôt s'annule. Le délai dans lequel une différence temporaire se résorbera varie en fonction des règles de calendrier de chaque juridiction fiscale. Néanmoins, les règles GloBE devraient fixer un délai couvrant adéquatement le délai nécessaire pour que la plupart des différences temporaires s'annulent sans occasionner de charge administrative et de conformité notable pour le suivi et la vérification des excédents d'impôts invoqués au titre d'exercices clos depuis longtemps. Les règles GloBE incluront aussi des ajustements spécifiques pour minimiser les différences temporaires les plus importantes qui apparaissent dans la plupart des entreprises, à savoir celles qui sont imputables à la passation en charges immédiate et aux amortissements accélérés. Eu égard à l'architecture générale des règles et au cycle économique de la plupart des entreprises, une durée de sept ans semble raisonnable, sous réserve des autres caractéristiques de conception des règles, tant pour la période de reprise que pour la durée des reports d'impôt. Il sera nécessaire de déterminer si des délais plus étendus, y compris pour les règles transitoires de report en avant, sont appropriés dans certains secteurs caractérisés par de longs cycles économiques.

311. Selon la règle sur les reports d'impôts payés localement, les excédents impôts dans une juridiction qui ne donnent pas naissance à un crédit d'impôt RIR ouvrent droit à un report en avant de l'impôt payé localement. Les reports en avant d'impôts payés localement peuvent être pris en compte dans le calcul du TEI au cours de tout exercice ultérieur durant lequel les impôts acquittés dans cette juridiction par les entités constitutives situées dans la même juridiction passent en-dessous du taux d'imposition minimum sur leur base d'imposition GloBE totale. Les reports en avant d'impôts payés localement servent uniquement à calculer le TEI du pays dans lequel ils sont nés et doivent être utilisés dans l'ordre chronologique. Les reports en avant d'impôts payés localement sont minorés du montant appliqué pour porter l'impôt payé localement au niveau du taux d'imposition minimum durant une année quelconque. Le crédit d'impôt local est illustré dans l'Annexe par l'exemple 4.2.1A.

312. Si une société mère est susceptible d'être redevable de l'impôt RIR dans plusieurs pays au cours d'une même année, elle peut affecter ses crédits d'impôt RIR (s'ils existent) à ces pays en les répartissant comme elle le souhaite. Cependant, si plusieurs sociétés mères d'un même groupe d'EMN appliquent une RIR, il est interdit à une société mère d'utiliser les crédits d'impôt RIR qui appartiennent à une autre société mère.

313. Un crédit d'impôt RIR peut être imputé sur le montant des impôts qu'une société mère doit payer au titre de ladite règle dans quelque pays que ce soit pendant l'exercice au cours duquel naît ce crédit d'impôt ou au cours de tout exercice ultérieur[4]. À première vue, la possibilité d'imputer l'impôt RIR payé sur le montant de tout impôt à payer dans un autre pays en vertu de cette règle semble équivalente à l'agrégation mondiale de revenus. Ces deux régimes sont toutefois distincts. Un crédit d'impôt RIR n'apparaît que si un impôt RIR est payé dans un pays et qu'ensuite, un impôt est payé dans ce même pays au-delà du taux d'imposition minimum. Du point de vue conceptuel, un actionnaire a droit à un crédit d'impôt pour les impôts payés dans un pays en vertu de la RIR s'il est en mesure de prouver que cet impôt a été payé du fait d'un écart temporaire apparaissant dans ce pays et qui s'est résorbé postérieurement au paiement de l'impôt. L'approche basée sur les reports en avant se réfère au paiement d'impôts supérieurs à ceux résultant du taux minimum d'imposition pour conclure à la résorption d'un écart temporaire[5].

314. Si la date à laquelle un produit inclus dans la base d'imposition dans un pays coïncidait avec celle où un produit a été inclus dans la base d'imposition GloBE, aucun impôt n'aurait été dû au titre de la RIR

et, au surplus, il n'y aurait nul besoin d'un crédit d'impôt au titre de cette règle par la suite. Du point de vue du contribuable, le mécanisme du crédit d'impôt est fonctionnellement équivalent au remboursement d'impôts antérieurement payés au titre de la règle d'inclusion du revenu. Cependant, au lieu de recevoir un remboursement en espèces de l'administration fiscale et de payer séparément une autre dette fiscale au titre de la règle d'inclusion du revenu, l'actionnaire acquitte cette dette au moyen du crédit d'impôt. Le fait que le crédit d'impôt peut servir à acquitter des impôts dus dans un autre pays en vertu de la règle d'inclusion du revenu ne change pas cette analyse. Le droit à un crédit d'impôt RIR naît toujours d'un écart temporaire naissant et s'annulant dans un même pays ou de la relation réciproque entre deux écarts permanents qui se compensent dans ce même pays. Au contraire, permettre que des impôts payés en trop sur des bénéfices réalisés dans un pays donnent droit à un crédit d'impôt RIR pour les impôts payés dans un autre pays en vertu de cette même règle reviendrait à basculer dans le régime de l'agrégation mondiale de revenus.

Règles transitoires et ajustements

315. Plusieurs événements pourraient déclencher l'application des règles GloBE à un groupe d'EMN pour la première fois. Si un groupe d'EMN réalise déjà un chiffre d'affaires supérieur au seuil de chiffre d'affaires, il tombe sous le coup des règles GloBE une fois qu'elles ont été incorporées au droit national d'un pays dans lequel ce groupe opère. Cependant, les petits groupes d'EMN ne seront soumis aux règles GloBE qu'à partir du moment où leur chiffre d'affaires dépasse le seuil, soit par croissance interne, soit par suite d'une fusion ou acquisition.

316. Dès lors qu'un groupe d'EMN est soumis aux règles GloBE, il est tenu en vertu de l'approche de l'agrégation par juridiction de calculer le TEI sur ses bénéfices dans chaque pays où il opère et de le comparer avec le taux d'imposition minimum convenu. Cependant, ne pas tenir compte des pertes d'exploitation subies par ce groupe d'EMN pendant le ou les exercices précédant immédiatement son assujettissement aux règles GloBE pourrait aboutir à une image fausse de la situation fiscale de ce groupe d'EMN dans ce pays et avoir pour effet de le soumettre à une imposition supérieure à son bénéfice économique. Il peut arriver par exemple qu'une entité constitutive ait subi des pertes d'exploitation pendant les exercices précédant immédiatement celui où le groupe d'EMN est soumis aux règles GloBE pour la première fois. Il arrivera fréquemment que les pertes d'exploitation de l'entité constitutive soient aussi constatées conformément aux règles fiscales du pays en question et qu'elles puissent être reportées en avant de manière à réduire le bénéfice taxable réalisé dans ce même pays au cours d'un exercice ultérieur. Ne pas tenir compte de l'incidence de ces pertes sur exercices antérieurs pourrait entraîner l'application immédiate d'une taxe GloBE sur les bénéfices réalisés au cours d'exercices ultérieurs en dépit du fait que le pays en question est par ailleurs un pays à forte imposition et que les bénéfices imposés en vertu des règles GloBE ne font, du point de vue du groupe d'EMN, que compenser ses pertes récentes. Par conséquent, l'absence de prise en compte des pertes antérieures à l'entrée dans le régime pourrait aboutir à une imposition excessive du groupe d'EMN en transformant en écart permanent ce qui en fait était une différence temporaire pour la simple raison que ce groupe d'EMN est entré dans le champ d'application des règles GloBE postérieurement à ces pertes.

317. Un problème de transition similaire est lié aux différences temporaires qui s'inversent après la date où les règles GloBE deviennent applicables. Les écarts temporaires accélérant la hausse des bénéfices et, par conséquent, le montant des impôts payés avant qu'un groupe d'EMN ne soit soumis aux règles GloBE et qui s'inversent après sont particulièrement délicats. Ce cas peut se présenter par exemple si la législation d'un pays taxe les acomptes de redevances contractuelles à la date de leur encaissement plutôt que sur la durée du contrat ou si elle interdit la déduction de la charge estimée des frais de garantie ou des créances douteuses (ou, autrement dit, des provisions pour créances douteuses ou pour frais de garantie). En l'absence de règle correctrice, il en résulterait un TEI plus bas au regard des règles GloBE durant la ou les années au cours desquelles ces écarts s'inversent, avec le risque d'avoir à payer un impôt supplémentaire en vertu des règles GloBE pour ces années nonobstant le fait que le pays concerné est

par ailleurs une juridiction à forte pression fiscale. De même, faute de règle spéciale, des différences temporaires ayant pour effet de différer l'imposition de bénéfices nés avant l'application des règles GloBE aboutiraient à une réduction de l'impôt à payer au titre des règles GloBE sur les bénéfices nés au cours de la période où les règles GloBE s'appliquent et déterminés conformément à ces dernières.

318. Le Cadre inclusif considère que des règles de transition sont nécessaires pour minimiser les effets des pertes et différences temporaires chevauchant la date où les règles GloBE deviennent applicables sur le montant de l'impôt à payer en vertu des règles GloBE. L'approche qui répond le plus précisément à ces problèmes de transition consisterait à fixer la date à laquelle une période de transition débuterait et à exiger des groupes d'EMN qu'ils calculent le solde d'ouverture de leurs reports de pertes en avant par pays et dans le monde en faisant comme si les règles GloBE s'étaient appliquées pendant la période de transition. Cependant, appliquer les règles GloBE rétroactivement aux exercices antérieurs serait excessivement complexe et fastidieux. On pourrait concevoir une méthode simplifiée qui pourrait donner des résultats voisins de cette approche tout en atténuant sa complexité et en réduisant la charge administrative. Des études techniques supplémentaires devront être menées pour élaborer une solution viable donnant des résultats appropriés sans entraîner de charges administratives et de conformité indues.

Ajustements pour l'acquisition et la cession d'entités constitutives

319. Outre les règles déterminant les conséquences de l'entrée d'un groupe d'EMN dans le régime GloBE, d'autres règles sont nécessaires pour régler le cas où des Entités constitutives entrent dans un groupe d'EMN qui est déjà soumis aux règles GloBE ou en sortent. Ces transactions, qui peuvent être taxables ou non, peuvent être par exemple l'acquisition des actions ou des actifs d'Entités constitutives ou l'acquisition par un groupe d'EMN des actions de l'Entité mère ultime d'un autre groupe d'EMN, ou la réorganisation d'un groupe d'EMN par scission d'Entités constitutives qui, à la suite de cette scission, sont devenues un autre groupe d'EMN. On peut s'attendre à ce que la possibilité de transférer les bénéfices de reports en avant d'un groupe d'EMN à un autre soit soumise à plus de restrictions dans les règles GloBE que dans les règles fiscales ordinaires parce que, dans les règles GloBE, les reports en avant sont déterminés et appliqués pays par pays. Par conséquent, les règles GloBE lient étroitement les reports en avant à un groupe d'EMN plutôt qu'à une entité constitutive. Cependant, il arrive dans certains cas qu'une partie de la contrepartie de la vente d'une entité constitutive inclue les avantages de certains actifs d'impôts différés tels que les reports de pertes en avant ou les avantages découlant d'impôts payés avant les bénéfices ou recettes correspondants, qui pourront être déduits ultérieurement de manière à réduire l'impôt sur les bénéfices futurs.

320. La faculté de transférer les éléments d'imposition d'une entité constitutive lors de sa vente ou sa cession doit être décidée par la législation de chaque pays. De nombreux pays se sont dotés de règles sur la continuité de l'actionnariat qui interdisent à une société de reporter en avant un crédit d'impôt, une perte ou tout autre avantage fiscal en cas de changement de contrôle. Ces règles comportent néanmoins des lacunes. Leur application peut être conditionnée par une modification significative de l'actionnariat si bien que, par exemple, elles n'empêchent généralement pas une société de reporter en avant les avantages résultant du paiement anticipé d'impôts ou d'impôts payés sur des produits dont la comptabilisation a été accélérée. En l'absence de correctif dans le cadre des règles GloBE, la possibilité de transférer les éléments d'imposition de la société cible dans un pays à l'occasion de sa vente pourrait engendrer un risque de double ou de surimposition, mais aussi de sous-imposition.

321. Ce cas pourrait se présenter par exemple si une entité constitutive telle qu'une société qui a le droit de conserver certains avantages fiscaux déjà acquis (comme des reports de pertes en avant) est vendue à un acquéreur indépendant. Si la société cible réalise un bénéfice au cours d'un exercice postérieur au transfert, ce bénéfice sera couvert par le report de pertes en avant dont elle peut se prévaloir en vertu du droit local. Sauf si les règles GloBE constatent les avantages fiscaux du transfert qui sont autorisés par le droit local :

a. Le vendeur pourrait s'octroyer une double déduction de la valeur des pertes fiscales transférées en gonflant le prix de vente des actions de la société cible et en se servant des pertes dont on considère qu'il les a conservées selon les règles GloBE pour protéger d'autres recettes insuffisamment imposées.

b. De son côté, l'acheteur pourrait subir une double imposition économique sous la forme d'une hausse du prix de vente de la société cible et de l'impôt à payer en vertu des règles GloBE.

322. Le Cadre inclusif est d'avis qu'un ajustement des reports en avant est approprié si une entité constitutive est vendue à un acquéreur qui ne fait pas partie de son groupe d'EMN. L'une des approches envisagées imposerait à l'acheteur et au vendeur de corriger le montant de tous reports de pertes en avant ou excédents d'impôts du montant de l'actif d'impôts différés correspondant qui est conservé par la société cible (ou dont hérite toute entité lui succédant, notamment dans le cas d'une fusion) immédiatement après la vente. Les actifs d'impôts différés conservés par la société cible peuvent représenter une approximation raisonnable du montant des reports en avant qui sont sortis du groupe d'EMN avec la société cible. On peut s'attendre à ce que la société cible (ou l'entité qui lui succède) garde un actif d'impôts différés (ou en hérite) lors de transactions donnant lieu à la vente et à l'acquisition de la société ou lors d'acquisitions non taxables des actifs de la société (notamment dans le cadre d'une fusion). L'acheteur et le vendeur seraient en outre tenus d'identifier les actifs d'impôts différés qui sont effectivement transférés à l'acheteur selon la législation locale et de corriger à due concurrence le montant du report en avant pour constater l'incidence du transfert en comptabilité. Des études plus précises seront entreprises au sujet de la correction des reports en avant quand une entité constitutive sort d'un groupe d'EMN. Les résultats de ces travaux seront incorporés dans les modèles de règles qui seront élaborés conformément à la section 10.5.1.

4.2.2. Rectification de l'impôt à payer et de la base d'imposition GloBE postérieurement au dépôt de la déclaration

323. Le TEI constaté dans un pays dans le cadre de l'approche basée sur les reports en avant est calculé en divisant les impôts couverts payés dans ce pays au titre de l'année en question par la base d'imposition GloBE dans ce pays. Cependant, pour toute une série de raisons, le montant dû par un groupe d'EMN au titre des impôts couverts peut tout aussi bien augmenter que diminuer après qu'il a déposé sa déclaration fiscale pour une année donnée. Ce peut être une modification des bénéfices constatés fiscalement dans un pays à la suite d'un examen des déclarations par l'administration fiscale de ce pays, par la direction ou par les conseillers fiscaux de l'entité ou à cause d'une perte subie au cours d'un exercice postérieur que la législation de ce pays permet de reporter en arrière, ou encore d'un remboursement d'impôt soit à l'entité qui les a payés, soit à ses actionnaires à l'occasion d'une distribution de dividendes. En principe, une augmentation aboutirait au paiement d'impôts supplémentaires et une diminution, à un remboursement d'impôts (soit en espèces, soit sous la forme d'une réduction du montant à payer par l'entité assujettie ou ses actionnaires au titre d'une autre imposition) après que la déclaration d'impôt au titre de la règle d'inclusion du revenu a été déposée pour l'année en question. Le montant de l'impôt dû par les actionnaires au titre de la règle d'inclusion du revenu et celui du report en avant de l'exercice correspondant ou des crédits d'impôt auquel il a droit en vertu de cette règle peuvent être affectés par l'existence d'un écart, en plus en ou en moins, par rapport au montant effectivement dû. Autrement dit, si le montant final de l'impôt dû était juste à la date du dépôt de la déclaration, un actionnaire peut avoir payé trop, ou trop peu, d'impôts au titre de la règle d'inclusion du revenu et le montant de ses crédits d'impôt au titre de cette règle comme celui des reports en avant des impôts payés localement peuvent aussi présenter un écart avec le montant vrai.

324. Les règles GloBE comportent un mécanisme de correction des reports en avant pour corriger l'incidence des variations d'impôts, à la hausse ou à la baisse, dans les juridictions de filiales qui sont postérieures au dépôt de la déclaration fiscale et concernent le montant de l'impôt RIR dû et les reports d'impôts. Ce mécanisme est beaucoup plus simple que l'approche alternative consistant à demander une

rectification de la déclaration sur laquelle porte la correction (et dans certains cas des déclarations des années intermédiaires, c'est-à-dire de celles qui sont comprises entre la date de la correction et celle de l'année sur laquelle porte la correction).

325. Le mécanisme de correction des reports d'impôts garantit que l'incidence d'une variation de l'impôt après le dépôt de la déclaration, à la hausse comme à la baisse, sera prise en compte prospectivement en corrigeant les soldes des reports concernés une fois que le montant de la correction dans un sens ou dans l'autre aura été déterminé définitivement. À cet effet, « déterminé définitivement » signifie que le délai de contestation de la rectification fiscale a expiré, soit du fait que la date limite soit dépassée, soit à cause d'une décision administrative ou judiciaire. Par exemple, le paiement d'impôts à la suite d'une évaluation administrative pour éviter une charge d'intérêts supplémentaire alors qu'un procès est en cours pour une demande n'est pas une détermination définitive, contrairement à la fixation du montant par les tribunaux une fois que le délai pour faire appel de leur décision a expiré sans qu'un recours ait été déposé. Bien que la correction à la hausse ou à la baisse d'un impôt après le dépôt de la déclaration soit le plus souvent considérée comme une rectification des reports effectués au cours d'exercices antérieurs, cette correction portera sur le montant des impôts dus actuellement et à l'avenir par une EMN en vertu des règles GloBE.

326. En vertu du mécanisme de correction des reports d'impôts, un remboursement ou une réduction d'impôt dans un pays sera assimilé à une réduction du montant du report en avant de l'impôt payé localement. Les reports d'impôts payés localement étant limités dans le temps, ils devront faire l'objet d'un suivi par année durant laquelle ils ont été créés. Il arrivera parfois qu'un report en avant de l'impôt payé localement au titre d'une année ait été utilisé de manière à réduire le montant de l'impôt RIR à payer au cours d'un exercice ultérieur et que l'on découvre par la suite que ce report avait été surestimé. Au lieu de rechercher tous les effets du report dont le montant avait été surestimé pour les annuler au cours des exercices postérieurs, une diminution de l'impôt dans un pays doit être considérée comme :

a. une diminution du solde du report en avant de l'impôt payé localement pour l'année à laquelle se rapporte le remboursement dans le cas d'un tel remboursement ;

b. une diminution du solde du report en avant de l'impôt payé localement pour des années ultérieures dans la limite de celui-ci ;

c. et ensuite seulement, une réduction du montant de l'impôt à payer durant l'année où la diminution devient définitive dans la limite de cette dernière.

327. Si la diminution des impôts est supérieure aux reports d'impôts payés localement décrits aux points (a) et (b) ainsi qu'à la charge fiscale de l'année, le surplus doit être considéré comme une charge d'impôt courante au titre de la RIR parce qu'il correspond à des impôts qui auraient dû être exigibles au titre d'un exercice antérieur en vertu de cette même règle. Si une diminution ou un remboursement d'impôts ne concerne pas une année taxable en particulier, par exemple parce qu'elle ou il résulte de la distribution d'un dividende, cette diminution ou ce remboursement doivent être considérés comme une réduction de la charge d'impôt de l'année en cours dans la limite de celle-ci et, pour le surplus, comme une réduction d'impôts payés en trop durant des exercices antérieurs. Tout montant dépassant les impôts payés durant les exercices antérieurs doit être considéré comme une charge d'impôt RIR de l'année. L'application des règles en cas de réduction du montant de l'impôt dû dans un pays après le dépôt de la déclaration est illustrée dans l'Annexe par l'exemple 4.2.2A.

328. En vertu du mécanisme de correction des reports d'impôts, une augmentation d'impôt dans un pays donne droit à des crédits d'impôt RIR à concurrence de l'impôt payé durant la période antérieure au titre de ladite règle et qui n'avait pas déjà donné lieu à un crédit d'impôt en vertu de cette même règle. S'il subsiste un excédent, il est considéré comme un report d'impôt payé localement pour l'année à laquelle il se rapporte ou pour la dernière année durant laquelle un impôt RIR a été payé. Le délai d'utilisation de ces reports d'impôts court à partir de l'année à laquelle le report se rapporte et non à partir de celle pendant laquelle l'augmentation d'impôt devient définitive. L'application des règles en cas d'augmentation du

montant de l'impôt dû dans un pays après le dépôt de la déclaration est illustrée dans l'Annexe par l'exemple 4.2.2B.

329. En général, les corrections décrites ci-dessus ne sont nécessaires que pour les augmentations ou diminutions des impôts dus dans un pays postérieurement au dépôt de la déclaration et qui concernent soit les années durant lesquelles un groupe d'EMN a été soumis aux règles GloBE, soit un exercice inclus dans la détermination d'un report en avant établi en lien avec une règle de transition.

330. Tout groupe d'EMN peut, au-delà des erreurs de calcul du montant de son impôt annuel, commettre des erreurs lors du calcul de son bénéfice (ou sa perte) comptable avant impôt, lesquelles se répercutent sur la base d'imposition GloBE. Les règles comptables imposent généralement à un groupe d'EMN de corriger rétroactivement les « erreurs des exercices antérieurs » en retraitant les montants comparatifs pour l'exercice ou les exercices antérieurs présentés durant lequel ou lesquels les erreurs ont été commises. Les « erreurs des exercices antérieurs » sont des omissions ou inexactitudes des comptes consolidés concernant un ou plusieurs exercices antérieurs. Une erreur d'un exercice antérieur qui nécessite un retraitement des comptes consolidés d'un groupe d'EMN pour un ou plusieurs exercices antérieurs doit être corrigée dans la base d'imposition GloBE en incluant l'écart cumulé dans les produits ou les charges retenus pour chaque pays dans le calcul de la base d'imposition GloBE, et ce pour chaque exercice au titre duquel les états financiers sont corrigés.

331. De plus, tout groupe d'EMN peut modifier les principes ou méthodes comptables présidant à la préparation de ses états financiers. Cette modification peut porter sur le traitement d'un élément en particulier ou de toute une catégorie de transactions et elle peut être soit spontanée, par exemple à cause d'un choix portant sur le mode de traitement d'un type de transactions en particulier, soit obligatoire, par exemple dans le cas où une nouvelle norme comptable est promulguée. Un groupe d'EMN a aussi la faculté de changer de référentiel comptable, par exemple en passant des normes U.S. GAAP aux normes IFRS. Du fait de l'application des différentes normes, ces changements peuvent entraîner une modification cumulative des fonds propres du groupe d'EMN. Dans ce cas, la variation cumulée des fonds propres imputables à chaque pays doit être prise en compte dans le calcul de la base d'imposition GloBE du pays concerné au cours de l'exercice durant lequel le principe ou la méthode comptable concerné(e) est adopté pour la tenue de la comptabilité financière.

4.3. Exclusion basée sur la substance et reposant sur une formule

Exclusion basée sur la substance et reposant sur une formule

Le montant exclu est égal à la somme des frais de personnel et des immobilisations corporelles. Si le montant exclu est supérieur au bénéfice de la période en question déterminé selon les règles GloBE, le montant en excédent ne peut être reporté en avant de manière à réduire les bénéfices futurs calculés selon les règles GloBE.

Frais de personnel

La partie correspondant aux frais de personnel est égale à [x] %[6] des frais de personnel à prendre en compte pour le personnel éligible.

Le personnel éligible comprend tous les salariés de l'EMN, y compris ceux qui travaillent à temps partiel. Il inclut aussi les employés indépendants qui participent aux activités ordinaires de l'EMN en tant que sous-traitants.

La partie de l'exclusion qui correspond aux frais de personnel est calculée pays par pays en fonction du lieu où l'activité est réellement exercée. Les règles de déclaration pays par pays, qui reposent sur le pays de résidence de l'entité constitutive payant le salaire de l'employé (c'est-à-dire de l'employeur), peuvent être utilisées dans la plupart des cas pour le déterminer. Cependant, si le pays de résidence de l'entité constitutive payant le salaire n'est pas celui où les activités du salarié ou ses services sont rendus, le pays de résidence du salarié doit être utilisé en tant qu'indicateur du lieu effectif de l'activité, sauf si des preuves solides portent à croire que l'activité est exercée dans un autre pays.

Les frais de personnel éligibles sont déterminés en fonction d'un critère général, à savoir qu'il faut se demander si les dépenses de l'employeur donnent naissance à un avantage personnel direct et distinct au profit du salarié. Les frais de personnel éligibles incluent les salaires et, pour les autres membres du personnel, les avantages ou rémunérations tels que les assurances médicales, les cotisations à un fonds de pension ou autres prestations de retraite, les bonus et primes et les indemnités dues au personnel éligible ainsi que les rémunérations sous forme d'actions. Les frais de personnel éligibles incluent aussi les cotisations sociales (ou les autres prélèvements liés aux frais de personnel tels que les taxes sur les avantages sociaux) ainsi que les cotisations sociales à la charge de l'employeur.

Actifs corporels

La partie correspondant aux actifs corporels est égale à la somme de ce qui suit[7]:

- [x] % de l'amortissement des immobilisations corporelles ;
- [x] % de l'amortissement présumé des terrains ;
- [x] % de la dotation à la provision pour épuisement de ressources naturelles ; et
- [x] % de l'amortissement du droit d'utilisation d'actifs corporels par le locataire.

Les immeubles et terrains qui sont détenus à des fins d'investissement ne sont pas pris en compte dans l'exclusion. Les actifs destinés à être vendus plutôt qu'utilisés ne sont pas non plus pris en compte dans l'exclusion.

Le calcul des amortissements des immobilisations corporelles, de la dotation à la provision pour épuisement de matières premières et de l'amortissement du droit d'utilisation d'actifs corporels par un locataire doit être conforme au calcul effectué pour comptabiliser ce même actif dans les états financiers, et plus précisément aux états financiers utilisés pour calculer la base d'imposition de l'entité constitutive concernée selon les règles GloBE. Cependant, il n'est tenu compte ni d'une augmentation marginale des amortissements ou de la dotation à la provision pour épuisement résultant de réévaluations à la hausse, ni des ventes d'actifs à des parties liées. Et, pour éviter les doubles comptabilisations, les frais de personnel et les amortissements inclus dans la valeur comptable d'une immobilisation créée par l'entreprise pour elle-même ne sont pas pris en compte.

Les dotations aux amortissements et la dotation à la provision pour épuisement qui sont comptabilisées comme des coûts de marchandises sont incluses dans la base de l'exclusion de l'année durant laquelle elles sont encourues indépendamment de celle à laquelle le produit correspondant est vendu.

La base amortissable retenue pour le calcul de l'amortissement présumé des terrains est égale au coût d'acquisition du terrain, ce qui signifie qu'elle ne tient pas compte des réévaluations à la hausse/à la baisse. La durée de vie utile est réputée être égale à [x][8] ans. L'amortissement est censé être effectué en mode linéaire.

Les dotations pour dépréciation des immobilisations corporelles amortissables, des terrains, de ressources naturelles et du droit pour un locataire d'utiliser des actifs corporels sont tenues pour équivalentes à une dépréciation aux fins de l'exclusion, de sorte qu'elles sont incluses dans la base de l'exclusion pendant l'année où elles sont constatées et qu'il est tenu compte de toute réduction comptable de ces dépréciations postérieure à la dépréciation.

Un locataire ne peut prétendre au calcul de l'exclusion pour la dépréciation d'actifs loués.

La valeur des actifs corporels est calculée pays par pays.

332. La raison de fond qui motive une exclusion basée sur une formule et qui se réfère aux dépenses relatives aux frais de personnel et aux immobilisations corporelles est le souci d'exclure du champ des règles GloBE un taux de rentabilité fixe pour les activités substantielles menées dans une juridiction. Il est justifié de retenir comme indicateurs les frais de personnel et les immobilisations corporelles parce qu'on peut généralement s'attendre à ce que ces facteurs soient moins mobiles que les autres et donc qu'ils soient moins souvent la cause de distorsions fiscales. Sur le plan conceptuel, exclure un taux de rentabilité fixe sur les activités substantielles a pour effet de focaliser les règles GloBE sur les « bénéfices excédentaires » tels que les revenus des actifs incorporels, lesquels sont ceux qui présentent le plus de risques de BEPS. Au surplus, fonder le calcul de l'exclusion sur les dépenses relatives aux frais de personnel et aux actifs corporels devrait aider à protéger les activités à faible marge d'effets particulièrement préjudiciables des règles GloBE résultant des crédits d'impôt accordés en fonction de dépenses et autres sortes de subventions publiques telles que les aides publiques liées à des dépenses.

333. L'exclusion ne profitera qu'aux groupes d'EMN exerçant des activités imposées à un taux inférieur au taux minimum dans certains pays. Cependant, à condition que le montant de l'exclusion soit limité de manière à correspondre à une rentabilité modeste (parfois appelé familièrement « bénéfices de routine ») des dépenses consacrées aux frais de personnel et aux immobilisations corporelles, il sera le plus souvent impossible à une EMN d'invoquer le régime d'exclusion pour abriter d'autres bénéfices insuffisamment imposés dans un pays donné. Une EMN peut augmenter le montant de l'exclusion en transférant davantage de frais de personnel et d'immobilisations corporelles dans ce pays mais, toutes choses égales par ailleurs, une augmentation des investissements dans ces facteurs de production entraînerait en réalité une augmentation à concurrence des bénéfices standards imputables à ces facteurs, ce qui ne permettrait pas de protéger au moyen du calcul de l'exclusion des bénéfices excédentaires ou imputables à d'autres facteurs tels que les actifs incorporels.

334. L'exclusion conjointe des frais de personnel et des immobilisations corporelles, en reconnaissant la contribution tant de ces dernières que du personnel, garantit mieux l'équité des règles du jeu en autorisant les EMN dont le profil des activités en fonction de leur substance est variable à exclure un montant significatif, en particulier si elles exercent des activités à forte intensité capitalistique ou de main-d'œuvre. Au contraire, une exclusion ne prenant en compte qu'un seul facteur, que ce soit les frais de

personnel ou les actifs corporels, favoriserait certaines branches au détriment des autres. L'exclusion conjointe des deux facteurs garantit donc plus efficacement la neutralité entre les secteurs.

335. Au regard des raisons qui motivent l'exclusion basée sur la substance et reposant sur une formule, des études supplémentaires seront consacrées à l'incidence de l'exclusion sur le calcul du TEI et des impôts supplémentaires à concurrence d'un taux minimum prévus par les règles GloBE, notamment dans le cas où un groupe d'EMN réclamant le bénéfice de l'exclusion serait tenu d'ajuster en conséquence et dans les mêmes proportions les impôts couverts. Puisque toute décision sur cet ajustement des impôts aura une incidence sur le TEI et les impôts supplémentaires à concurrence d'un taux minimum qui sont dus en vertu des règles GloBE, elle sera examinée conjointement avec d'autres questions telles que la détermination du taux de marge fixe à appliquer dans le cadre de l'exclusion basée sur la substance et reposant sur une formule.

336. Les sections ci-après décrivent de façon plus détaillée le fonctionnement du calcul de l'exclusion en commençant par les frais de personnel avant d'en venir aux actifs corporels.

4.3.1. Frais de personnel

337. La partie de l'exclusion qui correspond aux frais de personnel retire de la base d'imposition GloBE une rentabilité fixe appliquée aux activités exercées dans le pays concerné, laquelle est calculée par référence aux frais de personnel du contribuable. Telle qu'elle est conçue, l'exclusion reconnaît que les frais de personnel d'une entité constitutive sont un indicateur approprié pour les activités substantielles exercées par le personnel du contribuable dans ce pays. Pour appliquer cette exclusion, il faut identifier les membres du personnel concernés (personnel éligible), le lieu où ils se trouvent comme étant pertinent pour l'agrégation par juridiction et les charges de personnel correspondant à ce personnel éligible (frais de personnel éligibles).

Personnel éligible

338. Pour la détermination de l'exclusion correspondant aux frais de personnel, le personnel éligible comprend tous les salariés d'une EMN, y compris ceux qui sont employés à temps partiel. Le personnel éligible comprend aussi les sous-traitants indépendants participant aux activités ordinaires de l'EMN, ce qui est cohérent avec les déclarations pays par pays tout en évitant d'avoir à tracer avec précision la ligne de partage qui permet de distinguer un salarié d'un employé indépendant travaillant en sous-traitance, un exercice toujours délicat[9]. Les employés indépendants travaillant en sous-traitance sont obligatoirement des personnes physiques et peuvent inclure des personnes physiques employées par une agence d'intérim ou de travail temporaire mais dont l'activité quotidienne est exécutée sous la direction et le contrôle de l'entité constitutive. Les employés indépendants ne comprennent pas les salariés d'une société sous-traitante fournissant des biens ou services à l'entité constitutive.

339. La partie de l'exclusion qui correspond aux frais de personnel est calculée pays par pays en fonction du lieu où l'activité est réellement exercée. Les règles de déclaration pays par pays, qui reposent sur le pays de résidence de l'entité constitutive payant le salaire, peuvent être employées dans la plupart des cas pour le déterminer. Cependant, si le pays de résidence de l'entité constitutive payant le salaire (c'est-à-dire l'employeur) n'est pas celui où les activités du salarié ou ses services sont rendus, le pays de résidence du salarié doit être employé en tant qu'indicateur du lieu effectif de l'activité[10], sauf si des preuves solides portent à croire que l'activité est exercée dans un autre pays. Les EMN ne devraient pas avoir de mal à recueillir des informations sur le lieu de résidence ordinaire ou normal de leur personnel, de sorte qu'elles ne devraient pas alourdir notablement leur charge de conformité. La méthode de détermination du lieu où sont exercées les activités ou du lieu où sont rendus les services du personnel éligible doit être appliquée de façon cohérente dans tout le groupe d'EMN concerné et d'année en année.

Frais de personnel éligibles

340. Une approche à large spectre est suivie pour déterminer les frais de personnel éligibles pour la partie de l'exclusion qui concerne les frais de personnel en se fondant sur un critère général, à savoir qu'il faut se demander si les dépenses de l'employeur donnent naissance à un avantage personnel direct et distinct au profit du salarié. Les frais de personnel éligibles incluent les salaires et, pour les autres membres du personnel, les avantages ou rémunérations tels que les assurances médicales, les cotisations à un fonds de pension ou autres prestations de retraite, les bonus et primes et les indemnités dues au personnel éligible ainsi que les rémunérations sous forme d'actions. Les frais de personnel éligibles incluent aussi les cotisations sociales (ou les autres prélèvements liés aux frais de personnel tels que les taxes sur les avantages sociaux) ainsi que les cotisations sociales à la charge de l'employeur.

341. Conformément à l'approche à large spectre suivie pour déterminer les frais de personnel éligibles, la partie de l'exclusion relative aux frais de personnel est basée sur le montant total des charges de personnel de l'année en cours plutôt que sur le montant comptabilisé comme une charge dans le compte de résultat conformément aux règles de la comptabilité financière. Cette approche évite aux contribuables une charge administrative supplémentaire puisqu'ils n'ont pas à trier les frais de personnel en fonction de leur traitement comptable, à savoir la passation en charges ou la capitalisation[11]. Elle est également conforme à la démarche suivie dans l'Action 5 du programme BEPS sur le calcul des frais de R&D retenus pour le ratio modifié servant à établir le lien.

4.3.2. Actifs corporels

342. La partie de l'exclusion correspondant aux actifs corporels est égale à la somme de ce qui suit :

a. [x] % de l'amortissement des immobilisations corporelles ;

b. [x] % de l'amortissement présumé des terrains ;

c. [x] % de la dotation à la provision pour épuisement de ressources naturelles; et

d. [x] % du droit d'utilisation d'actifs corporels par le locataire.

343. La base de l'exclusion des actifs physiques comprend le coût annuel des immobilisations corporelles amortissables, des terrains et des ressources naturelles ainsi que du droit d'utilisation par un locataire des actifs servant à la production du revenu. Le fait d'inclure une large gamme d'actifs corporels dans la base de l'exclusion revient à reconnaître que tous ces actifs sont le signe d'activités substantielles. Cette démarche contribue en outre à rendre plus équitables les conditions de concurrence entre des secteurs utilisant différents types d'actifs corporels dans le cadre de leur activité. L'inclusion des actifs corporels loués neutralise la différence de traitement entre les entreprises qui possèdent leurs actifs et celles qui les louent et consacre le principe que la décision d'acheter ces équipements ou de les louer n'a aucune incidence sur l'intensité des activités substantielles.

344. Bien que le calcul de l'exclusion cherche généralement à prendre en compte une large gamme d'actifs physiques, une EMN ne doit pas être autorisée à augmenter le montant couvert par son exclusion en achetant des immeubles de placement dans un pays. Ce risque est particulièrement grand parce qu'il concerne des terrains et immeubles généralement détenus à titre de placement. Pour y remédier, les terrains et immeubles détenus en vue d'obtenir des revenus locatifs et/ou de réaliser des plus-values, qui ne sont pas occupés par leur propriétaire, qui ne servent pas à la production ou la fourniture de biens et services ou à l'exécution de fonctions administratives et qui ne sont pas détenus en vue de la vente dans le cours ordinaire de l'activité sont exclus du calcul de l'exclusion. Cette règle ne devrait pas aggraver notablement la complexité ni alourdir les coûts de conformité parce que de nombreuses normes comptables exigent d'ores et déjà que ces actifs soient identifiés et comptabilisés séparément. Pour ne citer qu'un exemple, en vertu des normes IFRS, les immeubles de placement sont comptabilisés séparément selon la norme IAS 40 – Immeubles de placement.

345. De même, une EMN ne devrait pas être autorisée à augmenter le montant couvert par l'exclusion au moyen d'actifs corporels dont la valeur comptable, c'est-à-dire le coût, sera recouvrée principalement au moyen d'une vente par opposition à la poursuite de son utilisation par l'entreprise. Ces actifs étant détenus en vue d'être vendus et non utilisés ne constituent pas un bon indicateur des activités substantielles. C'est pourquoi les actifs détenus en vue de la vente sont exclus du calcul de l'exclusion. Pour qu'un actif soit considéré comme étant détenu en vue de la vente, il doit être disponible pour être vendu immédiatement en l'état aux conditions usuelles et habituelles pour la vente d'un tel actif et il faut que sa vente soit très probable.[12] Cette règle ne devrait pas aggraver notablement la complexité ni alourdir les coûts de conformité parce que de nombreuses normes comptables exigent d'ores et déjà que ces actifs soient identifiés et comptabilisés séparément. Ainsi, les normes IFRS prescrivent que les actifs détenus en vue de la vente soient comptabilisés séparément selon la norme IFRS 5 – Actifs non courants détenus en vue de la vente et activités abandonnées.

346. Les sections ci-après énoncent des règles supplémentaires sur les différentes composantes de l'exclusion des actifs corporels en commençant par les immobilisations corporelles.

Immobilisations corporelles

347. Les immobilisations corporelles sont des actifs physiques détenus en vue d'être utilisés pour la production de biens ou services ou pour l'exécution de fonctions administratives et dont on prévoit qu'ils seront utilisés pendant plusieurs exercices. Les actifs faisant partie de cette catégorie comprennent : les immeubles, les machines, les ordinateurs et autres équipements bureautiques, les véhicules à moteur, le mobilier et les agencements et les aménagements de terrains dont la durée de vie utile est limitée. Techniquement, les terrains font aussi partie des immobilisations corporelles. Cependant, comme ils ne sont pas amortissables, ils sont exclus de la définition des immobilisations corporelles aux fins du calcul de l'exclusion et font donc l'objet d'un traitement distinct.

348. Lorsqu'elles sont comptabilisées pour la première fois, les immobilisations corporelles sont inscrites au bilan à leur coût de revient, lequel inclut le coût d'achat majoré de tous les coûts directement imputables à l'acheminement de l'actif en question sur le lieu où il sera utilisé et à sa mise en état pour qu'il soit apte à fonctionner de la manière voulue par la direction de l'entreprise. Après qu'une immobilisation corporelle a été comptabilisée pour la première fois, elle est inscrite au bilan au coût de revient dont on déduit tous les amortissements et pertes de valeur cumulés (cette méthode étant appelée le « modèle du coût »). L'amortissement désigne l'affectation systématique d'une charge imputée sur le coût d'un actif, dont on déduit la valeur résiduelle ou « valeur de récupération », sur sa durée de vie utile. Si la valeur comptable d'un actif est supérieure à sa valeur recouvrable, la différence est appelée réduction de valeur pour dépréciation[13].

349. Par conséquent, trois facteurs doivent être déterminés pour calculer l'amortissement des immobilisations corporelles : (i) la valeur amortissable de l'actif, laquelle est égale au coût de cet actif moins sa valeur résiduelle, (ii) la durée de vie utile de l'actif et (iii) la méthode d'amortissement, qui peut être la méthode linéaire, la méthode dégressive ou la méthode des unités de production. Aux fins du calcul de l'exclusion, ces trois facteurs doivent tous être conformes à ceux qui sont employés en comptabilité pour le même actif, en particulier pour la confection des états financiers servant à calculer la base d'imposition GloBE pour l'entité constitutive concernée (cette règle est appelée « règle de conformité »). Par exemple, si la société mère prépare ses comptes consolidés selon les normes IFRS, les facteurs utilisés pour calculer les amortissements aux fins du calcul de l'exclusion doivent respecter la norme IAS 16 – Immobilisations corporelles.

350. Il existe cependant trois exceptions à la règle de conformité. La première concerne le modèle de la réévaluation qui est autorisé par certaines normes de comptabilité financière en tant qu'alternative au modèle du coût. La deuxième a trait aux ventes d'actifs entre membres d'un même groupe selon les règles GloBE. Et la troisième porte sur les immobilisations créées par l'entreprise pour elle-même.

a. *Modèle de la réévaluation.* Certaines normes comptables, dont les normes IFRS, autorisent une entité à opter soit pour le modèle du coût, soit pour le modèle de la réévaluation au titre de leurs conventions comptables. Dans le modèle de la réévaluation, un actif est inscrit au bilan pour son montant réévalué, lequel est égal à sa juste valeur à la date de la réévaluation moins tous les amortissements et pertes de valeur cumulés qui ont été constatés par la suite. Les réévaluations positives sont généralement comptabilisées en autres éléments du résultat globale et non dans le compte de résultat. En revanche, les réévaluations négatives sont généralement constatées dans le compte de résultat. En l'absence de mesure correctrices, le modèle de la réévaluation aurait une incidence sur le montant de l'exclusion parce que la dotation aux amortissements est basée sur le montant réévalué. Un tel résultat ne conviendrait pas parce que les réévaluations positives ou négatives n'ont aucun lien avec les activités substantielles. C'est pourquoi, afin d'éliminer l'incidence du modèle de la réévaluation sur l'exclusion, il n'est tenu compte d'aucune augmentation marginale des amortissements constatée par la suite et qui est due à une réévaluation positive. Et toute réévaluation négative constatée dans le compte de résultat est considérée comme une dépréciation supplémentaire de l'année durant laquelle la réévaluation négative a été effectuée, la diminution de l'amortissement comptable qui en résulte ultérieurement étant incluse annuellement dans la base de l'exclusion. Dans un cas comme dans l'autre, à savoir les réévaluations positive et négative, cette règle a pour effet que la charge totale pour dépréciation incluse dans la base de l'exclusion sur la durée de vie de l'actif est la même qu'en l'absence de réévaluation. Ce résultat tient compte du fait que les réévaluations positives ou négatives n'ont aucun lien avec les activités substantielles. Il élimine en outre une différence capitale entre les normes comptables, à savoir celles qui autorisent le modèle de la réévaluation et celles qui l'interdisent.

b. *Transactions intersociétés.* Dans les règles GloBE, les transactions entre entités constitutives situées dans des pays différents ne sont pas éliminées alors qu'elles le seraient dans les comptes consolidés d'une EMN. Par conséquent, si un actif est vendu par une entité constitutive à une autre entité constitutive, l'acheteur peut, aux fins des règles GloBE, le comptabiliser sur la base de son prix d'achat au lieu de la valeur comptable figurant dans les comptes consolidés. Il en résulte un risque que des EMN se livrent à des ventes d'actifs intra-groupe afin de « rafraîchir » la valeur comptable de leurs actifs et d'augmenter le montant de l'exclusion. Pour faire échec à une telle augmentation artificielle, aucune dépréciation supplémentaire d'un actif acquis dans le cadre d'une transaction entre parties liées ne peut être incluse dans la base de l'exclusion[14]. Cependant, si la plus-value sur la cession de cet actif est constatée dans la base d'imposition selon les règles GloBE, l'augmentation de la dépréciation en résultant est prise en compte pour le calcul de l'exclusion.

c. *Immobilisations créées par l'entité.* Le coût des immobilisations créées par l'entité pour elle-même inclut le coût (c'est-à-dire les charges de personnel) de la main-d'œuvre qui les a construites. En l'absence de mesure correctrice, les frais de main-d'œuvre relatifs à une immobilisation créée par l'entité pour elle-même seraient comptés deux fois : une au stade des frais de main-d'œuvre pris en compte dans l'exclusion et une autre à celui des actifs corporels. Pour éliminer cette double comptabilisation, les frais de main-d'œuvre inclus dans la valeur comptable d'une immobilisation créée par l'entreprise pour elle-même ne sont pas pris en compte dans le calcul de la dépréciation de cet actif. Pour éviter une cause supplémentaire de double comptabilisation, la valeur comptable d'une immobilisation créée par l'entité pour elle-même n'inclut pas l'amortissement des actifs ayant servi à sa construction.

351. La dotation aux amortissements des immobilisations corporelles est constatée dans le résultat comptable et, par extension, dans la base d'imposition GloBE, sauf si elle est incluse dans la valeur comptable d'un autre actif. Ainsi, par exemple, l'amortissement du matériel de fabrication est inclus dans les stocks. Une fois que le produit aura été vendu, la dotation aux amortissements sera incorporée au coût

des produits vendus. Pour l'exclusion, l'amortissement comprend à la fois les dotations aux amortissements constatées dans le compte de résultat de l'exercice durant lequel elles sont encourues (fréquemment appelées « coûts de période ») et celles qui sont constatées dans le résultat de l'exercice durant lequel le produit est vendu (fréquemment appelées « coûts incorporables »). Les dotations aux amortissements qui sont comptabilisées comme des coûts incorporables sont incluses dans la base de l'exclusion de l'année durant laquelle elles sont encourues indépendamment de celle à laquelle le produit correspondant est vendu. Cette règle tient compte du fait que la date à laquelle une dotation aux amortissements est constatée dans le compte de résultat n'a aucun lien avec les activités substantielles.

352. La plupart des normes comptables, y compris les normes IFRS, obligent les entreprises à soumettre à un test de dépréciation les immobilisations corporelles lorsque des événements ou l'évolution des circonstances font penser que leur valeur comptable pourrait ne pas être recouvrée. Si un actif a effectivement subi une perte de valeur, une réduction de valeur est constatée dans le compte de résultat et la valeur comptable de cet actif est réduite en conséquence. Les amortissements futurs seront pratiqués sur la base de la valeur comptable révisée à l'issue de cette réduction de valeur. Par conséquent, en l'absence de mesure correctrice, les pertes de valeur réduiraient le montant de l'exclusion. Ce résultat n'est pas convenable parce que les pertes de valeur sont généralement dues à une détérioration des conditions de marché, à une mauvaise gestion, à l'arrivée de nouveaux concurrents ou à des innovations technologiques, si bien qu'elles ne sont généralement pas le signe d'une réduction des activités substantielles. Pour éliminer l'incidence des pertes de valeur sur le montant de l'exclusion, les pertes de valeur sont considérées comme équivalentes à des amortissements aux fins du calcul de l'exclusion, de sorte qu'elles sont incluses dans la base de l'exclusion pendant l'année où elles sont constatées et qu'il est tenu compte de toute réduction comptable de ces amortissements constatée ultérieurement.

353. Pour calculer le montant de l'exclusion par pays, l'amortissement des immobilisations corporelles est considéré comme lié au pays de l'entité constitutive (cette dernière pouvant être un établissement stable) qui utilise les actifs en question. Comme cela est expliqué dans la section sur le droit d'utilisation d'actifs ci-après, un locataire ne peut inclure les actifs qu'il a loués à des clients dans les actifs corporels servant de base au calcul de son exclusion.

Terrains

354. Bien que les terrains fassent techniquement partie des immobilisations incorporelles, ils ne sont pas amortissables contrairement aux autres immobilisations corporelles. En tant qu'actif corporel non amortissable, un terrain n'a pas naturellement sa place dans une exclusion d'actifs corporels basée sur les amortissements. Cependant, les terrains étant considérés comme un indice d'activités substantielles et un facteur de production non mobile significatif, ils sont inclus dans les actifs corporels servant de base à l'exclusion. Le mécanisme pour ce faire est une dotation aux amortissements des terrains présumée, ce qui suppose de déterminer les trois facteurs de dépréciation que nous avons déjà vus pour les immobilisations corporelles amortissables, à savoir : (i) la base amortissable (ii) la durée de vie utile et (iii) la méthode d'amortissement.

355. La base amortissable retenue pour le calcul de l'amortissement présumé des terrains, en ce qui concerne l'exclusion, est égale au coût d'acquisition du terrain, ce qui signifie qu'elle ne tient pas compte des réévaluations à la hausse/à la baisse et qu'on suppose que sa valeur résiduelle est nulle. La durée de vie utile est réputée être égale à [x] ans. L'amortissement est censé être effectué en mode linéaire. Au total, cela signifie que tous les ans le montant de l'amortissement présumé sera égal à [x] % du coût d'acquisition du terrain.

356. Comme indiqué plus haut, les terrains ayant le caractère d'immeubles de placement sont exclus de la base de calcul de l'exclusion. Tous les autres terrains sont inclus, y compris ceux sur lesquels un bâtiment a été construit et ceux qui servent à une activité agricole. Le coût d'acquisition des terrains doit être calculé séparément de celui du bâtiment et de celui des produits agricoles. Il n'est pas prévu que le

fait de dissocier la valeur d'un terrain de celle d'un bâtiment ou de produits agricoles augmente notablement la complexité ou les coûts de conformité parce que de nombreuses normes comptables comptabilisent déjà ces actifs séparément. Par exemple, la norme IAS 16 – Immobilisations corporelles considère que les terrains et les bâtiments sont des actifs séparables et doivent être comptabilisés séparément. De même, la norme IAS 41 – Actifs agricoles définit les terrains liés à une activité agricole et exige que les terrains soient comptabilisés séparément selon les normes IAS 16 et IAS 40 – Immeubles de placement.

357. Les terrains font l'objet de tests de dépréciation à l'instar des immobilisations corporelles. Ils pourraient subir une perte de valeur si, par exemple, la zone dans laquelle ils se trouvent connaît une catastrophe naturelle telle qu'une inondation, un tremblement de terre ou une tornade. Si un terrain a effectivement subi une perte de valeur, une réduction de valeur est constatée dans le compte de résultat et la valeur comptable de ce terrain est réduite en conséquence. Conformément à la règle sur la dépréciation des immobilisations corporelles, les pertes de valeur sur les terrains doivent être traitées de la même manière que les amortissements présumés aux fins de l'exclusion, de sorte qu'elles soient incluses dans la base de cette dernière au cours de l'année durant laquelle elles sont comptabilisées.

358. Pour calculer l'exclusion pays par pays, les terrains sont considérés comme liés au pays dans lequel ils se trouvent.

Ressources naturelles

359. Les ressources naturelles comprennent les gisements de pétrole et de gaz ainsi que de minerais et les forêts. Ces actifs sont comptabilisés de la même manière que les immobilisations corporelles amortissables. Cela signifie que lorsqu'ils sont comptabilisés pour la première fois au coût de revient, celui-ci inclut les coûts d'acquisition, de prospection et de remise en état des sites. Une fois qu'il a été comptabilisé, l'actif en question est inscrit dans les comptes au coût de revient moins tous amortissements pour épuisement et pertes de valeur cumulés (c'est-à-dire qu'on applique le modèle du coût)[15]. La dotation à la provision pour épuisement, qui correspond à l'affectation du coût des ressources naturelles, présente plusieurs analogies avec la passation en charges par amortissement. Comme l'utilité des ressources naturelles présente généralement un lien direct avec les quantités extraites, la méthode des unités de production est fréquemment employée pour calculer la dotation à la provision pour épuisement. La durée de vie utile est donc la quantité estimée de matières premières qui seront extraites et s'exprime, par exemple, en tonnes de minerais ou en barils de pétrole.

360. Aux fins du calcul de l'exclusion, les hypothèses servant au calcul de la dotation à la provision pour épuisement doivent être conformes à celles qui ont été retenues pour la comptabilisation du même actif, en particulier pour la confection des états financiers servant à calculer la base d'imposition GloBE pour l'entité constitutive concernée. Par exemple, si la société mère prépare ses états financiers selon les normes IFRS, les facteurs pris en compte dans le calcul de la dotation à la provision pour épuisement doivent être conformes à la norme IFRS 6 – Prospection et évaluation de ressources minérales. Cependant, comme c'est le cas pour les immobilisations incorporelles, une exception s'applique au modèle de la réévaluation. En particulier, il n'est pas tenu compte d'une augmentation marginale de la dotation à la provision pour épuisement résultant de réévaluations à la hausse. Et toute réévaluation négative constatée dans le compte de résultat est considérée comme une dotation supplémentaire à la provision pour épuisement de l'année durant laquelle la réévaluation négative a été effectuée, la diminution de la dotation supplémentaire à la provision pour épuisement constatée en comptabilité postérieurement à la réévaluation étant incluse annuellement dans la base de l'exclusion. En outre, la dotation à la provision pour épuisement doit être calculée jusqu'à la fin de l'exploitation du site sans prendre en compte les frais de remise en état, lesquels ne sont encourus qu'à partir du moment où l'extraction des ressources naturelles sur le site a pris fin.

361. La dotation à la provision pour épuisement étant un coût incorporable, elle est incluse dans le coût des stocks, de même que l'amortissement du matériel de fabrication. La dotation à la provision pour épuisement est incluse dans le coût des produits vendus figurant au compte de résultat au moment où les stocks sont vendus. Conformément à la règle sur les immobilisations incorporelles, la dotation à la provision pour épuisement est incluse dans la base de l'exclusion de l'exercice durant lequel elle est encourue quelle que soit la date où les stocks sont vendus. Cette règle tient compte du fait que la date à laquelle une dotation aux amortissements est constatée dans le compte de résultat n'a aucun lien avec les activités substantielles.

362. Les ressources naturelles sont soumises à un test de dépréciation en vertu des règles de la comptabilité financière. Une ressource naturelle peut être dépréciée, par exemple, si les travaux de prospection et l'évaluation des ressources minérales dans une zone donnée n'ont pas abouti à la découverte de quantités commercialement viables de ressources minérales[16]. Si un actif a effectivement subi une perte de valeur, une réduction de valeur est constatée dans le compte de résultat et la valeur comptable de cet actif et réduite en conséquence. Les dotations à la provision pour épuisement ultérieures seront calculées sur la base de la valeur comptable révisée à l'issue de cette réduction de valeur. Conformément à la règle sur la dépréciation des immobilisations corporelles et des terrains, les pertes de valeur sur les ressources naturelles sont considérées comme équivalentes à des dotations à la provision pour épuisement aux fins du calcul de l'exclusion, de sorte qu'elles sont incluses dans la base de l'exclusion pendant l'année où elles sont constatées et qu'il est tenu compte de toute réduction comptable de ces dotations à la provision pour épuisement constatée ultérieurement.

363. Pour calculer l'exclusion pays par pays, la dotation à la provision pour épuisement est considérée comme étant liée au pays dans lequel se trouvent les ressources naturelles auxquelles elle se rapporte.

Droit d'utilisation d'actifs corporels

364. Une exclusion fondée sur la propriété d'actifs corporels entraînerait une différence de traitement entre les entreprises qui sont propriétaires de leurs actifs et celles qui les louent. Afin d'éviter cette distorsion, le calcul de l'exclusion traite une part appropriée de la charge afférente au loyer d'un actif corporel, y compris les terrains et bâtiments, de la même manière que l'amortissement d'immobilisations corporelles.

365. Dans un contrat de crédit-bail, le locataire inscrit à son bilan un « droit d'utilisation » d'actifs représentant son droit d'utiliser l'actif sous-jacent et la dette résultant du crédit-bail qui représente son obligation d'effectuer les paiements correspondants. Le locataire comptabilise son droit d'utiliser les actifs de la même manière qu'un propriétaire d'immobilisations corporelles. Plus précisément, le locataire comptabilise pour la première fois son droit d'utiliser des actifs sur la base de la valeur actuelle des paiements stipulés par le contrat de crédit-bail et constate par la suite les amortissements et pertes de valeur (c'est-à-dire qu'il applique le modèle du coût)[17]. Les amortissements sont généralement pratiqués en mode linéaire et la durée de vie utile est généralement égale à celle qui est la plus courte de la fin de la durée de vie utile de l'actif concerné et de la fin de la durée du contrat de crédit-bail. Le locataire comptabilise aussi les intérêts sur la dette liée au crédit-bail.

366. Aux fins du calcul de l'exclusion, les hypothèses servant au calcul de l'amortissement d'un actif couvert par le droit d'utilisation d'un locataire doivent être conformes à celles qui ont été retenues pour la comptabilisation du même actif, en particulier pour l'établissement des états financiers servant à calculer la base d'imposition GloBE pour l'entité constitutive concernée[18]. Par exemple, si la société mère prépare ses comptes consolidés selon les normes IFRS, les hypothèses servant au calcul de l'amortissement de l'actif faisant l'objet du droit d'utilisation du locataire doivent être conformes à la norme IFRS 17 – Contrats de location. Une exception est néanmoins prévue pour le modèle de la réévaluation. En particulier, il n'est pas tenu compte d'une augmentation marginale de l'amortissement résultant de réévaluations à la hausse. Et toute réévaluation négative constatée dans le compte de résultat est considérée comme une dotation

supplémentaire aux amortissements supplémentaire de l'année durant laquelle la réévaluation négative a été effectuée, la diminution des amortissements constatée en comptabilité postérieurement à la réévaluation étant incluse annuellement dans la base de l'exclusion.

367. Comme pour les immobilisations corporelles, les terrains et les ressources naturelles, le locataire doit soumettre l'actif sous-jacent à un test de dépréciation aux fins de la comptabilité financière. Tout actif loué peut subir une perte de valeur pour les mêmes raisons qu'une immobilisation corporelle : détérioration des conditions du marché, mauvaise gestion, apparition de nouveaux concurrents, innovations technologiques, etc. Si un actif couvert par le droit d'utilisation a effectivement subi une perte de valeur, une réduction de valeur est constatée et la valeur comptable de l'actif correspondant est réduite en conséquence. Les amortissements futurs seront pratiqués sur la base de la valeur comptable révisée à l'issue de cette réduction de valeur. Conformément à la règle sur la dépréciation des immobilisations corporelles, des terrains et des ressources naturelles, les pertes de valeur sur les actifs couverts par un droit d'utilisation sont considérées comme équivalentes à des dotations aux amortissements aux fins du calcul de l'exclusion, de sorte qu'elles soient incluses dans la base de l'exclusion pendant l'année où elles sont constatées et qu'il est tenu compte de toute réduction comptable de ces amortissements constatée ultérieurement.

368. Un bailleur ne peut prétendre au régime d'exclusion pour la dépréciation de cet actif. Cette règle est motivée par le fait que le bailleur n'utilise pas activement l'actif sous-jacent pour en tirer un revenu. Elle n'est donc pas un indicateur fiable d'activités substantielles du bailleur.

369. Pour calculer l'exclusion pays par pays, l'amortissement par le locataire d'un actif couvert par un droit d'utilisation est considéré comme étant lié au pays de l'entité constitutive locataire qui utilise cet actif dans le cadre de son activité.

4.3.3. Activités à faible marge

370. Les crédits d'impôt fondés sur des dépenses ont une incidence sur le TEI d'un contribuable qui est plus forte dans les activités à faible marge. Cela est dû au fait que les crédits d'impôt représentent une proportion plus élevée du bénéfice total des activités à faible marge. Cependant, l'exclusion basée sur la substance et reposant sur une formule qui porte sur les charges de personnel et les actifs corporels est conçue en partie pour permettre dans une certaine mesure d'accorder des crédits d'impôt et autres incitations aux entreprises exerçant des activités à faible marge. Le poids des charges dans le revenu de ces entreprises est plus élevé et excluront proportionnellement un montant plus élevé de leur bénéfice de l'application des règles. Par conséquent, le régime d'exclusion limitera l'incidence des règles GloBE sur les entreprises exerçant des activités à faible marge qui bénéficient de crédits d'impôt du fait de leurs dépenses locales.

4.4. Calcul du TEI et de l'impôt supplémentaire

Calcul du TEI de la juridiction

Le TEI[19] d'une juridiction est égal à ce qui suit :

$$\frac{Impôts\ couverts\ ajustés}{Revenu\ GloBE\ ajusté}$$

Sachant que :

a. les impôts couverts ajustés signifient les impôts couverts attribués à la juridiction en question, excepté les impôts attachés aux recettes exclues de la base d'imposition GloBE, auxquels on ajoute le plus faible du montant total du report d'impôt payé localement ou du montant du report d'impôt payé localement qui est nécessaire pour que le TEI soit égal au taux minimum ; et

b. le revenu GloBE ajusté désigne le résultat total (bénéfice ou perte) de l'année de toutes les entités constitutives situées dans la juridiction, après déduction des reports de pertes pour cette juridiction.

Calcul de l'impôt supplémentaire pour chaque entité constitutive

Le montant de l'impôt supplémentaire dû pour chaque entité constitutive dans une juridiction est égal à :

$$Revenu\ GloBE\ ajusté\ de\ l'entité\ constitutive\ x\ pourcentage\ d'impôt\ supplémentaire$$

Sachant que :

a. le revenu GloBE ajusté de l'entité constitutive désigne, à propos du bénéfice réalisé par une entité constitutive durant la période concernée, le bénéfice de cette entité calculé aux fins des règles GloBE après déduction de la part de cette entité dans tout report de pertes et dans toute perte subie par d'autres entités constitutives dans cette même juridiction et au cours de la même période ainsi que de la part qui lui revient dans toute exclusion admise pour cette juridiction.

b. le pourcentage de l'impôt supplémentaire désigne l'excédent du TEI minimum par rapport au TEI calculé pour cette juridiction au titre de la période concernée.

371. Le calcul du TEI pour chaque juridiction et celui de l'impôt supplémentaire pour chaque entité constitutive située dans la juridiction sont décrits dans les sections précédentes. Cette section décrit la démarche en trois temps à suivre pour calculer le TEI pour chaque juridiction et l'impôt supplémentaire applicable à chaque entité constitutive située dans une juridiction pays à faible imposition[20]. Le TEI d'une juridiction est calculé en premier lieu. En deuxième lieu, si le TEI est inférieur au taux minimum, le pourcentage de l'impôt supplémentaire est calculé. En troisième lieu, le montant de l'impôt supplémentaire dû pour chaque entité constitutive dans ce pays est déterminé. Une fois que l'impôt supplémentaire a été calculé pour chaque entité constitutive conformément aux règles énoncées dans ce chapitre, le montant de l'impôt à payer est déterminé en appliquant les règles opérationnelles décrites dans les chapitres suivants. Pour le calcul du TEI par pays, le bénéfice ou la perte de l'entité constitutive est égal à la totalité du bénéfice ou de la perte de cette entité indépendamment du fait que le groupe d'EMN détienne 100 % de cette entité ou non. Si le revenu GloBE ajusté est nul ou négatif dans un pays, aucun impôt n'est dû dans ce pays au titre des règles GloBE et toute perte est reportée en avant en vertu des règles sur les reports de pertes qui ont été décrites dans la section 4.2.1.

372. Pour le calcul du TEI, les impôts couverts ajustés signifient les impôts couverts attribués à la juridiction en question en vertu des règles de la section 3.4.2, excepté les impôts attachés aux recettes exclues en vertu des règles GloBE en tant qu'ajustement permanent du bénéfice des entités constitutives situées dans la juridiction, auxquels on ajoute le plus faible du montant total des reports d'impôt déductibles dans la juridiction ou du montant du report d'impôt payé localement qui est nécessaire pour que le TEI soit égal au taux minimum. Le montant des reports d'impôts payés localement qui sont nécessaires pour atteindre le taux minimum est égal à l'excédent de la base d'imposition GloBE ajustée dans cette juridiction multiplié par le taux minimum sur les impôts couverts attribués à cette même juridiction. Le montant des reports en avant d'impôts payés localement inclus dans les impôts couverts ajustés pris en compte dans le calcul du TEI d'une année quelconque réduit celui des reports d'impôts payés localement qui seront disponibles au cours des années suivantes[21].

373. Si, compte tenu des reports en avant d'impôts payés localement, le TEI reste inférieur au taux minimum, le pourcentage de l'impôt supplémentaire doit être calculé pour cette juridiction. Le pourcentage de l'impôt supplémentaire est égal à la partie du taux minimum qui excède le TEI dans cette juridiction.

374. Enfin, l'impôt supplémentaire applicable à chaque entité constitutive dont le résultat net de l'année est positif dans la juridiction en question est calculé en multipliant le bénéfice GloBE ajusté de chacune de ces entités constitutives par le pourcentage de l'impôt supplémentaire. Le bénéfice GloBE ajusté de l'entité constitutive est égal au bénéfice qu'elle a réalisé durant l'année après déduction de sa part :

a. des pertes de l'exercice courant des autres entités constitutives résidant dans la juridiction ou qui y sont situées ;

b. du report de pertes en avant relatif à cette juridiction ; et

c. de l'exclusion déterminée pour cette juridiction.

375. Les pertes de l'exercice courant, le report de pertes en avant autorisé et l'exclusion prise en compte pour une juridiction sont affectés aux entités constitutives au prorata de leur résultat net. Plus précisément, les pertes de l'exercice courant, le montant total des reports de pertes en avant autorisés et le montant de l'exclusion déterminés pour la juridiction en question sont affectés à une entité constitutive affichant un résultat net positif sur la base du ratio du bénéfice net de cette entité et sur le bénéfice net total des entités constitutives situées dans cette juridiction et qui affichent un résultat net positif pour cet exercice.

Références

OCDE (2015), *Documentation des prix de transfert et déclaration pays par pays, Action 13 - Rapport final 2015*, Projet OCDE/G20 sur l'érosion de la base d'imposition et le transfert de bénéfices, Éditions OCDE, Paris, https://dx.doi.org/10.1787/9789264248502-fr. [1]

Notes

[1] L'impôt RIR payé durant un exercice précédent inclut les impôts RIR qui ont été payés ou éteints au moyen d'un crédit d'impôt RIR préexistant.

[2] La question de savoir s'il y a lieu de permettre que les crédits d'impôt RIR soient employés pour réduire d'autres dettes fiscales d'un actionnaire sera examinée de façon plus approfondie.

[3] Si l'impôt RIR dû vient s'imputer à d'autres impôts dus localement, le TEI de l'EMN dans la juridiction ne devrait pas s'en trouver minoré pour autant.

[4] Elle ne saurait être invoquée à propos d'un impôt dû dans un autre pays qui résulterait de l'application par cet autre pays de la règle sur les paiements insuffisamment imposés.

[5] Le fait que le présent paragraphe se réfère aux écarts temporaires ne signifie pas qu'un crédit d'impôt RIR ne puisse être créé ou utilisé que dans les cas où il existe un écart temporaire.

[6] Bien que toutes les marges exprimées par un pourcentage fixe soient indiquées au moyen d'un [x], cela ne signifie pas que la marge doit nécessairement être la même pour chaque élément.

[7] Il convient de se demander si la partie correspondant aux actifs corporels doit être réduite à concurrence des biens immobiliers financés par la dette.

[8] Des recherches supplémentaires sont nécessaires pour déterminer la durée de vie utile des terrains aux fins de l'exclusion.

[9] Voir la page 34 du Rapport sur l'Action 13 (OCDE, 2015[1]) : « Dans la dixième colonne du formulaire, l'entreprise multinationale déclarante doit indiquer le nombre total des employés en équivalent temps plein (ETP) de l'ensemble des entités constitutives résidentes à des fins fiscales dans la juridiction fiscale concernée. Le nombre d'employés peut être déclaré à la fin de l'année, sur la base des niveaux moyens d'effectifs de l'année, ou sur toute autre base appliquée de manière cohérente dans les différentes juridictions fiscales et d'une année à l'autre. À cette fin, les employés indépendants participant aux activités d'exploitation ordinaires de l'entité constitutive peuvent être déclarés comme employés. Il est permis de fournir un arrondi ou une approximation raisonnable du nombre d'employés, à condition que cet arrondi ou cette approximation ne fausse pas de manière importante la répartition des employés en termes relatifs entre les différentes juridictions fiscales. Des approches cohérentes doivent être appliquées d'une année à l'autre et d'une entité à l'autre. »

[10] Si les activités exercées par un membre du personnel dans le cadre de son emploi ou les services qu'il rend ne sont pas effectués dans le pays de l'employeur, il est vraisemblable que cette personne effectue une part substantielle de ces activités et services dans le pays où elle réside.

[11] À titre d'illustration, les coûts de main-d'œuvre directs relatifs au personnel de fabrication sont capitalisés dans le stock des travaux en cours, puis dans celui des produits finis, et enfin dans le coût des produits vendus, ce cycle pouvant s'étaler sur plus d'un an après la date où ont été encourus ces frais de personnel.

[12] IFRS 5 – Actifs non courants détenus en vue de la vente et activités abandonnées.

[13] IAS 16 – Immobilisations corporelles

[14] Cette règle s'applique aussi aux actifs vendus à des tiers dans le cadre de transactions adossées structurées.

[15] Certaines normes de comptabilité financière appliquent aux forêts le même traitement comptable qu'aux autres ressources naturelles et emploient donc le modèle du coût. Cependant, les normes IFRS, en l'occurrence la norme IAS 41 − Agriculture, « actifs biologiques », lesquels incluent les forêts, prescrivent qu'ils soient comptabilisés à la juste valeur moins les frais estimés pour leur mise en vente, la variation de

la juste valeur étant incluse dans le compte de résultat. Aux fins du calcul de l'exclusion, une dotation à la provision pour épuisement présumée portant sur des forêts doit être calculée selon le modèle du coût.

[16] IFRS 6 – Prospection et évaluation de ressources minérales

[17] Certaines normes comptables obligent le locataire à distinguer entre les contrats de « location simple » et de « location-financement ». D'autres, dont les normes IFRS, disposent pour la comptabilisation des opérations de crédit-bail d'un modèle unique dans lequel le locataire est obligé de comptabiliser les actifs et les dettes correspondant à tous ses contrats de crédit-bail dont la durée est supérieure à 12 mois, sauf si les actifs sous-jacents sont de faible valeur.

[18] Pour les normes comptables qui imposent au locataire de distinguer entre la « location simple » et la « location-financement », les coûts de location correspondant à la « location simple » peuvent être assimilés à des coûts d'amortissement pour le calcul de la base de l'exception aux fins des règles GloBE.

[19] Comme indiqué à la section 4.3, l'effet de l'exclusion sur le calcul du TEI et des impôts supplémentaires prévus par les règles GloBE sera examiné, y compris au point de savoir si un groupe d'EMN qui réclame l'avantage de l'exclusion devrait être tenu de procéder à un ajustement correspondant et proportionnel des impôts couverts.

[20] Attribuer une partie de l'impôt supplémentaire à concurrence d'un taux minimum à chaque entité constitutive située dans un pays à faible imposition est nécessaire dans le cas où les bénéfices réalisés par certaines de ces entités constitutives faiblement imposées sont soumis à la règle sur les paiements insuffisamment imposés ou à des règles d'inclusion du revenu appliquées par des sociétés mères séparées, par exemple du fait d'une scission de l'actionnariat. Comme on l'a expliqué dans les sections 6.3 et 7.2, ce peut être le cas si une règle d'inclusion du revenu s'applique aux bénéfices réalisés par certaines (mais pas par toutes) entités constitutives situées dans le pays à faible imposition. Par exemple, si l'entité mère ultime n'est pas soumise à une règle d'inclusion du revenu alors qu'une sous-holding détient une partie mais non la totalité des entités constitutives faiblement imposées qui sont situées dans un pays donné, la règle d'inclusion du revenu d'une autre société mère ou la règle sur les paiements insuffisamment imposés d'une autre entité constitutive peut s'appliquer aux autres entités constitutives situées dans ce même pays.

[21] Si un contribuable relevant de la règle sur les paiements insuffisamment imposés reporte en avant un montant d'impôts dus au titre d'un exercice antérieur en vertu de cette règle (voir la section 7.7.4), ce montant ne doit pas être pris en compte dans le calcul du TEI.

5 Options de simplification

5.1. Présentation générale

376. Au cours de la consultation publique organisée en décembre 2019, un grand nombre d'EMN ont souligné la nécessité de prévoir des mesures de simplification destinées à réduire la complexité et à alléger la charge administrative associées au respect des règles GloBE, en particulier dans le contexte de l'agrégation par juridiction.

377. Plusieurs contributions ont fait référence au fait qu'une grande entreprise qui exerce souvent son activité dans plus de 100 juridictions serait donc tenue d'effectuer, dans le cadre d'une agrégation par juridiction, autant de calculs de TEI. D'autres contributions faisaient état de l'inquiétude soulevée par la nécessité, dans le cas d'une agrégation par juridiction, de calculer le TEI dans des juridictions qui dépasseront probablement le taux minimum convenu année après année, compte tenu de leur base et de leur taux d'imposition.

378. Dans ce contexte, le Cadre inclusif a étudié plusieurs mesures de simplification possibles, qui sont décrites ci-après. Il serait opportun de soumettre ces mesures de simplification à des consultations publiques supplémentaires avec les entreprises et aucune décision n'a donc encore été prise concernant l'intégration éventuelle de ces mesures dans l'architecture définitive des règles GloBE.

379. Les mesures de simplification examinées par les membres du Cadre inclusif sont notamment les suivantes :

a. Régime de protection fondé sur le TEI calculé à partir de la déclaration pays par pays ;

b. Exclusion fondée sur un seuil minimum de bénéfices ;

c. Calcul d'un seul TEI par juridiction couvrant plusieurs années ; et

d. Orientations administratives

380. Ces mesures de simplification pourraient être appliquées au choix du contribuable et venir se superposer l'une à l'autre de sorte qu'il soit possible d'en appliquer plusieurs simultanément. Il se pourrait peut-être également que différents aspects des mesures de simplification puissent éventuellement être associés.

5.2. Régime de protection fondé sur le TEI calculé à partir de la déclaration pays par pays

381. Cette mesure de simplification permettrait aux EMN de mettre à profit les travaux réalisés pour l'établissement de leur déclaration pays par pays annuelle. Les grandes EMN sont tenues d'établir une déclaration pays par pays contenant, entre autres, certaines informations financières relatives à la répartition de leur bénéfices mondiaux et de l'impôt dont elles sont redevables. Une déclaration pays par pays contient des informations financières par juridiction présentées dans deux colonnes qui pourraient

être utiles pour le calcul des TEI par juridiction aux fins des règles GloBE : (i) bénéfice (perte) avant impôts sur le revenu ; et (ii) impôts sur les bénéfices dus (au titre de l'année en cours).

382. Cette mesure de simplification donnerait vraisemblablement les meilleurs résultats si elle était employée en tant que régime de protection. Par exemple, si le TEI calculé au niveau de la juridiction à partir de la déclaration pays par pays était supérieur à un seuil, qui pourrait être fixé au-dessus du taux minimum convenu, la juridiction n'aurait alors plus rien à faire. Autrement dit, l'établissement de la déclaration pays par pays suffirait pour cette juridiction aux fins des règles GloBE.

383. Au moins deux restrictions s'imposeraient. Premièrement, la mesure de simplification ne serait applicable qu'aux EMN établissant leur déclaration pays par pays à partir des comptes consolidés de la société mère, sachant que cette solution est un choix, et non une obligation, en vertu des règles GloBE. Au vu des premières consultations, une grande majorité d'EMN utilisent les comptes consolidés de la société mère comme source de données pour l'établissement de leur déclaration pays par pays. En supposant que ce ne soit pas le cas, le fait de restreindre l'utilisation de cette mesure de simplification en fonction de la source des données utilisées pour l'établissement de la déclaration pays par pays ne devrait pas en réduire de façon significative la portée, ni l'impact. De plus, les EMN qui n'utilisent pas actuellement les comptes consolidés de la société mère pourraient changer la source des données utilisées pour pouvoir bénéficier de la mesure de simplification. Si cette dernière devait inciter les EMN à s'orienter vers l'adoption des comptes consolidés de la société mère comme source de données pour l'établissement de leurs déclarations pays par pays, cette convergence aurait pour avantage associé une amélioration de l'évaluation des risques par les administrations fiscales.

384. Deuxièmement, il faudrait procéder à plusieurs ajustements en raison des différences entre les informations financières figurant dans les déclarations pays par pays et celles nécessaires pour calculer un TEI par juridiction conformément aux règles GloBE. En principe, il serait possible de calculer un TEI par juridiction en divisant simplement le montant des impôts sur les bénéfices dus (au titre de l'année en cours) par le montant des bénéfices (pertes) avant impôts déclaré pour chaque juridiction dans la déclaration pays par pays. Cependant, les informations non ajustées figurant dans les deux colonnes susmentionnées ne sauraient suffire pour obtenir un calcul exact du TEI par juridiction. Des ajustements pourraient toutefois être opérés pour permettre d'obtenir une approximation raisonnablement fiable du TEI par juridiction décrit précédemment.

5.2.1. Ajustements à opérer

385. Le bénéfice (la perte) avant impôts pourrait être ajusté comme suit :

a. Il conviendrait de déduire tout bénéfice ou toute perte d'entreprises qui ne sont pas membres du groupe déclaré dans le bénéfice (la perte) avant impôt sur le revenu comptabilisé selon la méthode de la mise en équivalence ;

b. Il conviendrait de majorer ou de minorer le bénéfice (la perte) avant impôt sur le revenu du montant des ajustements permanents à opérer sur le bénéfice comptable en vertu des règles GloBE ; et

c. Sous réserve des résultats de la consultation publique en cours et de la poursuite des discussions entre les membres du Cadre inclusif, d'autres ajustements seront peut-être également nécessaires.

386. Les impôts sur les bénéfices dus (au titre de l'année en cours) pourraient être ajustés comme suit :

a. Il conviendrait de transférer les retenues à la source et les impôts perçus sur des montants nets au titre de dividendes versés par un membre du groupe de la juridiction de l'actionnaire à la juridiction où les bénéfices sous-jacents ont été réalisés ou à la juridiction de la filiale qui distribue les dividendes ;

b. Il conviendrait d'imputer les impôts sur les SEC, si possible, à la juridiction dans laquelle le bénéfice sous-jacent est réalisé (à savoir la juridiction de la SEC), et de les exclure du calcul du TEI lorsque le bénéfice sous-jacent en serait lui-même exclu[1] ;

c. Il conviendrait d'exclure les retenues à la source acquittées au titre de dividendes perçus d'une société censée utiliser la méthode de la mise en équivalence ;

d. Les impôts couverts qui ne sont pas assimilés à des impôts sur le revenu d'un point de vue comptable viendraient s'ajouter aux impôts sur le revenu dus (au titre de l'année en cours) ;

e. Il conviendrait de considérer que les remboursements d'impôts doivent venir en déduction des impôts sur le revenu dus (au titre de l'année en cours) ; et

f. Sous réserve des résultats des discussions ultérieures entre les membres du Cadre inclusif, d'autres ajustements seront peut-être également nécessaires.

387. Il se peut que certains des ajustements décrits précédemment puissent être intégrés dans les règles relatives à la déclaration pays par pays. Comme plusieurs des ajustements requis ne pourront toutefois peut-être pas l'être, il faudra alors les effectuer en plus de ceux exigés aux fins de la déclaration pays par pays.

388. Indépendamment des ajustements à opérer décrits précédemment, il serait vraisemblablement plus simple, pour les EMN, de partir de la déclaration pays par pays, et d'opérer des ajustements, que de calculer le TEI par juridiction en partant de rien. Les EMN disposent déjà de systèmes et de processus permettant de réunir de façon fiable et efficace les informations devant figurer dans leur déclaration pays par pays. De plus, certains des ajustements à opérer peuvent ne pas être difficiles à déterminer. Il devrait par exemple être relativement simple de déterminer le montant des retenues à la source sur les dividendes versées à une juridiction de même que le montant des remboursements d'impôts sur le revenu reçus d'une juridiction. Certains ajustements ne seront peut-être pas nécessaires pour calculer un TEI par juridiction « estimé au plus bas ».

389. Une autre solution pourrait consister à tenir compte des informations sur la comptabilisation des impôts différés dans la détermination d'un TEI sur lequel serait fondé un régime de protection. Cette solution amènerait à combiner les informations figurant actuellement dans la déclaration pays par pays et les informations relatives au montant des impôts différés comptabilisés par l'EMN dans chacune des juridictions où elle exerce des activités afin d'obtenir un tableau plus fidèle de la charge fiscale de l'EMN dans chaque juridiction sans avoir à calculer, ni suivre les reports en avant et les crédits d'impôt. Le rapport sur l'Action 13 du projet BEPS comprend des instructions spécifiques selon lesquelles les impôts sur le revenu dus (au titre de l'année en cours) « ne doivent pas inclure les impôts différés ni les provisions au titre de charges fiscales incertaines » (OCDE, 2015[1]). Ces instructions sont adaptées au contexte de la déclaration pays par pays car elles mettent l'accent sur les impôts dus dans une juridiction au titre de l'exercice fiscal en cours. Cependant, elles peuvent entraîner, lors du calcul du TEI dans une juridiction donnée, un écart entre le calcul du bénéfice (de la perte) avant impôts sur le revenu selon les principes comptables et le calcul des impôts sur le revenu dus (au titre de l'année en cours), reposant essentiellement sur le bénéfice imposable déterminé selon les règles fiscales en vigueur dans la juridiction concernée. Les règles GloBE visant à neutraliser les écarts temporaires permettent de corriger ce décalage grâce au recours à des reports en avant et à un mécanisme de crédit d'impôt. Si cette solution était adoptée, il ne serait plus nécessaire de calculer, ni de suivre les reports en avant et les crédits d'impôts accordés dans les juridictions dans lesquelles les EMN déclarent de façon suivie un TEI excédant celui sur lequel est fondé le régime de protection. Il faudrait réfléchir aux cas dans lesquels une EMN déclare un TEI supérieur à celui sur lequel est fondé le régime de protection pendant une ou plusieurs années, mais inférieur à ce taux pendant l'année en cours, et décider si elle serait dès lors tenue de revenir en arrière et de calculer les éléments devant faire l'objet d'un report en avant au titre des années précédentes.

390. Dans le contexte du réexamen de la déclaration pays par pays prévu en 2020, il est envisagé de faire figurer les variations d'impôts différés dans une colonne supplémentaire en regard du montant des impôts sur les bénéfices dus (au titre de l'année en cours). Si cette colonne supplémentaire n'était pas ajoutée, il serait peut-être possible de modifier la définition des impôts sur le revenu dus au titre de l'année en cours de manière à inclure la variation d'impôts différés.

5.3. Exclusion fondée sur un seuil minimum de bénéfices

391. Une autre mesure de simplification pourrait consister à exclure du champ d'application des règles GloBE les juridictions dans lesquelles le bénéfice avant impôt d'un groupe d'EMN est inférieur à un certain pourcentage. Il pourrait en résulter une diminution notable des coûts de mise en conformité sans que la préservation de l'efficacité des règles GloBE face à certains des principaux schémas d'optimisation fiscale reposant sur des sociétés (principales) faiblement imposées ou des structures de propriété intellectuelle (PI) ne soit remise en cause.

392. Ces schémas permettent à une EMN de transférer la propriété d'actifs de PI de valeur à une société soumise à de faibles taux effectifs d'imposition. Cette société exploite alors les actifs de PI et/ou conclut des accords de fabrication et/ou de vente et de commercialisation avec d'autres entités du groupe qui souvent l'autorisent à bénéficier de l'intégralité des rendements de l'exploitation de ces actifs. Ces accords ont pour effet net de transférer des montants importants de bénéfices à la société de PI alors que les autres entités du groupe n'en tirent qu'un rendement nominal.

393. Les modifications apportées aux Instructions sur les prix de transfert conformément aux Actions 8-10 du Plan d'action BEPS visent à empêcher les EMN de transférer des revenus tirés d'actifs incorporels vers des sociétés de PI sauf si elles exercent des fonctions relevant du développement, de l'amélioration, de l'entretien, de la protection et de l'exploitation des actifs transférés (couramment désignées par l'expression « fonctions DEMPE »). L'obligation faite à la société détentrice des actifs de PI, en vertu des Actions 8-10 du Plan d'action BEPS, d'exercer des fonctions DEMPE liées à ces actifs empêchent l'EMN de répartir la propriété de ses actifs de PI de valeur entre un grand nombre de sociétés de PI faiblement imposées[2].

394. Une règle d'exclusion fondée sur un seuil minimum de bénéfices reposerait sur les contraintes concrètes imposées aux EMN en vertu des Actions 8-10 du Plan d'action BEPS. Le principe de son fonctionnement résiderait dans le ciblage de l'application des règles GloBE sur les seules juridictions dans lesquelles un seuil minimum de bénéfices serait franchi[3]. Parce que les sociétés de PI sont généralement les plus rentables au sein d'un groupe, fixer un seuil minimum à un niveau bas, 2.5 % du bénéfice avant impôt du groupe par exemple, serait un moyen de s'assurer que les règles GloBE s'appliquent à l'ensemble des sociétés de PI de l'EMN tout en évitant les frais de mise en conformité associés à l'application de ces règles à chacune des juridictions.

395. De fait, cette mesure de simplification revient à plafonner le nombre de calculs de TEI par juridiction. Si par exemple le seuil minimum devait être fixé à 2.5 % du bénéfice avant impôt du groupe, il faudrait calculer au maximum 40 TEI par juridiction, et non 100, voire plus. Pour appliquer cette mesure de simplification, les EMN seraient certes encore tenues de calculer le bénéfice avant impôt pour chaque juridiction, mais elles n'auraient à calculer les impôts couverts que pour les juridictions dans lesquelles le bénéfice excéderait le seuil minimum. Pour alléger les contraintes inhérentes à l'obligation de calculer le bénéfice avant impôt pour chaque juridiction, il serait peut-être possible d'utiliser les données issues de la déclaration pays par pays non ajustées (ou éventuellement les données ajustées pour les mêmes éléments que ceux décrits dans le contexte du régime de protection fondé sur le TEI calculé à partir de la déclaration pays par pays) en partant du principe que les comptes consolidés de la société mère seraient la source des données utilisées pour l'établissement de la déclaration pays par pays.

396. Le fait de fixer le seuil minimum à un niveau relativement bas empêcherait une EMN de disperser les actifs de PI qu'elle détient entre un grand nombre de structures faiblement imposées pour échapper aux règles GloBE. Eu égard à la nature des fonctions DEMPE qui doivent obligatoirement être exercées pour justifier le transfert d'actifs de PI, il ne semble guère probable ou commercialement réalisable, concrètement, qu'une EMN répartisse ses actifs de PI entre un nombre suffisamment élevé de juridictions pour ramener la rentabilité de chaque société de PI en deçà du seuil minimum.

397. Pour que cette mesure soit appliquée, d'autres travaux techniques seront nécessaires dans divers domaines, afin notamment :

a. de déterminer si, dans le calcul du seuil minimum, le dénominateur sera le bénéfice global avant impôt (prenant en compte le bénéfice réalisé dans la juridiction de la société mère) ou le bénéfice avant impôt réalisé à l'étranger (excluant le bénéfice réalisé dans la juridiction de la société mère) ;

b. de définir le traitement des pertes qui, en l'absence d'ajustement, pourrait remettre en question le plafonnement de la mesure de simplification ;

c. de déterminer comment coordonner le mieux possible l'application de la règle et la gestion des écarts temporaires, et en particulier comment traiter les juridictions qui, d'une année sur l'autre, tantôt entrent dans le champ d'application de la règle, tantôt en sortent ;

d. de déterminer si d'autres règles sont nécessaires pour neutraliser le risque de fragmentation ; et

e. de déterminer à quel niveau fixer le pourcentage minimum permettant de trouver un équilibre entre le souci de simplification et d'autres considérations, dont celles relatives à l'efficacité globale des règles GloBE.

398. On pourrait également faire reposer une mesure de simplification fondée sur un seuil minimum sur un seuil minimum fixé en valeur absolue (100 000 EUR par exemple) plutôt qu'en valeur relative (2.5 % du bénéfice du groupe par exemple). L'avantage d'un seuil en valeur relative réside dans le fait qu'il a pour effet de plafonner le nombre de calculs de TEI par juridiction que doit effectuer chaque EMN alors qu'un seuil fixé en valeur absolue ne s'appliquerait pas de la même manière à toutes les EMN et, dans certains cas, n'amènerait peut-être pas de simplification significative. Il serait peut-être possible également de combiner ces deux approches et d'appliquer par exemple le plus bas des deux seuils suivants : 2.5 % du bénéfice du groupe ou 100 000 EUR.

5.4. Calcul d'un seul TEI par juridiction couvrant plusieurs années

399. Cette mesure de simplification serait destinée à obliger une EMN à effectuer le calcul du TEI par juridiction pour chaque juridiction pour l'année de référence. Dans le cas où le TEI d'une juridiction donnée excéderait un certain taux (au titre de l'année de référence ou d'une année ultérieure), l'EMN ne serait alors pas tenue de calculer le TEI pour cette juridiction pendant les 3-5 années suivantes (délai de grâce). Le seuil pourrait être fixé au-dessus du taux convenu.

400. Un aspect essentiel de cette mesure de simplification serait l'équilibre à trouver entre souci de simplification d'une part, et exactitude et risque de distorsions d'autre part. D'un côté, il faudrait que le délai de grâce couvre plusieurs années pour qu'il en résulte une simplification notable. D'un autre côté, plus la période de grâce est longue, plus la probabilité est grande que des inexactitudes et des distorsions passent inaperçues.

401. Il faudrait prévoir certaines restrictions pour que cette mesure de simplification soit jugée acceptable par les administrations. À titre d'exemple, on peut imaginer une restriction consistant à obliger les EMN à produire chaque année un document attestant qu'aucun changement dans ses activités n'est

survenu pendant la période de grâce. Des règles anti-abus spécifiques seraient peut-être aussi nécessaires. Il faudrait peut-être également prévoir des règles pour faire face aux situations dans lesquelles une EMN organise des transactions intersociétés destinées à gonfler le TEI pendant l'année de référence pour se soustraire à l'application des règles GloBE pendant la période de grâce. Des règles spéciales devraient peut-être aussi être instituées pour faire face aux situations dans lesquelles une juridiction pourrait instituer un régime de prélèvement libératoire destiné à gonfler le TEI au titre de l'année de référence de sorte que l'imposition soit faible ou nulle pendant la période de grâce.

402. L'un des principaux inconvénients de cette mesure de simplification tient au fait que les EMN seraient tenues de mettre en place tous les processus et systèmes nécessaires dans chacune des juridictions pour pouvoir calculer le TEI au titre de l'année de référence. En conséquence, une EMN exerçant des activités dans 120 juridictions resterait tenue de calculer 120 TEI par juridiction au titre de l'année de référence. Une fois qu'une EMN aurait établi tous les processus et systèmes nécessaires, calculer chaque année les TEI par juridiction ne lui imposerait pas une charge supplémentaire considérable. Autrement dit, cette mesure de simplification ne serait peut-être pas vraiment concluante.

403. Si cette option devait être retenue, il serait préférable de calculer le TEI pour l'année de référence à partir des données relatives aux impôts couverts et aux revenus au titre de plusieurs années consécutives plutôt que pour une seule année afin de se prémunir contre des exonérations indues. Une approche sur plusieurs années ne serait pas particulièrement coûteuse, en termes de mise en conformité, puisque l'EMN aurait déjà configuré ses systèmes en vue de rassembler toutes les données utiles, et effectué tous les calculs voulus, au titre de la première année, ce qui devrait faciliter la poursuite des opérations sur plusieurs années.

5.5. Orientations administratives

404. Cette mesure de simplification a pour but de réduire le nombre de cas où des EMN établissent et des administrations fiscales doivent examiner un grand nombre de calculs de TEI démontrant que le TEI excède, année après année, le taux minimum convenu. Pour ces « juridictions à faible risque », les administrations fiscales qui suivaient jusque-là une approche fondée sur les risques finiraient par arrêter d'examiner le TEI calculé par une EMN au titre des activités exercées dans cette juridiction, et les EMN qui devaient continuer de déterminer leur TEI pour respecter leurs obligations fiscales seraient légitimement amenées à s'interroger sur les coûts de mise en conformité associés. La question se pose donc de savoir si ce résultat pourrait être évité grâce à la mise en place, en amont, d'un processus structuré et transparent dont le coût global pour les entreprises comme pour les administrations fiscales serait moindre.

405. La mesure de simplification conduirait à l'instauration, en amont, d'un processus par lequel les administrations fiscales (par l'intermédiaire du Cadre inclusif) s'emploieraient, en collaboration avec les parties prenantes, par exemple dans le cadre d'un groupe consultatif, à identifier les juridictions où la base d'imposition ne diffère pas de façon significative de la base d'imposition GloBE (si ce n'est dans des domaines où les différences entre les approches comptable et fiscale sont courantes et présentent un faible risque, par exemple lorsque les dividendes peuvent être imposables en vertu des règles fiscales locales) et où le taux d'imposition est suffisamment élevé. Les travaux pourraient par exemple permettre de déterminer que dans la Juridiction X, compte tenu de la base d'imposition et du taux d'imposition applicable, le TEI serait presque toujours supérieur au taux d'imposition minimum, et que, de ce fait, en l'absence d'une modification des règles fiscales en vigueur dans cette juridiction, les EMN pourraient tirer parti du présupposé que le TEI dans cette juridiction excède le taux minimum convenu. D'autres travaux seraient nécessaires pour mettre en évidence l'ensemble des facteurs à prendre en considération pendant le processus.

406. Le mécanisme fonctionnerait comme suit : les administrations fiscales publieraient des orientations (élaborées dans le cadre d'un processus du Cadre inclusif) permettant d'identifier les juridictions réputées être à faible risque, et les EMN ne seraient alors pas tenues d'effectuer le calcul du TEI pour ces juridictions, sauf demande spécifique d'une autorité fiscale dans un délai donné, éventuellement en référence aux règles de prescription en vigueur dans les juridictions concernées. Dans l'hypothèse où le TEI calculé à la demande de l'autorité fiscale serait inférieur au taux minimum convenu, l'EMN serait assujettie à l'impôt conformément aux règles GloBE au titre des bénéfices concernés, mais elle ne serait pas soumise à des sanctions pour paiement insuffisant ou tout autre motif au titre des revenus ayant bénéficié de la présomption. Pour être le plus efficaces possible, les administrations fiscales participant à un processus en amont de cette nature et travaillant aux côtés des parties prenantes concernées pourraient concentrer leurs efforts sur la période suivant l'établissement de la version finale des règles GloBE et précédant la mise en œuvre effective des règles ou la première date butoir pour le dépôt de la déclaration.

407. Le critère du « faible risque » pourrait s'appliquer à toutes les EMN exerçant leur activité dans une juridiction donnée, ou seulement aux EMN appartenant à certains secteurs ou se situant hors de certains secteurs. Il pourrait par exemple arriver que dans une juridiction donnée, le taux appliqué à quasiment toutes les EMN soit supérieur au taux minimum convenu, à l'exception de celui appliqué aux EMN appartenant à un secteur donné en raison d'incitations fiscales sectorielles. En pareil cas, le critère du « faible risque » pourrait s'appliquer à toutes les EMN, à l'exception de celles appartenant à ce secteur particulier. Dans l'hypothèse d'une démarche sectorielle, il conviendrait de réfléchir au traitement des entreprises exerçant leur activité dans plusieurs secteurs.

408. En règle générale, le critère du faible risque s'appliquerait chaque année (autrement dit, sans restriction de durée), mais devrait faire l'objet d'une réévaluation si une modification ou une réforme de la législation fiscale se traduisait par une variation sensible de la base d'imposition et/ou du taux d'imposition dans la juridiction. Un processus de notification pourrait être institué à cette fin.

409. Cette option obligerait les administrations fiscales à consacrer d'abondantes ressources à l'étude de la conception et de l'impact potentiel des systèmes fiscaux des différents pays. Néanmoins, il est admis qu'il conviendrait que les administrations fiscales s'engagent dans un processus d'évaluation des risques, même en dehors de cette mesure de simplification, que celui-ci présenterait des avantages en termes de synergies et de sécurité juridique en matière fiscale aux fins de l'élaboration d'orientations définitives, et que le défi essentiel consiste donc à concevoir un processus technique, non politique et transparent pour y parvenir.

Références

OCDE (2015), *Documentation des prix de transfert et déclaration pays par pays, Action 13 - Rapport final 2015*, Projet OCDE/G20 sur l'érosion de la base d'imposition et le transfert de bénéfices, Éditions OCDE, Paris, https://dx.doi.org/10.1787/9789264248502-fr. [1]

Notes

[1] Voir la section 3.4.2 intitulée *Attribution des revenus et des impôts d'une entité aux différentes juridictions* et consacrée à l'approche à suivre pour le traitement des impôts sur le revenu et autres impôts sur les SEC dans le calcul du TEI conformément aux règles GloBE.

[2] Sachant que cette mesure de simplification repose sur la notion de DEMPE destinée à protéger contre le risque de fragmentation, elle ne serait applicable que dans les juridictions suivant les instructions prévues dans le cadre des Actions 8-10 du Plan d'action BEPS.

[3] Différents mécanismes (seuil de bénéfices) pourraient être envisagés pour arriver au même résultat ou à un résultat similaire.

6 Règles d'inclusion du revenu et de substitution

6.1. Aperçu

410. En vertu de la règle d'inclusion du revenu, une entité mère (dans la plupart des cas, l'entité mère ultime) doit comptabiliser la part qui lui revient sur les bénéfices réalisés par chacune de ses entités constitutives située dans une juridiction à faible fiscalité, après quoi elle devra supporter l'impôt supplémentaire consécutif à concurrence du taux minimum (après imputation de tout impôt acquitté au titre de ce revenu). L'impôt supplémentaire ne porte toutefois que sur la partie du revenu faiblement imposé d'une entité constitutive étrangère dont le bénéficiaire effectif (direct ou indirect) est le membre du groupe qui applique ladite règle (à savoir la société mère).

411. La règle d'inclusion du revenu fonctionne comme une règle relative aux sociétés étrangères contrôlées (SEC) en cela qu'elle assujettit le contribuable, à savoir la société imposée dans la juridiction visée, à un impôt sur sa part des bénéfices réalisés à l'étranger pour toute filiale qu'elle contrôle. Sa conception veut qu'elle soit coordonnée avec les règles GloBE s'appliquant dans les autres juridictions où opère le groupe d'EMN, afin d'éviter que leur mise en œuvre conjointe n'entraîne une taxation supplémentaire des bénéfices faiblement imposés supérieure au taux minimum convenu. Par ailleurs, la règle d'inclusion du revenu doit être appliquée de manière cohérente dans chaque juridiction et agir de manière à produire le même résultat global, afin que le groupe d'EMN soit assujetti à un niveau minimal d'imposition dans chaque juridiction où il exerce ses activités, peu importe où se trouve son siège social et sans risque de double imposition ou de surimposition.

412. La règle d'inclusion du revenu et la règle relative aux paiements insuffisamment imposés reposent sur la même formule de calcul du taux effectif d'imposition (TEI). Comme décrit aux chapitres 3 et 4, le TEI est calculé sur la base de l'agrégation par juridiction en tenant compte des bénéfices réalisés, des pertes supportées et des impôts acquittés par toutes les entités constitutives du groupe d'EMN dans leur juridiction, avec ajustements pour tenir compte des exceptions fondées sur des critères de substance et du report en avant des pertes et excédents de crédit d'impôt. Comme décrit dans ces chapitres :

a. Le TEI est d'abord calculé au niveau de la juridiction, d'une part, pour déterminer si celle-ci est une « juridiction à faible fiscalité » (c'est-à-dire où le TEI de la juridiction de l'EMN est inférieur au taux minimum convenu) et, d'autre part, pour calculer le pourcentage de l'impôt supplémentaire requis pour porter le montant total de l'impôt sur les revenus dans cette juridiction à hauteur de celui résultant de l'application du taux minimum.

b. Ce pourcentage d'impôt supplémentaire est ensuite appliqué au revenu de chaque entité constitutive située dans cette juridiction à faible fiscalité, ajusté en fonction des pertes des autres entités sur la même période, des reports en avant de pertes et des montants des exceptions. De cette façon, le montant total de l'impôt supplémentaire provenant de cette juridiction est réparti sur les différentes entités constitutives au prorata de leurs revenus ajustés.

413. Le calcul de l'impôt supplémentaire sur la base de chaque entité constitutive intervient donc en amont, et indépendamment, des mécanismes visant à déterminer l'assujettissement à celui-ci au titre de la règle d'inclusion du revenu (et de la règle relative aux paiements insuffisamment imposés), ainsi que décrit dans le présent chapitre. Il est important de noter que lorsque l'entité mère appliquant la règle d'inclusion du revenu n'est pas l'entité mère ultime, le TEI d'une juridiction n'est pas calculé uniquement en fonction des entités constitutives détenues par cette entité mère. Le calcul tient compte de toutes les entités constitutives contrôlées par le groupe d'EMN dans cette juridiction. Voir l'exemple 6.1A. de l'Annexe. Dans la mesure où l'impôt supplémentaire est déterminé pour chaque entité constitutive sur la base du TEI moyen du groupe pour la juridiction concernée, il se peut que l'une d'elles, qui n'est pas une entité constitutive faiblement imposée de manière autonome, soit incluse dans le calcul. Voir l'exemple 6.1B. de l'Annexe. Soulignons à cet égard que la règle d'inclusion du revenu se distingue des règles relatives aux SEC dont la structure fait qu'elles s'appliquent généralement aux filiales en tant qu'entités indépendantes en fonction des bénéfices et pertes de chaque société étrangère contrôlée et des impôts acquittés par celle-ci. Le fait que l'entité contribuable et la société étrangère qu'elle contrôle fassent partie d'un groupe d'EMN plus important a généralement peu d'importance pour le calcul des revenus ou des impôts ouvrant droit à déduction en vertu d'une règle relative aux SEC.

414. Le calcul du TEI et le mécanisme de perception de l'impôt supplémentaire sont deux pans constitutifs distincts des règles GloBE. La règle d'inclusion du revenu prévoit un mécanisme de perception de l'impôt supplémentaire basé sur la détention directe ou indirecte par l'entité mère des entités constitutives faiblement imposées. La règle relative aux paiements insuffisamment imposés agit comme un filet de sécurité grâce à son mécanisme de prélèvement du solde de l'impôt supplémentaire dû sur les bénéfices étrangers auxquels aucune règle d'inclusion du revenu ne s'applique.

415. L'impôt supplémentaire calculé pour une entité constitutive faiblement imposée devra être acquitté par son entité mère proportionnellement à la quote-part de cette dernière dans le revenu de cette entité constitutive. Comme expliqué ci-après, c'est généralement l'entité mère ultime du groupe d'EMN qui est redevable de l'impôt supplémentaire. Toutefois, dans certaines circonstances, la conception des règles GloBE fait que cette obligation est transférée à une ou plusieurs autres entités constitutives du groupe. Cette coordination des règles d'inclusion du revenu entre juridictions fait partie des caractéristiques conceptuelles des règles GloBE, alors que les règles relatives aux SEC, bien qu'elles puissent comporter des principes régissant les crédits d'impôt pour éviter la double imposition, ne présentent généralement pas un tel degré de coordination.

6.2. Principe de fonctionnement de la règle d'inclusion du revenu

416. La règle d'inclusion du revenu exige que la société mère du groupe d'EMN (ou une entité appartenant au groupe), le contribuable, s'acquitte d'un impôt supplémentaire sur la part qui lui revient des bénéfices réalisés par toute entité constitutive faiblement imposée qu'elle détient directement ou indirectement.

417. Un mécanisme de priorisation de la règle d'inclusion du revenu vise à éviter que celle-ci, dans différentes juridictions, puisse s'appliquer deux fois à des revenus faiblement imposés. Le principal mécanisme de coordination de l'application de la règle d'inclusion du revenu dans chaque juridiction est l'approche descendante. Ainsi, cette règle est appliquée en priorité dans la juridiction de l'entité constitutive située au sommet ou à proximité du sommet de la chaîne de propriété du groupe d'EMN, en commençant par l'entité mère ultime. Si cette dernière ne réside pas dans une juridiction qui a mis en œuvre la règle d'inclusion du revenu, ce sont les entités constitutives qu'elle détient et contrôle directement, dans l'ordre de la chaîne de propriété, qui sont responsables d'appliquer la règle.

418. L'approche descendante est subordonnée à une autre règle qui régit spécifiquement l'application de la règle d'inclusion du revenu dans le cas des « structures de propriété partagée ». Dans ces structures,

une part importante (par exemple, 10 % ou plus) de la participation dans une entité constitutive est détenue par des actionnaires extérieurs au groupe d'EMN. Le mécanisme qui régule les structures de propriété partagée transfère l'obligation d'appliquer la règle d'inclusion du revenu à la société mère « intermédiaire » partiellement détenue, qui va l'appliquer à sa quote-part des bénéfices réalisés par toute entité constitutive faiblement imposée dans laquelle elle détient une participation directe ou indirecte. Ce mécanisme fait en sorte que la règle d'inclusion du revenu quantifie et appréhende tous les bénéfices des entités constitutives faiblement imposées dont la société mère intermédiaire est le bénéficiaire effectif, sans ponctionner outre mesure des revenus du groupe d'EMN dont les bénéficiaires effectifs sont des entités extérieures à celui-ci. Le principe de fonctionnement des règles d'inclusion du revenu et du mécanisme régissant leur ordre d'application est décrit dans l'encadré ci-dessous[1].

1. Règle d'inclusion du revenu

En vertu de la règle d'inclusion du revenu, une société mère (y compris une société mère intermédiaire partiellement détenue) qui, au terme d'une période de déclaration, détient (directement ou indirectement) une participation dans une entité constitutive étrangère faiblement imposée sera assujettie à un impôt supplémentaire, calculé en fonction de sa quote-part des bénéfices réalisés par cette entité sur cette période.

2. Approche descendante

Une société mère est une entité constitutive qui :

- détient (directement ou indirectement) une participation dans une autre entité constitutive de son propre groupe d'EMN ;
- est située dans une juridiction qui a adopté une règle d'inclusion du revenu ; et

n'est pas contrôlée, que ce soit directement ou indirectement, par une ou plusieurs autres entités constitutives soumises à la règle d'inclusion du revenu, ce qui inclut une société mère intermédiaire partiellement détenue.

3. Structures de propriété partagée

Une société mère intermédiaire partiellement détenue est une entité constitutive qui est située dans une juridiction ayant adopté une règle d'inclusion du revenu, qui n'est pas l'entité mère ultime et dont X % au minimum des participations sont détenus directement ou indirectement par des actionnaires autres que les entités constitutives du groupe d'EMN. Une entité constitutive ayant ce statut du fait qu'elle appartient indirectement à des actionnaires autres que les entités constitutives du groupe d'EMN ne doit pas appliquer la règle d'inclusion du revenu si toutes ses participations sont détenues directement ou indirectement par des entités constitutives tenues d'appliquer la RIR.

Si la société mère détient tout ou partie d'une entité constitutive faiblement imposée par l'intermédiaire d'une société mère intermédiaire partiellement détenue, alors la société mère n'appliquera pas la règle d'inclusion du revenu aux bénéfices de cette entité constitutive dans la mesure où ceux-ci ont déjà été couverts par la RIR de la juridiction de la société mère intermédiaire partiellement détenue.

6.3. Approche descendante

419. Si la règle d'inclusion du revenu devait être appliquée par chaque entité constitutive de la chaîne de propriété, le risque que plusieurs juridictions exigent des mêmes entités constitutives faiblement imposées de respecter la leur pourrait donner lieu à une double imposition. Ainsi, les règles GloBE

prévoient un mécanisme de coordination pour éviter que l'application de règles d'inclusion du revenu de différentes juridictions n'aboutisse à une double imposition des bénéfices résultant des mêmes participations dans des entités constitutives faiblement imposées. La coordination des interactions entre les règles d'inclusion du revenu des différentes juridictions repose essentiellement sur l'approche descendante.

420. L'approche descendante est fondée sur l'action combinée de deux règles.

a. La première est la règle générale d'inclusion du revenu. Celle-ci prévoit que toute entité constitutive répondant à la définition de société mère est tenue d'appliquer la règle d'inclusion du revenu, mais uniquement à la part qui lui revient sur les bénéfices réalisés par toute autre entité constitutive du fait qu'elle y détient une participation (directement ou indirectement).

b. La deuxième règle définit l'expression « société mère » de telle sorte que la règle d'inclusion du revenu ne doit pas s'appliquer au niveau des entités constitutives situées à un niveau inférieur de la chaîne de propriété.

421. Ensemble, ces deux règles garantissent que la priorité est donnée à l'entité mère ultime du groupe d'EMN en matière d'application de la règle d'inclusion du revenu. Elles déterminent également l'ordre dans lequel les entités constitutives du groupe appliqueront leurs règles d'inclusion du revenu lorsque l'entité mère ultime réside dans une juridiction qui n'a pas adopté ladite règle. L'approche descendante vise à empêcher que plusieurs règles d'inclusion du revenu n'entraînent une double imposition sur les participations indirectement détenues par une société mère via une ou plusieurs autres entités constitutives.

422. L'approche descendante prend comme point de départ la juridiction de l'entité mère ultime et implique que cette entité applique la règle d'inclusion du revenu dans la juridiction où elle est située. Une fois appliquée au niveau de l'entité mère ultime, cette règle ne vaut plus dans les juridictions où résident les autres entités constitutives. En revanche, si l'entité mère ultime n'applique pas la règle d'inclusion du revenu, c'est la société mère située à un niveau inférieur dans la chaîne de propriété qui le fera. La société mère n'est tenue d'appliquer sa règle d'inclusion du revenu et de payer un impôt supplémentaire que pour les entités constitutives faiblement imposées dans lesquelles elle détient une participation directe ou indirecte. Cette majoration d'imposition est dépendante du pourcentage de sa participation dans chacune de ces entités.

423. Le recours à l'approche descendante pour l'application de la règle d'inclusion du revenu à l'entité mère ultime présente un certain nombre d'avantages conceptuels :

a. ***La réduction des charges de conformité et des problèmes de coordination.*** L'approche descendante réduit le nombre de juridictions dans lesquelles la règle d'inclusion du revenu est susceptible de s'appliquer et, par conséquent, rend le processus moins complexe. Par conséquent, en plus d'alléger le fardeau administratif, elle limite les contraintes de mise en conformité des administrations fiscales et des différentes entités constitutives du groupe d'EMN.

b. ***Des normes comptables communes.*** L'approche descendante est compatible avec la politique fiscale qui prescrit l'application des normes comptables de l'entité mère ultime du groupe pour calculer le taux effectif d'imposition. Les comptes consolidés du groupe d'EMN sont établis par l'entité mère ultime conformément aux règles comptables. L'approche descendante concorde avec cet élément fondamental des règles GloBE car elle limite la probabilité que la règle d'inclusion du revenu soit appliquée par une entité autre que celle qui a établi les comptes consolidés.

c. ***Une approche cohérente avec l'agrégation par juridiction.*** L'agrégation par juridiction permet de regrouper tous les bénéfices, pertes et impôts des entités constitutives du groupe d'EMN situées dans une même juridiction aux fins du calcul du taux effectif d'imposition. Le fait que l'approche donne la priorité à l'entité mère ultime pour l'application de la règle d'inclusion du revenu est, sur le plan conceptuel, plus en adéquation avec l'agrégation par juridiction. En effet, ce regroupement prend en compte les revenus de toutes les entités situées dans la juridiction concernée et qui appartiennent directement ou indirectement à l'entité mère ultime, et dont certaines ne sont bien souvent pas détenues ou contrôlées par des entités de niveau inférieur qui pourraient appliquer la règle d'inclusion du revenu.

6.3.1. Application de la règle d'inclusion du revenu par deux entités mères ou plus du même groupe d'EMN

424. Selon l'approche descendante, lorsque l'entité mère ultime n'est pas soumise à une règle d'inclusion du revenu, deux ou plusieurs entités constitutives de différentes chaînes de propriété du même groupe d'EMN peuvent répondre à la définition de « société mère », et chacune de ces sociétés mères peut être tenue d'appliquer la règle d'inclusion du revenu aux entités constitutives faiblement imposées dans lesquelles elle détient une participation. L'exemple 6.1B illustre cette situation : deux sociétés mères intermédiaires doivent appliquer leur règle d'inclusion du revenu étant donné que l'entité mère ultime du groupe d'EMN réside dans une juridiction dépourvue d'une telle règle. Par ailleurs, chaque entité mère applique sa règle d'inclusion du revenu séparément aux entités constitutives faiblement imposées qu'elle détient.

Répartition de l'impôt supplémentaire proportionnellement à la participation

425. Dans certains cas, deux ou plusieurs sociétés mères intermédiaires appartenant à des chaînes de propriété différentes d'un même groupe d'EMN peuvent détenir des participations dans une même entité constitutive faiblement imposée. Les règles GloBE coordonnent, au moyen de la méthode de répartition de l'impôt supplémentaire, l'application simultanée de la règle d'inclusion du revenu de plusieurs juridictions à une même entité faiblement imposée. En vertu des principes généraux de la règle d'inclusion du revenu, l'impôt supplémentaire calculé pour une entité constitutive faiblement imposée est reporté sur sa société mère en fonction de la part qui lui revient sur les bénéfices réalisés par cette entité et dont le pourcentage est déterminé en fonction de la participation qu'elle y détient. Ainsi, si ladite règle concerne les revenus d'une même entité constitutive faiblement imposée, chaque société mère se voit affecter une part proportionnelle de l'impôt supplémentaire calculé pour cette entité.

426. Une société mère applique la règle d'inclusion du revenu à chaque entité constitutive faiblement imposée de son groupe d'EMN qu'elle détient directement ou indirectement et ce, qu'elle contrôle ou non cette entité de façon autonome. En d'autres termes, l'application de cette règle est de rigueur pour autant que l'entité constitutive faiblement imposée et la société mère intermédiaire soient directement ou indirectement contrôlées par l'entité mère ultime du même groupe d'EMN. De plus, cette règle est régie par la participation détenue par la société mère dans cette entité constitutive. Ce n'est pas le cas en revanche pour ses participations minoritaires dans des entités autres que les entités constitutives de son groupe d'EMN. Ce principe est illustré dans l'exemple 6.3.1A : une société mère est tenue d'appliquer sa règle d'inclusion du revenu même si elle ne détient directement que 40 % des participations de l'entité constitutive faiblement imposée vu que les 60 % restants sont détenus par l'entité mère ultime (située dans une juridiction où aucune règle d'inclusion du revenu n'est prévue). L'impôt supplémentaire calculé pour une entité constitutive faiblement imposée spécifique pourrait, en vertu de cette règle, être réparti entre plusieurs sociétés mères qui ne la contrôlent pas, à condition qu'elles détiennent des participations indépendantes dans cette entité.

Absence de contrôle par une société mère soumise à la règle d'inclusion du revenu et coordination avec la règle relative aux paiements insuffisamment imposés

427. Comme expliqué plus haut, l'impôt supplémentaire à charge de la société mère dépend de sa part proratisée des bénéfices de l'entité constitutive faiblement imposée, en fonction de la participation détenue. Lorsque toutes les participations dans l'entité constitutive faiblement imposée sont détenues par une ou plusieurs sociétés mères, la totalité de l'impôt supplémentaire calculé pour cette entité sera répartie en vertu de la règle d'inclusion du revenu. En revanche, cette répartition n'est pas possible conformément à la règle générale lorsque seule une partie de ces participations est détenue par les sociétés mères et que le reste l'est par des entités constitutives qui ne sont pas soumises à une règle d'inclusion du revenu. Dans ces circonstances, une partie de l'impôt supplémentaire qui n'est pas imputé en vertu de la RIR sera répartie sur d'autres entités constitutives conformément à la règle relative aux paiements insuffisamment imposés si l'entité constitutive faiblement imposée n'est pas contrôlée par une entité constitutive située dans une juridiction étrangère qui a adopté la règle d'inclusion du revenu. Ainsi, lorsque l'entité constitutive faiblement imposée n'est pas contrôlée par une seule société mère, elle se voit appliquer la règle relative aux paiements insuffisamment imposés. Dans les cas où une même entité constitutive faiblement imposée obéit à la fois à la règle d'inclusion du revenu et à la règle relative aux paiements insuffisamment imposés, cette seconde règle prévoit un crédit pour les impôts acquittés au titre de la première.

428. L'exemple 6.3.1A illustre l'application de la règle d'inclusion du revenu et de la règle relative aux paiements insuffisamment imposés à une même entité constitutive faiblement imposée. Dans ce cas, 60 % des participations d'une filiale située dans une juridiction à faible fiscalité sont directement détenues par l'entité mère ultime (qui n'est pas soumise à une règle d'inclusion du revenu) et 40 % des participations sont détenues par une société mère. De plus, l'entité constitutive faiblement imposée n'est pas contrôlée par une société mère. Par conséquent, l'impôt supplémentaire de cette entité est soumis à la répartition en vertu de la règle relative aux paiements insuffisamment imposés, laquelle prévoit toutefois un crédit pour les impôts RIR dus par une société mère. Ce mécanisme est examiné plus en détail à la section 7.2.2.

429. Lorsqu'une entité constitutive faiblement imposée est soumise à la règle d'inclusion du revenu d'entités mères alors qu'elles ne sont pas contrôlées par celles-ci, la totalité de son impôt supplémentaire fait l'objet d'une répartition en vertu des règles GloBE : une partie selon la règle d'inclusion du revenu et une autre selon la règle relative aux paiements insuffisamment imposés. Par conséquent, aucune règle spéciale n'est nécessaire pour empêcher l'évitement de l'impôt supplémentaire dans cette situation ; en effet, l'application normale de la règle d'inclusion du revenu et de la règle relative aux paiements insuffisamment imposés garantit l'assujettissement du groupe d'EMN à la totalité de l'impôt supplémentaire dû conformément aux règles GloBE.

430. Toutefois, lorsqu'une société mère contrôle l'entité constitutive faiblement imposée, la règle relative aux paiements insuffisamment imposés ne s'applique pas aux revenus de cette entité. Ainsi, en vertu de cette règle générale, si les autres participations de cette entité sont détenues directement ou indirectement par l'entité mère ultime sans toutefois être soumises à une règle d'inclusion du revenu, l'impôt supplémentaire lié aux revenus découlant de ces participations n'obéira pas aux règles GloBE. Afin de garantir que ces revenus n'échappent pas à l'imposition prévue par les règles GloBE, une règle spéciale sera élaborée. Dès lors, la société mère intermédiaire qui détient une participation lui conférant le contrôle de l'entité constitutive faiblement imposée et qui est résidente fiscale dans une juridiction ayant adopté la règle d'inclusion du revenu pourrait être tenue de majorer sa part de l'impôt supplémentaire à concurrence du montant non imposé. Autrement, ce montant non imposé pourrait faire l'objet d'un ajustement en vertu de la règle relative aux paiements insuffisamment imposés. Dans les deux cas, la totalité de l'impôt supplémentaire découlant des revenus faiblement imposés dont l'entité mère ultime est le bénéficiaire effectif sera prélevé en vertu de la règle d'inclusion du revenu ou de la règle relative aux paiements insuffisamment imposés.

Mesures d'intégrité et de neutralité de la règle d'inclusion du revenu

431. Les règles GloBE sont conçues pour que leur action soit cohérente et coordonnée, de façon à garantir des conditions de concurrence équitable, où que se trouve le siège social du groupe d'EMN. Toutefois, pour ne pas mettre en péril leur intégrité et leur neutralité, d'autres mécanismes spéciaux peuvent s'avérer nécessaires, par exemple la mise en place de structures dans lesquelles des sociétés holding passives sont placées au sommet de la chaîne de propriété. Les membres du Cadre inclusif étudieront l'élaboration de ces mesures spéciales visant à préserver l'intégrité des règles GloBE tout en évitant des dépenses de mise en conformité et une charge administratives excessives.

432. L'intégrité globale des règles GloBE serait compromise si une juridiction encourageait les groupes d'EMN à transférer le siège de leur entité mère ultime dans un autre pays par des incitations directement liées à l'application de la règle d'inclusion du revenu. Par exemple, si la juridiction de l'entité mère ultime prévoit un taux préférentiel d'imposition pour les groupes d'EMN qui y ont leur siège, afin de les dédommager de l'impôt supplémentaire à payer en vertu de la règle d'inclusion du revenu, alors elle ne devrait pas être considérée comme une juridiction dont la règle d'inclusion du revenu est conforme aux règles GloBE. Dès lors, de telles incitations seraient prises en compte pour évaluer cette conformité dans le cadre d'un processus d'examen multilatéral, décrit à la section 10.5.2.

433. En outre, dans le cadre d'une analyse générale du fonctionnement des règles GloBE, les membres du Cadre inclusif pourraient en examiner de façon plus approfondie les effets sur le phénomène des inversions fiscales et réfléchir à la nécessité de prévoir des mesures supplémentaires pour contrer les risques de distorsions de concurrence importantes découlant de la mise en œuvre ou de l'application desdites règles.

6.3.2. Contrôle partagé

434. La précédente section explique les règles de l'approche descendante, qui suspend la règle d'inclusion du revenu d'une entité constitutive lorsque celle-ci est contrôlée par une autre entité constitutive qui, elle, est soumise à une règle d'inclusion du revenu. La présente section prévoit une exception à l'approche descendante dans les structures à contrôle partagé et soumet une entité mère intermédiaire en propriété non exclusive à l'obligation d'appliquer en priorité sa règle d'inclusion du revenu, avant la règle d'inclusion du revenu de l'entité mère qui la contrôle.

435. Dans certains cas, les bénéfices du groupe d'EMN n'appartiennent pas dans leur totalité à l'entité mère ultime, car les participations au capital des autres entités constitutives du groupe d'EMN pourraient être détenues par des tiers. Une approche pour remédier à ces cas consisterait à continuer d'appliquer la règle d'inclusion du revenu en vertu de l'approche descendante et à restreindre l'application de la règle d'inclusion du revenu à la part des bénéfices qui reviennent à l'entité mère ultime. Cette approche présente toutefois deux problèmes distincts.

436. Le premier tient à la possibilité qu'elle entraîne des inégalités horizontales et des distorsions économiques, puisque les bénéfices de deux entités ou plus qui opèrent dans les mêmes circonstances seraient imposés différemment en fonction du mode de détention des participations au capital. Plus précisément, en vertu des règles GloBE, un groupe d'EMN structuré de sorte que ses actionnaires détiennent l'intégralité des parts du groupe par le biais d'une seule entreprise sera passible d'un impôt supplémentaire plus élevé qu'un groupe d'EMN dans la même situation où une partie des participations au capital dans ses filiales est détenue directement par certains de ses actionnaires. Cette disparité crée une distorsion économique, car elle a pour effet d'accroître la valeur, après impôts, d'une participation minoritaire dans une société holding qui appartient à l'entité mère ultime, par rapport à une participation équivalente dans l'entité mère ultime. Cette inégalité horizontale suggère en outre que, dans le cas d'une acquisition, le groupe d'EMN acquéreur peut réduire la charge fiscale globale qui lui incombe par l'acquisition d'une entreprise ou d'un groupe d'entreprises cible (qui échappe autrement au champ

d'application des règles GloBE) en détenant les parts d'une filiale plutôt que celles de la société mère. Les actionnaires existants de l'entité mère ultime supporteront le même niveau d'impôt supplémentaire sur les participations qu'ils détiennent dans les entreprises cibles, les nouveaux actionnaires minoritaires de la filiale acquéreuse éviteront l'impôt supplémentaire sur leur participation dans ces mêmes entreprises cibles. Bien entendu, une multitude de facteurs sont pris en compte dans une structure d'acquisition. De plus, les inégalités horizontales induisent des incitations à la planification fiscale qui se concilient mal à la conception globale des règles GloBE. Par exemple, un groupe d'EMN peut tout simplement distribuer ou céder à ses actionnaires existants une participation minoritaire dans ses filiales et réduire ainsi l'impôt supplémentaire dont est redevable l'entité mère ultime sans avoir à modifier les participations économiques des propriétaires dans les sociétés sous-jacentes. Voir l'exemple 6.3.2A de l'annexe. Les règles relatives au contrôle partagé limitent les cas où peuvent se produire ces inégalités horizontales et ces distorsions économiques.

437. Le deuxième problème porte sur le fait que si l'entité mère ultime est située dans une juridiction qui n'a pas adopté la règle d'inclusion du revenu, il reviendrait à l'entité mère intermédiaire située à l'échelon suivant en amont de la chaîne de propriété d'appliquer la règle basée en fonction de la part de bénéfices faiblement imposés de l'entité mère ultime. Si la règle était appliquée par une entité mère intermédiaire qui n'est pas détenue en propriété exclusive par l'entité mère ultime, cette dernière serait alors soumise indirectement à une charge fiscale plus faible. Cette conséquence se répercuterait aussi sur les bénéfices appartenant aux actionnaires minoritaires de l'entité mère intermédiaire en appliquant la règle, et ce même si la politique visait à exclure ces participations minoritaires. L'exemple 6.3.2B. de l'annexe illustre cette situation. Dans le cadre de l'approche descendante, une entité mère intermédiaire (Société B) est tenue d'appliquer la règle d'inclusion du revenu au titre des bénéfices d'une entité faiblement imposée (Société C). L'entité mère ultime du Groupe (Société Holding) détient 60 % des actions de Société B, les 40 % restants étant détenus par des actionnaires minoritaires. Si l'impôt supplémentaire imposé par la juridiction de Société B se limite au pourcentage de participation de l'entité mère ultime dans Société C, alors Société Holding n'aurait pas à supporter l'entière charge de l'impôt supplémentaire sur les bénéfices faiblement imposés de l'entité constitutive, étant donné qu'elle ne possède qu'une part seulement de l'entité mère intermédiaire qui s'acquitte de l'impôt (60 % x 60 % = 36 %). Une façon de résoudre ce problème consisterait à appliquer la règle d'inclusion du revenu en fonction de la part proportionnelle de bénéfices faiblement imposés dont l'entreprise mère intermédiaire est redevable. Il s'agit là d'un moyen de veiller à ce que l'entité mère ultime soit soumise indirectement à la règle d'inclusion du revenu en fonction de la part proportionnelle de bénéfices faiblement imposés qui lui revient. Toutefois, il n'est pas possible de modifier le calcul du taux effectif d'imposition et de l'impôt supplémentaire selon quelle ou quelles entités mères appliquent la règle d'inclusion du revenu : en effet, les règles GloBE reposent sur un calcul unique du taux effectif d'imposition et de l'impôt supplémentaire pour les raisons visées dans ce chapitre.

438. Pour y remédier, la règle du contrôle partagé soumet les entités mères intermédiaires en propriété non exclusive à l'obligation d'appliquer la règle d'inclusion du revenu. Cette solution évite les avantages concurrentiels et autres distorsions induits par des situations où une entité mère intermédiaire, par le biais de laquelle est détenue l'entité faiblement imposée, n'est pas détenue en propriété exclusive par l'entité mère ultime. Elle assure aussi le bon fonctionnement des règles GloBE, en veillant à l'immutabilité du mode de calcul du taux effectif d'imposition et de l'impôt supplémentaire, ainsi que de la responsabilité du groupe d'EMN en vertu des règles GloBE, que l'entité mère ultime soit située ou non dans une juridiction qui a adopté les règles GloBE. Ces règles permettent également d'imposer au taux minimum les bénéfices faiblement imposés du groupe d'EMN dont les actionnaires minoritaires sont les bénéficiaires effectifs. La règle du contrôle partagé s'applique aux situations où une entité mère intermédiaire en propriété non exclusive détient une participation dans une entité constitutive faiblement imposée. Elle ne s'applique pas aux bénéfices d'une entité constitutive faiblement imposée qui est directement contrôlée par les actionnaires minoritaires. La différence entre ces deux situations est illustrée à l'exemple 6.3.2J.

439. La règle du contrôle partagé opère à titre d'exception de l'approche descendante, dans la mesure où elle donne la priorité à l'application de la règle d'inclusion du revenu à l'entité mère intermédiaire en propriété non exclusive. Cette règle garantit l'application plus complète de la règle d'inclusion du revenu aux bénéfices faiblement imposés du groupe d'EMN dans les cas où l'entité mère ultime n'est pas le bénéficiaire effectif d'une partie importante de ces bénéfices. En reportant en aval l'obligation fiscale jusqu'à l'entité mère intermédiaire en propriété non exclusive, la règle impose les bénéfices qui appartiennent aux propriétaires minoritaires sans exiger de l'entité mère ultime qu'elle s'acquitte de l'impôt supplémentaire sur les revenus dont elle n'est pas le bénéficiaire effectif et sans exiger des propriétaires minoritaires qui ne sont pas des entités constitutives qu'ils appliquent la règle d'inclusion du revenu.

440. L'entité mère intermédiaire en propriété non exclusive appliquerait la règle d'inclusion du revenu en fonction de la part de participation que cette entité détient dans l'entité constitutive faiblement imposée. Lorsque les bénéfices de l'entité constitutive faiblement imposée sont assujettis à l'impôt en vertu de la règle d'inclusion du revenu au niveau d'une Entité mère intermédiaire en propriété non exclusive, la règle du contrôle partagé exonère ces bénéfices de toute imposition ultérieure plus en amont de la chaîne de propriété. Ce mécanisme garantit que la charge fiscale en vertu de GloBE est supportée proportionnellement par l'entité mère ultime et les actionnaires minoritaires de l'entité mère intermédiaire en propriété non exclusive en fonction de leur pourcentage de participation.

Méthodologie

441. Cette règle s'applique dans les cas où une entité mère intermédiaire en propriété non exclusive détient des participations d'une entité constitutive située dans une juridiction à faible fiscalité telle que visée en conformité avec le chapitre 3. La règle opère en permettant à l'entité mère intermédiaire en propriété non exclusive d'appliquer en priorité la règle d'inclusion du revenu aux autres entités mères situées plus en amont de la chaîne de propriété (y compris l'entité mère ultime). Dans ces cas-là, l'entité mère intermédiaire en propriété non exclusive est tenue d'appliquer la règle en fonction de son pourcentage de participation des entités constitutives faiblement imposées. Autrement dit, l'entité mère intermédiaire en propriété non exclusive calcule l'impôt supplémentaire dont elle doit s'acquitter en fonction de la formule qui s'applique à l'échelle du groupe visée à la section 4.4. Cela garantit que les bénéfices faiblement imposés sont assujettis à l'impôt au taux minimum conformément aux principes des règles de GloBE, tout en évitant d'en faire supporter une charge disproportionnée à l'entité mère ultime ou à ses actionnaires.

442. Cette règle ne s'appliquerait pas dans les situations où l'entité mère ultime détient plus d'un certain pourcentage (par exemple 90 %) des participations au capital d'une entité mère intermédiaire. Cette limitation est conçue pour restreindre la nécessité de coordonner les interactions entre les règles d'inclusion du revenu de différentes juridictions, dans les cas où des actionnaires minoritaires (tels que des employés, des actionnaires hérités d'une acquisition antérieure ou des contreparties financières) détiennent un nombre relativement faible de participations dans une société du groupe ; elle fait en sorte aussi d'appliquer la complexité supplémentaire que la règle induit uniquement aux situations où un pourcentage important des bénéfices resterait sinon insuffisamment imposé. L'application de cette règle dépend de la structure sociale du groupe d'EMN à la fin de la période comptable.

443. Les participations visées dans cette règle sont celles qui donnent des droits aux bénéfices de l'entité mère intermédiaire en propriété non exclusive. Par exemple, si des actionnaires minoritaires extérieurs au groupe d'EMN n'ont aucun droit de vote vis-à-vis de l'entité mère intermédiaire en propriété non exclusive, mais ont le droit de percevoir 30 % des bénéfices distribués par celle-ci, il y aurait donc lieu de considérer que 30 % des participations sont détenues par des personnes qui ne sont pas des entités constitutives du groupe d'EMN.

444. Dans certains cas, la participation des actionnaires pourrait s'accompagner d'un privilège de recueillir un montant spécifique des bénéfices distribués, à titre préférentiel par rapport à d'autres

actionnaires. Par exemple, les actionnaires minoritaires pourraient détenir des actions privilégiées à dividende cumulatif qui donnent droit au premier million d'euros de bénéfices. Le pourcentage des bénéfices attribuables aux actionnaires privilégiés variera d'une année sur l'autre, en fonction du résultat total des sociétés concernées. Pour déterminer si un actionnaire minoritaire d'actions privilégiées détient une part suffisante de participations pour invoquer l'application de la règle du contrôle partagé, la mesure du droit aux bénéfices devrait être évaluée sur une moyenne de trois ans plutôt que d'une année sur l'autre. Ce calcul de la moyenne ne portera que sur les entités constitutives qui émettent ce type de titres de participation.

445. Bien que l'entité mère intermédiaire en propriété non exclusive applique la règle d'inclusion du revenu en fonction de la part proportionnelle des bénéfices de ses filiales entités constitutives, il n'en demeure pas moins que l'entité mère ultime ou une autre entité mère intermédiaire peut être tenue d'appliquer la règle d'inclusion du revenu. Si l'entité mère ultime détient en propriété exclusive d'autres entités constitutives, elle serait tenue d'appliquer la règle d'inclusion du revenu au titre des bénéfices de ces entités. Dans ces cas, l'entité mère est dans l'obligation d'exclure les bénéfices déjà soumis à une règle d'inclusion du revenu de l'entité mère intermédiaire en propriété non exclusive.

446. L'application de cette règle est illustrée à l'exemple 6.3.2C de l'annexe. Dans cet exemple, l'entité mère ultime (Société Holding) détient 60 % des actions de l'entité mère intermédiaire (Société B), les 40 % restants étant détenus par des actionnaires minoritaires. De ce fait, Société B est une entité intermédiaire en propriété non exclusive parce que plus d'un pourcentage donné de ses participations sont détenues par des personnes qui ne sont pas des entités constitutives. Société B détient 100 % des participations d'une entité constitutive (Société C 1) dans une juridiction à faible fiscalité. L'entité mère ultime (Société Holding) détient également 100 % d'une autre entité constitutive (Société C 2) dans une juridiction à faible fiscalité, par le truchement d'une autre entité mère intermédiaire (Société B 2). La règle oblige l'entité mère intermédiaire en propriété non exclusive à appliquer la règle d'inclusion du revenu aux bénéfices de sa filiale (Société C 1). L'entité mère ultime (Société Holding) demeure néanmoins tenue d'appliquer la règle d'inclusion du revenu à sa filiale en propriété exclusive (Société C 2). Pour éviter la double imposition, la règle d'inclusion du revenu de l'entité mère ultime exclut les bénéfices de la Société C 1.

447. Il pourrait exister deux ou plusieurs entités mères intermédiaires en propriété non exclusive dans la même chaîne de propriété. Cette règle a pour effet de donner la priorité à l'entité mère intermédiaire en propriété non exclusive la plus proche de l'entité constitutive dans la juridiction à faible fiscalité, sous réserve que l'intégralité de ses participations au capital ne soit pas détenue par une autre entité constitutive qui, elle, est soumise à la règle d'inclusion du revenu. Il s'agit là d'un moyen de veiller à la bonne répartition de la charge fiscale entre l'entité mère ultime et les actionnaires minoritaires de l'ensemble des entités mères intermédiaires qui se trouvent dans la chaîne de propriété. Cette règle s'inscrit dans la lignée de l'approche descendante, dans la mesure où elle donne la priorité à l'entité constitutive dans le niveau supérieur de la chaîne de propriété lorsque toutes deux se trouvent dans la même situation (les deux détiennent, directement ou indirectement, les mêmes parts de l'entité constitutive faiblement imposée et leurs participations sont détenues directement ou indirectement par les mêmes personnes). Cette situation est illustrée à l'exemple 6.3.2D de l'annexe. L'exemple 6.3.2E de l'annexe illustre cette règle dans une situation où l'une des entités mères intermédiaires en propriété non exclusive est elle-même une entité constitutive faiblement imposée.

448. Cette règle s'applique lorsque deux entités mères intermédiaires en propriété non exclusive appliquent la règle d'inclusion du revenu se rapportant aux mêmes bénéfices et aux mêmes participations de l'entité faiblement imposée. Si ça n'est pas le cas, l'entité mère intermédiaire en propriété non exclusive dans le niveau supérieur reste dans l'obligation d'appliquer la règle d'inclusion du revenu aux bénéfices qui n'ont pas été soumis à la règle d'inclusion du revenu de l'entité mère intermédiaire en propriété non exclusive du niveau inférieur. Cette situation est illustrée à l'exemple 6.3.2F de l'annexe. Il en ira de même si l'entité mère ultime ou une autre entité mère intermédiaire est tenue d'appliquer la règle d'inclusion du

revenu au titre de bénéfices non soumis à la règle d'inclusion du revenu appliquée par l'entité mère intermédiaire en propriété non exclusive. Cette situation est illustrée à l'exemple 6.3.2G de l'annexe.

449. Dans les cas où l'entité mère intermédiaire en propriété non exclusive tenue d'appliquer la règle est située dans une juridiction qui n'a pas adopté la règle d'inclusion du revenu, alors la prochaine entité mère intermédiaire en propriété non exclusive en aval de la chaîne de propriété située dans une juridiction qui a adopté la règle d'inclusion du revenu (le cas échéant) est tenue d'appliquer la règle d'inclusion du revenu, à condition qu'une partie de ses participations soit détenue de manière indirecte par des personnes extérieures au groupe d'EMN. Cette situation est illustrée à l'exemple 6.3.2H de l'annexe.

450. S'il n'existe pas de telle entité mère intermédiaire en aval, alors l'entité mère intermédiaire en propriété non exclusive qui se trouve juste en amont de la première entité mère intermédiaire en propriété non exclusive située dans une juridiction qui a adopté la règle d'inclusion du revenu applique sa règle d'inclusion du revenu. Cette situation est illustrée à l'exemple 6.3.2I de l'annexe.

451. La règle énoncée dans la présente section n'exige pas que l'entité mère intermédiaire en propriété non exclusive contrôle l'entité constitutive faiblement imposée. Elle exige seulement que l'entité mère intermédiaire en propriété non exclusive détienne des participations qui donnent des droits au titre des bénéfices de l'entité constitutive faiblement imposée. L'absence de contrôle par l'entité mère intermédiaire en propriété non exclusive n'entre pas en ligne de compte, étant donné que l'entité constitutive faiblement imposée se trouve déjà sous le contrôle du groupe d'EMN. Cette situation est illustrée à l'exemple 6.3.2F.

452. À la lumière de l'approche descendante et de l'évolution des règles pour l'imposition des Associés visée au chapitre 8, la conception et la méthodologie de la règle du contrôle partagé nécessitent de faire l'objet de plus amples travaux.

6.4. Règle de substitution

453. L'adoption d'une approche d'agrégation par juridiction obligera chaque membre du groupe multinational à déterminer la fraction appropriée des bénéfices dérivés, et des impôts payés, par cette entité du groupe dans chaque juridiction où cette entité opère. En conséquence, dans le cadre d'une approche d'agrégation par juridiction, chaque filiale étrangère du groupe multinational serait tenue d'attribuer une fraction appropriée de ses bénéfices (ainsi que les impôts sur ces bénéfices) à un établissement stable (ES) que cette filiale étrangère peut maintenir dans une autre juridiction. D'après la logique de conception de GloBE, lorsque l'entité mère tire des bénéfices de l'ES qui bénéficie d'une exonération fiscale en vertu des lois de la juridiction de l'entité mère, les bénéfices de cet ES exempté devraient être attribués à la juridiction de l'ES (ainsi que tout impôt sur ces bénéfices) afin de calculer avec précision le TEI par juridiction dans les juridictions de l'entité mère et de l'ES.

454. L'attribution des bénéfices de l'entité mère, entre la juridiction de l'entité mère et celle de l'ES, aura pour effet de coordonner la mesure des bénéfices et des impôts de l'ES au titre de GloBE avec les résultats fiscaux internes en vertu des lois de la juridiction de l'Entité mère et d'assurer l'égalité de traitement des ES et des filiales étrangères exemptés en vertu de GloBE. La non-application de cette approche aux bénéfices de l'ES exempté d'une entité mère aurait pour effet de créer une différence de traitement fortuite entre les ES d'une entité mère et ses filiales étrangères directement sous son contrôle. Ainsi, les bénéfices faiblement imposés issus de la juridiction de l'ES pourraient être agrégés aux bénéfices fortement imposés dans la juridiction de l'entité mère, ce qui aurait pour effet de sous-évaluer le montant des bénéfices faiblement imposés dans la juridiction de l'ES et de permettre à l'EMN d'éviter un assujettissement à l'impôt GloBE en protégeant ces bénéfices faiblement imposés par des excédents d'impôts acquittés dans la juridiction de l'entité mère.

455. Une entité mère désireuse d'appliquer la règle d'inclusion du revenu aux bénéfices d'un ES exempté sera toutefois empêchée de le faire lorsque la juridiction de l'entité mère a conclu une convention

fiscale bilatérale qui oblige la juridiction de l'entité mère à exempter les bénéfices de l'ES. C'est dans un tel cas de figure que s'impose une règle de substitution, pour permettre à l'État de résidence de l'entité mère d'imposer les bénéfices de l'ES jusqu'au taux minimum prévu en vertu de la règle d'inclusion du revenu. En conséquence, le Programme de travail invite le Cadre inclusif à étudier les possibilités et les problèmes se rapportant à la conception d'une règle de substitution dans les cas où un État contractant a accepté dans une convention fiscale d'utiliser la méthode d'exemption. Une telle règle permettrait à un État contractant de limiter l'application de la méthode d'exemption lorsque les bénéfices imputables à un ES dans l'autre État contractant sont des bénéfices à faible taux d'imposition d'une entité constitutive soumise aux règles GloBE. Cette règle s'applique également aux bénéfices issus de biens immobiliers sujets à la disposition d'une convention équivalente à l'article 6 du Modèle de Convention fiscale de l'OCDE (OCDE, 2018[1]), si ces bénéfices sont attribuables à un ES et soumis à la méthode d'exemption conformément à la convention fiscale[2].

456. L'objectif de la règle de substitution serait de permettre à l'État de résidence de l'entité mère d'appliquer une règle d'inclusion du revenu pour imposer les bénéfices de l'ES dans les cas où la règle d'inclusion du revenu s'appliquerait au titre du droit interne. La règle de substitution permettrait à l'État de résidence de taxer les bénéfices faiblement imposés d'un ES jusqu'au taux minimum convenu, en utilisant le même critère de TEI que la règle d'inclusion du revenu. Dans la mesure où elle aurait pour effet de déclencher l'application du droit interne, la règle ne s'appliquerait que quand le siège serait tenu d'appliquer la règle d'inclusion du revenu à l'ES[3].

Références

OCDE (2018), *Modèle de Convention fiscale concernant le revenu et la fortune : Version abrégée 2017*, OECD Publishing, Paris, https://doi.org/10.1787/mtc_cond-2017-fr. [1]

Notes

[1] La coordination de l'application de l'approche descendante et des règles régissant la propriété partagée entre les différentes juridictions est examinée au chapitre 6.

[2] Voir le paragraphe 9 des Commentaires sur l'article 5 du Modèle de Convention fiscale de l'OCDE (OCDE, 2018[1]).

[3] Le Cadre inclusif étudiera la possibilité d'une règle de substitution qui ne se limite pas aux situations où la juridiction de l'entité mère cherche à appliquer la règle d'inclusion du revenu à ses établissements stables (directs) étrangers, mais pourrait être développée plus largement de manière autonome lorsque les bénéfices de l'établissement stable sont assujettis à un taux effectif d'imposition inférieur au taux minimum.

7 Règle relative aux paiements insuffisamment imposés

Règle relative aux paiements insuffisamment imposés (RPII)

La RPII s'applique au titre des revenus des entités constitutives faiblement imposées

La RPII exige de tout contribuable assujetti à ce régime et qui fait partie d'un groupe d'EMN d'opérer un ajustement sur l'impôt supplémentaire qui lui est affecté au titre des bénéfices réalisés par les entités constitutives faiblement imposées appartenant à ce même groupe.

La règle d'inclusion du revenu prévaut sur la règle relative aux paiements insuffisamment imposés

La règle relative aux paiements insuffisamment imposés ne donnera pas lieu à une répartition d'impôt supplémentaire lorsque les entités constitutives faiblement imposées sont contrôlées, directement ou indirectement, par une entité constitutive étrangère qui est soumise à une règle d'inclusion du revenu (RIR) mise en œuvre conformément aux règles GloBE. En revanche, le contribuable pourra être soumis à cet impôt supplémentaire sur les bénéfices réalisés par les entités constitutives situées dans la juridiction de l'entité mère ultime si le TEI de l'EMN dans cette juridiction est inférieur au taux minimum convenu.

Calcul du montant de l'impôt supplémentaire

Le calcul de l'impôt supplémentaire à charge d'un contribuable soumis à la RPII s'effectue en deux étapes, comme suit :

(a) Premièrement, si ce contribuable effectue des paiements déductibles à une entité constitutive faiblement imposée au cours de la période concernée, l'impôt supplémentaire dont il devra s'acquitter est déterminé au prorata du total des paiements déductibles versés à cette entité par tous les contribuables soumis à cette règle.

(b) Deuxièmement, si ce contribuable enregistre des dépenses nettes intragroupe, son impôt supplémentaire sera proportionnel au total des dépenses nettes intragroupe encourues par l'ensemble des contribuables soumis à cette règle.

L'impôt supplémentaire calculé pour le contribuable à chaque étape est plafonné à un montant égal au taux d'imposition pour les impôts couverts prélevés dans la juridiction, multiplié par le montant brut des paiements intragroupe déductibles pris en considération dans le calcul de sa part de l'impôt supplémentaire.

Aucun impôt supplémentaire n'est affecté aux contribuables situés dans des juridictions dont le TEI de l'EMN est inférieur au taux minimum convenu.

Montant maximum de l'impôt supplémentaire à répartir au titre de la RPII

L'impôt supplémentaire total à payer en fonction des bénéfices de toutes les entités constitutives faiblement imposées situées dans la juridiction de l'entité mère ultime en vertu de cette règle est limité au pourcentage de l'impôt supplémentaire multiplié par le montant total des paiements intragroupe déductibles reçus par ces entités de la part des entités constitutives étrangères.

Contribuable soumis à la RPII : définition

On entend par « contribuable soumis à la RPII » (ci-après dénommé « contribuable ») toute entité constitutive située dans une juridiction qui applique un tel régime conformément aux règles GloBE.

Ajustement à effectuer en vertu de la RPII

Un contribuable assujetti à l'impôt supplémentaire au titre de cette règle se verra refuser la déduction d'un paiement intragroupe ou sera tenu de procéder à un ajustement équivalent, conformément au droit applicable dans son pays, ayant pour effet une majoration de sa charge fiscale égale au montant de l'impôt supplémentaire attribué.

7.1. Aperçu

457. La règle relative aux paiements insuffisamment imposés (RPII) poursuit le même objectif général que la règle d'inclusion du revenu (RIR). Plus précisément, sa logique vise à protéger les juridictions contre l'érosion de la base d'imposition résultant des paiements intragroupe effectués au profit d'entités faiblement imposées, tout en évitant que l'application conjointe des règles GloBE n'assujettisse les groupes d'EMN à une imposition de leurs revenus supérieure au taux minimum dans les juridictions où ils opèrent. Cela dit, même si leur finalité générale est la même, la RIR et la RPII ont une fonction et des mécanismes très différents. La première prévoit un mécanisme de perception de l'impôt supplémentaire basé sur la détention directe ou indirecte par la société mère[1] des entités constitutives faiblement imposées. La seconde lui sert de filet de sécurité et décourage les délocalisations du siège motivées par des considérations fiscales en exigeant des ajustements visant à prélever le solde d'impôt supplémentaire à répartir au titre des bénéfices des entités constitutives non couvertes par une règle d'inclusion du revenu. La RPII entend également lutter contre l'érosion de la base d'imposition due aux paiements intragroupe déductibles. Ainsi, par son double rôle de filet de sécurité et de protection ciblée contre les paiements susceptibles d'éroder la base d'imposition, cette règle répond à un objectif mixte, et différents aspects des mécanismes abordés dans ce chapitre peuvent servir l'un ou l'autre objectif, selon la situation. Enfin, elle recourt à une clé de répartition basée sur les paiements intragroupe, qui en limitent par conséquent la portée.

458. Étant donné que la RPII peut s'appliquer dans toute juridiction où une entité constitutive effectue des paiements intragroupe et que ses résultats varieront en fonction du montant desdits paiements effectués par chaque entité, elle est plus complexe à appliquer et nécessite une plus grande coordination entre les juridictions que la RIR. En pratique, cependant, son champ d'application devrait être relativement restreint. En effet, son régime ne s'applique aux revenus d'une entité constitutive faiblement imposée que si cette dernière n'est pas soumise à une RIR mise en œuvre conformément aux règles GloBE en vertu de la législation d'une autre juridiction[2]. Afin de simplifier à la fois le respect et l'administration des règles GloBE, le contribuable a la possibilité, dans le cadre des procédures de mise en conformité à la RPII, décrites à la section 7.8, de certifier que cette règle ne lui est pas applicable, par exemple, du fait que son groupe d'EMN ne comporte pas d'entités constitutives faiblement imposées ou que, dans le cas contraire, ces entités sont toutes sous le contrôle d'une autre entité constitutive qui applique une RIR mise en œuvre conformément aux règles GloBE.

7.2. La RIR prévaut sur la RPII

459. Soit l'impôt supplémentaire calculé en fonction des bénéfices de l'EMN est perçu en application de la RIR dans une juridiction de l'entité mère, soit il nécessite, dans une juridiction appliquant la RPII, un ajustement correspondant en vertu de cette dernière. Comme mentionné précédemment, la règle d'inclusion du revenu est prioritaire par rapport à la RPII. Par conséquent, aucun impôt supplémentaire ne peut être considéré comme devant faire l'objet d'un ajustement au titre de la RPII pour une entité constitutive faiblement imposée qui est contrôlée, directement ou indirectement, par une entité constitutive étrangère soumise à une RIR mise en œuvre conformément aux règles GloBE. Lorsque leur régime est d'application, les règles relatives aux paiements insuffisamment imposés respectives de plusieurs juridictions peuvent cependant s'appliquer au revenu d'une même entité constitutive faiblement imposée ; ce chapitre explique leurs modalités de coordination visant à simplifier leur mise en œuvre tout en évitant la double imposition.

7.2.1. Interactions entre la RIR et la RPII lorsque la RIR est appliquée au niveau de la société mère intermédiaire

460. Dans le cas où aucune RIR ne s'applique au niveau de l'EMU, elle peut être mise en œuvre à un niveau inférieur de la chaîne de propriété[3]. Dans ces circonstances et comme indiqué au chapitre 6, il est possible que les entités constitutives faiblement imposées situées dans une juridiction donnée ne soient pas toutes détenues par la même société mère appliquant la même RIR. Par conséquent, certaines d'entre elles seront soumises à une RIR applicable et d'autres éventuellement à la RPII. L'exemple 6.3.1A illustre une telle structure. C'est donc au niveau de chaque entité constitutive faiblement imposée qu'est déterminé le régime qui couvrira l'impôt sur les revenus : soit la RIR, soit la RPII. Le contrôle d'une telle entité sera évalué pour déterminer si ses bénéfices devront être imposés à l'aide de la RIR ou si le montant de ces bénéfices devra faire l'objet d'un ajustement en vertu de celle-ci. Les bénéfices faiblement imposés d'une entité constitutive seront soumis à un ajustement conformément à la RIR lorsque celle-ci est contrôlée par une autre entité constitutive présente dans sa chaîne de propriété et à laquelle cette règle s'applique. Si elle n'est contrôlée par aucune autre entité constitutive de sa chaîne de propriété, l'ajustement se fera conformément à la RPII. Par conséquent, la question de savoir si cette dernière doit s'appliquer aux bénéfices d'une entité constitutive faiblement imposée obéira généralement à une logique binaire – en somme, du fait que cette entité est contrôlée ou non par une autre entité constitutive étrangère soumise à une RIR conformément aux règles GloBE.

7.2.2. Exclusion de l'impôt retenu au titre de la RIR sur les entités constitutives détenues par un actionnaire minoritaire

461. L'on s'attend à deux cas de figure le plus souvent : soit les entités constitutives faiblement imposées sont contrôlées par une autre qui est soumise à la RIR (auquel cas la RPII ne s'appliquera pas), soit la totalité de leurs actions sont détenues par d'autres entités constitutives qui ne sont pas soumises à la RIR (auquel cas la RPII s'appliquera). Il peut toutefois arriver qu'une entité constitutive faiblement imposée ne soit contrôlée par aucune entité constitutive assujettie à la RIR, mais qu'une entité constitutive étrangère y détienne une participation minoritaire et applique cette règle sur la part des bénéfices qui lui revient du fait de cette participation, ainsi que décrit à la section 6.3.1. Dans ces circonstances, la RPII s'applique étant donné que l'entité constitutive faiblement imposée n'est pas contrôlée, que ce soit directement ou indirectement, par une autre entité constitutive d'une autre juridiction qui applique une RIR[4].

462. Afin d'éviter la double imposition des mêmes bénéfices, à savoir du côté du contribuable soumis à la RPII et de celui de l'entité constitutive appliquant la RIR (en raison de la participation minoritaire qu'elle détient dans l'entité constitutive faiblement imposée), la répartition de l'impôt supplémentaire au titre de la

RPII exclut la partie de cet impôt déjà prélevé en vertu de la RIR[5]. Ce mécanisme garantit que cette dernière l'emporte sur la RPII, tout en évitant la double imposition des mêmes bénéfices faiblement imposés, conformément aux règles GloBE.

7.2.3. Application de la RPII aux bénéfices faiblement imposés dans la juridiction de l'EMU

Faible imposition dans la juridiction de l'EMU

463. Lorsque la RIR et la RPII seront transposées dans le droit national, leur application *n'aura pas* pour but d'appréhender les bénéfices faiblement imposés au niveau du pays du contribuable (c'est-à-dire ceux résultant d'activités exercées dans sa juridiction de résidence). De tels bénéfices seront couverts par les règles des entités constitutives situées dans d'autres juridictions.

464. Dans le cas d'une filiale située dans une juridiction différente de celle de l'EMU, le champ d'application juridictionnel de la RPII inclura donc les revenus faiblement imposés générés dans la juridiction de l'entité mère ultime au cours d'une période donnée. L'application de cette règle résulte de deux facteurs :

a. Les bénéfices réalisés dans la juridiction de l'entité mère ultime ne relèvent pas du champ d'application d'une éventuelle RIR applicable, puisqu'une telle règle qui s'appliquerait dans cette juridiction ne couvrirait que les bénéfices « étrangers », c'est-à-dire ceux qui sont générés dans toutes les juridictions autres que celle-ci.

b. La juridiction de l'entité mère ultime est une juridiction étrangère du point de vue de celle de la filiale qui applique la RPII.

465. Par conséquent, lorsque (i) la juridiction de l'entité mère ultime a mis en œuvre une RIR conformément aux règles GloBE et que (ii) le TEI de la juridiction de l'EMN est inférieur au taux d'imposition minimum de la juridiction de l'entité mère ultime pour une période donnée, la RIR et la RPII pourraient tous deux s'appliquer au sein du groupe, mais pas aux mêmes bénéfices faiblement imposés. La RIR couvrirait alors les bénéfices faiblement imposés de l'EMN dans toutes les juridictions de filiale, et seule la RPII s'appliquerait aux bénéfices réalisés dans la juridiction de l'entité mère ultime et ce, seulement si celle de l'EMN présente un TEI inférieur au taux minimum convenu au cours d'une période donnée.

Considérations stratégiques et conceptuelles

466. La juridiction de l'EMU n'est pas censée appliquer la RIR aux entreprises opérant sur son territoire. Par conséquent, d'un point de vue strictement technique, la RPII ne lui sert pas de renfort dans ce contexte, mais vise plutôt à lutter directement contre le risque d'érosion de la base d'imposition dans les juridictions de l'EMU où l'imposition est inférieure au taux minimum. L'application de cette règle aux bénéfices faiblement imposés de la juridiction de l'EMU soulève un certain nombre de difficultés de nature stratégique et conceptuelle qui ne se posent pas lorsqu'elle concerne des filiales du groupe d'EMN. Elle pourrait en effet avoir un impact disproportionné sur certains groupes d'EMN dont les opérations étrangères sont négligeables. Ces effets négatifs pourraient s'observer pour les EMU incapables de mettre en œuvre une RIR qui leur éviterait l'impôt supplémentaire et les coûts de mise en conformité associés à l'application de la RPII. Ces problèmes sont en partie résolus grâce au recours de plafonds, comme expliqué à la section 7.5.2. D'autres solutions possibles seront étudiées dans le cadre de travaux techniques. Il pourrait s'agir d'un crédit pour les impôts acquittés au titre de la RPII, qui permettrait de corriger les écarts temporels dans la juridiction de l'EMU, et d'un mécanisme de prélèvement d'un impôt supplémentaire pour les contribuables auxquels elle s'applique[6]. Les résultats de ces travaux seront intégrés au processus d'élaboration de règles types, comme décrit à la section 10.5.1.

7.3. Calcul du montant de l'impôt supplémentaire

467. La RPII utilise les mêmes mécanismes que la RIR pour déterminer le TEI de la juridiction de l'EMN et le montant de l'impôt supplémentaire à répartir. Elle utilise la même définition des impôts visés et applique de la même manière les exceptions fondées sur la substance[7]. Ainsi, elle appliquerait de la même façon les exclusions par rapport à la définition d'entité constitutive (entités publiques, par exemple) et ne générerait dès lors aucun impôt supplémentaire à prélever ou à répartir pour les entités concernées[8]. Cette similitude concerne également les reports des pertes et des excédents d'impôts utilisés pour traiter les écarts temporels et leur application pour déterminer le TEI de chaque juridiction.

468. L'exemple 4.2.1A illustre l'application d'une règle de report de l'impôt payé localement. Dans ce cas, une filiale paie un excédent d'impôts s'élevant à 40 au cours de l'année 1, ce qui entraîne un report d'impôt payé localement équivalent à ce montant (en supposant que cette filiale soit la seule entité constitutive de la juridiction concernée). Même si, l'année suivante, elle a été imposée à un taux inférieur au taux minimum sur sa base d'imposition GloBE, elle peut reporter l'excédent d'impôts payé pour amener sa charge fiscale de l'année 2 à hauteur du taux minimum. Par conséquent, aucun impôt supplémentaire ne devrait être prélevé sur les bénéfices de la filiale pour l'année 2, que ce soit en vertu de la RIR ou de la RPII. De même, le mécanisme de report des pertes décrit à la section 4.2 s'appliquerait aux fins du calcul de l'impôt supplémentaire conformément à la RPII.

469. Le fait que la RIR et la RPII recourent au même mécanisme pour calculer l'impôt supplémentaire améliore leur coordination et réduit les coûts liés à la mise en œuvre et à la mise en conformité en évitant qu'un ajustement n'entraîne une surimposition ou une imposition excessive par rapport au bénéfice économique. Ce point commun offre également l'avantage d'aligner les résultats attendus en application des deux régimes, de sorte que la RPII peut – sous réserve de certaines restrictions tenant compte de son objectif consistant à cibler les pratiques d'érosion de la base d'imposition – assurer correctement sa fonction de renfort à la RIR. Pour ce faire, elle doit être appliquée dans les situations où c'est la RIR qui l'aurait été si elle avait été mise en œuvre dans la juridiction de l'entité mère. En revanche, l'utilisation de mécanismes différents pour le calcul de l'impôt supplémentaire conduirait à des résultats moins efficaces ou plus sévères lorsque la RPII s'applique plutôt que la RIR. Par exemple, une règle qui porterait uniquement sur les paiements directs effectués au profit de bénéficiaires situés dans des juridictions dont le taux nominal de l'impôt sur les sociétés (IS) est inférieur au taux minimum convenu serait moins efficace que la RIR. Enfin, une règle qui s'écarte des approches en matière d'agrégation des revenus, d'exceptions fondées sur la substance et de traitement des écarts temporels prévues par les règles GloBE pourrait se traduire par des résultats plus sévères que ceux obtenus avec la RIR.

470. La RPII utilise le même mécanisme que la RIR pour calculer le montant de l'impôt supplémentaire à répartir en fonction des bénéfices visés. Ainsi, un montant de retenue à la source acquitté sur un paiement particulier effectué par un contribuable soumis à la RPII est pris en compte pour le calcul du TEI de la juridiction où réside l'entité constitutive bénéficiaire et ne réduit pas le montant de l'impôt supplémentaire imputé à ce contribuable en vertu de cette règle. La méthodologie décrite à la section 4.4 prévoit que le montant de l'impôt supplémentaire à répartir est déterminé pour chaque entité constitutive située dans une juridiction où le TEI de l'EMN est inférieur au taux minimum (l'entité constitutive faiblement imposée). L'impôt supplémentaire ainsi calculé pour chaque entité est ensuite réparti entre les contribuables soumis à ladite règle conformément aux mécanismes énoncés dans la section 7.4 ci-dessous.

7.4. Répartition du montant de l'impôt supplémentaire

471. L'impôt supplémentaire est réparti entre les entités soumises à la RPII de leur juridiction. En général, cette répartition n'entraîne pas le transfert de l'imposition des bénéfices réalisés par une entité

donnée sur une autre. Elle fonctionne plutôt comme une méthode coordonnée pour relier les paiements intragroupe déductibles effectués dans une juridiction aux recettes faiblement imposées dans une autre. Toutefois, ces liens ne sont pas identifiés par la reconstitution de la chaîne des paiements intragroupe effectués par une entité constitutive pour associer ces paiements aux revenus faiblement imposés d'une autre entité constitutive. Au lieu de cela, les clés de répartition de la RPII recourent à une approche globale et proportionnelle qui tient compte à la fois :

a. des paiements intragroupe érodant la base d'imposition effectués par les entités constitutives du groupe d'EMN soumises à cette règle[9] ; et

b. des revenus insuffisamment imposés dans les juridictions où ils ne sont pas soumis à une RIR.

472. La RPII répartit ensuite l'impôt supplémentaire attribuable à la juridiction à faible taux d'imposition proportionnellement aux paiements intragroupe qui érodent la base d'imposition en utilisant un mécanisme commun à chaque juridiction appliquant cette règle. Pour que la règle soit appliquée de façon coordonnée, cette répartition nécessite une définition commune de ses principales composantes. Cette section présente les principes de conception et les mécanismes des clés de répartition, ainsi que la définition des facteurs pris en compte pour le calcul de ces clés (c'est-à-dire les paiements intragroupe).

7.4.1. Vue d'ensemble : approche en deux étapes

473. L'approche utilisée pour déterminer l'impôt supplémentaire à charge d'un contribuable assujetti à la RPII et faisant partie du même groupe d'EMN multinationales que l'entité constitutive faiblement imposée est la suivante :

- Tout d'abord, si ce contribuable effectue des paiements déductibles à une entité constitutive faiblement imposée au cours de la période concernée, il sera soumis à un impôt supplémentaire sur les bénéfices réalisés par cette entité au prorata du total des paiements déductibles versés directement à cette dernière par tous les contribuables soumis à cette règle.
- Ensuite, si ce contribuable enregistre des dépenses nettes intragroupe, le solde de l'impôt supplémentaire est réparti proportionnellement au total des dépenses nettes intragroupe encourues par tous les contribuables soumis à cette règle.

Les deux clés de répartition s'appliquent par période. La section 7.7.4 décrit les mécanismes utilisés afin de déterminer le délai imparti pour procéder à l'ajustement sur la base de ces paiements.

7.4.2. Objectif et conception des clés de répartition

474. Une approche en deux étapes basée sur les dépenses et paiements entre parties liées est conforme à la fonction mixte de la RPII. Comme mentionné précédemment, cette règle a pour but d'assurer un renfort à la RIR tout en offrant aux juridictions une protection contre les effets des transactions qui érodent la base d'imposition.

Objectif et conception de la première clé de répartition

475. Cette première clé répartit l'impôt supplémentaire sur les entités qui effectuent des paiements directs à des entités constitutives faiblement imposées. Elle garantit que la RPII attribue l'impôt supplémentaire en priorité aux juridictions où il existe un lien direct et facilement identifiable entre le paiement et le transfert des bénéfices intragroupe. Étant donné que la clé de répartition hiérarchise les ajustements requis en fonction des paiements intragroupe déductibles versés directement à une entité constitutive faiblement imposée, son objectif est d'appréhender les pratiques les plus évidentes et simples de transfert des bénéfices intragroupe. En effet, comme les paiements directs à une telle entité sont les plus faciles à identifier, la clé limite le nombre d'ajustements à effectuer et simplifie les volets de mise en conformité et d'administration.

Objectif et conception de la seconde clé de répartition

476. Il se peut que les ajustements effectués avec la première clé de répartition n'aboutissent pas à la répartition du montant total de l'impôt supplémentaire. Si tel est le cas, le solde de l'impôt supplémentaire, après application de la première clé, sera réparti entre les contribuables avec la deuxième clé de répartition au prorata de leurs dépenses nettes intragroupe.

477. Non seulement cette seconde clé remplit une partie de la fonction de renfort décrite précédemment, mais elle vise également à neutraliser les avantages qu'un groupe d'EMN pourrait obtenir en contournant la première clé de répartition. En effet, un mécanisme qui se contente de répartir l'impôt supplémentaire proportionnellement aux paiements directs effectués par les contribuables pourrait être contourné en redirigeant les transactions interentreprises via une entité qui n'est pas assujettie à la RPII, de telle sorte qu'aucun paiement direct d'un contribuable au profit d'une entité constitutive faiblement imposée ne sera identifié. La deuxième clé de répartition permet de faire face, de façon relativement simple, à ces montages reposant sur des sociétés-relais : pour ce faire, elle répartit la part proportionnelle de l'impôt supplémentaire de chaque entité constitutive faiblement imposée par rapport à ses dépenses nettes entre parties liées sans qu'il soit nécessaire de retracer la destination de tous les paiements effectués par les contribuables au sein du groupe d'EMN.

478. Par conséquent, la seconde clé de répartition est en partie destinée à servir de soutien à la première en ciblant les structures de financement intragroupe qui transfèrent indirectement des bénéfices vers des juridictions à faible fiscalité. Par ailleurs, elle fonctionne comme une règle simplifiée de protection contre les structure-relais, mais selon une approche fondée sur la fongibilité des fonds qui considère que le montant du bénéfice net transféré par chaque contribuable vient financer une fraction proportionnelle du bénéfice faiblement imposé restant du groupe d'EMN, indépendamment des spécificités des flux de paiements intragroupe. Cette mesure repose sur l'hypothèse que les risques de transfert des bénéfices sont généralement plus élevés pour les entités qui présentent des dépenses nettes entre parties liées, et elle devrait en principe avoir pour effet de faire supporter la charge fiscale aux entités qui tirent une part plus importante de leurs revenus des ventes à des tierces parties. La seconde clé de répartition n'exige pas de l'administration fiscale qu'elle établisse un lien entre un poste de dépenses déductibles et un ensemble de revenus faiblement imposés. Elle agrège les autres éléments de revenu insuffisamment imposés et répartit ces montants proportionnellement aux dépenses nettes entre parties liées. Cette approche agrégée/proportionnelle vise à protéger l'intégrité des résultats de GloBE et, dans le même temps, à parvenir au juste équilibre entre une règle qui soit à la fois exhaustive et relativement simple à appliquer et l'élimination de la complexité associée au suivi des flux de paiements intragroupe lorsqu'ils sont connectés au sein d'une chaîne. Dans la pratique, les dépenses nettes entre parties liées effectivement encourues par une entité peuvent être manipulées. Ainsi, un groupe d'EMN pourrait chercher à réduire celles d'un contribuable particulier en transférant des dépenses de tiers (les intérêts d'un prêt bancaire, par exemple) vers cette entité pour ensuite les refacturer sous la forme d'une transaction intragroupe (un prêt à un autre membre du groupe, par exemple). Cependant et à condition que la masse critique de juridictions ayant adopté la RPII soit atteinte, l'effet d'une telle stratégie peut se résumer au transfert de l'obligation découlant de cette règle à une autre entité ou juridiction.

479. La deuxième clé de répartition, lorsqu'elle est appliquée en combinaison avec la première, fonctionne comme un renfort efficace à la RIR, sans engendrer de risque de surimposition puisqu'elle ne peut entraîner un ajustement que dans la mesure où un impôt supplémentaire a été calculé au préalable, comme expliqué à la section 7.3.

7.4.3. Mécanismes des clés de répartition

Mécanismes de la première clé de répartition basés sur les paiements intragroupe directs

480. La façon la plus simple de transférer des bénéfices d'une juridiction à fiscalité élevée vers une autre où les taux d'imposition sont faibles consiste sans doute à effectuer des paiements intragroupe déductibles d'une entité fortement imposée à une entité faiblement imposée. Du fait qu'elle répartit l'impôt supplémentaire proportionnellement aux paiements intragroupe déductibles effectués directement par les contribuables à des entités faiblement imposées, la première clé de répartition vise donc à neutraliser l'une des méthodes les plus évidentes de transfert des bénéfices vers les juridictions à faible fiscalité.

481. Cette première clé prend en considération les paiements directs de chaque contribuable au profit d'une entité constitutive faiblement imposée (c'est-à-dire située dans une juridiction où le TEI de l'EMN est inférieur au taux minimum convenu). Chacun des contribuables se voit attribuer une partie de l'impôt supplémentaire qui est calculée par rapport au revenu de chaque entité constitutive faiblement imposée, selon la formule suivante :

$$\frac{\textit{Paiements intragroupe directs du contribuable A à l'entité constitutive Z faiblement imposée}}{\textit{Tous les paiements intragroupe directs de tous les contribuables du groupe à l'entité constitutive Z faiblement imposée}}$$

482. Aux fins de cette formule :

- « Paiements intragroupe directs du contribuable A à l'entité constitutive Z faiblement imposée » correspond au montant des paiements intragroupe déductibles effectués directement par le contribuable A à l'entité constitutive Z faiblement imposée.
- « Tous les paiements intragroupe directs de tous les contribuables du groupe à l'entité constitutive Z faiblement imposée » correspond à la somme de tous les paiements intragroupe déductibles effectués directement par l'ensemble des contribuables à cette même entité.

L'exemple 7.4.3A illustre le fonctionnement de la première clé de répartition.

Mécanismes de la deuxième clé de répartition basés sur les dépenses nettes intragroupe

483. Il se peut qu'à elle seule, l'application de la première clé de répartition ne permette pas à la RPII d'assurer sa fonction de renfort à la RIR. Tout d'abord, il est possible qu'une entité constitutive faiblement imposée ne soit pas la bénéficiaire directe de paiements effectués par les contribuables, auquel cas aucun impôt supplémentaire ne sera affecté à ces derniers par la première clé de répartition[10]. Ensuite, même lorsqu'il existe des paiements directs, l'impôt supplémentaire affecté aux contribuables ayant effectué ces paiements peut être limité en raison des plafonds décrits plus bas, de sorte qu'une partie de son solde ne serait pas répartie[11].

484. Lorsqu'un impôt supplémentaire a été déterminé mais n'est pas (entièrement) réparti avec la première clé de répartition, une deuxième clé s'applique après la première et répartit le solde de l'impôt supplémentaire. Cette deuxième clé répartit le reste de cet impôt sur les contribuables proportionnellement à leurs dépenses nettes intragroupe. Par conséquent, elle exclut les contribuables enregistrant des revenus nets entre parties liées.

485. La deuxième clé de répartition prend en compte tous les paiements et recettes à destination et en provenance d'autres entités constitutives (tant nationales qu'étrangères) afin de déterminer les dépenses nettes intragroupe d'un contribuable spécifique. Elle prend également en considération les paiements retenus pour la première clé de répartition lorsque toutes deux s'appliquent. L'inclusion de l'ensemble des paiements déductibles est plus simple du point de vue de la mise en conformité et de l'administration. Le fait de prendre en compte les paiements à destination et en provenance d'entités étrangères et nationales admet que ceux effectués au profit d'un autre contribuable (même si celui-ci réside ou est établi dans la même juridiction) peuvent être impliqués dans les montages relais de transfert des bénéfices faiblement

imposés d'une entité extraterritoriale[12]. Chaque contribuable se voit affecter une partie du solde de l'impôt supplémentaire qui n'avait pas été réparti avec la première clé de répartition. Pour ce faire, la formule suivante est utilisée :

$$\frac{\textit{Dépenses nettes intragroupe du contribuable A}}{\textit{Somme de toutes les dépenses nettes intragroupe des contribuables}}$$

486. Aux fins de cette formule :

- « Dépenses nettes intragroupe du contribuable A » correspond à la différence entre : (i) la somme de tous les paiements intragroupe déductibles effectués par ce contribuable et (ii) la somme de tous les revenus entre parties liées que ce contribuable tire des paiements intragroupe déductibles effectués par d'autres entités constitutives de son groupe d'EMN, lorsque cette différence est positive ;
- « Somme de toutes les dépenses nettes intragroupe des contribuables » correspond à la somme de l'ensemble des dépenses nettes intragroupe pour l'ensemble des contribuables.

487. L'exemple 7.4.3B illustre le fonctionnement de la deuxième clé de répartition. Quant à l'exemple 7.4.3C, il montre le fonctionnement de cette clé lorsqu'un contribuable enregistre des revenus nets entre parties liées.

Exclusion d'une entité constitutive faiblement imposée de la répartition de l'impôt supplémentaire

488. Parmi les entités soumises à la RPII, seules celles qui sont situées dans des juridictions où le TEI de l'EMN est égal ou supérieur au taux minimum convenu sont visées par la répartition de l'impôt supplémentaire. En d'autres termes, cette règle ne prévoit aucun impôt supplémentaire dû par les entités constitutives faiblement imposées[13]. Lorsqu'une telle entité n'est pas considérée comme redevable de cet impôt, tant les paiements directs qu'elle effectue que ses dépenses nettes intragroupe ne sont pas pris en compte pour l'application des clés de répartition de la RPII. L'exemple 7.4.3D illustre cette particularité.

489. Dans le cadre de GloBE, le calcul du TEI applicable à une EMN dans une juridiction où elle a subi une perte n'est pas effectué (car l'EMN n'a pas enregistré de revenus dans cette juridiction). La répartition de l'impôt supplémentaire sur les entités constitutives situées dans des juridictions où cette perte a été enregistrée est justifiée car ces dernières peuvent être déficitaires en raison de transactions ayant pour effet d'éroder leur base d'imposition. Aux fins de l'application de la RPII, les entités constitutives situées dans une juridiction où l'EMN subit des pertes ne sont pas considérées comme « faiblement imposées » et peuvent donc appliquer cette règle à condition qu'un mécanisme applicable dans cette juridiction permette d'imposer, si nécessaire, une majoration de l'impôt pour les entreprises déficitaires en application de ladite règle sur son territoire[14]. Ce mécanisme peut être superflu dans la pratique si les contribuables sur lesquels est réparti l'impôt supplémentaire sont en situation de bénéfice, alors que d'autres entités constitutives de la juridiction en question ont enregistré une perte.

490. La restriction relative à la répartition de l'impôt supplémentaire sur les entités constitutives dans les juridictions à faible fiscalité simplifie l'application de la règle. En particulier, elle empêche la répartition croisée de cet impôt entre deux juridictions à faible fiscalité et évite que cet impôt soit détourné de juridictions à forte fiscalité (où le risque de transfert de bénéfices est plus important) vers des juridictions à faible fiscalité, ce qui serait contraire à la vocation première de la règle. Allouer l'impôt supplémentaire à des juridictions à faible taux d'imposition aurait également pour effet de nuire à l'efficacité de la fonction de renfort de la règle RIR décrite précédemment si cet impôt était affecté à une entité constitutive qui n'est pas en mesure d'effectuer un ajustement équivalent prévu par son mécanisme national de traitement des paiements insuffisamment imposés.

491. Les juridictions ayant mis en place la RPII peuvent, pour un groupe d'EMN et un exercice donnés, appliquer un TEI inférieur au taux minimum convenu en vertu de certaines incitations fiscales ou d'autres caractéristiques spécifiques du système fiscal, de sorte que les activités exercées par une EMN sur leur territoire seront soumises à ce taux d'imposition plus favorable pour cette période. Toutefois, si elles veulent s'assurer de pouvoir appliquer ladite règle chaque année, elles peuvent faire en sorte que leur TEI pour chaque EMN opérant sur leur territoire soit au moins égal au taux minimum convenu en adoptant un impôt minimum national annuel sur le revenu prenant comme références la base d'imposition et le taux d'imposition des règles GloBE. L'introduction de cet impôt minimum sur le revenu rendrait inapplicable l'exclusion au niveau de leur juridiction.

7.4.4. Identification des paiements intragroupe

Aperçu

492. Les montants des paiements et des dépenses nettes intragroupe pris en compte pour l'application de la RPII sont identifiés au niveau de chaque contribuable. Cette section présente en détail l'identification des montants des paiements intragroupe pris en considération pour les besoins des clés de répartition de ladite règle.

Définition des paiements déductibles

493. Une application cohérente et coordonnée de la RPII nécessite une définition commune des paiements à prendre en compte pour l'utilisation des clés de répartition. S'appuyant sur la définition des paiements déductibles utilisée dans le Rapport sur l'Action 2 du Projet BEPS (OCDE, 2017[1]), la définition des paiements dans le cadre de ladite règle couvre toute charge payée ou à payer (en ce compris toute obligation future ou conditionnelle d'effectuer un paiement) pendant la période concernée. Les paiements sont pris en compte sur la base de la comptabilité d'exercice[15]. Leur définition inclut toutes les dépenses et recettes courantes, y compris les loyers, les redevances, les intérêts et les frais payés pour les services, et comprendrait également les montants inclus dans les coûts des stocks.

494. La définition des paiements n'inclut toutefois que ceux qui sont généralement déductibles en vertu du droit fiscal de la juridiction du payeur. Les paiements qui ne satisfont pas les critères généraux de déductibilité dans la juridiction où se trouve le payeur ne sont pas pris en compte. À cette fin, les limitations spécifiques en matière de déductibilité ou d'application des dispositions anti-abus ne sont pas prises en compte. Si un paiement répond aux critères généraux de déductibilité dans la juridiction du payeur, alors son montant total est utilisé pour la clé de répartition. Cette approche pourrait aboutir à l'affectation à un contribuable d'un impôt supplémentaire correspondant au montant total d'un paiement qui est autrement soumis à des restrictions en matière de déduction en vertu d'autres règles applicables dans la juridiction concernée, telles que la limitation de la déductibilité des intérêts ou les règles anti-évasion[16]. L'ajustement de la répartition pour tenir compte des restrictions spécifiques en matière de déductibilité de certains paiements ne serait pas conforme aux principes conceptuels généraux de la RPII. Bien que les clés de répartition soient basées sur les paiements intragroupe, elles sont destinées à offrir des indicateurs facilement comparables du transfert des bénéfices plutôt qu'une mesure précise de l'impôt effectivement économisé par chaque contribuable en ce qui concerne ces paiements. Par exemple, elles ne sont pas ajustées pour tenir compte d'autres facteurs qui ont une incidence directe sur le transfert des bénéfices, comme le taux d'imposition effectivement appliqué en ce qui concerne la déduction de paiements. En outre, évaluer dans quelle mesure chaque paiement a érodé le revenu imposable du contribuable entraînerait des coûts de mise en conformité et d'administration importants, ainsi qu'un risque accru de litiges entre juridictions.

Identification des paiements intragroupe et des dépenses nettes intragroupe

495. On entend par paiements intragroupe les paiements déductibles effectués par une entité constitutive à une autre entité constitutive du même groupe d'EMN[17]. Les dépenses nettes intragroupe d'une entité constitutive correspondent à la différence positive (le cas échéant) entre : (i) la somme de tous les paiements intragroupe déductibles effectués par cette entité constitutive à d'autres entités constitutives de son groupe d'EMN et (ii) le montant brut du revenu qu'elle tire des paiements intragroupe déductibles effectués par d'autres entités constitutives de son groupe d'EMN.

496. Tant les paiements intragroupe utilisés pour la première clé de répartition que les dépenses nettes intragroupe d'une entité constitutive utilisées pour la seconde sont identifiés sur la base des informations disponibles dans les livres et registres financiers de cette entité (ajustées pour tenir compte des postes qui ne sont généralement pas déductibles en vertu de la législation de la juridiction du payeur)[18]. Aux fins de la première clé de répartition, les paiements intragroupe sont identifiés sur la base des livres et registres financiers des entités constitutives situées dans les juridictions où le TEI de l'EMN est inférieur au taux d'imposition minimum[19]. Dans la pratique, ils correspondent aux revenus entre parties liées que ces entités reçoivent des contribuables. Aux fins de la deuxième clé de répartition, les dépenses nettes intragroupe de chacun des contribuables sont déterminées sur la base des revenus et des dépenses identifiés dans leurs livres et registres financiers respectifs[20]. Le flux des paiements intragroupe changera d'une période à l'autre, de sorte qu'il se peut que l'impôt supplémentaire soit affecté à des juridictions différentes selon l'exercice, en fonction de la combinaison de dépenses nettes enregistrées entre parties liées au cours de l'année visée. Afin d'avoir la certitude que les groupes d'EMN appliquent la règle de manière cohérente et d'éviter la nécessité d'ajustements ultérieurs, les revenus et les dépenses identifiés dans les livres et registres financiers de chaque contribuable pour la période concernée seront considérés comme définitifs aux fins du calcul de l'impôt supplémentaire à affecter à l'aide des clés de répartition.

Application de la RPII aux paiements réputés effectués à destination ou en provenance d'établissements stables

497. Comme expliqué à la section 2.2.2, les établissements stables sont traités comme des entités constitutives distinctes aux fins des règles GloBE. Les paiements réputés effectués ou notionnels d'un établissement stable à destination de son siège social ou inversement ainsi que les paiements réputés effectués entre établissements stables du même siège social qui sont comptabilisés au titre de l'impôt devraient être inclus dans la définition des paiements, à condition de répondre aux critères généraux de déductibilité dans la juridiction du payeur[21]. Ce principe s'applique aux paiements pris en compte soit dans la première clé de répartition, soit dans la seconde.

7.5. Montant maximum de l'impôt supplémentaire à répartir (plafonds)

498. Comme indiqué plus haut, la RPII sert de renfort à la RIR. Dès lors, le total des ajustements qu'elle prévoit ne peut dépasser, pour chaque juridiction, le montant de l'impôt supplémentaire nécessaire pour porter le TEI de l'EMN au taux minimum applicable dans chaque juridiction où celle-ci exerce ses activités. En plus du plafond fixé pour les ajustements pouvant être effectués en vertu de cette règle, il en existe deux autres :

a. Le premier plafond, qui s'applique au montant de l'impôt supplémentaire pouvant être affecté à une juridiction soumise à la RPII, est basé sur le taux d'imposition pour les impôts couverts prélevés dans cette juridiction.

b. Le deuxième, qui limite le montant total de l'impôt supplémentaire pouvant être attribué au titre des revenus faiblement imposés de la juridiction de l'entité mère ultime, est basé sur le montant brut des paiements intragroupe déductibles.

499. Ces deux plafonds sont décrits plus en détail ci-dessous.

7.5.1. Plafonnement fixé pour la répartition de l'impôt supplémentaire applicable à la juridiction soumise à la RPII

500. Le premier plafond est appliqué par la juridiction qui procède à l'ajustement en vertu de cette règle. Le montant total de l'impôt supplémentaire qui peut être réparti au titre des paiements directs effectués à une entité constitutive faiblement imposée ne peut dépasser le taux d'imposition pour les impôts couverts prélevés dans la juridiction du contribuable[22] multiplié par le montant des paiements directs déductibles qui sont pris en compte pour appliquer la règle (numérateur de la première clé de répartition).

501. La deuxième clé de répartition distribue le solde de l'impôt supplémentaire entre les contribuables proportionnellement aux montants respectifs de leurs dépenses nettes entre parties liées. Le montant total de l'impôt supplémentaire qui est réparti à l'aide de cette clé est également plafonné. En effet, il ne peut dépasser un montant correspondant au taux d'imposition pour les impôts couverts prélevés dans la juridiction du contribuable[23] multiplié par le montant brut des paiements intragroupe déductibles pris en compte pour appliquer la règle (sans déduction des revenus intragroupe). Ces paiements correspondent à tous les paiements intragroupe effectués par l'ensemble de ces contribuables, à l'exception de ceux qui ont déjà été pris en considération pour le calcul du plafond de la première clé de répartition.

7.5.2. Plafonnement fixé pour la répartition de l'impôt supplémentaire applicable à la juridiction de l'entité mère ultime

502. Les entités constitutives faiblement imposées situées dans les juridictions de la filiale peuvent être assujetties soit à la RIR (en priorité), soit à la RPII (en tant que mécanisme secondaire). En revanche, les revenus faiblement imposés des entités constitutives résidant dans la juridiction de l'entité mère ultime ne peuvent être soumis à aucune RIR, mais uniquement à la RPII. En tant qu'entité se trouvant au sommet de la chaîne de propriété, l'entité mère ultime ne peut adopter une structure lui permettant d'échapper au champ d'application de la RPII pour entrer dans celui de la RIR, et ainsi bénéficier de ses coûts de mise en conformité réduits ou de ses avantages en matière d'ajustements temporels, tels que le crédit d'impôt. Par conséquent, l'EMN dont le siège social est situé dans une juridiction à faible fiscalité peut se retrouver avec une charge fiscale proportionnellement plus élevée que celle d'une filiale d'un groupe d'EMN opérant dans la même juridiction. Comme expliqué précédemment, un impôt minimum national sur le revenu pourrait cependant être introduit dans la juridiction de l'entité mère ultime pour les contribuables concernés. Un tel impôt viserait à garantir que le TEI de l'EMN dans la juridiction de l'entité mère ultime est au moins égal au taux minimum convenu et empêcherait que les bénéfices réalisés dans cette juridiction ne soient assujettis à la RPII d'autres juridictions.

503. L'application de la RPII peut avoir un impact disproportionné sur certains groupes d'EMN dont les activités à l'étranger, en dehors de la juridiction de l'entité mère ultime s'entend, sont négligeables. Elle peut en effet porter sévèrement préjudice aux activités extraterritoriales limitées de l'entité mère ultime qui bénéficie d'un faible niveau d'imposition dans la juridiction de l'entité mère, ce qui rendrait non rentable l'expansion à l'étranger du groupe. Par ailleurs, elle pourrait être déclenchée même dans les cas où les bénéfices faiblement imposés réalisés sur le territoire de l'entité mère ne comportent aucun risque lié au BEPS. Par conséquent, le plafond dont il est question dans cette section a pour but d'atténuer l'impact de la RPII sur la juridiction de l'entité mère ultime en limitant son application, dans ces situations, aux revenus étrangers intragroupe des entités constitutives situées dans la juridiction de l'entité mère ultime. Ce plafond s'applique lorsque les revenus faiblement imposés dans la juridiction de l'entité mère ultime dépassent le montant total des paiements intragroupe reçus par toutes les entités constitutives situées dans cette juridiction.

504. Il limite le montant total de l'impôt supplémentaire à répartir en ce qui concerne la juridiction de l'entité mère ultime, calculé en fonction des revenus intragroupe réalisés à l'étranger par toutes les entités constitutives situées dans cette juridiction. Le calcul de l'impôt supplémentaire à répartir en fonction des revenus faiblement imposés dans la juridiction de l'entité mère ultime repose donc sur le montant le plus faible entre :

- les revenus des entités constitutives situées dans la juridiction de l'EMU, calculés conformément aux règles GloBE décrites aux chapitres 3 et 4; et
- le montant total des recettes intragroupe issues de l'étranger de toutes les entités constitutives situées dans cette juridiction.

Calcul du montant limité de l'impôt supplémentaire lorsque le plafond s'applique

505. Lorsque les revenus générés par les entités constitutives situées dans la juridiction de l'EMU calculés conformément aux règles GloBE décrites aux chapitres 3 et 4 dépassent le montant total des recettes intragroupe issues de l'étranger de toutes les entités constitutives situées dans cette même juridiction, l'impôt supplémentaire maximum applicable à la juridiction de l'entité mère ultime est calculé selon la formule suivante :

$$\textit{Pourcentage de l'impôt supplémentaire x Recettes intragroupe issues de l'étranger de toutes les entités constitutives faiblement imposées de la juridiction mère ultime}$$

506. Aux fins de cette formule :

- « Pourcentage de l'impôt supplémentaire » correspond à la différence entre le TEI minimal et le TEI tel que calculé pour cette juridiction au cours de la période concernée en vertu des règles GloBE après ajustement des éventuels excédents d'impôts dans cette juridiction (comme pour le cas général décrit ci-avant).
- « Recettes intragroupe issues de l'étranger de toutes les entités constitutives faiblement imposées de la juridiction mère ultime » correspond à la somme des revenus intragroupe reçus de toute entité constitutive étrangère (y compris les contribuables et autres entités constitutives) par toutes les entités constitutives faiblement imposées situées dans la juridiction de l'EMU (voir les détails ci-dessous).

507. Pour déterminer le montant des recettes intragroupe issues de l'étranger de toutes les entités constitutives faiblement imposées, l'ensemble de leurs sources étrangères intragroupe sont prises en compte, que le payeur soit un contribuable ou non. Les recettes intragroupe issues de l'étranger sont identifiées conformément aux règles sur l'identification des paiements intragroupe décrites à la section 7.4.4[24]. Ces recettes ne comprennent cependant pas les revenus nationaux (tant intragroupe que tiers) ni les revenus provenant de tiers étrangers. Afin d'éviter que les EMN ne structurent leurs transactions intragroupe de manière à maximiser l'effet de ce plafonnement, la règle pourrait prévoir un mécanisme anti-évasion considérant que les ventes directes à des clients réalisées à partir d'une juridiction à faible fiscalité par une EMN via des structures d'agent commercial lié, y compris au travers d'accords de commissionnaire (plutôt que via des structures d'achat-vente) comme émanant de sociétés d'achat-vente. Ce mécanisme permettrait en effet d'identifier les paiements au profit des entités constitutives faiblement imposées et de diminuer l'impact du plafond. D'autres travaux techniques seront nécessaires pour étudier la nécessité d'une règle ciblée garantissant des résultats appropriés sans imposer une charge administrative trop lourde ou des coûts de mise en conformité excessifs. L'exemple 7.5.2A illustre le fonctionnement de cette limitation.

508. Lorsqu'un tel plafond s'applique, le montant maximal de l'impôt supplémentaire est calculé par entité, ainsi que décrit ci-dessus pour le cas général. Dans ce cas, le revenu ajusté en vertu de GloBE

pour chaque entité constitutive faiblement imposée soumise à la RPII fait l'objet d'un nouvel ajustement, à l'aide de la formule suivante :

$$\frac{Revenu\ ajusté\ e\ GloBE\ pour\ l'entité\ constitutive\ A\ faiblement\ imposée}{Revenu\ ajusté\ GloBE\ pour\ toutes\ les\ entités\ constitutives\ faiblement\ imposées}\ x$$

$$x\ Recettes\ intragroupe\ issues\ de\ l'étranger\ de\ toutes\ les\ entités\ constitutives\ faiblement\ imposées$$

509. Aux fins de cette formule :

- « Revenu ajusté GloBE pour l'entité constitutive A faiblement imposée » correspond aux recettes de l'entité constitutive A faiblement imposée après ajustements conformément aux règles GloBE.
- « Revenu ajusté GloBE pour toutes les entités constitutives faiblement imposées » correspond à la somme des recettes de toutes les entités constitutives faiblement imposées de la juridiction de l'entité mère ultime après ajustements conformément aux règles GloBE, quelle que soit la provenance de ces recettes.
- « Recettes intragroupe issues de l'étranger de toutes les entités constitutives faiblement imposées » correspond à la somme des recettes intragroupe reçues de toute entité constitutive étrangère (y compris les contribuables et d'autres entités constitutives) par toutes les entités constitutives faiblement imposées situées dans la juridiction de l'entité mère ultime (voir plus de détails ci-avant).

510. Le montant de l'impôt supplémentaire pouvant être réparti au titre de la RPII pour une entité constitutive faiblement imposée serait alors égal à :

$$Revenu\ ajusté\ GloBE\ pour\ l'entité\ constitutive\ A\ faiblement$$
$$imposée\ après\ plafonnement\ x\ Pourcentage\ de\ l'impôt\ supplémentaire$$

511. Aux fins de cette formule :

- « Revenu ajusté GloBE pour l'entité constitutive A faiblement imposée après plafonnement » correspond aux recettes de l'entité constitutive A faiblement imposée après nouvel ajustement via le mécanisme décrit précédemment.
- « Pourcentage de l'impôt supplémentaire » correspond à la différence entre le TEI minimal et le TEI tel que calculé pour cette juridiction au cours de la période concernée en vertu des règles GloBE après ajustement des éventuels excédents d'impôts dans cette juridiction (comme pour le cas général décrit précédemment).

Impact du plafonnement sur la RPII

512. Comme mentionné précédemment, cette règle a pour but d'assurer un renfort à la RIR tout en offrant aux juridictions une protection contre les effets des transactions qui érodent la base d'imposition. Ce plafonnement du montant de l'impôt à répartir sur la juridiction de l'entité mère ultime permet de concilier au mieux ces deux fonctions.

513. Premièrement, la RPII peut continuer à assurer sa fonction de soutien à la RIR malgré le plafond car celui-ci ne s'applique qu'aux revenus faiblement imposés des entités constitutives situées dans la juridiction de l'entité mère ultime. De fait, elle reflète toujours les résultats de l'application de la RIR s'agissant des revenus faiblement imposés générés dans les juridictions de la filiale. Par conséquent, le plafond constitue un frein supplémentaire aux délocalisations du siège motivées par des considérations fiscales. Par ailleurs, le plafonnement des bénéfices faiblement imposés en application de la RPII ne donne pas de meilleurs résultats que ceux qui auraient été obtenus en application de la RIR.

514. Ensuite, ce plafonnement n'a pas d'incidence sur la RPII car il offre aux juridictions un moyen de se protéger contre l'effet des transactions qui érodent leur base d'imposition. Si le TEI d'une EMN située

dans la juridiction de l'entité mère ultime est inférieur au taux minimum convenu, trois scénarios peuvent se produire :

- Si les entités constitutives faiblement imposées dans cette juridiction n'ont pas reçu de recettes intragroupe d'entités constitutives étrangères, le plafonnement entraîne la non-application de la RPII. En effet, les recettes intragroupe seraient nulles et aucun impôt supplémentaire ne serait appliqué, même si le groupe d'EMN avait réalisé des bénéfices faiblement imposés dans la juridiction concernée.
- Si le montant de toutes les recettes intragroupe perçues de l'étranger par les entités constitutives faiblement imposées situées dans la juridiction de l'EMU était inférieur au montant de leurs bénéfices, ce plafond limiterait le montant de l'impôt supplémentaire réparti au titre de la RPII.
- Enfin, si le montant de ces recettes reçues par l'ensemble des entités constitutives faiblement imposées résidant dans la juridiction de l'EMU était supérieur à celui des revenus GloBE ajustés réalisés par ces entités, ce plafond ne s'appliquerait pas.

515. Dans les premier et deuxième scénarios (lorsqu'il n'y a pas de recettes intragroupe issues de l'étranger dans la juridiction de l'entité mère ou lorsque celles-ci ne dépassent pas le montant des revenus faiblement imposés des entités constitutives situées dans la juridiction de l'entité mère ultime), le plafond limite l'effet de la RPII au montant brut du chiffre d'affaires intragroupe provenant de l'étranger. Toutefois, dans le deuxième scénario, les transactions d'érosion de la base d'imposition susceptibles d'être utilisées au sein du groupe pour générer des bénéfices faiblement imposés dans la juridiction de l'entité mère ultime sont toujours soumises à un ajustement en vertu de la RPII. Dans le troisième scénario (où les recettes intragroupe issues de l'étranger dépassent le montant des revenus faiblement imposés des entités constitutives situées dans la juridiction de l'entité mère ultime), le plafond n'a aucun effet. Dans ce cas, le fait pour une EMN d'avoir son siège dans une juridiction à faible fiscalité et de ne pas avoir mis en place la RIR ne lui procure aucun avantage concurrentiel du point de vue des règles GloBE.

7.6. Contribuable soumis à la RPII : définition

516. Seules les entités constitutives du groupe qui sont soumises à une RPII dans la juridiction où elles sont situées ont (l'obligation et) le droit d'appliquer la règle (dénommées ici « contribuables »). Par conséquent, l'impôt supplémentaire est réparti entre les entités assujetties à cette règle dans leur juridiction de résidence. À l'inverse, aucun impôt supplémentaire n'est appliqué aux entités qui ne sont pas soumises à une telle règle dans la juridiction où elles sont situées[25].

517. La RPII serait nettement moins efficace si l'impôt supplémentaire était également appliqué aux entités qui ne lui sont pas assujetties car celui-ci ne serait pas perçu. C'est pourquoi les entités constitutives non soumises à une RPII dans la juridiction où elles sont situées ne se voient pas affecter d'impôt supplémentaire au titre de leurs paiements déductibles. En d'autres termes, les paiements qu'elles effectuent (tout comme leurs dépenses nettes intragroupe) ne sont pas pris en compte dans le calcul des clés de répartition.

518. Dans le cadre de la RPII, la notion de « contribuable » peut faire référence à une seule entité constitutive ou à plusieurs entités constitutives résidant dans la juridiction concernée. Il peut s'agir de plusieurs entités constitutives, par exemple, si elles appartiennent à un groupe fiscalement consolidé en vertu du droit fiscal de cette juridiction. Le regroupement de plusieurs entités constitutives en un seul contribuable a pour effet d'agréger les montants des paiements intragroupe qu'elles ont versés à d'autres entités constitutives ou reçus de celles-ci. Il a également pour conséquence la non-prise en compte des paiements intragroupe entre entités constitutives représentant un même contribuable. Le fait d'associer de la sorte des entités constitutives ne devrait pas avoir d'incidence sur le montant total de l'impôt supplémentaire à appliquer aux contribuables ni sur l'impôt supplémentaire que ces entités se verraient

attribuer à l'aide de la première clé de répartition. En revanche, cela pourrait influer sur le montant de l'impôt supplémentaire qui serait affecté à ces entités par la deuxième clé de répartition si, par exemple, leurs seuls paiements intragroupe étaient ceux effectués entre elles, qui ne seraient pas pris en compte. La possibilité de combiner ou non plusieurs entités constitutives d'une juridiction donnée pour qu'elles forment un seul contribuable dépend du droit interne de cette juridiction.

7.7. Ajustement à effectuer en vertu de la RPII

7.7.1. Mécanisme dans le droit interne

519. Les règles énoncées précédemment décrivent un mécanisme coordonné de répartition de l'impôt supplémentaire entre les contribuables soumis à la RPII d'un groupe d'EMN. Ce mécanisme indique aux juridictions soumises à cette règle les principes de base à observer pour le calcul du montant de l'ajustement qu'elle prévoit. En revanche, les règles GloBE ne précisent aucun mécanisme régissant cet ajustement. Il appartient donc aux juridictions qui choisissent d'adopter la RPII de la transposer dans leur droit interne. L'ajustement pourrait ainsi être mis en œuvre au travers d'une limitation ou d'un refus de déduction pour les paiements à des parties liées ou sous la forme d'un impôt supplémentaire. Le mécanisme d'ajustement choisi par une juridiction dépendra des spécificités de son régime fiscal et devrait être coordonné avec son droit interne ainsi qu'avec les obligations internationales qu'elle est tenue de respecter, y compris celles découlant des conventions fiscales. Ainsi, une juridiction qui prévoit une déduction pour fonds propres pourrait choisir de réduire cet abattement pour tenir compte de la répartition de l'impôt supplémentaire. Un autre exemple consiste à exiger du contribuable qu'il procède à l'ajustement par une écriture des revenus présumés supplémentaires en tant que reprise des dépenses entre parties liées encourues durant la période en cours ou les périodes précédentes.

520. Dans certains cas toutefois, la juridiction ayant adopté la RPII peut autoriser que l'ajustement soit effectué non pas par le contribuable auquel l'impôt supplémentaire est affecté, mais par un autre. Citons par exemple la consolidation de contribuables à des fins fiscales ou leur regroupement au sein d'un groupe fiscal local, qui permettront à leurs entités membres de partager le bénéfice des dépenses, des crédits ou des impôts payés. Pour ces juridictions, la méthode la plus simple consisterait en un ajustement au niveau du groupe local fiscalement consolidé plutôt que par entité[26]. Quoi qu'il en soit, dans tous les cas, l'ajustement devrait entraîner la mise en place par la juridiction d'un impôt supplémentaire calculé en fonction des paiements intragroupe (comme le prévoit la clé de répartition), et son application devrait prendre effet au cours de la période de répartition de cet impôt. S'il n'est pas possible d'opérer l'ajustement en entier au cours de cette période, il devrait être réalisé au cours de la période suivante ou le plut tôt possible (voir la section 7.4.4, « Délai imparti pour l'ajustement en vertu de la RPII »). La manière dont la RPII est transposée en droit interne doit faire en sorte qu'elle assure un soutien efficace à la RIR, en appliquant un impôt qui vient s'ajouter à l'impôt que le contribuable aurait sinon acquitté en vertu des règles nationales habituelles de calcul du revenu imposable.

7.7.2. Degré du refus ou de la limitation d'une déduction

521. Si l'ajustement prévu par la RPII prend la forme d'un refus (ou d'une limitation) de la déduction des paiements intragroupe, la mesure dans laquelle il (ou elle) s'applique dépend de l'impôt supplémentaire appliqué au contribuable. Le montant de la déduction qui doit être refusé est calculé en divisant le montant de l'impôt supplémentaire affecté au contribuable par le taux de l'IS applicable à cette entité. Par exemple, si le contribuable se voit attribuer un impôt supplémentaire de 10 et est soumis à un

taux d'IS de 25 %, le refus de la déduction d'un paiement de 40 (= 10 / 25 %) aboutit à la même majoration d'impôt (40 x 25 % = 10)[27].

522. L'impôt supplémentaire maximum affecté à une entité sera de facto plafonné si la RPII opère comme un refus de déduction. Le refus d'une déduction génère pour le payeur une majoration de l'impôt qui est égale au rapport entre le taux de l'IS et le montant total des dépenses considérées comme non déductibles en vertu de la règle. Toutefois, une juridiction peut introduire un mécanisme de report qui garantirait que la charge fiscale est reportée si l'impôt supplémentaire à charge du payeur n'a pas entraîné d'ajustement durant l'exercice en cours. Voir la section 7.4.4, « Délai imparti pour l'ajustement en vertu de la RPII ».

7.7.3. Informations requises

523. La plupart des informations nécessaires à l'application de la RPII concernent les entités étrangères et les transactions étrangères du point de vue de la juridiction qui applique la règle. Il est par ailleurs possible qu'elles ne soient pas directement disponibles dans la déclaration d'impôt du contribuable ou auprès de l'administration fiscale. Il est donc nécessaire de s'assurer que les contribuables et que les EMN fourniront les informations requises pour le calcul et la répartition de l'impôt supplémentaire. La section 7.8 décrit en détail les mécanismes standardisés pouvant être envisagés pour obtenir ces informations du contribuable[28].

7.7.4. Délai imparti pour l'ajustement en vertu de la RPII

524. L'impôt supplémentaire prévu par cette règle est calculé en fonction des paiements intragroupe effectués au cours de la période concernée. La première clé de répartition affecte cet impôt d'après le total des paiements intragroupe reçus par les entités constitutives faiblement imposées au cours de la période visée par la répartition. La deuxième clé répartit l'impôt supplémentaire en fonction des dépenses nettes intragroupe encourues au cours de l'exercice comptable du contribuable, lequel prend fin durant la période visée par la répartition.

525. Si l'EMN utilise des dates de clôture d'exercice différentes pour ses entités constitutives, l'ajustement prévu par la RPII pourrait intervenir au cours du même exercice pour autant que le TEI s'appliquant à l'EMN soit inférieur au taux minimum convenu dans la juridiction à faible fiscalité concernée. Comme mentionné à la section 7.7.1, il est admis que, s'il est impossible de prélever l'impôt supplémentaire affecté à un contribuable au cours de l'année où a lieu l'ajustement (étant donné que, par exemple, le montant de ses dépenses entre parties liées déductibles n'est pas suffisant pour opérer l'ajustement), ce dernier pourrait être reporté à une année ultérieure à condition que l'application de la règle puisse se traduire par une majoration de sa charge fiscale dans un délai raisonnable (de deux à trois ans). Dans pareil cas, le contribuable ne devrait pas se voir infliger de sanctions du fait qu'il n'a pas eu à payer l'impôt supplémentaire au cours des années précédentes.

7.8. Mise en conformité et administration de la RPII

7.8.1. Aperçu

526. Vu que la RPII fera office de renfort à la RIR, elle ne s'appliquera pas aux bénéfices faiblement imposés d'une entité constitutive détenue directement ou indirectement par une autre entité constitutive qui applique la RIR à de tels bénéfices[29]. Afin de simplifier à la fois la mise en conformité à cette règle et son administration dans les cas où elle ne devrait pas s'appliquer, le contribuable se verrait offrir la possibilité de certifier que la structure de l'EMN à laquelle il appartient ne dégage aucun bénéfice

faiblement imposé susceptible d'y être soumis et/ou que c'est la RIR qui prévaut[30]. Cette section décrit le contenu des attestations que le contribuable est censé fournir à l'administration fiscale à cette fin.

527. Par ailleurs, dès lors qu'une EMN applique la RPII, elle devra probablement assurer sa coordination avec celles des autres juridictions où elle exerce ses activités. Pareille coordination est nécessaire pour éviter que le total de l'impôt supplémentaire n'excède le montant requis pour porter l'impôt global au titre des ajustements prévus par la règle à hauteur du taux minimum convenu. Comme expliqué précédemment, l'impôt supplémentaire calculé puis attribué à un contribuable donné dépend du montant des bénéfices réalisés dans les juridictions concernées, de l'impôt payé sur ces bénéfices et du volume total des paiements intragroupe potentiellement sujets à ajustement en vertu de ladite règle. Tant du point de vue de la mise en conformité que de l'administration, le recours à une approche coordonnée procurera des avantages. La plupart des informations requises pour déterminer ces montants et mettre en œuvre cette règle seront les mêmes pour chaque juridiction qui l'applique. En outre, l'application cohérente de la règle dans chaque juridiction est essentielle pour éviter que les EMN ne soient soumises à une charge fiscale globale supérieure au taux minimum convenu. Pour simplifier le respect et l'administration de la RPII, il convient que le contribuable fournisse ces informations dans un format normalisé à l'administration fiscale des juridictions où celle-ci s'applique. Cette section décrit en détail le contenu des formulaires standard d'auto-évaluation que le contribuable devrait déposer conformément à cette règle.

7.8.2. Attestations requises en cas de non-application de la RPII

528. Plusieurs cas de figure justifient que la RPII ne soit pas appliquée, soit parce les conditions requises pour qu'elle le soit ne sont pas remplies, soit parce qu'une RIR l'est déjà. Le fait que son application puisse être exclue dépendra de divers facteurs : la structure du groupe d'EMN, les juridictions où il opère et son profil fiscal (l'absence de bénéfices faiblement imposés, par exemple). Ainsi, la RPII ne s'appliquera dans aucune juridiction où l'EMN exerce ses activités si :

- l'entité mère ultime du groupe d'EMN réside dans une juridiction où s'applique une RIR et le TEI de l'EMN dans la juridiction de l'entité mère est égal ou supérieur au taux minimum convenu ;
- le TEI de l'EMN est égal ou supérieur au taux minimum convenu dans chaque juridiction où sont situées ses entités constitutives ; ou
- la nature des paiements intragroupe du contribuable soumis à la RPII empêche qu'un impôt supplémentaire soit affecté à celui-ci.

529. Le contenu de l'attestation à fournir pour éviter l'application de la RPII dans chaque juridiction est décrit plus en détail ci-dessous, pour chacun de ces cas de figure. La plupart des informations nécessaires à l'application de la règle concernent les entités étrangères et les transactions étrangères du point de vue de la juridiction qui applique celle-ci. Il est par ailleurs possible qu'elles ne soient pas directement accessibles aux entités constitutives, bien qu'elles puissent être réunies au niveau de l'entité mère ultime. Par conséquent, les attestations requises pourraient être fournies par l'entité constitutive elle-même ou par l'entité mère ultime de l'EMN[31].

530. Les attestations fournies contiendront le même type d'informations pour toutes les règles relatives aux paiements insuffisamment imposés auxquelles les contribuables du groupe d'EMN sont assujettis. Par conséquent, le respect de la règle et son administration peuvent être simplifiés en exigeant de ces contribuables qu'ils utilisent un même format pour les attestations. Le format des attestations ainsi que leur contenu seront élaborés dans le cadre des travaux de mise en œuvre. Dans tous les cas, cependant, les autorités fiscales des juridictions soumises à la RPII devraient être en mesure d'évaluer les données et les calculs qui sous-tendent ces attestations.

Attestation relative à l'exemption d'ajustement en raison de l'application de la RIR

531. Si les entités constitutives faiblement imposées (ou, a fortiori, tous les membres) du groupe sont contrôlées par une entité constitutive située dans une autre juridiction où une RIR s'applique, c'est ce régime qui garantit que le groupe d'EMN est redevable d'un impôt supplémentaire sur les bénéfices réalisés dans les juridictions faiblement imposées où il opère (sauf dans la juridiction de l'entité mère). Pour que cette exception à la RPII soit admise, la ou les règles d'inclusion du revenu applicables doivent être conformes aux principes décrits dans le présent rapport, qui sont examinés plus en détail au chapitre 10. Dans un souci de simplification, il est envisagé que les travaux de mise en œuvre incluent notamment la compilation et la publication d'une liste des règles d'inclusion du revenu conçues conformément à ces principes.

532. Comme indiqué dans la section 7.2.3, toute RIR applicable ne couvrirait pas les bénéfices réalisés dans la juridiction de l'entité mère. Par conséquent, pour être exempté de l'application de la RPII, le contribuable doit également attester que le TEI de la juridiction de l'entité mère est égal ou supérieur au taux minimum convenu. Pour ce faire, il serait éventuellement possible de se fonder sur les mesures de simplification examinées au chapitre 5, qui seront développées dans le cadre des travaux de mise en œuvre.

Attestation relative à l'exemption d'ajustement en raison d'un TEI égal ou supérieur au taux minimum convenu

533. Si le TEI de l'EMN est égal ou supérieur au taux minimum convenu dans chaque juridiction où ses entités constitutives sont situées, ni la RIR ni la RPII ne s'applique. Par conséquent, si le contribuable atteste que c'est le cas, la RPII ne devrait pas s'appliquer, même en l'absence d'une RIR applicable au sein du groupe[32]. À cette fin, l'attestation devra également intégrer les mesures de simplification examinées au chapitre 5, lesquelles seront développées dans le cadre des travaux de mise en œuvre.

Attestation relative à des paiements intragroupe ne donnant pas lieu à l'affectation d'un impôt supplémentaire

534. La nature des paiements intragroupe d'un contribuable ne lui occasionne pas l'impôt supplémentaire dans les cas suivants : (i) il n'a effectué aucun paiement intragroupe au profit d'entités situées dans des juridictions où le TEI de l'EMN est inférieur au taux minimum convenu, et (ii) il a enregistré des revenus nets entre parties liées (et non des dépenses nettes entre parties liées) aux fins de l'application de la règle. Dans pareils cas, l'impôt supplémentaire qui peut être dû au titre des bénéfices faiblement imposés du groupe d'EMN serait affecté à d'autres contribuables. Il se peut que les attestations relatives à ces paiements intragroupe doivent être gérées au niveau de chaque entité constitutive, dans la juridiction de résidence de l'entité concernée. Elles n'éviteraient pas l'application de la RPII dans les autres juridictions où l'EMN exerce ses activités. Toutefois, les informations à fournir dans le cadre de ces attestations doivent aussi l'être dans les autres juridictions car elles influent sur le fonctionnement des clés de répartition.

7.8.3. Formulaire standard d'auto-évaluation à compléter pour l'application de la RPII

535. Le contribuable sera responsable de fournir aux administrations fiscales compétentes les informations nécessaires à l'application de la RPII. Comme la plupart de ces informations sont les mêmes dans chaque juridiction, un formulaire standard d'auto-évaluation à compléter et à utiliser par l'EMN pour se conformer à la règle pourrait être élaboré dans le cadre des travaux de mise en œuvre. Le contribuable lui-même ou l'entité mère de l'EMN pourrait soumettre ce formulaire standard, sous le même format[33]. L'emploi d'un ensemble standardisé d'informations procurerait divers avantages aux EMN et aux administrations fiscales :

- Réduction de la charge administrative des groupes d'EMN, en leur permettant de présenter les mêmes documents à chaque juridiction dans laquelle ils exercent une activité
- Application plus cohérente de la règle
- Simplification de l'examen par les administrations fiscales qui acquerraient une expérience de l'utilisation de formulaires normalisés
- Simplification de la collaboration multilatérale entre les administrations fiscales
- Possibilité d'élaborer des orientations afin d'aider les administrations fiscales et les EMN à compléter et utiliser les formulaires normalisés

536. L'élaboration du format à utiliser pour les formulaires standard d'auto-évaluation et du contenu à y inclure sera étudiée dans le cadre des travaux de mise en œuvre. Ces formulaires pourraient contenir, pour chaque période, les informations suivantes :

- Une liste de toutes les juridictions dans lesquelles l'EMN possède des entités constitutives et le TEI de l'EMN dans chacune de ces juridictions, ainsi que les soldes des comptes de report de pertes, des impôts locaux et des crédits d'impôt au titre de la RIR
- Le montant total de l'impôt supplémentaire de la période concernée pour les juridictions où le TEI de l'EMN est inférieur au taux minimum convenu, qui serait calculé sur la base du revenu net et des impôts payés dans chaque juridiction où l'EMN opère
- Le montant total des paiements intragroupe effectués par chaque contribuable au profit de chaque entité constitutive faiblement imposée
- Le montant total de l'impôt supplémentaire affecté à l'aide de la première clé de répartition au cours de l'exercice visé[34]
- S'il reste un solde d'impôt supplémentaire après cette première répartition, les dépenses nettes intragroupe de chaque contribuable

7.8.4. Dépôt local des informations pertinentes

537. Exiger de chaque contribuable qu'il fournisse les attestations ou le formulaire standard d'auto-évaluation décrits précédemment nécessite qu'il soit en mesure de recueillir les informations requises soit auprès de son entité mère ultime, soit auprès d'autres entités de son groupe. Cependant, il se peut que le contribuable ne soit pas le mieux placé pour collecter ces informations. Il est possible que l'entité mère ultime soit plus à même de recueillir celles-ci auprès de toutes les entités du groupe et ait déjà pu en réunir certaines à des fins de consolidation. Aussi, bien que le contribuable soit tenu de soumettre le formulaire standard d'auto-évaluation ou les attestations, l'entité mère ultime pourrait en pratique préparer ces documents et les déposer auprès de chaque administration fiscale des juridictions où elle possède une entité constitutive, au nom de cette dernière. Cette approche est comparable à celle actuellement suivie pour le fichier principal d'une EMN qui (pour autant que les exigences correspondent aux recommandations au titre de l'Action 13 du BEPS) peut être élaboré de manière centralisée, mais sera déposé séparément dans chaque juridiction, lorsqu'il y a lieu. Dans un souci de simplification administrative, le contribuable resterait, en tout état de cause, conjointement responsable du dépôt auprès de l'administration fiscale locale des informations nécessaires pour l'application de la règle, y compris en ce qui concerne la détermination de l'impôt supplémentaire qui lui sera affecté.

Références

OCDE (2017), *Neutraliser les effets des dispositifs hybrides, Action 2 - Rapport final 2015*, Projet OCDE/G20 sur l'érosion de la base d'imposition et le transfert de bénéfices, Éditions OCDE, Paris, https://dx.doi.org/10.1787/9789264255104-fr. [1]

Notes

1 La définition de « société mère » est donnée à la section 6.2 et peut inclure une société mère intermédiaire partiellement détenue.

2 Voir également la section 7.2, « La RIR prévaut sur la RPII ».

3 Voir la section 6.3, « Approche descendante ».

4 L'exemple 6.3.1A de l'Annexe illustre ce type de structure.

5 Voir la section 4.4 consacrée au calcul du TEI et de l'impôt supplémentaire.

6 Dans la plupart des cas, le taux d'imposition dans la juridiction de l'EMU sera supérieur au taux minimum. Une autre solution serait que la juridiction de l'EMU adopte un impôt minimum national de substitution qui utilise les mêmes mécanismes de calcul de la base d'imposition que les règles GloBE. Des travaux techniques supplémentaires seront toutefois nécessaires pour préciser les interactions entre les règles GloBE (en ce qui concerne l'application du montant de l'exclusion, par exemple).

7 Comme décrit dans la section 4.3, les exceptions sont conçues pour servir d'ajustement mécanique du calcul du TEI d'une juridiction donnée et non pour engendrer d'autres effets sur l'application des mécanismes de répartition en vertu de la règle d'inclusion du revenu ou de la règle relative aux paiements insuffisamment imposés. Le fait, par exemple, qu'un paiement intragroupe puisse être considéré, en tout ou en partie, comme un rendement sur des actifs corporels ou la masse salariale, ne signifie pas que ce paiement (ou une partie de celui-ci) doive être exclu des paiements intragroupe pris en compte dans le cadre des clés de répartition de la règle relative aux paiements insuffisamment imposés, décrites à la section 7.4.

8 Voir la section 7.5 pour en savoir plus sur les plafonds propres à la RPII.

9 Dans cette section, l'expression « paiements intragroupe qui érodent la base d'imposition » est utilisée de manière générique et ne sous-entend aucun motif à ces paiements ni aucun critère de l'objet nécessaire pour identifier les paiements auxquels devrait s'appliquer la règle relative aux paiements insuffisamment imposés. Voir la section 7.4.4, « Identification des paiements intragroupe ».

10 Voir la section 7.6, « Contribuable soumis à la RPII : définition ».

11 Voir la section 7.5, « Montant maximum de l'impôt supplémentaire à répartir ».

12 Cependant, comme indiqué plus loin, les paiements intragroupe effectués par une entité constitutive à une autre entité constitutive située dans la même juridiction ne seront pas pris en compte si toutes deux constituent un seul et même contribuable soumis à la RPII en vertu de la législation fiscale nationale de cette juridiction assujettie à cette règle. Voir la section 7.6, « Contribuable soumis à la RPII : définition ».

13 Le chapitre 5 analyse, entre autres des solutions de simplification possibles, l'étude des actifs/passifs d'impôts différés pour le calcul du TEI. Si ces solutions sont plus développées, les contribuables soumis à la RPII seraient également couverts par un tel mécanisme. Par exemple, si une juridiction était considérée comme ayant une forte fiscalité en vertu de ces mesures de simplification, les contribuables qui y résident se verraient prélever un impôt supplémentaire.

14 Comme mentionné dans la section 7.7, pour un contribuable en situation déficitaire, la perception de l'impôt supplémentaire pourrait être reportée à une période ultérieure.

15 Voir le paragraphe 242 et les paragraphes 423 et 424 du Rapport sur l'Action 2 du Projet BEPS (OCDE, 2017[1]).

16 Leurs interactions avec les règles nationales existantes devraient être traitées dans le cadre du droit national, comme précisé à la section 7.7.

17 Les paiements intragroupe effectués par une entité constitutive à une autre entité constitutive située dans la même juridiction sont ignorés si toutes deux (et éventuellement d'autres entités constitutives de cette même juridiction) constituent un seul et même contribuable soumis à la règle relative aux paiements insuffisamment imposés en vertu de la législation fiscale nationale de cette juridiction assujettie à cette règle. Voir la section 7.6, « Contribuable soumis à la RPII : définition ».

18 La section 7.7.4 décrit les mécanismes utilisés afin de déterminer le délai imparti pour procéder à l'ajustement sur la base de ces paiements.

19 Un rapprochement peut être nécessaire s'il existe des différences entre les comptes d'entités et les comptes consolidés ou entre les paiements enregistrés dans les comptes d'entités de différentes juridictions. Ce processus de rapprochement pourrait être effectué dans le cadre de l'auto-évaluation décrite à la section 7.8 et impliquer l'entité mère ultime comme expliqué dans la section intitulée « Dépôt local des informations pertinentes ».

20 Les entités constitutives ne sont pas toujours détenues avec le même niveau de contrôle par les mêmes entités. Ces éventuelles différences n'ont toutefois que peu d'intérêt pour l'identification du montant des paiements intragroupe à utiliser dans les clés de répartition de la règle relative aux paiements insuffisamment imposés. Dans l'hypothèse où le contribuable serait entièrement détenu par l'entité mère ultime qui contrôle 80 % d'une entité constitutive faiblement imposée, les montants des paiements intragroupe utilisés pour la clé de répartition ne seront pas ajustés pour refléter la différence de propriété de ces entités.

21 Si les paiements réputés effectués ne sont pas utilisés pour la répartition des bénéfices entre le siège social et son établissement stable, et si aucun paiement n'est comptabilisé au titre de l'impôt, alors aucun de ceux intervenant entre le siège social et son établissement stable n'est enregistré pour les besoins de la règle relative aux paiements insuffisamment imposés.

22 Ce taux d'imposition applicable dans la juridiction soumise à la RPII est le taux combiné des impôts visés de la juridiction concernée, qui comprend l'impôt sur les sociétés ainsi que d'autres impôts tels que les impôts infranationaux à condition qu'ils soient couverts (voir la section 3.2).

23 Ce taux d'imposition applicable dans la juridiction du contribuable soumis à la RPII est le taux combiné des impôts visés de la juridiction concernée, qui comprend l'impôt sur les sociétés ainsi que d'autres impôts tels que les impôts infranationaux à condition qu'ils soient couverts (voir la section 3.2).

24 Conformément à ces règles, les recettes intragroupe issues de l'étranger n'incluent pas, par exemple, les paiements effectués par les entités constitutives qui ne sont généralement pas déductibles en vertu du droit fiscal de la juridiction du payeur.

25 Les règles utilisées pour déterminer la localisation d'une entité constitutive sont exposées au chapitre 2.

26 Sinon, une juridiction soumise à la RPII peut, conformément à son droit interne, accorder au groupe fiscal consolidé lui-même ce statut de contribuable. Dans pareil cas, les paiements effectués par les entités constitutives seraient regroupés aux fins de l'application de cette règle tandis que ceux intervenus au sein du groupe fiscal consolidé ne seraient pas pris en compte. Voir la section 7.6, « Contribuable soumis à la RPII : définition »

27 La RPII pourrait également prendre la forme d'une taxation supplémentaire. Cette taxation pourrait être obtenue soit par la perception directe de l'impôt supplémentaire, soit, par exemple, par la comptabilisation d'un revenu imposable supplémentaire au niveau du contribuable.

28 Chaque juridiction pourrait prévoir dans son droit interne un mécanisme approprié (des sanctions, par exemple) visant à obtenir les informations pertinentes.

29 Voir également la section 7.2, « La RIR prévaut sur la RPII ».

30 Cette RIR devrait être conçue conformément aux règles GloBE.

31 Voir la section 7.8.4, « Dépôt local des informations pertinentes ».

32 Par exemple, si le groupe d'EMN est soumis à un impôt minimum national dont la base est la même que celle des règles GloBE dans une juridiction donnée, le TEI de l'EMN dans cette juridiction correspond au taux minimum convenu, et celle-ci ne fera l'objet d'aucune répartition de l'impôt supplémentaire en vertu de la RPII.

33 Voir la section 7.8.4, « Dépôt local des informations pertinentes ».

34 Un document devrait consigner le fait de savoir si un impôt supplémentaire réparti mais non prélevé est prélevé lors d'un exercice ultérieur.

8 Règles spéciales pour les entités associées, les coentreprises et les entités orphelines

8.1. Aperçu

538. Cette section présente les règles s'appliquant aux entités associées, aux coentreprises ainsi qu'aux entités dites « orphelines ». La première consiste à appliquer une RIR simplifiée aux revenus d'un groupe d'EMN attribuables aux participations qu'il détient dans des entités ou constructions juridiques et qui sont comptabilisés selon la méthode de la mise en équivalence. La deuxième vise à étendre l'application de la RPII aux entités « orphelines » ou aux accords susceptibles d'être utilisés pour dégager des bénéfices du groupe d'EMN au profit des actionnaires détenant une participation de contrôle – pratique qui pose des risques d'érosion de la base d'imposition et de transfert de bénéfices (BEPS).

8.2. Entités associées et coentreprises

539. La RIR s'applique aux revenus des entités constitutives détenues directement ou indirectement par la société mère qui applique cette règle. La part des recettes réalisées par les entités associées et les coentreprises qui revient au groupe d'EMN en raison de la participation qu'il détient dans celles-ci est incluse dans son résultat comptable selon la méthode de la mise en équivalence, mais elle est exclue de la base d'imposition GloBE vu qu'elle est considérée comme un écart permanent.

540. L'exclusion des revenus du groupe d'EMN issus des entités associées et des coentreprises risque d'entraîner une perte de recettes fiscales et un manque d'équité. Il est fréquent qu'un groupe d'EMN s'organise pour acquérir sa participation minoritaire dans un autre par l'intermédiaire d'une entité dont les recettes ne sont pas soumises à une RIR (y compris lorsque cette dernière s'applique en vertu du régime régissant la propriété partagée). En outre, une participation dans une coentreprise représente un risque sérieux de perte de recettes fiscales contraire aux règles de la proposition GloBE, car les revenus que le propriétaire tire de cette participation ne sont pas comptabilisés dans son chiffre d'affaires. Si une entité associée ou une coentreprise est une société mère qui applique la RIR, les recettes provenant de ses filiales seront soumises aux règles de la proposition GloBE. Or, bien souvent, la coentreprise sera une entité autonome ou n'aura pas de filiales étrangères. Dès lors, les revenus issus de l'entité ou de la construction juridique proprement dit échapperont à l'imposition au titre de la proposition GloBE si aucune règle spéciale ne couvre les participations détenues dans de telles entités ou constructions juridiques. Enfin, bien que la différence entre contrôle et contrôle conjoint puisse avoir une certaine importance en matière de comptabilité financière, il n'y a, de toute évidence, pas lieu de la prendre en compte pour déterminer ce qui doit être imposé ou exonéré d'impôt en vertu des règles GloBE.

8.2.1. Impossibilité d'imposer au groupe d'EMN l'obligation d'appliquer la RIR de manière isolée

541. Il serait toutefois très difficile d'appliquer l'ensemble des règles d'inclusion du revenu aux recettes des entités associées et des coentreprises et ce, pour diverses raisons. Le groupe d'EMN devrait obtenir des informations détaillées sur les revenus et les impôts visés repris dans les déclarations fiscales de l'entité dans laquelle il détient directement une participation et celles des filiales de cette entité, aux fins du calcul du TEI de chaque juridiction concernée. Il aurait également besoin des informations nécessaires au calcul des exceptions pour les juridictions dans lesquelles ces entités ont leur résidence fiscale. Dès lors que le groupe d'EMN exerce un contrôle conjoint sur une coentreprise et une influence certaine sur une entité associée, il sera probablement à même d'obtenir des informations financières relativement détaillées sur leurs activités. Pour autant, ces informations ne figurent pas dans ses propres comptes financiers et il se peut qu'il éprouve des difficultés à obtenir les renseignements pour chaque juridiction dans le format souhaité et avec le niveau de détail requis pour les intégrer aux calculs auxquels il est tenu en vertu de la proposition GloBE. En outre, il sera peut-être inopportun de prendre en compte tous les revenus de l'entité associée ou de la coentreprise dans le calcul du TEI du groupe d'EMN dans une juridiction donnée, car ce TEI pourrait être biaisé par une participation minoritaire. Il sera sans doute préférable de n'inclure dans ce calcul que la proportion des revenus et des impôts visés de l'entité associée ou de la coentreprise qui relèvent de la participation détenue par le groupe d'EMN dans chacune de ces entités.

8.2.2. Règle d'inclusion du revenu (RIR) simplifiée

542. Au vu de ce qui précède, une RIR simplifiée pourrait s'appliquer aux recettes attribuables aux participations détenues par un groupe d'EMN dans une entité associée ou une coentreprise. En général, elle s'appliquerait aux recettes résultant des participations qu'il possède dans des entités ou en vertu d'accords et qui sont déclarées selon la méthode de la mise en équivalence. La RIR simplifiée suit l'approche descendante, selon laquelle son application incombe en priorité à l'entité mère ultime (EMU). Néanmoins, elle ne s'applique pas si l'entité ou la structure faisant l'objet de l'accord est détenue directement par le groupe d'EMN et qu'elle :

a. est constituée dans une juridiction ayant adopté les règles GloBE ;

b. présente un TEI égal ou supérieur au taux minimum.

543. La deuxième condition se justifie par le fait que, souvent, la quasi-totalité des revenus d'une coentreprise proviennent d'activités exercées dans la juridiction fiscale de la coentreprise, plutôt que de filiales étrangères. Sans elle, les revenus d'une coentreprise établie dans une juridiction à faible fiscalité ayant adopté les règles GloBE échapperaient malgré tout à ces dernières.

544. La RIR simplifiée détermine le TEI au titre de la participation détenue dans chaque entité associée ou coentreprise dans son ensemble. Plus précisément, elle calcule le TEI en fonction des revenus attribuables à chaque entité en déterminant ceux attribuables à chaque investissement dans celle-ci à l'aide de la méthode de la mise en équivalence, et d'après la part proportionnelle du groupe d'EMN dans l'impôt sur le revenu cumulé de l'entité associée ou de la coentreprise et leurs filiales, le cas échéant, pour l'exercice visé. Cette méthode de calcul diffère de celle de la RIR générale à trois égards.

545. Premièrement, avec la RIR simplifiée, le calcul du TEI repose sur une agrégation, au niveau mondial, des revenus et des impôts de l'entité associée ou de la coentreprise et de toutes ses filiales. Comme, dans de nombreux cas, l'entité associée ou la coentreprise ne possèdera pas de filiales étrangères, cette agrégation ne s'opérera pas sur plusieurs juridictions. Il arrivera cependant que la RIR simplifiée nécessite une agrégation par juridiction dont l'application risque de s'avérer extrêmement complexe et fastidieuse.

546. Deuxièmement, l'impôt sur le revenu est déterminé sur la base des règles de comptabilité financière, dont celles régissant la comptabilisation des impôts différés. Grâce à cette simplification, il n'est plus nécessaire de déterminer le montant des impôts versés en trésorerie par chaque entité associée ou coentreprise et ses filiales. De même, les reports en avant d'impôt payé localement et les crédits d'impôt au titre de la RIR deviennent inutiles.

547. Troisièmement, la RIR simplifiée ne prend en compte que les impôts qui sont considérés comme des impôts sur le revenu à des fins de comptabilité financière. Cette mesure de simplification signifie que le groupe d'EMN n'a pas à recalculer les revenus et les impôts de chaque filiale pour déterminer le TEI. Les principes comptables applicables sont les principes comptables utilisés pour déterminer le montant des recettes du groupe d'EMN déclarées selon la méthode de la mise en équivalence.

548. Si le TEI calculé pour une entité associée ou une coentreprise est inférieur au taux minimum, le montant des recettes du groupe d'EMN résultant de la participation qu'il détient dans celle-ci, tel que calculé à l'aide de la méthode de la mise en équivalence, est multiplié par le pourcentage d'impôt supplémentaire (la différence entre le taux minimum et le TEI) pour déterminer l'impôt supplémentaire attribuable à cette participation.

549. La RIR simplifiée détermine l'impôt dû aux fins du calcul du TEI sur la base de la comptabilisation des impôts différés et de l'agrégation des revenus et des impôts au niveau mondial. Par conséquent, les reports en avant ne sont généralement pas nécessaires et feraient même double emploi. Toutefois, un report de pertes ou un ajustement similaire est requis pour les entités associées et les coentreprises constituées dans des juridictions qui n'appliquent pas d'impôt sur le revenu ou dont le taux d'imposition sur le revenu est inférieur au TEI minimum. Par conséquent, la RIR simplifiée pourrait se prêter au report de pertes pour les entités associées ou coentreprises constituées dans une juridiction qui ne prélève pas d'impôt sur le revenu annuel d'une entité. Ainsi, si le taux d'imposition de la juridiction en question est inférieur au taux minimum, l'actif d'impôt différé dû à une perte est déterminé sur la base du taux d'imposition minimum.

550. Enfin, la RIR simplifiée n'autorise pas d'exception pour un rendement fixe. Il s'agit d'une mesure de simplification utile en cela que la règle opère comme un prélèvement d'impôt autonome sur un investissement en capital en se contentant de calculer le rendement global de cette participation et l'impôt à payer (ou qui devrait être payé) sur ce rendement. On s'attend en outre à ce que, dans la pratique, le groupe d'EMN éprouve de grandes difficultés à obtenir et à vérifier les informations pertinentes pour appliquer l'exception.

551. La RIR simplifiée, dont le champ d'application et le fonctionnement général ont été décrits dans les paragraphes qui précèdent, devra faire l'objet d'autres travaux techniques d'approfondissement pour qu'elle garantisse un régime exhaustif et efficace, facile à coordonner avec les règles GloBE, sans occasionner des procédures de mise en conformité trop lourdes aux contribuables.

8.3. Entités orphelines

552. Les règles de la proposition GloBE s'appliquent uniquement aux entités constitutives faiblement imposées qui sont membres du même groupe d'EMN que le contribuable. Il est possible que certaines entités ou certaines constructions juridiques ne remplissent pas les critères d'appartenance au groupe d'EMN (et ne soient donc pas des « entités constitutives ») tels que définis au chapitre 2, même dans les cas où ils seraient contrôlés par le même actionnaire ou groupe d'actionnaires que les entités constitutives formant le groupe d'EMN. Un tel scénario se produit le plus souvent lorsque l'actionnaire ou le groupe d'actionnaires sous-jacent du groupe d'EMN, de l'entité ou de la construction juridique est un fonds ou une fondation ou encore un groupe de personnes liées (telles que des membres d'une famille) ne faisant pas lui-même partie du groupe d'EMN.

553. Ces entités ou constructions juridiques (« entités orphelines ») sont des entités non constitutives qui pourraient être utilisées pour extraire des bénéfices du groupe d'EMN au profit des actionnaires détenant le contrôle en commun, ce qui soulève un risque d'érosion de la base d'imposition et de transfert de bénéfices (BEPS). L'intégration des bénéfices réalisés par les entités orphelines au champ d'application de la RPII permettrait d'atténuer ce risque. Les circonstances dans lesquelles ces bénéfices devraient être intégrés à ce champ d'application seraient définies à l'aide d'une règle portant spécifiquement sur les entités orphelines afin de limiter les coûts de mise en conformité et d'administration lorsque ce risque est le plus sérieux. Les entités exclues énumérées à la section 2.3 ne devraient pas être considérées comme des entités orphelines.

554. Les risques de BEPS posés par ces structures d'entités orphelines sont probablement les plus importants lorsque (i) l'entité orpheline est liée à certaines ou à toutes les entités constitutives du groupe d'EMN et (ii) qu'elle tire des revenus considérables ou une partie importante de ses revenus de paiements provenant directement des entités constitutives. Par conséquent, à titre d'exception à la définition générale du champ d'application du groupe d'EMN, la règle portant sur les entités orphelines considérerait comme une entité constitutive, aux fins de la RPII, toute entité ou construction juridique qui constitue une personne liée et qui tire plus d'un certain montant ou d'un certain pourcentage de son chiffre d'affaires annuel de paiements intragroupe déductibles effectués directement par les entités constitutives du groupe d'EMN.

8.3.1. Personnes liées

Personnes liées : définition

Deux personnes seront considérées comme des « personnes liées » si, au vu de l'ensemble des faits et circonstances propres à chaque cas, l'une contrôle l'autre ou les deux sont contrôlées par la même personne ou les mêmes personnes.

Dans tous les cas, une personne ou une entreprise est considérée comme liée à une autre personne si :

a) l'une possède directement ou indirectement plus de 50 % des intérêts à titre de bénéficiaire dans l'autre (ou, dans le cas d'une société, plus de 50 % du total des droits de vote et de la valeur des actions de la société ou des droits de participation effectifs dans ses capitaux propres) ; ou

b) si une autre personne possède directement ou indirectement plus de 50 % des intérêts à titre de bénéficiaire (ou, dans le cas d'une société, plus de 50 % du total des droits de vote et de la valeur des actions de la société ou des droits de participation effectifs dans ses capitaux propres) dans chaque personne.

555. La définition des « personnes liées » repose sur l'approche utilisée dans la définition des entreprises et personnes « étroitement liées », figurant respectivement aux articles 5(8) et 5(9) des Modèles de Convention fiscale de l'OCDE (OCDE, 2018[1]) et des Nations Unies (UN, 2011[2]), aux fins de l'application des dispositions relatives à l'agent indépendant et des règles antifragmentation contenues dans ces articles[1]. Le critère évalué ici est identique à celui utilisé pour la règle d'assujettissement à l'impôt, décrit à la section 9.2 ci-après, et semblable à celui du critère du contrôle utilisé en comptabilité consolidée.

Critère du contrôle de fait

556. La première partie de la définition précise la notion générale de « personnes liées ». Elle indique qu'il existe un lien entre des personnes dès lors qu'elles sont unies par une relation de contrôle *de fait*.

Conformément aux exigences similaires énoncées dans les normes comptables, un critère de contrôle de fait consiste à évaluer les faits et circonstances propres à la relation entre les parties dans le contexte d'autres accords et vise à déterminer si une personne dispose d'un pouvoir suffisant sur l'entité pour influer sur le rendement de son investissement dans cette entité.

557. Les facteurs pertinents pour l'application du critère du contrôle de fait sont notamment les suivants : la proportion de la participation détenue par la personne par rapport à celle des participations des autres actionnaires ainsi qu'à leur dispersion, les autres droits de vote potentiels détenus par cette personne par le biais d'instruments tels que des options, des bons de souscription ou des obligations convertibles et les droits découlant d'autres accords contractuels, tels que des dispositifs de prêt qui confèrent au prêteur un contrôle de fait sur l'entreprise. En vertu de ce critère du contrôle de fait, un investisseur dépourvu d'une participation majoritaire dans une société peut malgré tout être considéré comme une « personne exerçant le contrôle » dans celle-ci si des accords lui permettent d'acquérir une telle participation majoritaire ou si les autres participations au capital sont largement dispersées et que cet investisseur détient beaucoup plus de droits de vote que tout autre actionnaire. Par ailleurs, ce critère garantit que, dans la pratique, un investisseur contrôlant une société ne peut pas rompre un tel lien en mettant en place des montages destinés à conserver le contrôle tout en transférant la propriété du capital à d'autres personnes. Le critère portant sur les *personnes liées* s'étend également aux situations dans lesquelles une personne exerce un contrôle conjoint sur les parties impliquées dans la transaction. Prenons l'exemple d'une coentreprise dont l'un des associés détient 50 % des parts. Celle-ci reçoit un paiement d'une autre société contrôlée par ce même associé. Dans ce cas, les deux sociétés sont considérées comme des personnes liées pour les besoins de la règle relative aux entités orphelines car elles sont contrôlées par la même personne, même si l'une de ces sociétés n'est pas contrôlée unilatéralement.

Groupe de personnes

558. La définition énoncée précédemment indique que deux personnes sont liées si elles sont toutes deux contrôlées par la ou les mêmes personnes. Le terme « personnes » désigne un groupe identifiable de personnes qui ont conclu un accord concernant le capital de la société ou qui agissent habituellement ensemble pour exercer un contrôle sur l'entité. Un accord de contrôle est une entente concernant la propriété ou l'exercice de droits de vote ou de participations dont on peut s'attendre à ce qu'elle ait un impact significatif sur la valeur de ces participations. Il s'agirait, par exemple, d'actions détenues par différents fonds, mais qui sont sous le contrôle d'un gestionnaire commun. En guise d'exemple de personnes qui agissent habituellement ensemble pour contrôler une entité, citons les membres d'une famille qui détiennent une participation majoritaire dans une société. Toutefois, la définition susmentionnée n'entend pas inclure les situations dans lesquelles seul un ensemble d'actionnaires – par ailleurs indépendants – détiennent, conjointement, la majorité des participations de deux sociétés différentes.

559. La condition relative au groupe de personnes signifie qu'un actionnaire exerçant le contrôle ne peut pas perdre le contrôle de sa participation dans une société en transférant la propriété à des membres de sa famille ou en répartissant cette propriété entre ceux-ci. Elle garantit également qu'une entité qui est séparée du groupe d'EMN pour être transférée à un groupe d'actionnaires dont les parts lui confèrent le contrôle sur celle-ci restera généralement sous le contrôle commun et ce, même si cette entité n'est plus consolidée.

Critère du contrôle présumé

560. La deuxième partie de la définition susmentionnée prévoit que les conditions du lien sont automatiquement remplies dans certaines circonstances. Selon celle-ci, une personne est considérée comme liée à une autre si l'une des deux détient directement ou indirectement plus de 50 % des intérêts à titre de bénéficiaire dans l'autre ou si une personne tierce détient directement ou indirectement plus de

50 % des intérêts à titre de bénéficiaire dans ces deux personnes. Par conséquent, deux personnes sont présumées liées si la première personne détient directement ou indirectement plus de 50 % du total des droits de vote et de la valeur des actions de la société ou des droits de participation effectifs dans celle-ci. En vertu du critère du contrôle présumé, un actionnaire majoritaire n'échappera pas au champ d'application de la règle pour la simple raison qu'il existe des accords qui annulent l'application du critère du contrôle de fait. Par exemple, le droit ou la réglementation d'une juridiction peut empêcher un actionnaire majoritaire d'exercer pleinement ses droits sur la filiale. Bien que l'actionnaire majoritaire puisse estimer qu'il n'a pas le contrôle de fait de l'entité, il sera considéré comme un actionnaire détenant effectivement un contrôle en raison de sa participation majoritaire dans la filiale.

8.3.2. Critère des recettes

561. Le montant ou la part du chiffre d'affaires annuel d'une entité orpheline qui provient des paiements intragroupe déductibles effectués par les entités constitutives serait déterminé sur la base des comptes financiers de l'entité orpheline, en suivant la même méthodologie que celle qui s'applique en vertu de la RPII.

8.3.3. Application de la RPII aux entités orphelines

562. Une entité orpheline pourrait entrer dans le champ d'application de la RPII si le fait de la considérer comme une entité orpheline entraîne une augmentation du montant total de l'impôt supplémentaire qui peut être perçu au titre de cette règle. Par conséquent, elle ne serait couverte par cette règle que si l'inclusion de ses revenus et des impôts visés selon la méthodologie décrite aux chapitres 3 et 4 aboutit à l'un ou l'autre des cas de figure suivant :

- Une nouvelle juridiction est ajoutée au périmètre de celles pour lesquelles le groupe d'EMN calcule son TEI (en l'absence de toute entité constitutive située dans la même juridiction que l'entité orpheline) et le TEI de l'EMN dans cette juridiction est inférieur au taux minimum en raison de la prise en compte des revenus et des impôts visés de l'entité orpheline.
- Le TEI de l'EMN dans la juridiction où réside l'entité orpheline devient ou reste inférieur au taux minimum à la suite de la prise en compte des revenus et des impôts visés de l'entité orpheline.

563. Conformément à la méthodologie décrite à la section 8.3, le revenu et les impôts visés de l'entité orpheline peuvent être pris en considération pour le calcul d'un pourcentage d'impôt supplémentaire (révisé) à prélever dans la juridiction où celle-ci est située. Par la suite, ce pourcentage d'impôt supplémentaire est appliqué au revenu GloBE ajusté de l'entité orpheline afin de déterminer le montant de l'impôt supplémentaire qui sera attribué à l'entité orpheline. La répartition de cet impôt supplémentaire entre les contribuables soumis à la RPII pourra s'effectuer conformément à la méthodologie décrite à la section 7.4. À cette fin, les paiements que cette entité orpheline reçoit des entités constitutives ou leur verse sont pris en compte pour attribuer l'impôt supplémentaire. Si l'entité orpheline se trouve dans la juridiction de l'entité mère ultime, le plafond général décrit à la section 7.5.2 s'applique en incluant les revenus intragroupe de cette entité. Les données relatives au calcul des revenus et des impôts visés de l'entité orpheline ainsi que les montants et la structure des paiements intragroupe impliquant cette entité seraient soumis aux mêmes exigences de dépôt et de documentation que celles qui sont prévues pour toute entité constitutive résidant dans une juridiction à faible fiscalité aux fins de l'application de la RPII.

564. Toutefois, une entité orpheline qui serait située dans une juridiction ayant introduit la RPII ne supporterait pas d'impôt supplémentaire. Cette exclusion résulte de la condition décrite précédemment, selon laquelle une entité orpheline entre dans le champ d'application de la RPII à condition que la prise en compte de ses revenus et impôts visés ramène le TEI de l'EMN dans la juridiction où réside cette entité en deçà du taux d'imposition minimum.

565. La règle relative aux entités orphelines, dont le champ d'application et le fonctionnement général ont été décrits dans les paragraphes qui précèdent, devra faire l'objet d'autres travaux techniques d'approfondissement pour qu'elle garantisse un régime exhaustif et efficace, facile à coordonner avec les règles GloBE, sans occasionner de procédures de mise en conformité trop lourdes aux contribuables. De tels travaux seront notamment nécessaires afin de déterminer un critère des recettes qui garantirait l'application de la règle aux entités plus susceptibles de présenter des risques d'érosion de la base d'imposition et de transfert de bénéfices. Les résultats de ces travaux seront intégrés au processus d'élaboration de règles types, comme décrit à la section 10.5.1.

Références

OCDE (2018), *Modèle de Convention fiscale concernant le revenu et la fortune : Version abrégée 2017*, OECD Publishing, Paris, https://doi.org/10.1787/mtc_cond-2017-fr. [1]

UN (2011), *Modèle de convention des Nations Unies concernant les doubles impositions entre pays développés et pays en développement*, Nations Unies, https://www.un.org/esa/ffd/wp-content/uploads/2015/02/UN_Model2011_UpdateFr.pdf. [2]

Notes

1 Il convient de souligner que la même approche – une règle en deux volets qui associe un critère reposant sur le contrôle de fait et un autre portant sur le contrôle présumé dès lors que la participation dépasse 50 % – est également suivie au paragraphe 6 de la disposition alternative relative aux honoraires pour services techniques contenue au paragraphe 26 des Commentaires sur l'article 12A du Modèle de Convention fiscale de 2017 des Nations Unies (UN, 2011[2]). Un critère de contrôle similaire pourrait également être appliqué dans le cadre des règles visant à contrer les risques de transfert de bénéfices associés aux entités orphelines dans le cadre de la RPII.

9 Règle d'assujettissement à l'impôt

9.1. Présentation générale

566. Les règles GloBE portent sur les problématiques qui subsistent à ce jour en matière de BEPS et ont pour objet de permettre à chaque pays de « récupérer l'impôt sur les bénéfices », à concurrence du taux minimum convenu, lorsque d'autres pays n'ont pas exercé leur droit initial d'imposition ou lorsque le paiement serait sans cela soumis à de faibles taux effectifs d'imposition. La règle d'assujettissement à l'impôt (RAI) complète ce dispositif. Il s'agit d'une règle conventionnelle qui cible les risques pour les juridictions de la source posés par les structures de BEPS liées aux paiements intragroupe qui exploitent les faibles taux nominaux d'imposition dans l'autre juridiction contractante (la juridiction du bénéficiaire).

567. La règle RAI n'est pas motivée par les préoccupations (telles que celles auxquelles répond le premier Pilier ou qui sous-tendent l'inclusion de la disposition sur les honoraires pour services techniques à l'article 12A du Modèle des Nations Unies de 2017 (UN, 2011[1])) selon lesquelles la répartition actuelle des droits d'imposition entre juridictions doit être réexaminée. Elle procède plutôt de l'idée qu'une juridiction de la source qui a cédé des droits d'imposition dans le cadre d'une convention fiscale sur le revenu devrait être en mesure d'appliquer un impôt complémentaire à concurrence du taux minimum convenu lorsque, en raison de structures de BEPS liées aux paiements intragroupe, le revenu bénéficiant d'une protection conventionnelle n'est pas taxé ou est taxé à un taux inférieur au taux minimum dans l'autre juridiction contractante. Plus précisément, la RAI cible les structures transfrontalières liées aux paiements intragroupe qui exploitent certaines dispositions de la convention pour transférer des bénéfices de pays de la source vers des juridictions où ces paiements supportent des taux d'imposition nominale faibles ou nuls. En rétablissant des droits d'imposition en faveur de la juridiction de la source en pareils cas, la RAI vise à aider ces juridictions, et notamment celles à plus faibles capacités administratives, à protéger leur base d'imposition.

568. Comme expliqué plus en détail dans la section 9.2.3, la RAI s'appliquera donc à certaines catégories de paiements qui présentent un risque accru d'érosion de la base d'imposition (paiements couverts). Les travaux accomplis à ce jour se sont concentrés sur les intérêts, redevances et autres paiements qui sont exposés à des pratiques de BEPS parce qu'ils sont liés à des risques, des actifs ou de capitaux mobiles.

569. Bien que les intérêts, les loyers et certains autres paiements déductibles entre personnes liées puissent donner lieu à des pratiques de BEPS portant sur le capital, les actifs et les risques mobiles, de telles pratiques peuvent aussi affecter des gains qui seraient sinon imposables dans l'État de la source et qui sont transférés dans la juridiction de résidence pour échapper à l'impôt. Ces structures peuvent présenter des caractéristiques mobiles comparables à celles visées par les paiements couverts. Aussi, une réflexion sera menée sur l'opportunité d'appliquer aussi la RAI à ces structures. Ces travaux seront axés sur les stratégies qui génèrent le plus grand risque d'érosion de la base d'imposition (s'agissant des gains en capital, ces stratégies ne sont pas nécessairement tributaires du fait que les parties sont des personnes liées). Si de telles règles devaient être élaborées, elles devraient alléger la charge pesant sur les administrations fiscales et sur les contribuables, et éviter une double imposition ou une imposition excessive par rapport au bénéfice économique, comme la prise en compte des régimes d'exemption de participation.

570. La RAI ne cherche pas à aborder des questions fiscales plus larges concernant la répartition des droits d'imposition entre juridictions. À juste titre, les juridictions ont des positions divergentes sur ces questions, qui relèvent de négociations bilatérales. Aucun des éléments constitutifs de la conception de la RAI - qui met l'accent sur le traitement de certains risques d'érosion de la base d'imposition dans le contexte de GloBE de plus large portée - n'éclaire ou ne compromet ces positions sur des sujets plus vastes touchant aux conventions fiscales.

571. Par conséquent, la mise en œuvre de la RAI ne passera pas par des modifications des articles du Modèle de Convention fiscale de l'OCDE (OCDE, 2018[2]) qui régissent l'attribution des droits d'imposition sur les bénéfices des entreprises (article 7), les intérêts (article 11) ou les redevances (article 12), ou les dispositions équivalentes figurant dans les conventions existantes, mais pourrait donner lieu à une disposition conventionnelle autonome distincte qui codifie la règle et chacun de ses éléments conceptuels.

572. Comme pour d'autres éléments du deuxième Pilier, les membres du Cadre inclusif reconnaissent l'importance d'élaborer des règles qui atteignent les objectifs ci-dessus tout en minimisant les contraintes pour les administrations fiscales comme pour les contribuables et en évitant les cas de double d'imposition ou d'imposition excessive par rapport au bénéfice économique.

573. Globalement, les travaux relatifs à l'architecture de la RAI porteront sur les composantes suivantes :

a. **Appliquée aux paiements.** La RAI est une règle conventionnelle autonome qui, conformément au mode opératoire des conventions fiscales bilatérales, s'appliquera aux paiements entre résidents de deux États contractants. Cette approche fondée sur les paiements signifie que la règle ne procédera pas à une agrégation par juridiction ou par entité, mais se référera à l'impôt applicable à un élément de revenu. Néanmoins, conformément au champ d'application de GloBE, elle ne s'appliquera pas aux paiements effectués entre particuliers ou au profit de particuliers.

b. **Appliquée entre parties liées**. La règle s'appliquera aux paiements entre personnes liées. La définition de personnes liées repose sur la définition de personnes « étroitement liées » figurant respectivement dans les articles 5(8) et 5(9) des Modèles de Convention fiscale de l'OCDE (OCDE, 2018[2]) et des Nations Unies (UN, 2011[1]). D'après cette définition, deux personnes sont considérées comme « liées » si l'une contrôle l'autre ou toutes deux sont sous le contrôle de la même personne ou des mêmes personnes. Bien que ce test soit basé sur une relation de contrôle de facto, ces critères de contrôle sont automatiquement remplis lorsqu'une personne détient directement ou indirectement plus de 50 % des intérêts effectifs dans l'autre ou si une autre personne détient directement ou indirectement plus de 50 % des intérêts effectifs dans les deux.

c. **Paiements couverts.** La règle s'appliquera à un ensemble prédéfini de paiements donnant lieu à des préoccupations en matière d'érosion de la base d'imposition. On réfléchira aussi à l'opportunité d'appliquer la RAI à certaines structures destinées à transférer des bénéfices de la juridiction de la source vers celle de résidence, où ils seront soumis à de faibles taux nominaux d'imposition.

d. **Entités exclues.** Conformément au champ d'application des règles GloBE, la RAI ne s'appliquera pas à certaines entités qui n'entrent pas dans le champ de la règle d'inclusion du revenu et de la règle relative aux paiements insuffisamment imposés (dès lors que certaines conditions sont remplies). Les entités actuellement pressenties pour être exclues de l'application de ces règles sont : les fonds d'investissement ; les fonds de pension, les entités publiques (y compris les fonds souverains) ; les organisations internationales et les organisations à but non lucratif.

e. **Seuil de matérialité**. Pour faire en sorte que la RAI cible les structures qui posent les plus grands risques de transfert de bénéfices et soit simple à gérer et à respecter, on envisagera de fixer un seuil de matérialité basé sur un ou plusieurs des éléments suivants : taille du groupe d'EMN, valeur des paiements couverts, et ratio des paiements couverts rapportés au total des dépenses.

f. **Seuil de déclenchement fondé sur un taux nominal ajusté.** La règle se déclenchera lorsqu'un paiement est soumis à un taux d'imposition nominal dans la juridiction du bénéficiaire qui est inférieur au taux minimum, après prise en compte de certaines variations permanentes de la base d'imposition qui sont directement liées au paiement ou à l'entité bénéficiaire. Cette approche est cohérente avec la conception d'une règle fondée sur les paiements ; l'application d'un test du taux effectif d'imposition à chaque paiement serait excessivement complexe à gérer et à respecter.

g. **Approche fondée sur un impôt supplémentaire à concurrence d'un impôt minimum.** La règle aura pour effet de permettre à la juridiction du payeur d'appliquer un impôt complémentaire afin de porter l'impôt sur le paiement au niveau du taux minimum convenu, en interagissant de façon coordonnée avec le taux de retenue éventuellement prévu par la convention. Étant donné que la règle s'applique au montant brut du paiement, l'impôt supplémentaire sera plafonné de manière à éviter toute imposition excessive.

574. Les cinq premières composantes délimitent le champ d'application de la règle autonome et les deux dernières déterminent les conditions dans lesquelles elle s'applique et l'effet qu'elle produit. Les éléments évoqués ci-dessus sont présentées plus en détail ci-après.

9.2. Champ d'application

575. De par la nature des conventions fiscales bilatérales, la RAI s'appliquera au niveau de l'entité (personne résidente d'une juridiction contractante) et aux paiements individuels (éléments de revenu). Conformément à la conception d'ensemble du deuxième Pilier, et sous réserve de l'examen des risques associés à certains types de gains en capital, la RAI s'appliquera uniquement aux paiements entre des parties qui sont sous contrôle commun, et pas aux paiements effectués par ou au bénéfice de résidents qui sont des personnes physiques.

9.2.1. Exigence de personnes liées

576. Limiter le champ d'application de la règle aux paiements couverts entre personnes liées est conforme à la philosophie et à la finalité de la RAI telles qu'elles ressortent de la section 9.1. Une exigence de personnes liées garantit que la règle cible les dispositifs de planification fiscale transfrontaliers qui visent à transférer une somme de la juridiction de la source vers une structure extraterritoriale faiblement taxée, sans modification correspondante de la propriété des bénéfices sous-jacents. Appliquée à l'ensemble des paiements couverts sans tenir compte de la relation qui lie le payeur et le bénéficiaire, la RAI s'écarterait de son objectif de cibler les risques de BEPS.

577. Restreindre la portée de la RAI aux paiements entre personnes liées permet de limiter la règle aux transactions qui, selon les membres du CI, posent les risques de BEPS les plus élevés. Une exigence de personnes liées garantit l'existence d'un degré suffisant de contrôle commun entre le payeur et le bénéficiaire pour que les parties puissent échafauder le type de résultat faiblement taxé visé par la règle, et d'un lien économique suffisant pour bénéficier de ce transfert de bénéfices.

578. D'autre part, étendre la règle à tous les paiements couverts, indépendamment du degré de connexion entre les parties, pourrait entraîner une imposition excessive de transactions qui ne soulèvent pas de préoccupations de BEPS. En l'absence de préoccupations liées à l'utilisation abusive des conventions[1], les paiements effectués par un client tiers pour l'acquisition de services, considérés

isolément, ne seraient pas interprétés comme un transfert de bénéfices du payeur vers la juridiction du bénéficiaire au sens visé par la RAI, même si ces paiements ont été faiblement taxés en vertu du droit interne de la juridiction du bénéficiaire. Dès lors, le paiement de redevances pour services à une partie non liée ne constitue pas un transfert de bénéfices, mais une dépense supportée pour le calcul du montant de ce bénéfice. Limiter la RAI aux paiements entre personnes liées permet de se prémunir contre le risque réel qu'un impôt calculé sur un montant brut supprime l'intérêt économique de ces services, ce qui fausserait les décisions de prix et d'achat du payeur.

579. Le test fondé sur les personnes liées est cohérent avec d'autres caractéristiques de conception de la règle, comme la définition des paiements couverts, qui cible certaines catégories de transactions impliquant un transfert de risques, d'actifs ou de capital au sein d'un groupe, et dont le prix est difficile à déterminer sous l'angle des prix de transfert[2]. Il est également en phase avec le mode opératoire des autres règles GloBE telles que celles appliquées aux entités orphelines.

Préoccupations pratiques et administratives

580. Une RAI qui n'intégrerait pas une exigence de personnes liées pourrait être difficile à appliquer et entraîner des résultats instables et imprévisibles pour les contribuables parce que le payeur n'est pas toujours en possession des informations requises pour déterminer si (et dans quelle mesure) la règle s'appliquera et s'il est assujetti à une retenue d'impôt en vertu de la règle.

Documents exigés

581. Pour se conformer à la RAI, le payeur doit savoir, avant de procéder au paiement, si ce paiement est imposé à un taux supérieur au taux minimum à la charge de la contrepartie. Même si, dans certains cas, il est relativement facile pour un payeur de savoir si le bénéficiaire est imposé à un taux nominal sur un paiement, il est probable que dans diverses circonstances, le taux nominal d'imposition sur un paiement ne soit pas clairement connu[3]. Ces difficultés sont amplifiées dans le cas de paiements à des parties non liées, car le payeur peut se heurter à des difficultés pour se procurer les informations nécessaires pour se conformer à la règle, mais aussi parce que les incitations économiques du payeur et du bénéficiaire ne sont pas forcément les mêmes.

582. Même s'il est possible de résoudre une partie de ces problèmes - par exemple en demandant au bénéficiaire d'indiquer au payeur, lorsqu'un paiement est effectué, si ce paiement a été imposé à un taux supérieur au taux minimum - cela entraînerait des obligations en matière de documentation qui n'existent pas à l'heure actuelle pour la plupart des contrats de service. En outre, on ne sait pas précisément dans quelle mesure le payeur peut se fier aux informations communiquées par un bénéficiaire situé dans une juridiction différente. À défaut, le payeur pourrait pratiquer une retenue d'impôt sur tous les paiements et demander au bénéficiaire de solliciter un remboursement. Toutefois, cette solution entraînerait une charge fiscale supplémentaire importante sur les ventes transfrontières de services et serait contraire à la philosophie qui sous-tend la RAI, axée sur des transactions bien définies qui génèrent des risques élevés de BEPS.

Incapacité du payeur de contrôler les risques

583. Si, comme on le verra ci-dessous, l'État de la source peut dans certains cas utiliser divers mécanismes nationaux pour prélever l'impôt au titre de la RAI, le plus souvent les obligations de mise en conformité et de paiement incombent, du moins en partie, au payeur local. En outre, dans les situations où les parties sont des personnes indépendantes agissant en conditions de pleine concurrence et ayant des intérêts économiques divergents, le bénéficiaire peut chercher à transférer au payeur le coût supplémentaire de l'impôt dû dans l'État de la source par le biais d'une indemnité fiscale ou d'une majoration. C'est généralement le cas, par exemple, concernant les transactions de prêt à des tierces parties. Aussi, surtout dans le cas de paiements entre parties non liées, la charge économique et de mise en conformité de l'impôt est supportée par le payeur local.

584. Le risque pour le payeur d'être exposé à un impôt imprévu sous l'effet de la RAI sera accru dans les cas où le payeur et le bénéficiaire ont des intérêts divergents et ne sont pas sous contrôle commun. Par exemple, le payeur ne saura pas forcément que la PI sous-jacente concédée par une tierce partie a été transférée dans un régime fiscal préférentiel. Le payeur ne pourrait pas se prémunir contre le changement consécutif de traitement fiscal des paiements de licence sans ajouter des clauses contraignantes à l'accord de service qui limitait le droit de la contrepartie de gérer sa propre PI.

9.2.2. Définition de l'expression « personne liée »

Personnes liées

Une personne est considérée comme liée à une autre si, au vu de l'ensemble des faits et circonstances propres à chaque cas, l'une contrôle l'autre ou si les deux sont contrôlées par la même personne ou les mêmes personnes.

Dans tous les cas, une personne ou une entreprise doit être considérée comme liée à une autre personne si :

a) l'une possède directement ou indirectement plus de 50 % des intérêts à titre de bénéficiaire dans l'autre (ou, dans le cas d'une société, plus de 50 % du total des droits de vote et de la valeur des actions de la société ou des droits de participation effectifs dans ses capitaux propres) ou

b) si une autre personne possède directement ou indirectement plus de 50 % des intérêts à titre de bénéficiaire (ou, dans le cas d'une société, plus de 50 % du total des droits de vote et de la valeur des actions de la société ou des droits de participation effectifs dans ses capitaux propres) dans chaque personne. »

585. La définition des personnes liées suit (sous réserve des adaptations nécessaires) l'approche utilisée dans la définition d'une personne et d'une entreprise « étroitement liée » figurant respectivement à l'article 5(8) et 5(9) des Modèles de Convention fiscale de l'OCDE (OCDE, 2018[2]) et des Nations Unies (UN, 2011[1]) aux fins de l'application des dispositions relatives à l'agent indépendant et des règles d'anti-fragmentation contenues dans ces articles[4]. Cette règle est basée sur un critère de contrôle de facto, mais comporte également une règle secondaire qui consiste à considérer qu'un contrôle est exercé en cas de participation directe ou indirecte de 50 % ou plus. Ce critère est le même que celui appliqué aux entités orphelines à la section 8.3 ci-dessus qui est lui-même similaire à celui utilisé en comptabilité consolidée.

586. Ainsi que la section 8.3 l'explique, le critère des personnes liées examine les faits et circonstances entre les parties dans le contexte des autres dispositifs mis en place, et cherche à déterminer si la personne exerce un pouvoir suffisant sur l'entité pour influer sur le rendement de ses investissements dans cette entité. Le critère prend en compte un large éventail de facteurs affectant le contrôle pour faire en sorte qu'en pratique, un investisseur majoritaire dans une entreprise ne puisse pas rompre un lien avec une entité en mettant en place des dispositifs visant à conserver le contrôle tout en transférant la propriété du capital à d'autres personnes. Le critère des personnes liées s'étend aussi aux participations dans des coentreprises. Il s'applique aux groupes de personnes détenant le contrôle. L'exigence relative aux personnes détenant le contrôle signifie que les actions dans une entité qui sont détenues par les membres de la famille de l'actionnaire ou qui sont reçues lors de la scission d'une entreprise en faveur d'actionnaires détenant le contrôle resteront généralement sous contrôle commun, même si cette entité n'est plus consolidée dans le groupe. Le critère de facto est complété par une règle consistant à considérer qu'une personne est liée à une autre lorsque cette personne détient directement ou indirectement plus de 50 % des participations dans la deuxième personne. Le critère de contrôle présumé signifie qu'un actionnaire majoritaire n'échappe pas à la règle du simple fait qu'il n'entre plus dans le périmètre de consolidation pour

d'autres raisons. Ensemble, ces trois éléments du critère des personnes liées (contrôle de facto, groupes de personnes et règle de contrôle présumé) font en sorte que deux parties qui sont liées par une relation économique significative et qui ont la capacité de structurer des accords entre elles au bénéfice de l'une ou de l'autre entreront probablement dans le périmètre du critère des personnes liées.

587. Bien que le critère du contrôle de facto procure une solide protection face aux dispositifs destinés à transférer la propriété du capital en vue de ramener la participation à un niveau minoritaire, on veillera, lors de l'élaboration des règles détaillées, à compléter ce critère par des règles anti-abus d'application mécanique ciblant les structures relais destinées à contourner l'exigence des personnes liées. Par exemple, une EMN pourrait souscrire un accord « réciproque » par lequel les paiements de revenu couvert transitent par un ou plusieurs intermédiaires non liés, avec pour effet apparent que le lien entre chaque payeur et bénéficiaire est rompu. Les règles anti-abus telles que le critère de l'objet principal codifié à l'article 29(9) des Modèles de Convention fiscale de l'OCDE (OCDE, 2018[2]) et des Nations Unies (UN, 2011[1]), offrent un recours efficace face à ce type de dispositifs, mais les Modèles et leurs Commentaires comportent un certain nombre de règles mécaniques anti-abus qui peuvent être appliquées en plus de ces règles générales pour cibler des dispositifs en particulier (comme la règle relative au fractionnement de contrats prévue au paragraphe 52 des Commentaires sur l'article 5 du Modèle de l'OCDE), et elles peuvent être intéressantes pour les administrations fiscales qui n'ont pas toujours des moyens à consacrer à des approches nécessitant plus de données. Toutefois, ces dispositions mécaniques devront être décrites plus en détail pour garantir qu'elles caractérisent et contrent efficacement l'abus ciblé, sans risquer de complexifier la conception des règles. Aussi, les travaux techniques supplémentaires dans ce domaine prendront en compte ces considérations afin de définir des règles qui soient dûment ciblées et simples à appliquer.

9.2.3. Catégories de paiements couverts

588. Comme la section 9.1 l'explique, la RAI s'appliquera à une liste bien définie de paiements. Les travaux accomplis à ce jour se sont concentrés sur les intérêts[5], redevances et un ensemble défini d'autres paiements visant à inclure les catégories de paiements qui comportent des risques de BEPS parce qu'ils présentent des caractéristiques vulnérables à une utilisation abusive des prix de transfert ou à l'incertitude, et qu'ils sont liés à des risques, des actifs ou des capitaux mobiles. La règle comportera une liste définitive des catégories de paiements auxquels elle s'appliquera. Des travaux supplémentaires seront nécessaires pour affiner cette liste et faire en sorte que la règle soit ciblée et efficace sans engendrer une charge de mise en conformité excessive pour les contribuables, et les résultats de ces travaux seront intégrés dans l'élaboration d'une disposition type.

Intérêts et redevances

589. La RAI s'appliquera aux paiements d'intérêts et de redevances.

Autres paiements couverts

590. D'autres paiements pourraient présenter un plus grand risque de BEPS dès lors que la valeur du paiement représente pour l'essentiel la rémunération de facteurs mobiles (capital, actifs ou risques appartenant ou supportés par la personne ayant droit au paiement). À l'inverse, les paiements dont la valeur est principalement liée aux fonctions exercées par la personne ayant droit au paiement présentent un risque plus faible en matière de pratiques de BEPS. Si le prix de cette dernière catégorie de paiement peut, dans certains cas, se révéler difficile à déterminer sous l'angle des prix de transfert, ils pourraient ne pas offrir autant de possibilités d'érosion de la base d'imposition que les paiements qui représentent principalement la rémunération au titre d'éléments du capital, d'actifs ou de risques. En effet, les fonctions exercées par du personnel sont moins mobiles que la propriété ou le contrôle d'actifs, d'éléments du capital et de risques, et donc moins susceptibles de faire l'objet de stratégies de BEPS.

591. Outre les paiements d'intérêts et de redevances, la RAI s'appliquerait donc aux catégories suivantes de paiements qui reposent principalement sur ces caractéristiques mobiles :

a. une redevance ou un autre paiement en contrepartie de l'utilisation ou du droit d'utiliser des actifs incorporels en combinaison avec des services ;

b. une prime d'assurance ou de réassurance ;

c. une garantie, une commission de courtage ou de financement ;

d. un loyer ou un autre paiement en contrepartie de l'utilisation ou du droit d'utiliser un bien mobilier ;

e. un montant payé ou retenu par le bénéficiaire en contrepartie de la fourniture de services de commercialisation, d'approvisionnement, d'agence ou d'intermédiation.

592. Ces paiements ont été identifiés en appliquant les principes exposés ci-dessous, et visent à doter les juridictions d'un outil pour faire face aux dispositifs ayant pour but de transférer des bénéfices vers des structures à faible fiscalité au sein du groupe. Ces structures fiscales ont été identifiées au préalable par leurs administrations fiscales. Chacune de ces catégories de paiement est décrite plus en détail ci-après.

593. Aucune de ces catégories ne s'applique aux paiements qui font partie du revenu d'un établissement stable dans l'État de la source ou qui sont effectués en contrepartie de l'utilisation d'un actif qui fait partie des actifs d'un établissement stable dans l'État de la source. En effet, l'État de la source détient un droit d'imposition antérieur sur les bénéfices de l'établissement stable en vertu de l'article 7. Cette règle serait codifiée dans le texte de la RAI.

594. Un paiement qui n'appartient pas aux catégories (a) à (e) énumérées ci-dessus ne serait pas couvert par la RAI. En outre, la RAI ne s'appliquera pas aux paiements relevant de ces catégories si le paiement génère un faible rendement (voir la section consacrée à l'exclusion des paiements à faible rendement).

595. Définir la liste des paiements couverts en se référant aux composantes qui génèrent de la valeur et établir une exclusion fondée sur le rendement généré pour le bénéficiaire permet de garantir que la RAI cible les paiements pertinents qui posent le plus de risques de BEPS et offre un certain nombre d'avantages :

- l'approche est relativement simple ;
- l'inclusion des paiements dont la valeur a pour origine un actif important est cohérente avec l'inclusion des redevances dans le champ d'application des paiements couverts ;
- l'inclusion des paiements dont la valeur a pour origine un risque important est cohérente avec le fait que l'acceptation d'un risque accru serait compensée par une augmentation du rendement escompté, sachant que le rendement effectif augmentera ou n'augmentera pas suivant le degré de matérialisation effective des risques ;
- le fait d'exclure les paiements à faible rendement dont la rémunération, exprimée sur la base des coûts majorés, ne dépasse pas une certain marge limite le risque d'imposition excessive par rapport aux bénéfices économiques dès lors que la règle fonctionne comme une retenue à la source sur le montant brut du paiement effectué ;
- l'exclusion des paiements à faible rendement est conforme à l'approche simplifiée décrite au chapitre 7 des Principes de l'OCDE applicables en matière de prix de transfert proposée pour les services à faible valeur ajoutée ;
- l'exclusion des services à faible rendement pourrait laisser la possibilité aux contribuables et aux administrations fiscales d'apporter la preuve a posteriori que le paiement a ou n'a pas généré un faible rendement sur les coûts, ce qui est susceptible de faciliter l'administration de la règle.

596. Les travaux qui seront engagés pour élaborer les règles détaillées porteront sur la définition et la délimitation de chacune des catégories de paiement figurant dans la liste. Il s'agira notamment de déterminer dans quelle mesure les honoraires de gestion et les paiements en contrepartie de services techniques intellectuels sont couverts.

(a) Une redevance ou un autre paiement en contrepartie de l'utilisation ou du droit d'utiliser des actifs incorporels en combinaison avec des services

597. En vertu d'un accord de franchise, un membre d'un groupe d'EMN peut accepter de fournir une combinaison de services et d'actifs incorporels à une entreprise associée en contrepartie d'une redevance unique (une « redevance de franchise »)[6]. Le franchiseur peut avoir développé des actifs incorporels (marque de commerce, savoir-faire par exemple) qu'il concède au franchisé, avec des services supplémentaires, en contrepartie d'une redevance, telle qu'un pourcentage des recettes du franchisé.

598. D'autres accords similaires peuvent donner lieu à des paiements en contrepartie « de l'utilisation ou du droit d'utiliser des actifs incorporels en combinaison avec des services ». Par exemple, ces paiements pourraient être effectués en contrepartie du droit d'utiliser une technologie détenue par une personne liée qui rend des services au payeur sur la base de l'utilisation de cette technologie. Autre exemple : un paiement en contrepartie de l'utilisation d'un logiciel lorsque le fournisseur rend un service annexe tel qu'un soutien technique, un service de personnalisation et de maintenance qui est accompli par la même personne liée. Le payeur pourrait acquitter une redevance unique couvrant l'utilisation du logiciel et des services associés.

599. Si les services intragroupe associés peuvent être rendus par une personne liée qui bénéficie d'un régime de faible imposition, un groupe d'EMN pourrait organiser sa structure de manière à ce que la propriété de cet actif incorporel soit transférée à cette personne liée faiblement taxée, qui concéderait alors l'actif sous licence et rendrait les services combinés en contrepartie d'une redevance unique, ce qui pourrait générer un rendement élevé.

600. Si le paiement est effectué dans le cadre d'un contrat mixte et comprend des redevances[7], le contrat pourrait être scindé entre plusieurs composantes (redevances + paiement d'un service). Dans ce cas, la RAI s'appliquera uniquement aux composantes qui entrent dans son périmètre[8]. En supposant que le paiement peut être scindé entre une redevance et un paiement d'un service, les principes suivants s'appliqueront :

- Lorsque la convention attribue à l'État de la source un droit d'imposition de redevances, la disposition conventionnelle existante et la RAI s'appliqueront à la redevance, et l'État de la source sera autorisé à taxer la redevance au niveau du taux prévu par la convention ou du taux d'impôt supplémentaire, le plus élevé des deux étant retenu. Cet ordre est cohérent avec la règle de hiérarchie décrite à la section 9.3.2 ci-dessous.
- Le solde du paiement (les services) entrera dans le périmètre de la RAI s'il constitue, considéré isolément, un paiement couvert qui n'est pas un paiement à faible rendement.

(b) Une prime d'assurance ou de réassurance

601. Les primes d'assurance ou de réassurance sont des paiements effectués en contrepartie de la couverture d'un risque qui sinon serait supporté par l'assuré. Cet accord transfère la prise en charge du risque assuré à l'assureur, de sorte que si le risque se concrétise, l'assuré n'en supportera pas les conséquences financières. Les risques peuvent aussi être transférés d'une personne liée à une autre via cet accord. Si le risque ne se concrétise pas, la prime d'assurance ou de réassurance peut générer un rendement élevé. Les services d'assurance ou de réassurance rendus par des personnes liées, comme une compagnie d'assurance captive, sont généralement plus rentables que d'autres services d'assurance

ou de réassurance. En outre, il peut être difficile de trouver des transactions indépendantes comparables pour déterminer si le prix de ces transactions est de pleine concurrence.

602. Dans le cas où la prime d'assurance ferait partie des bénéfices imposables d'un établissement stable situé dans la juridiction de la source, cette prime serait imposable dans la juridiction de la source et ne serait pas soumise à la RAI. Le Modèle de Convention fiscale de l'OCDE (OCDE, 2018[2]) indique par exemple qu'une entreprise d'assurance est considérée comme ayant un établissement stable dans l'État où elle perçoit des primes ou assure des risques sur ce territoire par le biais d'un agent[9]. Une exception est toutefois prévue pour les primes de réassurance. En pareille situation, l'existence d'un ES peut être évitée en rendant des services de réassurance à des assureurs locaux (liés si possible) au lieu de rendre des services d'assurance directement aux clients finals. La RAI pourrait s'appliquer à ces primes de réassurance si les autres conditions pour appliquer la règle sont réunies.

(c) Une garantie, une commission de courtage ou de financement

- Commission de garantie

603. Une garantie s'entend comme un engagement juridiquement contraignant de la part du garant à assumer une obligation spécifique en cas de manquement à cette obligation par le débiteur bénéficiant de la garantie. Dans le contexte d'un groupe d'EMN, un garant qui est une partie liée peut garantir le prêt octroyé par un prêteur indépendant et souscrit par une personne liée. Le garant qui fournit une garantie explicite s'expose à un risque supplémentaire, dans la mesure où il s'engage juridiquement à se substituer à l'emprunteur en cas de défaut de paiement de celui-ci. Le garant peut subir une perte si le risque se concrétise, mais la prime de garantie peut générer un rendement élevé si l'emprunteur ne manque pas à son obligation. Les risques assumés par le garant peuvent être transférés dans une juridiction à faible fiscalité, à condition que le garant ait la capacité financière de les assumer.

- Frais de courtage

604. Un courtier agit comme intermédiaire pour faciliter une transaction, en contrepartie d'une commission ou de frais de courtage. Cette transaction suppose l'accès à un actif incorporel et son utilisation (la liste des clients et des fournisseurs, par exemple). Lorsqu'un courtier agit pour le compte de personnes liées, le développement de la liste des clients ou des fournisseurs composée de personnes liées n'a probablement pas nécessité de grands efforts. Cet actif incorporel peut avoir été transféré au courtier et bénéficier d'un régime de faible imposition.

605. Il peut être difficile de trouver des transactions comparables fiables au service de courtage intragroupe qui est rendu, ce qui rend difficile de déterminer si le prix des transactions intragroupe est de pleine concurrence. Lorsque les frais de courtage représentent un certain pourcentage de la transaction sous-jacente (et ne sont pas basés sur les coûts du prestataire de services), la transaction peut générer un rendement élevé.

- Frais de financement

606. Lorsqu'une entreprise emprunte de l'argent, en recourant à un prêt ou à une obligation, elle encourt généralement des frais de financement. Ce sont des frais payés par l'emprunteur à des intermédiaires ou à des personnes qui participent au montage du financement. Si une personne liée participe au montage du financement, elle peut aussi facturer des frais de financement intragroupe.

607. Il peut être difficile de trouver des transactions comparables fiables aux frais de financement, ce qui rend complexe de déterminer si le prix des transactions intragroupe est de pleine concurrence. Lorsque les frais de financement représentent un certain pourcentage de la transaction sous-jacente (et ne sont pas basés sur les coûts du prestataire de services), la transaction peut générer un rendement élevé.

(d) Un loyer ou un autre paiement en contrepartie de l'utilisation ou du droit d'utiliser un bien mobilier

608. Cette catégorie englobe les paiements de loyer pour un bien mobilier et s'applique, par exemple, lorsque ce bien est détenu par une personne liée qui bénéficie d'un régime de faible imposition et est utilisé par une autre personne liée. La propriété de ce bien mobilier peut être transférée au sein du groupe, alors qu'il peut être difficile de trouver des transactions comparables fiables pour l'utilisation de ce bien mobilier lorsqu'il est relativement unique et essentiel aux activités du loueur. Par exemple, une entreprise active dans les industries extractives pourrait transférer la propriété d'une installation de forage à une filiale faiblement taxée qui louerait ce bien à d'autres personnes liées et percevrait un loyer. Lorsque le loyer n'est pas basé sur les coûts des filiales faiblement taxées, la transaction peut générer un rendement élevé.

(e) Un montant payé ou retenu par le bénéficiaire en contrepartie de la fourniture de services de commercialisation, d'approvisionnement, d'agence ou d'intermédiation.

609. Cette catégorie couvre les services d'agence ou d'intermédiation tels qu'une agence marketing, les services d'approvisionnement ou d'autres services d'intermédiation centralisés lorsque leur valeur résulte principalement de l'utilisation d'un actif incorporel, comme une liste de clients ou de fournisseurs.

610. Les paiements couverts par cette catégorie peuvent être soit effectués en faveur de l'intermédiaire (par exemple dans le cas d'une commission payée à un agent commercial pour les ventes à des clients qu'il a présentés au vendeur intragroupe), soit conservés par l'intermédiaire (par exemple dans le cas d'une commission d'achat qui est intégrée au prix des produits qui sont acquis pour le compte des autres filiales)[10]. Cette différence de conditions de paiement est sans effet sur le fait que ces paiements sont couverts par la RAI.

611. L'une des composantes sous-jacentes de ces paiements est l'accès à un actif incorporel et son utilisation (la liste des clients et des fournisseurs, par exemple). Lorsque les fonctions intermédiaires associées sont mobiles, un groupe d'EMN pourrait se structurer de manière à transférer la propriété de cet actif incorporel à une personne liée faiblement taxée, qui pourrait alors prétendre à la commission d'intermédiaire, ce qui pourrait générer un rendement élevé.

612. D'autres services de commercialisation, d'agence et d'intermédiation pourraient tirer principalement leur valeur des fonctions exercées, par exemple une étude de marché. On s'attend à ce que ces services génèrent un faible rendement et soient couverts par l'exclusion applicable aux paiements à faible rendement (voir ci-dessous).

Exclusion au titre des paiements à faible rendement

613. Bien que les paiements au titre des catégories énumérées de paiements couverts présentent, de par leur nature, des risques apparents d'érosion de la base d'imposition et de transfert de bénéfices, la RAI doit être ciblée et minimiser les contraintes administratives et de mise en conformité. Aussi, la règle prévoit d'exclure les paiements relevant de ces catégories dès lors que ces paiements génèrent un faible rendement (paiements à faible rendement). Un paiement est à faible rendement lorsqu'il est calculé en référence aux coûts supportés par le bénéficiaire pour obtenir ce paiement[11], ou qu'il peut être calculé sur la base des coûts majorés, et lorsque la marge n'est pas supérieure à un pourcentage convenu.

614. Combinée à un seuil de matérialité tel que décrit plus loin dans cette section, cette exclusion permettrait de s'assurer que la RAI cible bien les structures d'optimisation fiscale transfrontières qui tirent profit d'une faible imposition dans leur juridiction de résidence pour y transférer d'importants montants de bénéfices provenant de la juridiction de la source.

615. L'exclusion des paiements à faible rendement a pour effet d'axer la RAI sur les seuls paiements qui génèrent un rendement élevé. Les activités qui offrent une faible rentabilité pour le bénéficiaire sont

les moins susceptibles de comporter un risque d'érosion de la base d'imposition pour la juridiction du payeur. La RAI ne s'appliquera pas lorsque le contribuable est en mesure d'apporter la preuve que les paiements génèrent un faible rendement (lorsque la marge sur les coûts supportés par le bénéficiaire est inférieure à un certain pourcentage). Ce critère de la marge sera appliqué indépendamment du fait que la méthode de détermination des prix de transfert est une méthode du coût majoré ou une autre méthode dont le résultat produit une marge sur coûts équivalente. Toutefois, l'application du critère de la marge aux fins de l'exclusion des paiements à faible rendement ne supprime ni n'affecte l'exigence normale d'appliquer les règles d'établissement des prix de transfert, comme pour tout autre paiement intragroupe, y compris les principes qui régissent le choix et l'application d'une méthode appropriée de calcul des prix de transfert.

616. Il y a lieu de penser que seraient généralement exclus à ce titre les paiements ayant déjà fait l'objet d'une analyse comparative des prix de transfert, ce qui serait cohérent avec les régimes de protection utilisés par les membres du Cadre inclusif. Pour concevoir les règles détaillées qui codifieront la RAI, des travaux techniques supplémentaires seront entrepris en vue d'identifier les circonstances dans lesquelles cette restriction s'appliquerait - y compris le calcul de la base de coûts et du pourcentage de marge - et les simplifications qui pourraient être apportées à la conception de cette composante de la règle.

9.2.4. Entités exclues

617. Aux fins de la règle d'inclusion du revenu et de la règle relative aux paiements insuffisamment imposés, dès lors que certaines conditions sont remplies, il est proposé que les entités suivantes ne soient pas considérées comme des entités constitutives d'un groupe d'EMN (et soient par conséquent exclues du périmètre de ces règles) : fonds d'investissement, fonds de pension, entités publiques (y compris les fonds souverains), organisations internationales et organisations à but non lucratif. Conformément à l'exclusion de ces entités du périmètre de la règle d'inclusion du revenu et de la règle relative aux paiements insuffisamment imposés, la même exclusion pourrait s'appliquer aux fins de la RAI.

618. Ces entités exclues ont toutes une finalité et un statut spécifiques aux termes de la loi de la juridiction dans laquelle elles sont créées ou établies. Il est probable qu'en raison de ce statut, l'entité soit exonérée de l'impôt interne sur le revenu afin de pouvoir mener à bien sa mission conformément à la législation de la juridiction régissant cet impôt. Les résultats fiscaux internes peuvent être conçus, par exemple, de sorte à n'appliquer qu'une seule strate d'imposition aux véhicules utilisés par les investisseurs (fonds, par exemple) ou aux plans de retraite des salariés, ou parce que l'entité exerce des fonctions publiques ou semi-publiques. Les objectifs de politique fiscale d'une telle exonération fiscale nationale accordée à ce type d'entités ne sont pas incohérents avec ceux des règles GloBE, pas plus qu'ils ne créent de distorsion de concurrence susceptible de compromettre la réalisation de l'objectif fiscal poursuivi par GloBE. Le fait d'imposer les bénéfices de telles entités en vertu des règles GloBE compromettrait la réalisation des objectifs que la juridiction concernée cherche à atteindre en accordant une exonération, sans pour autant aller dans le sens de la mise en œuvre des objectifs de politique fiscale des règles GloBE.

619. Des considérations similaires s'appliquent dans le contexte des conventions fiscales bilatérales, et de ce qui est reconnu dans le Modèle de l'OCDE et les Commentaires de celui-ci.

a. Les paragraphes 22 à 48 des Commentaires sur l'article 1 couvrent des questions liées aux organismes de placement collectif et, sachant qu'en vertu de la législation nationale ces organismes peuvent être exonérés d'impôt, être imposés sur une base réduite (souvent nulle) en bénéficiant de déductions au titre des revenus distribués aux investisseurs ou être imposés à des taux spéciaux faibles, cherchent à préciser leur droit aux avantages conférés par les conventions en tant que personnes qui sont « assujetties à l'impôt » et qui sont les détenteurs effectifs de leur revenu.

b. En 2017, l'article 4(1) du Modèle a été révisé pour inclure expressément un « fonds de pension reconnu », qui peut être conditionnellement exonéré d'impôt en vertu du droit interne, dans la définition d'un résident assujetti à l'impôt et à première vue éligible aux avantages de la convention.

c. Les paragraphes 49 à 53 des Commentaires sur l'article 1 et le paragraphe 8.5 des Commentaires sur l'article 4 examinent le droit aux avantages prévus par les conventions des entités établies et détenues exclusivement par un État ou l'une de ses subdivisions politiques ou collectivités locales, y compris les fonds souverains, et soulignent que ces entités sont souvent exonérées d'impôt, tandis que le paragraphe 8.11 des Commentaires sur l'article 4 examine des questions similaires en lien avec les organismes caritatifs et autres organismes qui peuvent être exonérés d'impôt.

620. De nombreux États incluent des dispositions dans leurs conventions fiscales bilatérales ou interprètent et appliquent leurs conventions fiscales bilatérales de façon à traiter ces entités comme des résidents. Ces conventions peuvent aussi inclure des dispositions qui accordent des exemptions ou des réductions de l'impôt dans la juridiction de la source de ces entités, nonobstant le fait qu'elles peuvent être exemptées dans leur juridiction de résidence, au regard des principes exposés ci-dessus. En pareils cas, l'application du critère d'assujettissement à l'impôt à ces entités serait donc contraire à cet objectif politique.

621. Naturellement, les juridictions sont libres de choisir la réponse qu'elles souhaitent apporter à ces questions dans leurs négociations bilatérales et peuvent, ainsi que le reconnaît le paragraphe 8.12 des Commentaires sur l'article 4, estimer que les entités qui sont exonérées d'impôt en vertu du droit interne ne sont pas des résidents éligibles aux avantages ou, comme le prévoit le paragraphe 8.9 des Commentaires sur l'article 4, choisir d'omettre la référence à un « fonds de pension reconnu » à l'article 4(1). S'agissant de l'application du principe d'immunité des États aux organismes publics, le paragraphe 52 des Commentaires sur l'article 1 souligne que la plupart des États n'appliqueraient pas ce principe aux activités d'entreprise exercées par ces entités.

622. L'examen de ces exclusions dans le contexte de la RAI sera actualisé à mesure que les discussions avancent sur les exceptions sectorielles en lien avec les règles GloBE plus larges, avec la possibilité d'aligner le traitement de ces entités.

9.2.5. *Seuil de matérialité*

623. En l'absence de seuil ou de filtre, une EMN serait tenue de calculer le taux d'imposition nominal ajusté pour chaque paiement couvert effectué au bénéfice de personnes liées dans chacune des juridictions des bénéficiaires. Pour une grande EMN, il pourrait exister des milliers de paiements pour lesquels il l'existe pas de ligne distincte dans les états financiers. Dans la mesure où le cadre de la politique fiscale l'autorise, et conformément aux objectifs plus vastes du Pilier, la règle d'assujettissement à l'impôt devrait être conçue de manière à minimiser les procédures de mise en conformité. En outre, la règle d'assujettissement à l'impôt a vocation à servir à dissuader les EMN de se structurer de manière à exploiter la répartition des droits d'imposition conformément à une convention dans le but d'effectuer des paiements ayant pour effet d'éroder la base d'imposition à la faveur du faible niveau d'imposition en vigueur dans l'autre juridiction contractante. Il est peu probable que les EMN acceptent de supporter les coûts de la mise en place d'une telle structure si celle-ci ne leur procure pas des avantages fiscaux importants. L'application d'un seuil ou d'un filtre pourrait permettre d'exclure du champ d'application de la règle les paiements ne produisant que des avantages fiscaux minimes.

624. Des considérations similaires peuvent justifier l'affectation des ressources consacrées à la vérification par les administrations fiscales aux dossiers pour lesquels le montant de l'impôt en jeu légitime des interventions coûteuses. C'est pour cette raison que les administrations fiscales prévoient des seuils de ce type dans leurs régimes d'imposition nationaux de façon à exclure, par exemple, les petites et

moyennes entreprises du champ d'application de la législation sur les prix de transfert ou à appliquer des régimes de protection aux paiements intragroupe n'excédant pas un montant donné. Dans le chapitre B.4.5.2 du Manuel pratique sur les prix de transfert des Nations unies, deux régimes de protection susceptibles d'être utilisés par les administrations fiscales sont décrits : un régime de protection visant les services de faible valeur sans aucun lien avec l'activité principale de l'entreprise ; et un régime de protection visant les dépenses de faible montant ; et il est précisé que la raison d'être de ces régimes réside dans le risque d'une disproportion éventuelle entre les frais administratifs et coûts de mise en conformité et le montant de l'impôt en jeu.

625. L'un des moyens de répondre à ces considérations relatives au respect de leurs obligations fiscales par les contribuables et à la charge pour les administrations serait de prévoir, dans le cadre des règles détaillées gouvernant l'application de la règle d'assujettissement à l'impôt, un seuil en dessous duquel cette règle ne s'appliquerait pas. Cette méthode garantirait en outre une meilleure sécurité juridique en matière fiscale. Néanmoins, il y a également lieu de reconnaître que la définition d'un risque significatif peut varier entre grandes et petites juridictions. Et que la gestion de l'application d'un seuil peut, en soi, être source de complexité et générer des coûts, en particulier pour les administrations fiscales dotées de faibles capacités.

626. Il existe diverses manières de concevoir un seuil de matérialité pouvant être utilisées séparément ou associées, et trois méthodes sont examinées dans les paragraphes qui suivent. Le choix d'une méthode se fera en fonction des niveaux à partir desquels on estime probable qu'une EMN décide d'adopter des dispositifs lui permettant de tirer profit d'une faible imposition et en fonction de l'adéquation au risque de la répartition des ressources des administrations fiscales.

Seuil basé sur la taille de l'EMN

627. La règle d'inclusion du revenu et la règle relative aux paiements insuffisamment imposés s'appliquent aux groupes d'EMN qui atteignent le seuil de 750 millions EUR adopté par le Cadre inclusif au titre de l'Action 13 du Projet BEPS sur la déclaration pays par pays. Parce que la règle d'assujettissement à l'impôt constitue une règle conventionnelle autonome, il n'est pas nécessaire que son application soit limitée aux groupes atteignant le seuil de taille.

628. Un tel seuil est facile à gérer et à appliquer, en particulier dans le contexte d'une règle fondée sur les paiements, car il n'exige pas d'informations qui pourraient ne pas être disponibles au moment du paiement ou pendant la période durant laquelle un paiement est effectué, ce qui est clairement un avantage tant pour les administrations fiscales que pour les contribuables. Bien qu'il ne soit pas nécessaire d'aligner le seuil basé sur la taille applicable aux fins de la règle d'assujettissement à l'impôt sur le seuil de 750 millions EUR applicable aux fins des règles GloBE, celui-ci ne devrait toutefois pas être fixé à un niveau trop bas compte tenu du fait que le risque que des paiements importants ayant pour effet d'éroder la base d'imposition soient effectués est plus faible dans les groupes de plus petite taille. Il semble clair par exemple que les microentreprises et les petites et moyennes entreprises (PME)[12] devraient être exclues du champ d'application de la règle. Un certain nombre de juridictions prévoient dans les règles en vigueur au niveau national, qu'il s'agisse des règles en matière de prix de transfert ou d'autres règles, des exclusions pour les PME fondées sur des critères de matérialité similaires.

629. La règle d'assujettissement à l'impôt met l'accent sur un ensemble défini de paiements transnationaux entre des personnes liées autres que des personnes physiques et permet donc de répondre aux risques particuliers inhérents au contexte d'un groupe d'EMN. Il serait de ce fait cohérent d'établir un seuil fondé sur les caractéristiques des groupes d'EMN de façon à cibler les groupes d'EMN qui présentent le plus de risques d'adopter des structures de BEPS afin de tirer parti de faibles niveaux d'imposition, et qui sont le plus à même de le faire.

Seuil basé sur une valeur échelonnée des paiements couverts en faveur de personnes liées dans l'autre État contractant

630. Parce que la RAI vise principalement des catégories particulières de paiements transnationaux entre des personnes liées présentant un risque de BEPS, le seuil de matérialité pourrait être fixé en référence à la valeur de ces paiements au titre d'une année. Lorsque la valeur en euros des paiements couverts effectués en faveur de personnes liées dans l'autre juridiction contractante excéderait un montant fixe au titre d'une année, la RAI s'appliquerait. Le critère s'appliquerait à tous les paiements couverts indépendamment du traitement fiscal qui leur serait appliqué. Le seuil pourrait être échelonné en référence au PIB, de sorte qu'il soit plus bas pour les économies de petite taille, afin de tenir compte du fait que la définition d'un risque significatif peut varier entre grandes et petites juridiction, et être déterminé en fonction des régimes de protection existants. Il est question par exemple dans le Manuel pratique sur les prix de transfert des Nations unies des régimes de protection applicables aux « dépenses de faible montant » et dans l'exemple 20, un seuil de 750 000 EUR est évoqué.

631. Une méthode reposant sur la valeur annuelle des paiements soulève des questions d'administration et de discipline fiscale lorsque la valeur totale des paiements effectués au cours d'une année n'est pas connue et ne peut être déterminée au moment où un paiement donné est effectué. Pour y répondre, il serait possible de déterminer si le seuil est franchi au titre d'une année donnée à partir de la valeur moyenne des paiements couverts en faveur de [personnes liées] dans l'autre juridiction contractante au cours des trois années précédentes. Lorsque cette valeur moyenne excèderait le seuil, la RAI s'appliquerait à l'ensemble des paiements couverts effectués au titre de l'année en cours. Cette méthode pourrait cependant aboutir aussi bien à une surévaluation qu'à une sous-évaluation de la retenue d'impôt - lorsque (bien que le seuil soit franchi sur la base de la moyenne sur trois ans) le montant des paiements effectués pendant une année passerait finalement en deçà, ou inversement au-dessus du seuil - et faire craindre une retenue d'impôt éventuellement excessive et un retard potentiel dans le remboursement. Les méthodes administratives visant à éliminer ou atténuer ces problèmes, notamment par l'application de l'impôt supplémentaire, sous la forme d'un prélèvement annuel, à une assiette calculée a posteriori, sont examinées dans la section 9.3.4 ci-après. Autre solution, la RAI pourrait s'appliquer de manière prospective à des paiements ultérieurs dès lors que le montant des paiements effectués pendant une période aurait franchi le seuil.

Seuil basé sur un ratio

632. Selon cette méthode, la RAI ne s'appliquera pas lorsque le montant total des paiements couverts que le payeur a effectués (ou est censé avoir effectués) en faveur de personnes liées dans l'autre juridiction contractante au cours de l'exercice comptable du payeur, exprimé en pourcentage des dépenses totales, a été inférieur à un ratio donné. Dans une perspective d'évaluation du risque, le seuil pourrait être conçu comme un moyen de mesurer si le payeur effectue, au cours d'une période déterminée, un volume suffisant de paiements couverts (tels que définis ci-dessus) en faveur de parties liées situées dans l'autre juridiction contractante pour justifier une intervention de la juridiction de la source et permettre une affectation efficace par rapport au risque des ressources de l'administration fiscale d'une juridiction. Le seuil a vocation à permettre de cibler la RAI en excluant de son champ d'application les dispositifs entre personnes liées qui ne sont généralement pas censés donnant lieu à des préoccupations en matière de BEPS. De même que la méthode fondée sur une valeur exprimée en euros décrite précédemment, ce critère de matérialité tiendrait compte de tous les paiements couverts et s'appliquerait indépendamment du traitement fiscal de chaque paiement dans la juridiction du bénéficiaire.

633. Le seuil serait atteint lorsque (i) le montant total des paiements couverts que le payeur a effectués (ou est censé avoir effectués) [en faveur de personnes liées] dans l'autre juridiction contractante rapporté (ii) aux dépenses totales du payeur hors coût des marchandises dépasserait un certain pourcentage. Pour qu'il soit possible de calculer ce ratio au moment où le paiement est effectué, le montant pris en compte

pourrait être, pour les paiements comme pour les dépenses, une moyenne calculée sur les trois années précédentes. Cette méthode soulève des questions d'administration et de mise en conformité fiscale, à l'instar de celle fondée sur une valeur exprimée en euros décrite précédemment, et les parades éventuelles sont examinées dans la section 9.3.4 ci-après. Là encore, la RAI pourrait s'appliquer de manière prospective aux paiements ultérieurs dès lors que le pourcentage de paiements effectués pendant une période aurait franchi le seuil.

634. Les deux méthodes, celle fondée sur une valeur exprimée en euros, et celle basée sur un ratio, pourraient toutefois également comporter une règle anti-fragmentation qui empêcherait l'EMN de scinder les paiements relevant du même dispositif entre plusieurs payeurs dans l'État de la source pour ne pas atteindre le seuil.

Poursuite des travaux techniques

635. En s'attachant à concilier ces considérations, les membres du Cadre inclusif continueront de mener d'autres travaux techniques portant sur la conception d'un seuil de matérialité en suivant un canevas qui les conduira à étudier plusieurs options :

- un seuil basé sur la taille de l'EMN ;
- un seuil basé sur une valeur échelonnée, exprimée en EUR, des paiements ; et
- un seuil basé sur un ratio ;

lesquels pourraient être appliqués séparément ou simultanément.

636. L'évaluation de ces méthodes se fera en fonction des niveaux à partir desquels on estime probable qu'une EMN décide d'adopter des dispositifs lui permettant de tirer profit d'une faible imposition et en fonction de l'adéquation au risque de la répartition des ressources des administrations fiscales. Il sera également tenu compte du fait que l'application d'un seuil a pour but de simplifier le fonctionnement de la RAI et d'en cibler l'application en fonction d'une évaluation du risque et ce, en excluant de son champ d'application les dispositifs entre personnes liées qui ne sont généralement pas censés donner lieu à des préoccupations en matière de BEPS. Un seuil comme celui-ci jouerait le rôle de filtre facilement utilisable pour déterminer si la RAI doit s'appliquer dans un cas particulier compte tenu des objectifs des pouvoirs publics, à savoir que la règle devrait être simple à appliquer tant pour les contribuables que pour les administrations fiscales, et ne devrait pas donner lieu à des frais administratifs, ni des coûts de mise en conformité inutiles.

9.3. Fonctionnement et effet

9.3.1. La règle d'assujettissement à l'impôt s'applique sur une base nominale

637. La règle se déclenchera lorsqu'un paiement couvert est soumis à un taux nominal d'imposition dans la juridiction du bénéficiaire qui est inférieur au taux minimum convenu, après prise en compte de certaines variations permanentes de la base d'imposition. Une règle qui aurait pour but de déterminer le taux effectif d'imposition appliqué à un paiement ou une transaction en particulier (après prise en compte des déductions éventuelles) serait excessivement complexe tant sur le plan administratif que sur celui de la mise en conformité. Privilégier un critère fondé sur un taux nominal d'imposition simplifie l'application de la règle, notamment dans le contexte des autres mécanismes de la règle (comme la retenue supplémentaire) qui sont examinés plus en profondeur ci-après.

638. Il serait très difficile d'utiliser un critère fondé sur un taux effectif d'imposition dans le cas d'une retenue à la source car un tel critère mesure l'impôt prélevé sur le bénéfice net d'une entité au cours d'un exercice comptable défini, et qu'il ne serait pas possible de déterminer le taux effectif d'imposition dans la

juridiction du bénéficiaire au moment où un paiement est effectué (et où la retenue à la source devrait être prélevée). Un critère de taux nominal d'imposition est plus facile à gérer pour les administrations fiscales (surtout celles qui sont dotées de faibles capacités) et plus conforme à l'objectif de la RAI, à savoir cibler des situations de faible imposition de paiements spécifiques.

639. La RAI étant une règle conventionnelle, les impôts qui seront pris en compte aux fins de l'application du critère du taux nominal seront ceux couverts aux fins de la convention, tels que définis dans la convention par des dispositions équivalentes à celles de l'article 2 du Modèle de convention fiscale de l'OCDE (OCDE, 2018[2]). Ces impôts ne correspondront peut-être pas à ceux considérés comme des impôts couverts aux fins des règles GloBE, mais cela est conforme à la nature des conventions fiscales bilatérales, lesquelles prévoient des règles définissant leur propre champ d'application (notamment les personnes et les impôts visés).

Le critère du taux nominal s'applique aux paiements

640. Une règle qui ferait uniquement référence au taux légal appliqué à un paiement sans tenir compte des dispositions spécifiques qui ont pour effet de modifier le montant du paiement soumis à l'impôt risquerait toutefois de ne pas permettre d'appréhender les cas dans lesquels un paiement est soumis à un faible niveau d'imposition, et délaisserait les pays exposés à des risques de BEPS. Elle ne constituerait donc pas une réponse ciblée crédible aux craintes relatives à l'érosion de la base d'imposition qui motivent son instauration. Pour concilier ces considérations, il conviendrait de déterminer le taux nominal ajusté en partant du taux légal applicable à la contrepartie dans la juridiction du bénéficiaire, et de l'ajuster en référence à un taux préférentiel éventuel ou aux exemptions, exclusions, réductions ou majorations spéciales directement liées au paiement ou à l'entité qui en bénéficie. En multipliant le taux d'imposition réel appliqué au paiement par la fraction du paiement qui est soumise à l'impôt dans la juridiction du bénéficiaire, on obtiendrait le seuil de déclenchement fondé sur un taux ajusté. Prenons l'exemple d'une entreprise dans l'État X qui reçoit un revenu de source étrangère sous la forme d'une redevance. L'État X pourrait :

a) appliquer un taux d'imposition préférentiel à ce paiement de redevance ;
b) exclure un certain pourcentage du paiement de redevance de la base d'imposition ;
c) appliquer un faible taux d'imposition, mais à un montant plus élevé que le revenu ;
d) autoriser les entreprises résidentes à déduire les dépenses réputées associées aux paiements de cette nature, qui viennent s'ajouter aux dépenses effectives du bénéficiaire ou qui sont calculées indépendamment de celles-ci.

Dans tous ces cas, cette méthode consisterait à calculer le taux d'imposition appliqué au paiement en référence à la fraction du paiement qui est soumise à l'impôt après prise en compte de l'exclusion ou de la déduction du paiement.

641. Un taux nominal ajusté déterminé selon ces principes s'appliquerait par exemple aux juridictions à taux d'imposition faible ou nul ; aux paiements assujettis à un régime territorial dans lequel ils ne sont pas comptabilisés en tant que revenu dans l'État de résidence ; aux paiements éligibles à un régime fiscal préférentiel ou à des régimes qui offrent une exclusion totale ou partielle du revenu.

Pas d'ajustement au titre de déductions générales de la base d'imposition

642. Cette approche ne prendrait toutefois pas en compte les déductions de la base d'imposition qui ne sont pas directement liées à l'élément de revenu ou à la catégorie à laquelle appartient le bénéficiaire. Par exemple, les ajustements tels que les super-déductions pour certaines catégories de dépenses, les déductions pour intérêt notionnel ou dividende et autres ajustements unilatéraux à la baisse du bénéfice ne seraient ainsi pas couverts par la RAI. Et les déductions des coûts représentant des dépenses effectivement supportées qui sont prises en compte dans le calcul des bénéfices du bénéficiaire ne

devraient pas donner lieu à un ajustement du taux nominal. La prise en compte des déductions générales de cette nature opérées sur la base d'imposition entraînerait des difficultés insurmontables d'un point de vue conceptuel, par exemple au regard de la façon d'imputer la réduction de la base d'imposition aux différents paiements, et accroîtrait encore la complexité de l'application de la règle et les risques de différends. Elle poserait aussi la question de savoir comment prendre en compte la non-déductibilité de certaines dépenses, et notamment la question de savoir s'il y a lieu d'ajuster à la hausse le taux nominal pour tenir compte du fait que certaines charges d'intérêts peuvent ne pas être déductibles.

Base d'imposition calculée autrement qu'en référence au revenu

643. Pour élaborer les règles détaillées qui codifieront et gouverneront le fonctionnement du critère du taux nominal d'imposition ajusté, d'autres travaux seront entrepris sur la conception des mécanismes destinés à garantir que le critère s'applique de façon adéquate aux juridictions calculant leur base d'imposition autrement qu'en référence au revenu d'un résident. Ces mécanismes seront inspirés des solutions mises au point aux fins de la RIR et de la RPII et pourraient être le fruit d'adaptations réfléchies de ces solutions. La Zakat que doivent acquitter les sociétés établies dans le Royaume d'Arabie saoudite, par exemple, est un impôt basé à la fois sur les bénéfices et sur les fonds propres. Elle est prélevée au taux de 2.5 % mais, du fait qu'elle s'applique au bénéfice et au capital, le taux effectif d'imposition est plus élevé. De même, certains membres du Cadre inclusif ont des régimes d'imposition des bénéfices en vertu desquels les bénéfices d'une société ne sont pas imposés lorsqu'ils sont réalisés, mais lorsqu'ils sont distribués par la société à ses actionnaires. Dans ces juridictions, les taux légaux d'imposition peuvent être égaux ou supérieurs au taux minimum d'imposition convenu, de sorte que les bénéfices ne sont finalement pas assujettis à un faible taux d'imposition. En l'absence de distribution, les bénéfices ne sont toutefois pas assujettis à l'impôt au titre de l'année pendant laquelle ils sont réalisés. En pareil cas, il faudra adapter la conception du mécanisme du critère du taux nominal d'imposition de façon à tenir compte des caractéristiques spécifiques des régimes de ces pays. Pour les juridictions dans lesquelles l'assiette de l'impôt sur les sociétés n'est pas calculée en référence au revenu par exemple, le bénéficiaire peut être en mesure de certifier, indépendamment de la faiblesse du taux nominal, que la charge fiscale moyenne pesant sur l'ensemble de ses revenus pendant une période convenue a été supérieure au taux minimum.

Considérations pratiques

644. Sous réserve de l'application d'un seuil de matérialité, comme il en a été question à la section 9.2.5 précédente, seuil qui servirait à supprimer cette obligation dans les cas où le seuil ne serait pas atteint, les contribuables, les intermédiaires effectuant la retenue à la source et les administrations fiscales devront établir le taux d'imposition nominal ajusté pour l'ensemble des paiements couverts pour déterminer si la RAI s'applique et, dans l'hypothèse où elle s'appliquerait, le taux de l'impôt supplémentaire à appliquer au paiement couvert. Si le principal mécanisme d'application de la RAI devait être une retenue à la source provisoire prélevée au moment du paiement, il serait particulièrement important que cette information puisse être confirmée à ce moment-là par le contribuable, ou par un intermédiaire effectuant la retenue à la source, pour pouvoir déterminer si et à quel taux la retenue à la source devrait être appliquée. Si les informations relatives aux taux nominaux d'imposition et les dispositions détaillées prévues par les régimes spéciaux s'appliquant à des catégories de revenus particulières dans certaines juridictions sont certes généralement disponibles – soit dans les documents publiés par l'administration fiscale compétente, soit auprès de tierces parties –, d'autres travaux seront cependant entrepris en vue de déterminer comment gérer au mieux ce mécanisme compte tenu des spécificités du régime fiscal en vigueur dans chaque juridiction.

Pas d'ajustement au titre du droit à l'exemption ou à l'imputation accordé en vertu des clauses d'élimination prévues dans les conventions

645. En vertu des dispositions du paragraphe 1 de l'article 23 A du Modèle de convention fiscale de l'OCDE (OCDE, 2018[2]), la juridiction de résidence est tenue d'exonérer d'impôt un élément de revenu lorsque la juridiction de la source est autorisée à imposer cet élément de revenu conformément à la convention. Il s'agit de prime abord d'une exemption, d'une exclusion ou d'une réduction de la base de l'imposition directement liée au paiement ou à l'entité qui en bénéficie. Le fait de prendre en compte l'exemption prévue par la convention aux fins du calcul du taux nominal ajusté irait au-delà de la finalité guidant le fonctionnement de la RAI qui n'est pas de redistribuer les droits d'imposition entre les juridictions, mais d'autoriser les juridictions de la source à appliquer un impôt supplémentaire aux paiements couverts qui sont assujettis à de faibles taux nominaux dans la juridiction de résidence. Cette situation est illustrée par l'exemple 9.3.1A.

646. Pour régler ce problème, le droit à l'exemption prévu en vertu des dispositions de l'article 23 A du Modèle de convention fiscale de l'OCDE (OCDE, 2018[2]) ne seront pas prises en compte dans le calcul du taux nominal ajusté aux fins de la RAI.

647. Dans la mesure où des considérations similaires pourraient entrer en ligne de compte au regard de l'obligation faite à la juridiction de résidence, en vertu des dispositions du paragraphe 1 de l'article 23 B et au paragraphe 2 de l'article 23 B, d'accorder une déduction sur l'impôt qu'il perçoit au titre d'un élément de revenu d'un montant égal à l'impôt sur le revenu payé dans la juridiction de la source, le droit à déduction en vertu de ces dispositions ne sera pas non plus pris en compte pour le calcul du taux nominal ajusté aux fins de la RAI.

648. Indépendamment du droit à l'exemption ou à la déduction accordée en vertu de la clause d'élimination prévue dans une convention fiscale, cette méthode de calcul du taux nominal ajusté soulève des questions concernant les interactions entre le droit de la juridiction de la source d'appliquer un impôt supplémentaire en vertu du critère de l'assujettissement à l'impôt et l'obligation faite à la juridiction de résidence d'accorder une exemption ou une déduction au titre de cet impôt supplémentaire. Ces questions sont traitées dans la section 9.3.3 ci-après. Pour élaborer des règles détaillées, d'autres travaux techniques seront entrepris au sein du Cadre inclusif sur ces deux questions interdépendantes et sur les interactions précises avec l'obligation faite à la juridiction de résidence en vertu des dispositions des conventions fiscales relatives à l'élimination de la double imposition.

Fixation du taux d'imposition nominal

649. Étant donné que le seuil de déclenchement fondé sur le taux d'imposition nominal s'applique au montant brut du paiement, transaction par transaction, sans possibilité d'agrégation, la RAI peut, dans certains cas, entraîner un risque d'imposition excessive. Cette imposition excessive pourrait se produire, par exemple, lorsqu'un paiement couvert est effectué en faveur d'une entité soumise à un taux nul, mais qui a supporté des dépenses pour générer ce revenu. En pareil cas, l'application du TEI minimum déterminé selon la règle d'inclusion du revenu et selon la règle relative aux paiements insuffisamment imposés au montant brut du paiement pour obtenir le taux supplémentaire à appliquer à ce paiement conformément à la RAI aboutirait à un taux effectif d'imposition supérieur à ce taux minimum, voire à une imposition excessive par rapport au bénéfice économique. Afin de limiter le risque d'imposition excessive, les membres du Cadre inclusif pourraient décider de limiter le seuil de déclenchement et le montant de l'impôt supplémentaire au titre de la RAI afin que ce taux soit inférieur au TEI minimum déterminé conformément à la règle d'inclusion du revenu et à la règle relative aux paiements insuffisamment imposés.

9.3.2. Application d'un impôt supplémentaire à concurrence d'un taux minimum

650. La règle aura pour effet de permettre à la juridiction de la source d'appliquer au montant brut du paiement un impôt supplémentaire à concurrence d'un taux minimum d'imposition convenu. Autrement dit, la juridiction du payeur aurait la possibilité d'imposer une retenue à la source sur le paiement couvert, en appliquant un taux égal au taux minimum prévu en vertu de la RAI diminué du taux d'imposition nominal ajusté applicable à ce paiement dans la juridiction du payeur. Comme indiqué précédemment, afin d'atténuer le risque d'imposition excessive, il pourrait être justifié de limiter le seuil de déclenchement et le montant de l'impôt supplémentaire résultant de l'application de la RAI afin que ce taux soit inférieur au TEI minimum déterminé au titre de la règle d'inclusion du revenu et de la règle relative aux paiements insuffisamment imposés. Le fait d'abaisser le seuil de déclenchement et le taux de l'impôt supplémentaire résultant de l'application de la RAI réduirait le risque d'imposition excessive et viserait à obtenir une charge fiscale nette égale, ou tout au moins globalement équivalente (après déduction de tout impôt éventuellement prélevé sur le montant brut du paiement), à celle correspondant au taux effectif d'imposition minimum applicable en vertu de la règle d'inclusion du revenu et de la règle relative aux paiements insuffisamment imposés. Cela étant, et afin de se conformer à l'objectif plus général de GloBE, qui est d'éviter la double imposition et l'imposition excessive, le taux de l'impôt supplémentaire pourrait être fixé à un niveau inférieur au taux minimum convenu aux fins de la règle d'inclusion du revenu et de celle relative aux paiements insuffisamment imposés.

651. D'une manière générale, aucun impôt supplémentaire ne serait prélevé dès lors que la convention applicable prévoirait déjà un impôt à la source sur le paiement couvert. Cependant, la règle conventionnelle comporterait une disposition prévoyant l'application d'un impôt supplémentaire dès lors que la répartition des droits d'imposition serait moins favorable à la juridiction du payeur (par exemple, lorsque la convention prévoirait le prélèvement d'un faible taux d'imposition - 5 % par exemple - sur le paiement brut et que le mécanisme d'imposition supplémentaire se traduirait par un relèvement des droits d'imposition). On pourrait à cet effet intégrer dans les dispositions correspondantes un mécanisme de hiérarchisation des règles, dont l'effet serait de permettre à la juridiction du payeur d'appliquer le plus élevé des deux taux suivants : le taux fixé dans la convention et le taux d'imposition supplémentaire résultant de l'application de la RAI.

9.3.3. Interactions avec les clauses d'élimination figurant dans les conventions

652. Cette section est consacrée à une caractéristique technique de la RAI qui devra être prise en compte dans le cadre du projet final pour éviter les effets fortuits qui pourraient résulter des interactions avec d'autres dispositions conventionnelles.

653. Comme il en a été question à la section 9.3.1 précédente, le calcul du taux nominal ajusté (et partant, le montant de l'impôt supplémentaire requis pour que ce taux atteigne le taux minimum convenu) sera effectué sans tenir compte de l'obligation faite à la juridiction de résidence d'accorder une exemption ou un crédit d'impôt en vertu des dispositions relatives à l'élimination de la double imposition figurant dans une convention fiscale conclue entre la juridiction du payeur et celle du bénéficiaire. Ce système permet d'éviter une redistribution fortuite des droits d'imposition entre les juridictions qui irait au-delà de l'effet attendu de la RAI. Néanmoins, des questions se posent également concernant les interactions entre le droit de la juridiction de la source d'appliquer un impôt supplémentaire en vertu de la RAI et l'obligation faite à la juridiction de résidence, conformément aux dispositions d'une convention fiscale relatives à l'élimination de la double imposition, d'accorder dans ces circonstances une exemption ou un crédit d'impôt.

654. En vertu des dispositions du paragraphe 1 de l'article 23 A du Modèle de convention fiscale de l'OCDE (OCDE, 2018[2]), la juridiction de résidence est tenue d'exempter un élément de revenu lorsque la juridiction de la source est autorisée à imposer cet élément de revenu conformément à la convention. Lorsque les conditions seront réunies pour que la RAI s'applique, la juridiction de la source juridiction sera

autorisée, conformément aux dispositions de la convention, à appliquer un impôt supplémentaire, et la juridiction de résidence sera alors tenue, en vertu des dispositions de la clause d'élimination, d'exonérer d'impôt ce revenu. Même lorsque cette obligation n'est pas prise en compte aux fins de la détermination du taux nominal ajusté, et partant, ne vient pas majorer l'impôt supplémentaire susceptible d'être appliqué dans la juridiction de la source, la juridiction de résidence sera néanmoins privée de son droit d'imposition. Le résultat sera que seule la juridiction de la source imposera le paiement concerné, et qu'elle l'imposera au taux supplémentaire uniquement. Ce mécanisme peut être illustré en adaptant l'exemple 9.3.1A figurant à l'annexe A – voir l'exemple 9.3.3A à l'annexe A.

655. On peut considérer que ce résultat va à l'encontre de l'effet attendu de la RAI, qui n'est pas de réaffecter les droits d'imposition de la juridiction de résidence, mais d'autoriser la juridiction de la source à appliquer un impôt supplémentaire aux paiements couverts qui sont assujettis à de faibles taux nominaux dans la juridiction de résidence afin de porter l'impôt prélevé sur ces paiements au niveau du taux minimum convenu.

656. Des considérations similaires entrent en ligne de compte lorsque la juridiction de résidence est tenue d'accorder un crédit d'impôt en vertu des dispositions du paragraphe 1 de l'article 23 B ou du paragraphe 2 de l'article 23 A du Modèle de convention fiscale de l'OCDE (OCDE, 2018[2]). Même lorsque ce crédit n'est pas pris en compte dans le calcul du taux ajusté aux fins de la RAI, le droit d'imposition de la juridiction de résidence est minoré du montant du crédit qu'elle est obligée d'octroyer au titre de l'impôt supplémentaire appliqué dans la juridiction de la source. L'exemple 9.3.3B à l'annexe A illustre ce cas de figure.

657. Pour éviter des effets de cette nature, l'obligation faite à la juridiction de résidence d'accorder une exemption ou un crédit d'impôt en vertu des dispositions d'une convention fiscale relatives à l'élimination de la double imposition pourrait devenir caduque lorsque la juridiction de la source exercerait uniquement un droit d'imposition conforme à la convention du fait qu'elle appliquerai un impôt supplémentaire en vertu de la RAI. L'effet de cette méthode est illustré par l'exemple 9.3.3C figurant à l'annexe A. Il n'y aurait alors aucune réaffectation des droits d'imposition de la juridiction de résidence et, compte tenu de la limitation résultant du fait que la juridiction de la source peut seulement appliquer un impôt supplémentaire pour atteindre le taux minimum convenu, les craintes de se retrouver face à des cas non résolus de double imposition seraient minimes.

658. Cette méthode pourrait toutefois créer un résultat disproportionné lorsqu'un paiement couvert auquel s'applique la RAI est soumis dans la juridiction de la source, conformément à la convention, à un droit d'imposition appliqué à un taux supérieur au taux supplémentaire. L'exemple 9.3.3D à l'annexe A illustre ce cas de figure.

659. Bien que ce résultat ne remette pas en cause la situation telle qu'elle se présentait avant que l'adoption de la RAI soit envisagée, cela signifie que l'imposition cumulée, dans la juridiction de résidence et dans la juridiction de la source, d'un paiement couvert pour lequel toutes les conditions sont réunies pour que la RAI s'applique sera plus faible que si la règle avait été appliquée dans le but d'obtenir un impôt supplémentaire. Pour éviter cela, sans pour autant priver la juridiction de la source de son droit convenu bilatéralement d'imposer le revenu à un taux supérieur au taux supplémentaire, l'obligation faite à la juridiction de résidence d'accorder une exemption ou un crédit d'impôt serait limitée en proportion. Ce mécanisme aurait pour effet de porter le taux cumulé de l'imposition dans la juridiction de résidence et dans la juridiction de la source au niveau du taux minimum convenu en vertu de la RAI (supposé être de 7.5 %). L'exemple 9.3.3E à l'annexe A illustre ce cas de figure.

660. Pour élaborer des règles détaillées, d'autres travaux techniques seront entrepris au sein du Cadre inclusif sur les interactions précises avec les obligations s'imposant à la juridiction de résidence, en vertu des dispositions de la convention fiscale relatives à l'élimination de la double imposition, dans divers scénarios, y compris lorsque la convention prévoit des droits d'imposition à la source qui ne sont pas subordonnés à l'application de la RAI.

9.3.4. Considérations administratives

661. La RAI vise à répondre aux problématiques de BEPS non résolues en rétablissant, pour les juridictions de la source, un droit limité d'appliquer un impôt supplémentaire à un ensemble défini de paiements entre personnes liées aboutissant à un faible niveau d'imposition dans l'autre juridiction contractante, de sorte que l'impôt prélevé sur ces paiements atteigne un taux minimum convenu. Parce que cet impôt supplémentaire s'appliquera au montant brut du paiement, il pourrait être judicieux, comme il a été question dans la section 9.3.2 précédente, de limiter le seuil de déclenchement et le montant de l'impôt supplémentaire au titre de la RAI afin qu'il soit inférieur au TEI minimum déterminé au titre de la règle d'inclusion du revenu et de la règle relative aux paiements insuffisamment imposés, de façon à limiter le risque d'imposition excessive et à arriver à ce que la charge fiscale nette soit égale, ou du moins globalement similaire, au taux effectif minimum déterminé au titre de la règle d'inclusion et de la règle relative aux paiements insuffisamment imposés.

662. Néanmoins, même si cette méthode permettra d'atténuer le risque que les paiements couverts soient finalement soumis à une imposition excessive, le risque d'une imposition excessive transitoire demeure si la juridiction de la source applique d'éventuelles retenues à la source à des taux supérieurs au moment du paiement et exige que les entités bénéficiaires déposent des demandes d'allègement au titre d'une convention et de remboursement après la fin de l'année. Il est précisé au paragraphe 109 des Commentaires sur l'article 1 du Modèle de convention fiscale de l'OCDE (OCDE, 2018[2]) que la convention ne peut empêcher les juridictions d'adopter cette procédure, mais il est également noté que les retards dans le remboursement peuvent représenter un coût direct pour les contribuables et qu'il est extrêmement important que les remboursements soient effectués rapidement. On peut lire également dans les Commentaires que, pour assurer l'application effective des droits aux avantages octroyés en vertu d'une convention, il est de loin préférable que les juridictions de la source limitent automatiquement l'impôt qu'elles prélèvent conformément aux dispositions correspondantes de la convention. Dans le contexte de la RAI, cela signifierait limiter l'impôt prélevé au moment du paiement de sorte qu'il n'excède pas le taux supplémentaire.

663. Dans un souci de cohérence avec ces objectifs, il y aura lieu d'envisager des méthodes administratives permettant de faciliter autant que possible l'application de la RAI de façon à : dans l'idéal, permettre de limiter l'impôt prélevé sur les paiements couverts pour qu'il n'excède pas l'impôt supplémentaire dû une fois calculé le taux nominal ajusté et après application du seuil de matérialité ; et en tout état de cause, minimiser la nécessité de solliciter le remboursement des éventuelles retenues à la source excédant l'impôt supplémentaire ainsi que les retards dans les remboursements.

664. D'autres travaux techniques seront entrepris au sein du Cadre inclusif sur les méthodes administratives qui pourraient permettre d'atteindre ces objectifs. Ces travaux porteront sur :

- l'application de l'impôt supplémentaire sous la forme d'un prélèvement annuel calculé a posteriori ;
- un système de certification assorti de taux réduits de retenue à la source ; et
- l'application d'éventuelles retenues à la source fixées à un niveau tel que le résultat serait généralement une régularisation annuelle a posteriori par le contribuable (plutôt qu'un remboursement).

Chacune de ces méthodes est examinée brièvement dans la suite de cette section.

Prélèvement annuel calculé a posteriori

665. L'un des avantages de l'application de l'impôt supplémentaire sous la forme d'un prélèvement annuel calculé a posteriori résiderait dans le fait que le contribuable comme l'administration fiscale connaîtraient, au moment où le prélèvement serait effectué, la valeur des paiements couverts assujettis à des taux d'imposition nominaux ajustés inférieurs au taux minimum convenu qui auraient été effectués

pendant la période considérée, et sauraient si le seuil de matérialité a été franchi pendant cette période. Tout en répondant au risque d'imposition excessive transitoire sous la forme de retenues à la source éventuelles, cette méthode améliorerait la sécurité juridique en matière fiscale. Elle soulève toutefois des questions d'ordre administratif, en particulier en ce qui concerne la personne assujettie au prélèvement. Il semble que deux approches possibles puissent être considérées. La première consisterait à assujettir au prélèvement annuel le bénéficiaire non résident[13], la seconde à appliquer le prélèvement au payeur résident[14]. On pourrait penser que l'adoption de la première méthode dérogerait moins au principe des retenues à la source car l'incidence de l'impôt repose sur la même personne morale (le bénéficiaire). Elle serait peut-être aussi plus adaptée à la règle d'inclusion du revenu et à la règle relative aux paiements insuffisamment imposés du fait que l'impôt supplémentaire appliqué au titre de la RAI serait pris en compte dans le calcul du TEI du bénéficiaire (alors qu'un prélèvement appliqué au payeur exigerait peut-être une affectation de l'impôt supplémentaire au bénéficiaire). Le fait d'appliquer le prélèvement au destinataire du revenu présente peut-être un risque moindre de rencontrer des problèmes de faculté contributive. Cette méthode soulève toutefois une question évidente de discipline fiscale puisqu'elle suppose un recouvrement auprès d'un contribuable non résident. L'une des solutions envisageables pour résoudre ce problème réside dans l'arsenal prévu par la législation nationale en matière de recouvrement, autorisant l'administration fiscale à adresser un avis de mise en recouvrement à des entreprises faisant partie du même groupe sous contrôle commun que le contribuable non résident[15].

Système de certification

666. Certaines juridictions mettent en place des simplifications administratives autorisant les contribuables non résidents dont le revenu de source locale est assujetti à des retenues à la source sur leur territoire à déposer des demandes de certification de résidence fiscale afin de limiter le taux des retenues à la source prélevées sur ce revenu. L'octroi de ces attestations a pour effet de ramener la retenue à la source à un niveau en rapport avec le montant définitif des impôts dus localement dans la juridiction de la source et, partant, de réduire le montant du remboursement que le contribuable est amené à solliciter après avoir rempli une déclaration dans cette juridiction. La juridiction de la source peut délivrer l'attestation et fixer le taux approprié de la retenue à la source lorsqu'elle a acquis la conviction que la situation du contribuable va vraisemblablement conduire à ce que l'impôt définitif dû soit inférieur au montant obtenu en appliquant des retenues à la source au taux interne de droit commun au montant brut du revenu ayant son origine dans cette juridiction. Dans le contexte de la RAI, un tel système pourrait permettre aux contribuables de demander à bénéficier d'une réduction ramenant le taux à zéro au titre des revenus ne constituant pas des revenus couverts aux fins de la RAI, et d'une réduction de taux n'allant pas au-delà du taux minimum convenu ou du taux supplémentaire (net du taux nominal ajusté) au titre des revenus constituant des revenus couverts aux fins de la RAI (sous réserve que ces revenus ne soient pas assujettis à un droit d'imposition dans la juridiction de la source appliqué à des taux supérieurs en vertu de la convention applicable). La délivrance d'une attestation dans ce contexte aurait pour effet de réduire ou d'éliminer le risque que des revenus soient assujettis à des retenues à la source éventuelles excessives, et que cela donne lieu à des demandes de remboursement, du fait de l'intégration de la RAI dans la convention applicable. Il importerait de faire en sorte que le choix des informations et des pièces exigées à l'appui des demandes de certification soit guidé par le souci d'alléger le plus possible la charge administrative et les obligations fiscales et favorise un déroulement rapide et efficace du processus.

Faible retenue à la source provisionnelle assortie d'un paiement compensatoire

667. Une solution qui pourrait remplacer, voire prolonger le système de certification décrit précédemment, consisterait à concevoir, dans le cadre des règles détaillées codifiant et accompagnant l'application de la RAI, un système assurant le prélèvement de retenues à la source à des taux qui aboutiraient généralement à un paiement compensatoire annuel a posteriori effectué par le contribuable au bénéfice de l'administration fiscale (plutôt qu'à un remboursement). Lorsqu'il s'agira de fixer le taux

approprié pour des catégories particulières de revenus couverts, l'impôt supplémentaire pourrait dans un premier temps être calculé en référence au taux minimum convenu connu et au taux nominal ajusté pour cette catégorie de revenu dans la juridiction de résidence concernée (en s'appuyant sur la base de données dont il a été question à la section 9.3.1 ou sur d'autres sources accessibles au public) ; le montant de la retenue à la source appliquée au revenu pourrait alors représenter une proportion convenue de l'impôt supplémentaire afin d'obtenir un taux de retenue à la source qui aboutirait à un paiement compensatoire annuel au bénéfice de l'administration fiscale. Une telle méthode permettrait de concilier les préoccupations des administrations fiscales, soucieuses des entrées de recettes, et celles des entreprises, et sa mise en œuvrerait se trouve facilitée par une meilleure prévisibilité des montants dus du fait qu'ils seraient déterminés en fonction de taux d'imposition nominaux confirmés. Elle minimiserait en outre l'impact sur la trésorerie des entreprises de l'application du faible taux de la retenue à la source qui en résulterait au revenu dont il serait déterminé, après un examen a posteriori des faits, qu'il ne relève pas du champ d'application de la RAI.

Références

OCDE (2018), *Modèle de Convention fiscale concernant le revenu et la fortune : Version abrégée 2017*, OECD Publishing, Paris, https://doi.org/10.1787/mtc_cond-2017-fr. [2]

UN (2011), *Modèle de convention des Nations Unies concernant les doubles impositions entre pays développés et pays en développement*, Nations Unies, https://www.un.org/esa/ffd/wp-content/uploads/2015/02/UN_Model2011_UpdateFr.pdf. [1]

Notes

[1] Un groupe d'EMN peut s'organiser de manière à fournir des services à ses clients via une filiale qui réside dans une juridiction contractante qui a conclu une convention fiscale avec la juridiction dans laquelle ce client se situe (l'État de la source). Lorsque l'objectif principal de ce montage est de tirer avantage de la convention fiscale entre les deux juridictions, en vertu des mesures adoptées dans le cadre de l'Action 6, l'État de la source ne sera pas tenu d'accorder les avantages de la convention à un paiement couvert effectué au titre de ce montage.

[2] Bien évidemment, la règle d'assujettissement à l'impôt est sans effet sur l'obligation d'appliquer les règles d'établissement des prix de transfert aux paiements couverts entre personnes liées visées par la règle.

[3] Diverses raisons expliquent pourquoi un paiement pourrait être soumis à un impôt faible ou nul dans la juridiction de la contrepartie. Le paiement peut être caractérisé différemment selon les lois de la juridiction du bénéficiaire, de sorte qu'il n'est pas considéré comme un revenu aux fins fiscales. Le bénéficiaire peut faire l'objet d'un statut fiscal spécial ou être éligible à un traitement fiscal particulier s'agissant des paiements (lesquels peuvent être soumis à un régime fiscal préférentiel, par exemple). La juridiction du bénéficiaire peut lever l'impôt à des taux progressifs, et le bénéficiaire peut prétendre à une exclusion ou à un taux réduit sur de faibles montants de revenu, ou il peut être éligible à un taux réduit d'imposition sur le revenu provenant de certaines sources ou selon la manière dont le paiement est traité (selon qu'il est versé ou non à la juridiction du payeur).

[4] Il convient de constater que la même approche – une règle en deux volets comportant un critère reposant sur le contrôle de facto et un critère de contrôle réputé dès lors que la participation dépasse 50 % – est également suivie au paragraphe 6 de la disposition alternative relative aux honoraires pour services techniques contenue au paragraphe 26 des Commentaires sur l'article 12A du Modèle de Convention des Nations Unies de 2017 (UN, 2011[1]). Un critère de contrôle similaire pourrait également s'appliquer dans le contexte de règles visant à contrer les risques de transfert de bénéfices posés par les entités orphelines dans le cadre de la règle relative aux paiements insuffisamment imposés.

[5] Il y aurait également lieu de réfléchir au traitement des paiements d'intérêts sur les fonds propres réglementaires intragroupe ou d'autres instruments financiers pour lesquels le prélèvement de retenues d'impôt est susceptible de créer un risque non négligeable de surimposition qui nuirait à la rentabilité de ces paiements après impôts.

[6] Voir le paragraphe 6.100 des Principes applicables en matière de prix de transfert : « L'existence d'un accord de franchise constitue une situation dans laquelle des transactions portant sur le transfert d'actifs incorporels ou de droits sur des actifs incorporels peuvent être combinées avec d'autres transactions. En vertu d'un accord de franchise, un membre d'un groupe d'entreprises multinationales peut accepter de fournir une combinaison de services et d'actifs incorporels à une entreprise associée en contrepartie d'une redevance unique. »

[7] Tel que défini dans la convention correspondante.

[8] Voir le paragraphe 6.100 des Principes applicables en matière de prix de transfert : « L'existence d'un accord de franchise constitue une situation dans laquelle des transactions portant sur le transfert d'actifs incorporels ou de droits sur des actifs incorporels peuvent être combinées avec d'autres transactions. En vertu d'un accord de franchise, un membre d'un groupe d'entreprises multinationales peut accepter de fournir une combinaison de services et d'actifs incorporels à une entreprise associée en contrepartie d'une redevance unique. »

[9] Voir l'article 5(6) du Modèle de Convention fiscale des Nations Unies (UN, 2011[1]) : « Nonobstant les dispositions précédentes du présent article, une société d'assurances d'un État contractant est, sauf en matière de réassurance, considérée comme ayant un établissement stable dans l'autre État contractant si elle perçoit des primes dans le territoire de cet autre État ou si elle y assure contre des risques par l'intermédiaire d'une personne autre qu'un agent jouissant d'un statut indépendant auquel s'applique le paragraphe 7 ».

[10] Voir le paragraphe 7.15 des Principes de l'OCDE en matière de prix de transfert.

[11] Lorsque le prestataire de services agit uniquement en tant qu'agent ou intermédiaire, la base des coûts inclura uniquement les coûts supportés par l'intermédiaire dans l'exercice de sa fonction d'agent. Par exemple, la base de coûts d'une entreprise agissant en qualité d'agent d'approvisionnement et supportant des coûts au titre de l'achat de biens pour le compte d'entreprises associées n'inclurait pas les coûts de ces biens.

[12] Le terme de PME n'est pas défini au niveau international, mais il existe quelques exemples de définitions. Il est par exemple défini dans la Recommandation de l'UE 2003/361. Les principaux critères permettant de déterminer si une entreprise est une PME sont l'effectif et soit le chiffre d'affaires, soit le total du bilan. Le seuil de taille pour les PME est un effectif de 250 personnes et un chiffre d'affaires n'excédant pas 50 millions EUR ou un total du bilan n'excédant pas 43 millions EUR.

[13] Approche suivie dans le cadre du régime des recettes tirées à l'étranger d'actifs de propriété intellectuelle (ORIP) mis en place par le Royaume-Uni.

[14] Approche suivie dans le cadre de la loi BEAT (*Base Erosion and Anti-Abuse Tax*) en vigueur aux États-Unis.

[15] La législation du Royaume-Uni prévoit un arsenal de ce type en matière de recouvrement et l'applique en lien avec le régime ORIP.

10 Mise en œuvre et coordination des règles

10.1. Présentation générale

668. Ce chapitre résume dans un premier temps le cadre de coordination et de hiérarchie des règles dans lequel les différents éléments du deuxième Pilier sont censés fonctionner. Il examine ensuite les questions de mise en œuvre de chacun des éléments ainsi que les mécanismes permettant de garantir une coordination efficace et une sécurité juridique en matière fiscale dans la pratique. Il analyse également la compatibilité des règles GloBE avec les obligations stipulées dans les conventions fiscales en vigueur, mais laisse de côté la question de leur compatibilité avec d'autres obligations internationales, telles que les libertés fondamentales de l'UE.

10.2. Hiérarchie des règles

669. Les chapitres précédents de ce rapport sur le *Blueprint* du deuxième Pilier formulent des recommandations sur la conception d'une règle d'inclusion du revenu (RIR) et d'une règle relative aux paiements insuffisamment imposés (RPII), complétées par une règle de substitution (RS) qui supprime les obstacles conventionnels empêchant l'application de la RIR à certaines succursales, et qui se déclenche lorsqu'une convention fiscale oblige par ailleurs l'État contractant à employer la méthode de l'exemption[1]. Ils prévoient également une règle d'assujettissement à l'impôt (RAI). La Note de politique et le Programme de travail appellent à la mise au point de règles se rattachant au Pilier Deux qui aient pour effet de coordonner ces différents éléments afin de s'assurer qu'ils interagissent de façon à réduire les coûts administratifs et de conformité et à éviter le risque de double imposition.

670. La coordination entre ces différents éléments du deuxième Pilier est déjà décrite dans les chapitres précédents, mais est résumée ci-dessous pour plus de commodité.

10.2.1. Règle d'assujettissement à l'impôt

671. Lorsque la règle d'assujettissement à l'impôt (RAI) autorise la juridiction de la source à appliquer un impôt supplémentaire à un paiement couvert, par exemple sous la forme d'une retenue d'impôt, l'effet de cet impôt supplémentaire sera pris en compte pour calculer le taux effectif d'imposition en vertu des règles GloBE[2]. Si l'approche de l'agrégation par juridiction est retenue, cet impôt supplémentaire est attribué à l'entité constitutive qui comptabilise le paiement en tant que revenu[3]. En prenant en compte l'impôt résultant de la RAI dans le calcul du TEI du bénéficiaire, les règles GloBE donnent dans les faits la priorité à l'application de la RAI. L'exemple 10.2.1A illustre l'interaction de la RAI avec la RIR, tandis que l'exemple 10.2.1B illustre l'interaction de la RAI avec la RPII. Ces exemples montrent que la RAI s'applique même si le groupe d'EMN est soumis à la RIR ou à la RPII. Ces exemples montrent également que la retenue d'impôt prélevée au titre de la RAI est prise en compte pour déterminer le TEI (ou l'impôt supplémentaire le cas échéant) de la juridiction de résidence du bénéficiaire.

10.2.2. Règles GloBE

672. Les mécanismes de calcul et d'attribution de la base d'imposition et des impôts couverts au titre des règles GloBE visent à prendre en compte à la fois les impôts nationaux et étrangers appliqués au bénéfice de chaque entité constitutive[4]. Aussi, l'effet des règles existantes en matière de taxation du revenu étranger (en vertu du régime des SEC par exemple) ou de taxation des non-résidents sur le revenu de source nationale (via un mécanisme de retenue d'impôt par exemple) est pris en compte lors du calcul du TEI d'une entité constitutive dans le cadre des règles GloBE en procédant juridiction par juridiction. Le chapitre 3 décrit plus en détail les conséquences de la priorité donnée aux retenues d'impôt et aux prélèvements effectués en vertu d'un régime SEC.

Règle d'inclusion du revenu (RIR)

673. Ainsi que le chapitre 5 du rapport sur le *Blueprint* du deuxième Pilier l'explique plus en détail, la RIR prévaut sur la RPII en vertu des règles GloBE. Toutefois, la RIR comporte des mécanismes de coordination supplémentaires qui visent à empêcher qu'une RIR en vigueur dans des juridictions différentes puisse s'appliquer aux mêmes fractions de revenus faiblement taxés. Le principal mécanisme de coordination de l'application de la RIR dans chaque juridiction est l'approche dite descendante, qui donne la priorité à l'application de la RIR dans la juridiction de l'entité constitutive qui se trouve au sommet ou proche du sommet de la chaîne de propriété du groupe d'EMN, en commençant par l'entité mère ultime. Si l'entité mère ultime n'est pas située dans une juridiction qui applique la RIR, la responsabilité de l'application de la RIR incombe alors à l'entité constitutive qui est directement possédée et contrôlée par cette entité mère ultime, et ainsi de suite, jusqu'au bas de la chaîne de propriété.

674. L'application de l'approche descendante est soumise à une disposition supplémentaire qui vise expressément le cas des « structures en contrôle partagé ». Les structures en contrôle partagé désignent les structures dans lesquelles une fraction importante des participations dans une entité constitutive est détenue par des personnes non membres du groupe d'EMN (voir la section 6.3.2). Cette règle transfère l'obligation d'appliquer la RIR à la société mère « intermédiaire » sous contrôle partiel. La société mère intermédiaire appliquerait alors la RIR à sa fraction du revenu de toute entité constitutive faiblement taxée dans laquelle elle détient une participation directe ou indirecte.

Règle de substitution

675. La RIR s'appliquera lorsque la société mère de l'EMN perçoit un revenu attribuable à un établissement stable étranger (ES) qui bénéficie d'une exonération fiscale en vertu de la législation de la juridiction de la société mère. Dans ce cas, le revenu de cet ES exonéré devra être réparti entre la juridiction de l'ES et la juridiction de la société mère (ainsi que tout impôt sur ce revenu) en vertu des règles GloBE afin de pouvoir calculer de façon précise le TEI dans la juridiction de la société mère et dans celle de l'ES. Toutefois, une société mère qui tente d'appliquer la RIR au revenu d'un ES exonéré en sera empêchée si sa juridiction a conclu une convention fiscale bilatérale qui la contraint à exonérer le revenu de l'ES à la charge de son propre résident. Une juridiction qui se trouve dans l'incapacité d'imposer le revenu faiblement taxé d'un ES du fait de l'application de la convention ne pourrait pas mettre en œuvre une RIR conforme aux exigences des règles GloBE. Aussi, une règle de substitution est nécessaire pour permettre à l'État de résidence de la société mère d'imposer le revenu de l'ES à concurrence du taux minimum prévu par la règle d'inclusion du revenu[5].

Règle relative aux paiements insuffisamment imposés (RPII)

676. Comme indiqué précédemment, la RIR prévaut sur la RPII. Par conséquent, aucun impôt supplémentaire ne peut être attribué au titre de la RPII concernant une entité constitutive qui est contrôlée, directement ou indirectement, par une entité constitutive étrangère qui est soumise à une RIR conformément aux règles GloBE[6].

10.3. Mise en œuvre

677. La RAI et la RS ne peuvent être appliquées qu'en modifiant les conventions fiscales bilatérales existantes. Cela pourrait passer par des négociations bilatérales et des amendements de conventions individuelles. On pourrait également envisager d'adopter ces modifications dans le cadre de la Convention multilatérale pour la mise en œuvre des mesures relatives aux conventions fiscales pour prévenir l'érosion de la base d'imposition et le transfert de bénéfices (l'Instrument multilatéral) issue de l'Action 15 du BEPS. L'instrument multilatéral est une convention multilatérale qui s'applique en parallèle avec les conventions bilatérales existantes, dont elle modifie l'application. Cet instrument procure des gains d'efficience considérables, en évitant aux juridictions d'avoir à renégocier chacune de leurs conventions au niveau bilatéral. L'IM nécessite une seule négociation et permet aux pays d'engager une procédure de ratification unique couvrant l'ensemble de leurs conventions concernées. L'utilisation de l'IM ou d'une nouvelle convention multilatérale (voir la section 10.5.3) pour donner effet à la RAI et à la RS dans les conventions visées pourrait constituer une solution plus efficiente pour appliquer ces règles. L'approche suivie par l'IM admettrait un caractère facultatif et n'obligerait pas forcément tous les pays à adopter la RAI et la RS.

678. La RIR et la RPII peuvent être appliquées moyennant des modifications de la législation interne. C'est donc aux différentes juridictions de décider d'intégrer la RIR et la RPII dans leur législation interne, et de le faire dans le respect des dispositions convenues des règles GloBE. Il est admis que les juridictions pourraient souhaiter conserver leur droit d'appliquer la RIR (ou des règles inspirées de la RIR) aux groupes d'EMN ayant leur siège social sur leur territoire et qui n'atteignent pas le seuil prévu de chiffre d'affaires consolidé. Néanmoins, il convient aussi de déterminer si le droit d'une juridiction d'appliquer la RIR à des groupes d'EMN réalisant un chiffre d'affaires consolidé inférieur au seuil devrait être restreint dans le cadre de l'accord d'ensemble, pour s'assurer qu'elle soit appliquée dans le respect des principes, résultats convenus et exigences de coordination des règles GloBE. Par exemple, une juridiction qui a mis en place la règle relative aux paiements insuffisamment imposés ne peut pas appliquer cette règle à une entité constitutive d'un groupe d'EMN si le chiffre d'affaires consolidé de ce groupe est inférieur au seuil. Les mécanismes permettant d'assurer une coordination d'ensemble et une application efficace de la RIR et de la RPII dans de multiples juridictions sont traités à la section 10.5, qui envisage aussi d'élaborer une convention multilatérale couvrant les règles RIR et RPII, seul moyen d'inscrire la coordination des règles dans un cadre juridiquement contraignant.

10.4. Compatibilité avec les conventions

10.4.1. Principes généraux

679. Le point de départ commun à l'analyse de compatibilité de la RIR et de la RPII avec les obligations des conventions fiscales existantes est le principe général qui veut que, à quelques exceptions près, les conventions fiscales ne sont pas destinées à limiter le droit pour un pays de taxer ses propres résidents. Ce principe constant est à présent codifié dans l'article 1(3) du Modèle de Convention fiscale de l'OCDE (OCDE, 2018[1]) (souvent appelé « clause de sauvegarde »), dont le texte est le suivant :

> *Cette Convention n'affecte pas l'imposition par un État contractant de ses résidents, sauf en ce qui concerne les avantages accordés en vertu du paragraphe 3 de l'article 7, du paragraphe 2 de l'article 9 et des articles 19, 20, 23 [A] [B], 24, 25 et 28.*

680. Par conséquent, de manière générale, les conventions fiscales ne devraient pas faire obstacle à l'application par les juridictions d'une RIR et d'une RPII conformes au modèle envisagé dans la solution GloBE.

10.4.2. Règle d'inclusion du revenu (RIR)

681. En vertu de la RIR, une société mère (l'entité mère ultime le plus souvent) doit comptabiliser en tant que revenu la fraction du revenu qui lui revient de toute entité constitutive située dans une juridiction à faible fiscalité dans laquelle elle détient une participation. Cette fraction est alors imposée à la charge de la société mère à concurrence du taux minimum GloBE, après avoir imputé tout impôt couvert (tel que défini aux fins de la proposition GloBE) sur ce revenu. En imposant un contribuable résident sur sa fraction du revenu étranger d'une succursale contrôlée, le fonctionnement de la RIR s'apparente étroitement à celui d'une règle SEC et pose les mêmes questions conventionnelles. Bien qu'il existe un certain nombre de différences entre la RIR et les règles sur les SEC de nombreuses juridictions, elles sont sans effet sur l'analyse.

682. La compatibilité des régimes de SEC avec les obligations conventionnelles est régie par le paragraphe 81 des Commentaires sur l'article 1 du Modèle de Convention fiscale de l'OCDE (OCDE, 2018[1]), qui conclut à l'absence de conflit avec les obligations conventionnelles. Le paragraphe 81 se lit comme suit :

> *« De nombreux pays ont adopté des dispositions relatives aux sociétés étrangères contrôlées afin de traiter les problèmes liés au recours à des sociétés implantées à l'étranger. Même si la conception de ce type de législation varie considérablement selon les pays, un trait commun de ces règles, que l'on considère désormais à l'échelle internationale comme un instrument légitime pour protéger l'assiette fiscale nationale, est qu'elles permettent à un État contractant d'imposer ses propres résidents sur des revenus attribuables à leurs participations dans certaines entités étrangères. Toutefois, on a parfois affirmé, en s'appuyant sur une certaine interprétation des dispositions de la Convention comme le paragraphe 1 de l'article 7 ou le paragraphe 5 de l'article 10, que ce trait commun des législations sur les sociétés étrangères contrôlées était contraire à ces dispositions. Étant donné que cette législation a pour effet qu'un État impose ses propres résidents, le paragraphe 3 de l'article 1 confirme qu'elle n'entre pas en conflit avec les conventions fiscales. La même conclusion doit être tirée dans le cas de conventions ne contenant pas une disposition similaire au paragraphe 1 de l'article 3 ; comme on l'explique dans les paragraphes 14 des Commentaires sur l'article 7 et 37 des Commentaires sur l'article 10, l'interprétation selon laquelle ces articles empêcheraient l'application des dispositions relatives aux sociétés étrangères contrôlées n'est pas conforme au texte du paragraphe 1 de l'article 7 et du paragraphe 5 de l'article 10. De plus, elle ne résiste pas à la lecture de ces dispositions dans leur contexte. En conséquence, même si certains pays ont jugé utile de préciser expressément dans leurs conventions que leur législation relative aux sociétés étrangères contrôlées n'était pas contraire à la Convention, une telle précision n'est pas nécessaire. Il est admis que la législation relative aux sociétés étrangères contrôlées qui suit cette approche n'est pas contraire aux dispositions de la Convention. »*

683. Pour les mêmes raisons, on peut conclure qu'une RIR inspirée de celle envisagée dans la proposition GloBE est compatible avec les dispositions des conventions fiscales qui sont généralement dérivées du Modèle de Convention fiscale de l'OCDE (OCDE, 2018[1]).

10.4.3. Règle relative aux paiements insuffisamment imposés (RPII)

684. La RPII sert de filet de sécurité à la RIR. Elle se déclenche lorsque la RIR ne s'applique pas, en dotant les juridictions d'un outil pour se protéger contre les effets de transactions érodant leur base d'imposition. Pour ce faire, la RPII limite (ou refuse) la déduction de paiements intragroupe, ou apporte un ajustement équivalent. L'impact de la RPII sur la déduction d'un paiement intragroupe dépend du montant de l'impôt supplémentaire qui est attribué à un contribuable soumis à la RPII. Ainsi que le chapitre 7 l'explique, la RPII utilise les mêmes mécanismes que la RIR pour calculer le TEI de la juridiction de l'EMN ainsi que le montant de l'impôt supplémentaire à attribuer en vertu de la règle. Cependant, la RPII a recours à une clé de répartition basée sur les paiements intragroupe déductibles.

685. L'impôt supplémentaire est attribué à un contribuable soumis à la RPII qui est membre du même groupe d'entreprises multinationales que l'entité faiblement taxée selon les modalités suivantes :

- En premier lieu, si le contribuable RPII effectue des paiements déductibles en faveur de l'entité faiblement taxée au cours de la période considérée, l'impôt supplémentaire qui s'applique au revenu de cette entité est attribué en proportion des paiements déductibles effectués à cette entité par l'ensemble des contribuables assujettis à la RPII.
- En second lieu, si le contribuable assujetti à la RPII enregistre une dépense nette intragroupe, le solde de l'impôt supplémentaire est réparti en proportion du montant total des dépenses nettes intragroupe supportées par l'ensemble des contribuables assujettis à la RPII.

686. Cette approche en deux étapes est justifiée par le fait que la totalité du montant de l'impôt supplémentaire n'est pas nécessairement attribuée après l'application de la première clé de répartition. Cela peut se produire en l'absence de paiement direct à une entité faiblement taxée par un contribuable assujetti à la RPII ou si les ajustements apportés aux paiements directs ne sont pas suffisants pour absorber l'impôt supplémentaire calculé. En pareil cas, le solde de l'impôt supplémentaire après application de la première clé de répartition est attribué aux contribuables RPII en proportion de leurs dépenses nettes intragroupe. Les contribuables RPII qui enregistrent des bénéfices nets entre parties liées ne sont pas pris en compte pour l'application de la seconde clé de répartition. Les deux clés de répartition prennent uniquement en compte les paiements effectués la même année que celle durant laquelle l'impôt supplémentaire est généré.

687. La RPII prévoit un mécanisme coordonné pour déterminer le montant maximum de l'impôt supplémentaire qui peut être attribué et qui peut être mis à la charge de chaque contribuable assujetti. L'impôt supplémentaire à la charge de chaque contribuable est plafonné en référence au montant brut des paiements intragroupe déductibles qui sont pris en compte aux fins de l'application des clés de répartition. Toutefois, la RPII ne prescrit pas de quelle manière cet impôt supplémentaire est recouvré. L'ajustement opéré dans la juridiction du payeur peut prendre la forme d'un refus ou d'une limitation de déduction au titre de paiements intragroupe, ou d'un impôt équivalent calculé par référence à ces paiements. La méthode spécifique utilisée pour procéder à cet ajustement relèvera du droit interne des juridictions qui appliquent la RPII (voir la section 7.7 ci-dessus).

688. Étant donné que la RPII peut s'appliquer dans toute juridiction où un contribuable assujetti effectue un paiement intragroupe, et que les résultats de la RPII varieront en fonction du montant des paiements intragroupe effectués par chaque entité, la RPII est une règle plus complexe à appliquer et nécessite davantage de coordination entre juridictions que la RIR. En pratique toutefois, le champ d'application de la RPII devrait être relativement étroit. En effet, la RPII s'applique uniquement lorsque l'entité n'est pas soumise à une RIR appliquée conformément aux règles GloBE en vertu des lois d'une autre juridiction (voir la section 10.2 consacrée à la hiérarchie des règles).

689. Aussi, la RPII aurait des répercussions sur la manière dont un pays taxe ses résidents. Puisque le refus de déduction visé par la RPII pourrait aboutir à une base d'imposition plus élevée que celle qui résulterait uniquement de la définition des bénéfices selon le principe de pleine concurrence, d'aucuns pourront se demander si le refus de déduction n'est pas contraire à l'article 9(1) (Entreprises associées) ou, lorsque la RPII s'applique à un ES, à l'article 7(2) du Modèle de Convention fiscale (OCDE, 2018[1]). Néanmoins, il est généralement admis qu'une fois les bénéfices attribués conformément au principe de pleine concurrence, la façon dont ils sont taxés relève du droit interne de chaque pays. Un argument fréquemment invoqué à l'appui de cette position est celui des règles refusant la déduction des frais de réception qui font partie du droit interne de nombreux pays. Comme mentionné précédemment, ce principe constant est à présent codifié dans l'article 1(3) du Modèle de Convention fiscale de l'OCDE (la « clause de sauvegarde ») et est confirmé par le paragraphe 30 des Commentaires sur l'article 7 en ces termes :

> *« Le paragraphe 2 détermine les bénéfices qui sont attribuables à un établissement stable aux fins des dispositions du paragraphe 1 qui répartissent les compétences fiscales concernant ces bénéfices. Une fois que les bénéfices attribuables à un établissement stable ont été déterminés conformément au paragraphe 2 de l'article 7, il appartient au droit interne de chaque État contractant de déterminer s'il y a lieu d'imposer ces*

> *bénéfices et de quelle manière, sous réserve de se conformer aux conditions imposées par le paragraphe 2 et les autres dispositions de la Convention. Le paragraphe 2 ne traite pas la question de savoir si les dépenses sont déductibles lors du calcul du revenu imposable de l'entreprise dans chacun des États contractants. La question des conditions de déductibilité des dépenses est du ressort du droit interne, sous réserve des dispositions de la Convention et, en particulier, du paragraphe 3 de l'article 24 [...] »*

Dispositions relatives à la non-discrimination

690. Le principe général codifié par l'article 1(3) du Modèle de Convention fiscale (OCDE, 2018[1]) est néanmoins limité dans certaines circonstances par l'article 24 (disposition relative à la non-discrimination). Deux dispositions de l'article 24 doivent être prises en compte en lien avec la RPII. L'article 24(4) impose une égalité de traitement entre les paiements effectués par un résident à un non-résident et les paiements entre contribuables résidents. Pour respecter les dispositions de l'article 24(4), les conditions de déductibilité ne doivent pas être différentes du simple fait qu'un paiement est effectué au profit d'un non-résident. Lorsque la RPII s'applique aux paiements réputés provenir d'un ES, l'article 24(3) prévoit que l'imposition de cet ES ne doit pas être moins favorable que celle appliquée aux entreprises résidentes exerçant les mêmes activités.

691. Comme la section 7.4.3 l'explique, la RPII ne s'appliquera pas lorsqu'un paiement provient d'une juridiction considérée comme à faible fiscalité pour ce groupe une année donné (sur la base du profil de TEI du groupe local dans cette juridiction cette même année). La première étape de la RPII ne s'appliquera pas non plus à un paiement provenant d'une juridiction considérée comme à fiscalité élevée pour le groupe une année donnée et effectué en faveur d'une entité du groupe située dans une juridiction également considérée comme à fiscalité élevée pour ce groupe cette même année. Dans un cas comme dans l'autre, la RPII prévoit un refus de déduction. La première étape de la RPII s'appliquera uniquement lorsqu'un paiement provenant d'une juridiction considérée comme à fiscalité élevée pour ce groupe une année donnée est effectué en faveur d'une entité du groupe située dans une juridiction considérée comme à faible fiscalité pour ce groupe cette même année. Dans ce scénario, il peut y avoir refus de déduction en vertu de la RPII. Comme une juridiction ne peut pas être à la fois à faible fiscalité et à fiscalité élevée pour un groupe une année donnée, ce refus s'appliquera uniquement à certains paiements transfrontières. Dans tous ces scénarios, les conditions auxquelles une déduction au titre d'un paiement national ou international est autorisé ou refusé sont les mêmes ; le seul critère est de savoir si le paiement provient d'une juridiction à fiscalité élevée et est à destination d'une juridiction à faible fiscalité. Cela montre que le refus d'une déduction à la première étape de la RPII n'est pas déterminé par la résidence du bénéficiaire du paiement, mais par le classement de la juridiction en tant que juridiction à fiscalité faible ou élevée, sur la base du taux effectif d'imposition du groupe local au cours de la période considérée.

692. À la deuxième étape décrite ci-dessus, la déduction de dépenses nettes entre parties liées peut être refusée, que le paiement soit en faveur d'un membre national ou étranger du groupe. Les dépenses nettes entre parties liées sont calculées en procédant entité par entité. À cette étape, la RPII s'appliquera de la même manière aux paiement intragroupe effectués en faveur d'entités résidentes et non résidentes, sans aucune distinction.

693. C'est pourquoi on peut conclure qu'une RPII inspirée de celle envisagée dans la proposition GloBE est compatible avec l'obligation de non-discrimination en fonction de la résidence du bénéficiaire d'un paiement déductible visée par l'article 24(4). On peut tirer une conclusion similaire en lien avec l'article 24(3) pour les raisons exposées ci-dessous.

694. Les ES sont considérés comme des entités constitutives distinctes aux fins des règles GloBE. Les paiements présumés ou notionnels provenant d'un ES en faveur de son siège social (SS) qui sont reconnus à des fins fiscales seront inclus dans la définition des paiements, à condition qu'ils remplissent les critères généraux pour être déductibles dans la juridiction du payeur. Cela vaut pour les paiements pris en compte à la première ou à la deuxième étape décrite ci-dessus. Un tel ES pourrait être un contribuable soumis à la RPII et se voir refuser la déduction s'il est établi dans une juridiction considérée comme à

fiscalité élevée et que son SS se trouve dans une juridiction à faible fiscalité, sur la base du TEI dans chaque juridiction une année donnée, selon la même logique que celle décrite ci-dessus. La RPII s'applique alors, en s'appuyant sur les mêmes mécanismes que la RIR pour déterminer le TEI de la juridiction de l'EMN et le montant de l'impôt supplémentaire attribuable en vertu de la règle, puis en appliquant à l'ES la clé de répartition en deux étapes basée sur les paiements intragroupe déductibles de l'ES (les paiements présumés reconnus à des fins fiscales). L'effet est le même que pour les paiements effectués par une entité du groupe qui est un contribuable assujetti à la RPII.

695. L'article 24(3) dispose que l'imposition d'un ES ne doit pas être moins favorable dans la juridiction d'accueil par rapport à une entreprise hypothétique résidente de cette juridiction et qui exerce les mêmes activités. Pour appliquer ce test, comme les autres tests prévus à l'article 24, le paragraphe 3 des Commentaires sur l'article 24 du Modèle de Convention fiscale (OCDE, 2018[1]) expose les principes généraux suivants :

> *« Les différentes dispositions de l'article 24 empêchent les différences de régime fiscal qui se fondent uniquement sur certaines raisons spécifiques [...] Ainsi, pour que ces paragraphes soient applicables, les autres aspects pertinents doivent être identiques. Les dispositions de l'article 24 utilisent différentes formulations à cet effet (par exemple « qui se trouvent dans la même situation » aux paragraphes 1 et 2 ; « qui exercent la même activité » au paragraphe 3 ; « entreprises similaires » au paragraphe 5). En outre, alors que cet article cherche à éliminer les distinctions qui sont uniquement fondées sur certaines raisons, il ne vise nullement à ce que les nationaux d'autres États, les non-résidents, les entreprises d'autres États ou les entreprises nationales détenues ou contrôlées par des non-résidents bénéficient d'un régime fiscal plus avantageux que celui des nationaux, résidents ou entreprises nationales détenues ou contrôlées par des résidents. »*

696. La RPII s'applique à un ES qui est un contribuable assujetti à la RPII, de la même manière qu'à un contribuable assujetti à la RPII qui est une entité membre d'un groupe, en tant que mécanisme permettant d'attribuer l'impôt supplémentaire résultant de la situation de faible imposition au niveau de l'EMN. Le mécanisme prend la forme d'une limitation (ou d'un refus) de déduction de paiements intragroupe, ou d'un ajustement équivalent, basé sur les paiements déductibles en faveur d'une entité faiblement taxée ou sur les dépenses nettes entre parties liées au cours de la période concernée. Il s'agit d'une règle destinée à servir de filet de sécurité à la RIR en attribuant un impôt supplémentaire entre les entités constitutives d'un groupe d'EMN lorsque la RIR ne s'applique pas. Aussi, la RPII n'opère aucune différence de traitement entre un ES situé dans un État et une entité résidente de cet État qui exerce les mêmes activités simplement parce que c'est l'ES d'une entité non résidente.

10.5. Coordination effective des règles GloBE

697. Des instructions et des mécanismes supplémentaires seront élaborés afin d'assurer une application uniforme, cohérente et exhaustive des règles RIR et RPII et de garantir une coordination d'ensemble efficace de leur déploiement dans de multiples juridictions. Il s'agira de rédiger un modèle de législation et des orientations types, et d'établir un processus d'examen multilatéral ainsi que de réfléchir à une convention multilatérale regroupant les éléments essentiels de la RIR et de la RPII.

698. On réfléchira à l'opportunité pour les juridictions d'adopter une mise en œuvre par étape des règles, ce qui permettrait d'appliquer la RIR en premier et de n'activer la RPII qu'après un certain nombre d'années suivant la finalisation du deuxième Pilier.

10.5.1. Modèle de législation et orientations types

699. Pour accroître la cohérence et améliorer la coordination des règles, un modèle de législation sera élaboré, définissant les modalités détaillées des règles RIR et RPII. Les juridictions pourront s'inspirer de ce modèle pour rédiger leur législation interne.

700. En outre, à mesure que les juridictions passeront à la phase de mise en œuvre, des questions d'interprétation pourraient se poser. Dans l'intérêt d'une mise en œuvre cohérente et d'une plus grande sécurité juridique pour les administrations fiscales comme pour les contribuables, le Cadre inclusif élaborera des orientations coordonnées pour répondre à ces questions. Cette approche s'apparente à celle suivie concernant la mise en œuvre de l'Action 13 du BEPS.

701. Les travaux consacrés au modèle de législation pour les règles RIR et RPII avanceront en parallèle avec ceux portant sur la rédaction de la RAI et de la RS.

10.5.2. Processus d'examen multilatéral

702. Pour simplifier le respect de la RPII et l'administration de la règle dans les cas où la RPII ne s'appliquerait pas, il est nécessaire de mettre en place un système qui permette au groupe d'EMN de certifier que des entités constitutives de ce groupe ont leur société mère dans une juridiction qui applique une RIR conformément aux exigences de la proposition GloBE.

703. Un processus d'examen multilatéral offrirait un moyen de déterminer plus facilement si la RIR appliquée par une juridiction est conforme aux exigences GloBE. Ce processus multilatéral consisterait en une évaluation collective qui aboutirait à la publication d'une liste convenue de juridictions qui ont mis en œuvre une RIR conformément aux règles énoncées dans ce projet du deuxième Pilier. Le modèle de législation et les orientations constitueront un ensemble cohérent d'instructions pour déterminer si une RIR est conforme au deuxième Pilier, et serviront de fondement au processus d'examen multilatéral[7].

704. À la suite de la transcription de la RIR et de la RPII dans le droit interne des juridictions, les membres du CI envisageront d'engager un réexamen général du fonctionnement des règles GloBE pour s'assurer qu'elles produisent les résultats escomptés. Ce réexamen serait lié au processus qui autorise les membres du CI à analyser si la façon dont les règles fonctionnent dans un contexte particulier « entraîne d'importantes distorsions de concurrence dans l'application des règles GloBE »[8]. Dans l'intervalle, lorsque les membres du CI identifient des problèmes ou des risques spécifiques, le CI pourrait élaborer des instructions supplémentaires pour les traiter. Un processus d'examen multilatéral s'emploiera à alléger la charge qui pèse sur les ressources des administrations fiscales engagées dans cet exercice.

10.5.3. Convention multilatérale

705. Bien qu'une convention multilatérale ne soit pas une condition préalable, elle représenterait le seul moyen d'inscrire la coordination des règles dans un cadre juridiquement contraignant. Aussi, les membres du CI élaboreront des dispositions qui pourraient être intégrées dans une nouvelle convention multilatérale et qui viseraient à garantir la cohérence, la sécurité juridique et la coordination dans l'application et le fonctionnement des règles RIR et RPII. Le modèle de législation, les orientations et le processus d'examen multilatéral seraient ainsi complétés par un instrument juridique qui sous-tendrait l'accord politique sur le deuxième Pilier.

706. Ces dispositions pourraient énoncer les éléments fondamentaux et les principes de haut niveau des règles GloBE qui sont nécessaires pour permettre une application cohérente et coordonnée dans de multiples juridictions, et notamment la hiérarchie des règles et l'approche descendante pour la RIR. Elles pourraient également réunir les principales composantes des règles GloBE qui nécessitent des définitions communes, comme la base d'imposition, les impôts couverts, l'approche fondée sur l'agrégation par juridiction et les règles d'attribution pour la RPII. Le modèle de législation contiendrait les modalités détaillées des règles RIR et RPII. Il accompagnerait la convention multilatérale et fournirait des instructions complémentaires et une source d'interprétation.

707. À la différence de l'Instrument multilatéral utilisé pour appliquer les mesures BEPS relatives aux conventions fiscales, ces dispositions n'auraient pas pour but de modifier les clauses des conventions existantes. Ces dispositions pourraient être regroupées dans une nouvelle convention multilatérale, qui serait un instrument international de droit public autonome, spécifiquement conçu pour garantir une

application cohérente, uniforme et exhaustive des règles GloBE, et qui coexisterait avec le réseau existant de conventions fiscales. Il serait également possible d'inclure les dispositions GloBE dans le nouvel instrument multilatéral envisagé au titre du deuxième Pilier, ce qui offrirait l'avantage supplémentaire de définir les interactions entre le premier Pilier et le deuxième Pilier[9]. On pourrait aussi envisager d'intégrer les règles RAI et RS dans ce nouvel instrument multilatéral.

708. Une convention multilatérale pourrait également confirmer la compatibilité des règles GloBE avec les conventions existantes relatives aux doubles impositions, ce qui sécuriserait le fonctionnement de ces règles. En outre, elle pourrait contenir des mécanismes d'échange de renseignements et de règlement des différends (voir la section 10.6.2) ci-dessous.

10.6. Prévention et règlement des différends

709. Assurer la sécurité juridique en matière fiscale au moyen de mécanismes de prévention et de règlement des différends est une composante essentielle du deuxième Pilier. Le cadre fiscal international existant offre un certain nombre d'outils qui permettent d'atténuer les risques de double imposition pour les contribuables.

10.6.1. RAI et RS

710. Les règles RAI et RS sont des règles conventionnelles qui pourraient être intégrées dans les conventions fiscales existantes. Aussi, elles bénéficieraient des mécanismes existants de règlement des différends contenus dans les conventions fiscales concernées. Conformément au standard minimum de l'Action 14 du BEPS, toutes les conventions auxquelles adhèrent les membres du Cadre inclusif sur le BEPS doivent contenir un article sur la PA qui soit conforme à l'article 25(1) à (3) du Modèle de Convention fiscale de l'OCDE (OCDE, 2018[1]). Par conséquent, une procédure amiable pourrait être engagée dès lors qu'un contribuable estime qu'une juridiction a appliqué la RAI ou la RS d'une manière qui a entraîné ou qui entraînera une imposition non conforme à la convention fiscale.

10.6.2. Règles GloBE (RIR et RPII)

711. La RIR et la RPII sont de nouvelles règles qui seraient intégrées dans le droit interne des juridictions. La RIR et la RPII ont été conçues de manière à minimiser les possibilités de différends concernant leur application dans de multiples juridictions, principalement en raison de la hiérarchie des règles et de leur fonctionnement binaire (la RPII ne doit pas s'appliquer dans les cas où l'entité constitutive faiblement taxée est contrôlée, directement ou indirectement, par une entité constitutive étrangère qui est soumise à une RIR mise en œuvre conformément aux règles GloBE). Parmi les autres caractéristiques de conception des règles GloBE qui contribueront à minimiser les différends figurent l'application de la RIR au niveau de la société mère et le mécanisme permettant d'identifier les juridictions qui ont mis en œuvre une RIR conformément aux exigences des règles GloBE, ainsi que le mécanisme standard grâce auquel l'EMN peut certifier qu'elle est assujettie aux règles[10].

712. En outre, la RPII est conçue de manière à réduire les possibilités de différends pour les raisons suivantes : (i) en tant que filet de sécurité, la RPII ne devrait s'appliquer que dans un nombre limité de situations et (ii) les règles de calcul et d'attribution de la RPII sont essentiellement mécaniques et moins sujettes à interprétation que d'autres règles de répartition des droits d'imposition (telles que les règles sur les prix de transfert). En outre, l'élaboration d'un modèle de législation et d'orientations, conjuguée à la mise au point d'un instrument juridique multilatéral et de formulaires de déclaration standards, contribueront à prévenir les différends en favorisant une application uniforme des règles GloBE et une collaboration multilatérale entre les administrations fiscales[11].

713. Si une application incohérente des règles GloBE entraîne malgré tout un risque de double imposition du contribuable, le cadre fiscal international existant offre un certain nombre d'outils permettant d'atténuer ces risques. En premier lieu, les juridictions peuvent s'appuyer sur la Convention concernant

l'assistance administrative mutuelle en matière fiscale (MAAC) (OCDE/Conseil de l'Europe, 2011[2]) pour échanger des renseignements[12]. En outre, dans les cas où une administration fiscale envisage de réexaminer la déclaration RPII déposée par le contribuable dans sa juridiction, elle pourrait être tenue d'informer ou de consulter d'autres juridictions ou d'engager des contrôles fiscaux simultanés dans plusieurs juridictions potentiellement concernées par la réévaluation de la déclaration[13]. La Convention concernant l'assistance administrative mutuelle en matière fiscale définit le cadre juridique régissant les contrôles fiscaux simultanés[14]. Les contrôles fiscaux simultanés s'avèrent être un outil efficace pour s'assurer que le juste montant de l'impôt est payé, tout en minimisant le risque de double imposition.

714. En outre, si une juridiction réexamine la déclaration RPII déposée par le contribuable, entraînant une double imposition pour ce contribuable (par exemple parce que l'impôt supplémentaire qui était attribué à une autre juridiction s'en trouve modifié), une procédure amiable pourrait être engagée en vertu des conventions existantes. À cette fin, les autorités compétentes des juridictions concernées peuvent s'en remettre à la disposition figurant à la deuxième phrase du paragraphe 3 de l'article 25 du Modèle de Convention fiscale de l'OCDE (OCDE, 2018[1]), qui les autorise à se concerter en vue d'éliminer la double imposition dans les cas non prévus par la Convention. Cela suppose néanmoins que les juridictions concernées par la double imposition aient conclu une convention fiscale entre elles, et qu'elles aient autorité pour résoudre le cas, ce qui n'est pas systématique.

715. Par ailleurs, le CI réfléchira également à l'élaboration d'une convention multilatérale qui pourrait aussi contenir des dispositions relatives à la prévention et au règlement des différends concernant l'application des règles GloBE, ainsi que des dispositions relatives à l'échange de renseignements entre administrations fiscales – en effet, le respect des règles RPII et RIR supposera que les administrations fiscales aient accès aux informations sur les entités constitutives qui ne sont pas contrôlées par des entreprises résidentes locales. Enfin, il pourrait examiner l'opportunité d'associer cette convention à l'instrument actuellement à l'étude aux fins du premier Pilier.

Références

OCDE (2018), *Modèle de Convention fiscale concernant le revenu et la fortune : Version abrégée 2017*, OECD Publishing, Paris, https://doi.org/10.1787/mtc_cond-2017-fr. [1]

OCDE/Conseil de l'Europe (2011), *La Convention multilatérale concernant l'assistance administrative mutuelle en matière fiscale: Amendée par le Protocole de 2010*, Éditions OCDE, Paris, https://dx.doi.org/10.1787/9789264115682-fr. [2]

Notes

[1] Voir la section 4.2.1.

[2] Voir la section 3.3.2.

[3] Voir la section 3.4.2.

[4] Voir la section 3.4.

[5] Voir la section 4.2.1.

[6] Dans le cas où aucune entité mère de contrôle ne peut appliquer la RIR, voir la section 6.3.1 ci-dessus.

[7] Parallèlement à ce processus, les administrations fiscales qui ont déployé une RIR pourraient s'accorder sur des procédures simplifiées d'évaluation des risques qui s'appliqueraient pour vérifier le respect de la RIR dans chaque juridiction. Le chapitre 0 analyse les options qui s'offrent pour mettre au point des procédures simplifiées d'évaluation des risques. Ces procédures simples pourraient inclure un mécanisme permettant de démontrer que le taux effectif d'imposition dans la juridiction de la société mère est supérieur au taux minimum convenu.

[8] Voir la section intitulée *'Autres normes comptables généralement admises'* à la section 3.3.3

[9] Voir la section 10.2.2. *Mise en œuvre dans le droit international public* du Projet de rapport sur le Pilier 1.

[10] Voir la section 7.8 ci-dessus portant sur la conformité et l'administration de la PRII.

[11] Voir également la section 7.8.2 consacrée au mécanisme de certification et aux formulaires de déclaration standards aux fins de la RPII. Des travaux supplémentaires pourraient analyser la possibilité d'élaborer des formulaires de déclaration standards également pour la RIR. En outre, à mesure que le modèle de législation et les orientations seront développées, des travaux techniques supplémentaires seront entrepris en vue d'examiner les options de simplification liées à l'échange des certificats et des déclarations standards.

[12] La Convention concernant l'assistance administrative mutuelle en matière fiscale (OCDE/Conseil de l'Europe, 2011[2]) telle qu'amendée par le Protocole de 2010 (la « MAAC ») est une convention multilatérale qui vise à aider les pays à mieux appliquer leur législation fiscale, en offrant un cadre juridique international pour l'échange de renseignements et la coopération en matière fiscale en vue de lutter contre la fraude et l'évasion fiscales internationales. En juin 2020, 137 juridictions avaient adhéré à la MAAC.

[13] Des contrôles fiscaux simultanés désignent un accord par lequel deux ou plusieurs administrations fiscales conviennent de vérifier simultanément, chacune sur son territoire, la situation fiscale d'une ou de plusieurs personnes qui présentent pour elles un intérêt commun ou complémentaire, en vue d'échanger les renseignements ainsi obtenus.

[14] En vertu de la MAAC (OCDE/Conseil de l'Europe, 2011[2]), deux ou plusieurs juridictions peuvent se consulter pour déterminer les cas devant faire l'objet d'un contrôle fiscal simultané et les procédures à suivre (article 8). Une juridiction peut également demander à son autorité compétente d'être présente au cours des contrôles fiscaux menés dans une autre juridiction (article 9).

Annexe A. Exemples

Chapitre 2 Diagramme de flux et exemple

Diagramme de flux 2.2.2.

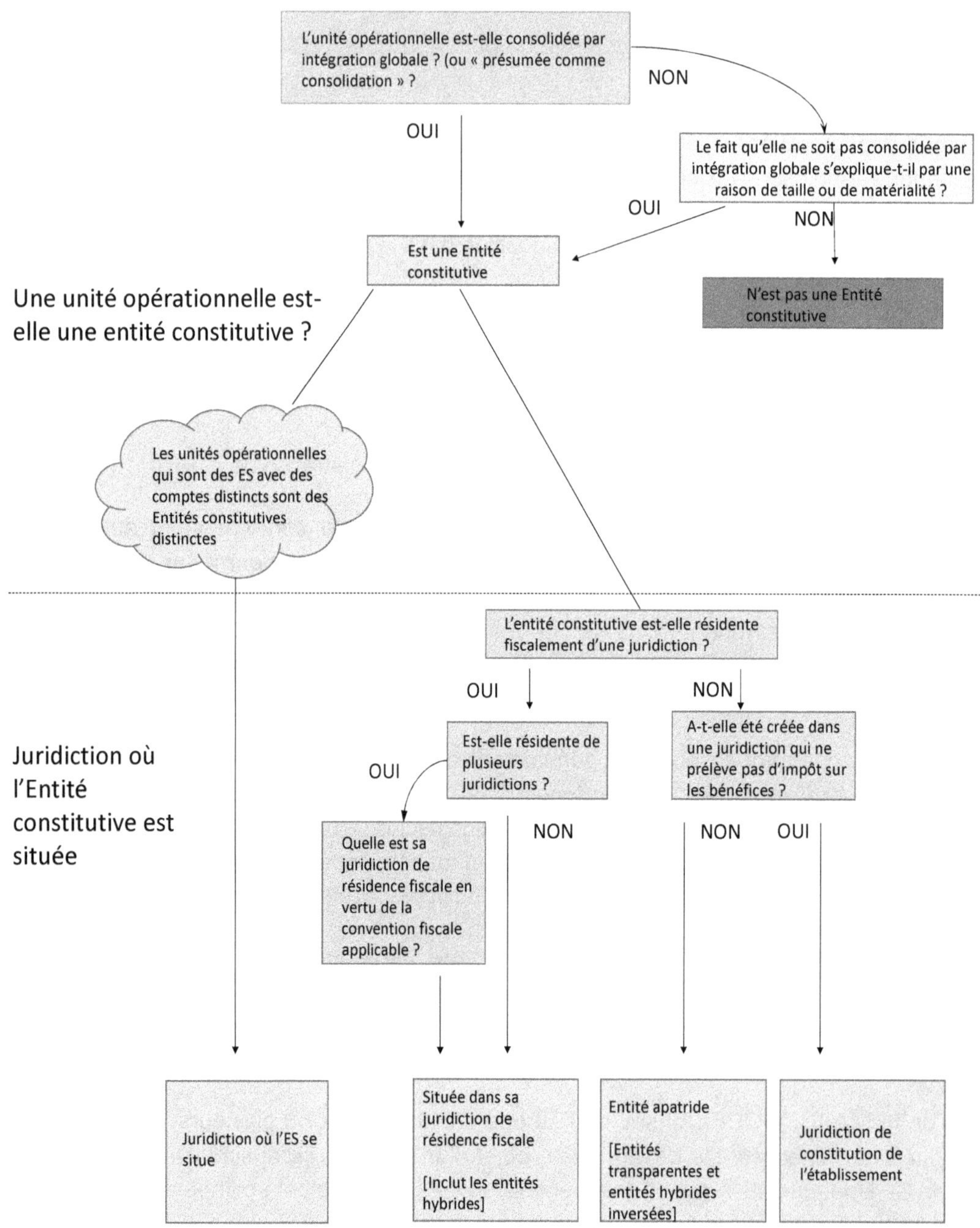

Exemple 2.4.3. Calcul du seuil de chiffre d'affaires consolidé pour un groupe d'EMN détenu par une Entité exclue

Énoncé des faits

1. Le FONDS est une société d'investissement qui ne consolide pas les comptes des sociétés dans lesquelles il investit conformément à la norme IFRS 10. Le FONDS est l'actionnaire majoritaire de la Holding 1 et de la Holding 2. Ces sociétés sont les sociétés mères de deux groupes d'EMN différents réalisant chacun un chiffre d'affaires consolidé de 500 millions EUR. Des comptes consolidés séparés sont préparés pour le groupe d'EMN 1 et le groupe d'EMN 2.

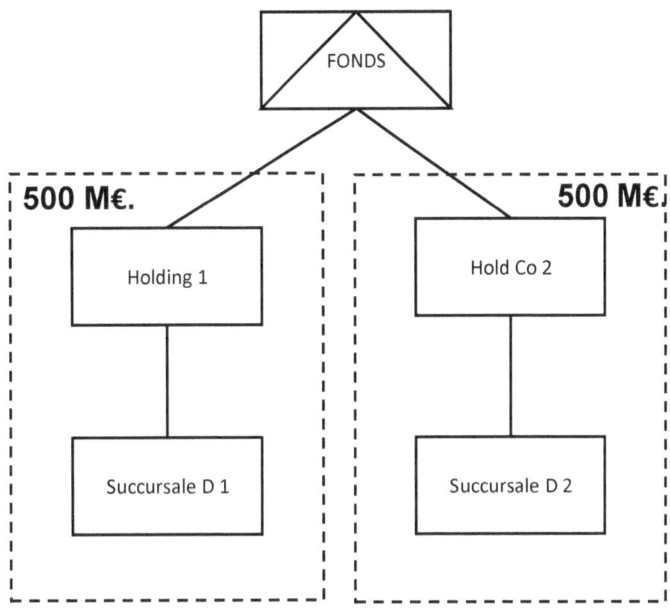

Question

2. Le groupe d'EMN 1 et le groupe d'EMN 2 entrent-ils dans le champ des règles GloBE ?

Réponse

3. Les deux groupes sont exclus du champ d'application des règles GloBE.

Analyse

4. Le groupe d'EMN 1 et le groupe d'EMN 2 sont considérés comme des groupes séparés parce que le FONDS n'est pas tenu de consolider l'un ou l'autre par intégration proportionnelle. C'est pourquoi le chiffre d'affaires consolidé du groupe d'EMN 1 et du groupe d'EMN 2 doit être calculé séparément pour la détermination du seuil de 750 millions EUR. Le chiffre d'affaires du groupe d'EMN 1 comme celui du groupe d'EMN 2 est inférieur à 750 millions EUR.

5. Si le FONDS était une entité tenue de consolider la Holding 1, la Holding 2 et leurs filiales par intégration globale tout en étant un fonds d'investissement couvert par la définition d'une entité exclue au regard des règles GloBE, la Holding 1 et la Holding 2 seraient considérées comme des sociétés mères ultimes distinctes, de telle sorte que la détermination du seuil s'appliquerait aux groupes d'EMN ayant pour sociétés mères la Holding 1 et la Holding 2.

Chapitre 3 – Exemples

Exemple 3.2.5- 1A.

Impôts couverts – Zakat

Énoncé des faits

1. La zakat que doivent acquitter les sociétés établies dans le Royaume d'Arabie saoudite est un impôt basé à la fois sur les bénéfices et sur les fonds propres. La zakat est prélevée au taux de 2.5 % sur la part d'une société résidente revenant à un Saoudien (ou d'un pays membre du Conseil de coopération du Golfe) mais, comme elle s'applique à la fois au bénéfice et aux fonds propres, son taux effectif est plus élevé qu'il n'y paraît. Le taux de l'impôt sur les bénéfices des sociétés sur la part d'un non-Saoudien dans une société résidente ou sur la part des bénéfices d'un établissement stable situé en Arabie saoudite qui revient à un non-résident est de 20 % et les Saoudiens travaillant dans l'industrie pétrolière et gazière sont soumis à un taux plus élevé. La zakat sur les sociétés pourrait être considérée comme un impôt se substituant à l'impôt sur les bénéfices des sociétés et assis sur une base différente.

2. Son assiette est égale à la somme des bénéfices réalisés par la société durant l'exercice en cours et des fonds propres comptables après que certains ajustements ont été pratiqués. De manière générale, ces deux éléments de la base d'imposition sont déterminés comme suit :

a. Le bénéfice ou la perte comptable de l'exercice est le point de départ du calcul des bénéfices qui sont la première composante de la base d'imposition. Ce bénéfice ou cette perte est ajusté de manière à tenir compte de certaines provisions ou réserves telles que les provisions pour créances douteuses.

b. Quant aux fonds propres qui sont la deuxième composante de la base d'imposition,

   i. ils sont calculés selon les normes IFRS en excluant le résultat de l'exercice et les éventuelles distributions et

   ii. en effectuant les ajustements correspondant à certaines provisions, notamment celles pour créances douteuses.

Ce montant est ensuite additionné aux dettes à long terme et minoré du coût de certains actifs déductibles de manière à obtenir le montant ajusté des fonds propres nets.

Question

3. La zakat remplit-elle les critères des impôts couverts par les règles GloBE ?

Réponse

4. La zakat fonctionne comme un impôt assis soit sur les bénéfices, soit sur les fonds propres, soit sur les deux à la fois, si bien qu'elle est considérée à juste titre comme un impôt couvert par les règles GloBE.

Analyse

5. Les deux composantes de la base d'imposition de la zakat remplissent les critères des impôts couverts par les règles GloBE :

(a) La première composante de la base d'imposition de la zakat est le bénéfice de la société, c'est-à-dire le bénéfice ou la perte ajusté(e) de l'exercice. Les ajustements pour tenir compte des provisions et réserves sont conformes (sans que ce soit une obligation) à la définition d'un impôt sur les bénéfices qui est énoncée dans les règles GloBE.

(b) Les fonds propres ajustés sont la deuxième composante de la base d'imposition. Ils sont déterminés selon les règles comptables en effectuant les ajustements nécessaires pour tenir compte de certaines provisions. Le montant ainsi obtenu fait ensuite l'objet d'un nouvel ajustement de manière à réduire les fonds propres inclus dans la base d'imposition de la zakat dans la mesure où les actifs déductibles d'une société excèdent ses dettes à long terme.

6. Quoique cet ajustement puisse avoir pour effet d'exclure une partie des fonds propres de la base d'imposition, cette caractéristique de la zakat n'empêche pas qu'elle soit considérée comme un impôt sur les fonds propres. La mesure dans laquelle les dettes d'une société sont prises en compte pour déterminer ses fonds propres selon les règles locales et comptables relève de considérations politiques de l'État quant à l'architecture de cette taxe et elle n'affecte pas les résultats visés par les règles GloBE.

7. Le montant de la zakat due par une société est calculé sur la base soit du montant total des bénéfices ajustés et des fonds propres ajustés, soit des seuls bénéfices (dans le cas où les fonds propres sont négatifs), soit des fonds propres exclusivement (dans le cas où la société a enregistré une perte d'exploitation). Par conséquent, une société bénéficiaire sera dans tous les cas passible de la zakat sur ses bénéfices, tandis qu'une société dont l'exercice se solde par une perte d'exploitation en sera aussi redevable, mais uniquement sur ses fonds propres ajustés.

Exemple 3.3.6A. Modification des impôts sur les distributions avec reprise.

Énoncé des faits

1. L'exemple ci-dessous illustre la marche à suivre pour les impôts sur les distributions. X réalise un bénéfice de 100 durant l'Année 1, de 150 durant l'Année 2 et de 200 durant l'Année 3. X distribue durant l'Année 3 une part de ses bénéfices égale à 50. Supposons que le taux d'impôt sur les distributions dans le pays de X est de 20 %, le taux de l'impôt minimum de 12 % et le délai dans lequel l'impôt sur les distributions doit impérativement être payé est de deux ans[1].

Question

2. Quel sera le montant de l'impôt dû au titre des distributions qui fera l'objet d'une reprise durant l'Année 3 ?

Réponse

3. Puisque le montant de l'impôt sur les distributions payé par X durant la période prise en compte n'est que de 10, le montant de l'impôt dû sur les distributions qui fera l'objet d'une reprise durant l'Année 3 est égal à 2.

Analyse

4. Durant l'Année 1, X doit un impôt de 12 en vertu des règles GloBE, ce chiffre coïncidant avec l'impôt minimum sur 100 de bénéfice. Par conséquent, le TEI de X pour l'Année 1 est de 12 % et le bénéfice de X n'est pas passible de l'impôt supplémentaire à concurrence d'un taux minimum en vertu des règles GloBE. De même, durant l'Année 2, X doit en vertu des règles GloBE un impôt de 16 sur un bénéfice de 150 et il n'est pas non plus passible de l'impôt supplémentaire. Durant l'Année 3, X doit en vertu des règles GloBE un impôt de 24 sur un bénéfice de 200 et il a payé un impôt sur les distributions de 10 durant cette même année 3. Comme le montre le tableau ci-dessous, les 10 d'impôt sur les distributions payés par X durant l'Année 3 réduisent le solde de l'impôt dû au titre de l'Année 1, qui tombe de 12 à 2. Le reste du solde (égal à 2) de l'impôt dû au titre de l'impôt minimum pour l'Année 1 est considéré comme une réduction de la charge fiscale inscrite au numérateur du TEI durant l'Année 3. Par conséquent, le TEI de X pour l'Année 3 est de 11 % ([impôt minimum dû de 24 – reprise sur l'impôt minimum dû égale à 2] / base d'imposition GloBE de 200). Le montant de l'impôt dû par X en vertu des règles GloBE pour l'Année 3 est égal à 2 ([base d'imposition GloBE de 200 x 12 %] – charge fiscale de 22), soit un montant égal à la reprise sur l'impôt minimum dû.

	Année 1	Année 2	Année 3
Revenu	100	150	200
Impôt minimum (taux d'imposition de 12 %)	12	18	24
Impôt sur les distributions payé	0	0	10
Partie de l'impôt sur les distributions payé qui excède le solde de l'impôt à payer (A)	0	0	0
Impôt dû en vertu des règles GloBE (B)	12	18	24
Reprise d'impôts dus au cours de l'exercice précédent (C)	0	0	(2)
Charge fiscale totale prise en compte pour le calcul du TEI (A + B – C)	12	18	22
Impôt supplémentaire à concurrence d'un taux minimum (impôt minimum – charge fiscale totale prise en compte pour le calcul du TEI)	0	0	2

Exemple 3.3.6B. Modification des impôts sur les distributions avec excédent d'impôt

Énoncé des faits

1. Les hypothèses retenues sont les mêmes que dans l'Exemple 3.7.4A à cette différence près que X a distribué 200 durant l'Année 3.

Question

2. Quel sera le montant de l'impôt sur les distributions dû en vertu des règles GloBE durant l'Année 3 ?

Réponse

3. X ne doit que 24 d'impôt sur les distributions pour l'Année 3 en vertu des règles GloBE.

Analyse

4. Comme le montre le tableau ci-dessous, X devrait un impôt minimum de 14 qui, ajouté aux 10 d'impôt sur les distributions payés en trop durant l'Année 3, donnerait un TEI égal au taux de l'impôt minimum de 12 % sur le bénéfice de 200, de sorte qu'aucun impôt supplémentaire à concurrence du taux minimum ne serait dû.

5. L'impôt sur les distributions de 40 (200 x 20 %) aurait éliminé le solde de l'impôt minimum dû pour l'Année 1 (12) et l'Année 2 (18) et le surplus (10) aurait été inclus dans la charge fiscale et le numérateur du TEI pour l'Année 3. Le montant de l'impôt dû au titre du taux minimum sur le bénéfice de 200 réalisé durant l'Année 3 serait de 24.

	Année 1	Année 2	Année 3
Revenu	100	150	200
Impôt minimum (taux d'imposition de 12 %)	12	18	24
Impôt sur les distributions payé	0	0	40
Partie de l'impôt sur les distributions payé qui excède le solde de l'impôt à payer (A)	0	0	10
Impôt dû en vertu des règles GloBE (B)	12	18	14
Reprise d'impôts dus au cours de l'exercice précédent (C)	0	0	0
Charge fiscale totale prise en compte pour le calcul du TEI (A + B – C)	12	18	24
Impôt supplémentaire à concurrence d'un taux minimum (impôt minimum – charge fiscale totale prise en compte pour le calcul du TEI)	0	0	0

Exemple 3.4.2A. Agrégation par juridiction : Établissements stables – attribution des bénéfices et des impôts

Énoncé des faits

1. La société A (résidente dans la juridiction A) est une entité constitutive d'un groupe d'EMN dont la société mère ultime est fiscalement résidente dans la juridiction X. La société A dispose d'un établissement stable situé dans la juridiction B. La société A réalise un bénéfice avant impôt de 100 €. La juridiction A exonère d'impôt les bénéfices des établissements permanents étrangers. Selon la législation fiscale de la juridiction B, la société A est tenue de calculer la part de ses bénéfices qui revient à l'établissement stable qu'elle détient dans la juridiction B. La société A détermine que 20 € de ses bénéfices avant impôt sont imputables à cet établissement stable et acquitte en conséquence un impôt de 5 € dans la juridiction B.

Question

2. À quelle juridiction les bénéfices des établissements stables et les impôts sur ces bénéfices sont-ils attribués ?

Réponse

3. En vertu de la règle, un bénéfice avant impôt de 20 € serait attribué à la juridiction B. Tout impôt sur ce bénéfice revient à cette même juridiction B.

Analyse

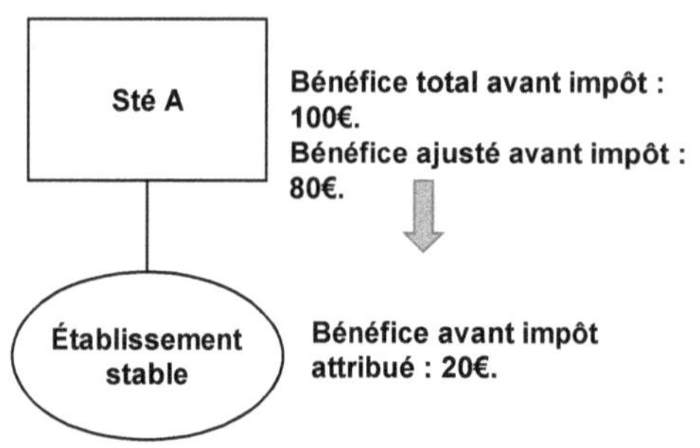

Exemple 3.4.2B. Agrégation par juridiction : attribution des retenues à la source

Énoncé des faits

1. La société A (résidant dans la juridiction A) possède la société B (résidant dans la juridiction B) et la société C (résidant dans la juridiction C). Au cours de l'Année 1, la société B paie 100 € de redevances à la société A. La juridiction B soumet ce paiement à une retenue à la source de 10 %. Toujours au cours de l'Année 1, la société C réalise un bénéfice avant impôt de 100 €, acquitte un impôt de 20 € dans la juridiction C et paie un dividende à la société A. Conformément aux lois de la juridiction A, la société A inclut le dividende intra-groupe dans son bénéfice imposable et, après avoir pris en compte un crédit d'impôt étranger au titre des impôts payés à la juridiction C, la société A paie un impôt résiduel de 5 € à la juridiction A au titre du dividende intragroupe.

Question

2. À quelles juridictions les retenues à la source sont-elles attribuées ?

Réponse

3. D'après la règle, 10 € de retenue à la source doivent être attribués à la juridiction A et 5 € d'impôts à la juridiction C.

Analyse

4. Les bénéfices de chaque entité constitutive sont attribués à la juridiction dans laquelle elle est fiscalement résidente. La retenue à la source de 10 € payée à la juridiction B au titre des redevances reçues de la société B est attribuée à la juridiction A parce qu'elle se rapporte à un impôt payé au titre de revenus attribués à la juridiction A. Les 5 € d'impôt payés à la juridiction A pour les dividendes versés par la société C sont attribués à la juridiction C parce que cette somme concerne des revenus qui ont été attribués à la juridiction C.

Exemple 3.4.2C. Agrégation par juridiction : Règle sur les SEC – attribution des impôts

Énoncé des faits

1. La société A (résidant dans le pays A) possède la totalité du capital de la société B (résidant dans la juridiction B). La société B réalise un bénéfice de 100 € avant impôt et acquitte un impôt de 5 € dans la juridiction B. En vertu des règles sur les SEC du pays A, la société A inclut dans son bénéfice imposable 100 € de bénéfices de la société B calculés conformément aux règles de la juridiction A sur les SEC et comptabilise un crédit d'impôt étranger pour les impôts payés à la juridiction B. Supposons que le résultat est que l'impôt résiduel dû au titre des règles sur les SEC est payé à la juridiction A.

Question

2. À quelle juridiction le bénéfice de B au regard des règles sur les SEC et les impôts sur ce bénéfice sont-ils attribués ?

Réponse

3. D'après la règle, les impôts payés à la juridiction A en vertu du régime des SEC sont attribués à la juridiction B de telle sorte que les impôts soient attribués à la même juridiction que le bénéfice sous-jacent.

Analyse

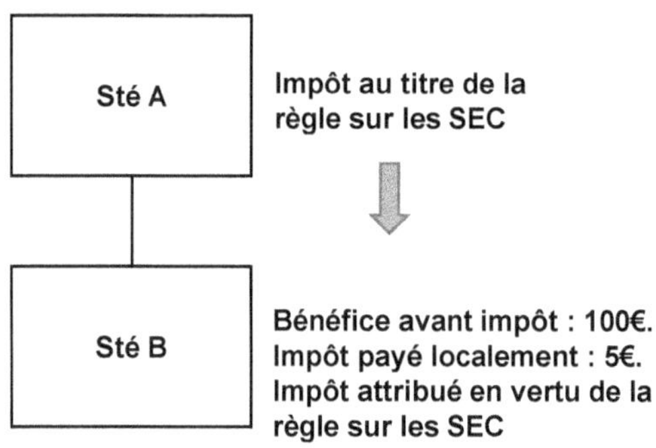

Exemple 3.4.2D. Agrégation par juridiction : Entité hybride – attribution des impôts

Énoncé des faits

1. La société A (résidant dans la juridiction A) possède la totalité du capital de l'entité hybride B (résidant dans la juridiction B). L'entité hybride B est une société résidant fiscalement dans la juridiction B mais elle est fiscalement transparente vis-à-vis de la juridiction A. L'entité hybride B réalise un bénéfice avant impôt de 100 € et acquitte 20 € d'impôt dans la juridiction B. La juridiction A n'exonère pas la part de la société A dans les bénéfices de l'entité hybride B, de telle sorte que la société A inclut les bénéfices de l'entité hybride B dans son bénéfice imposable qui est soumis à l'impôt dans la juridiction A après déduction d'un crédit d'impôt étranger pour les impôts acquittés dans la juridiction B. Supposons que le résultat est qu'un impôt résiduel de 5 € est payé par la société A dans la juridiction A.

Question

2. À quelle juridiction le bénéfice de l'entité hybride B et les impôts sur ce bénéfice sont-ils attribués ?

Réponse

3. Les bénéfices de l'entité hybride B sont attribués à sa juridiction de résidence fiscale, en l'occurrence la juridiction B. Les 5 € d'impôt payés dans la juridiction A au titre des bénéfices de l'entité hybride B sont attribués à la juridiction B.

Analyse

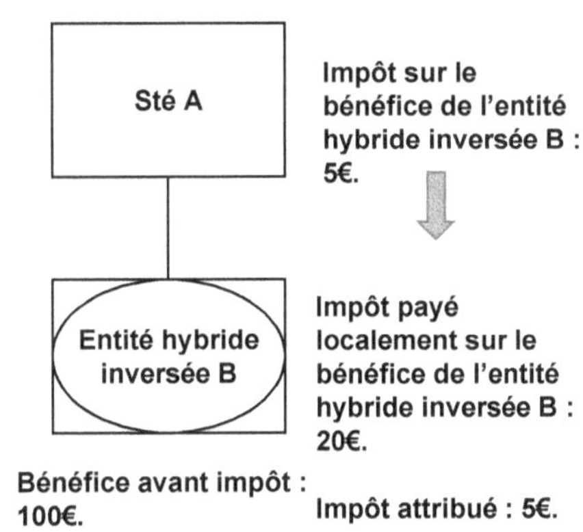

Exemple 3.4.2E. Agrégation par juridiction : Entité hybride inversée – attribution des impôts

Énoncé des faits

1. La société A (résidant dans la juridiction A) possède la totalité du capital de l'entité hybride inversée B (constituée dans la juridiction B). L'entité hybride inversée B est considérée comme fiscalement transparente dans la juridiction B et ne réside fiscalement dans aucune juridiction. Cependant, l'entité hybride inversée B n'est pas fiscalement transparente dans la juridiction A. L'entité hybride inversée B réalise un bénéfice avant impôt de 100 € au cours de l'Année 1. Le pays A prélève un montant d'impôt net de 5 € sur les 100 € de dividendes payés par l'entité hybride inversée B à la société A durant l'Année 1. La juridiction B n'impose pas les bénéfices de l'entité hybride inversée B ni la distribution à la société A.

Question

2. À quelle juridiction le bénéfice de l'entité hybride inversée B et les impôts sur ce bénéfice sont-ils attribués ?

Réponse

3. Les bénéfices de l'entité hybride inversée B sont considérés comme apatrides puisque cette entité ne réside fiscalement dans aucune juridiction et la juridiction fiscale de son propriétaire ne la considère pas comme fiscalement transparente. Les 5 € d'impôt payés dans la juridiction A au titre des bénéfices sous-jacents réalisés par l'entité hybride inversée B sont considérés comme apatrides.

Analyse

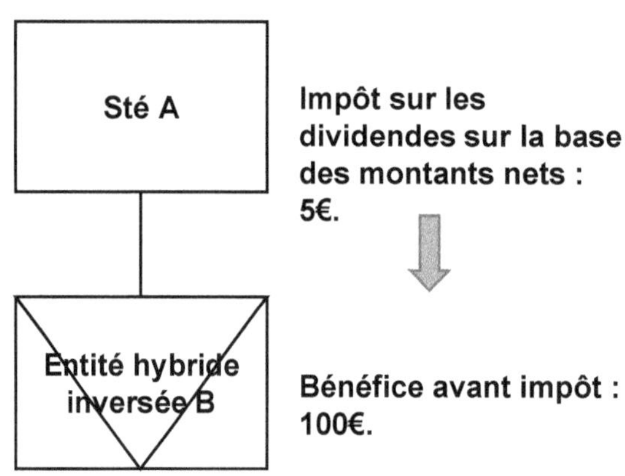

Exemple 3.4.2F. Agrégation par juridiction : Entité partiellement transparente sur le plan fiscal et partiellement hybride – attribution de revenus

Énoncé des faits

1. La société A (résidant dans la juridiction A), la société B (résidant dans la juridiction B) et la société C (résidant dans la juridiction C) sont des entités constitutives du groupe d'EMN ABC. Toutes ces sociétés détiennent à parts égales la société de personnes D. La société D est constituée dans la juridiction D et considérée comme une entité fiscalement transparente par les juridictions A, B et D. Les sociétés A et B n'ont pas d'établissement stable dans la juridiction D du fait de leur participation dans la société de personnes D ni pour aucune autre raison. Les sociétés A et B sont imposées dans leurs juridictions respectives sur leur part des bénéfices de la société de personnes D. La juridiction C ne considère pas D comme une entité fiscalement transparente et la société C n'a pas d'établissement stable dans la juridiction D. La société de personnes D réalise un bénéfice de 120 € durant l'Année 1 et n'est pas imposée dans la juridiction D.

Question

2. À quelles juridictions les bénéfices de la société de personnes D et les impôts sur ces bénéfices sont-ils attribués ?

Réponse

3. La quote-part de bénéfices de la société de personnes D revenant à la société A et à la société B est attribuée à leurs juridictions respectives. Les impôts couverts payés par la société A et la société B sur ces bénéfices sont attribués respectivement à la juridiction A et à la juridiction B. La quote-part de bénéfices de la société de personnes D revenant à la société C est considérée comme apatride.

Analyse

4. La société de personnes D est une entité apatride car elle ne réside fiscalement dans aucun pays. Cependant, les bénéfices de D sont attribués à certains de ses propriétaires conformément au contrat de société parce que les juridictions fiscales respectives de la société A et de la société B considèrent la société de personnes D comme une entité fiscalement transparente. En conséquence, il est attribué à la société A et à la société B une quote-part du bénéfice avant impôt de 40 € pour chacune. Le reliquat du bénéfice de la société de personnes D – c'est-à-dire la quote-part de 40 € revenant à la société C – est considéré comme apatride. Les sociétés A et B sont imposées dans leur pays respectif durant l'Année 1 sur la part des bénéfices de la société de personnes D qui leur revient. L'impôt payé par chaque associé sur la part des bénéfices de la société de personnes qui lui revient est attribué au pays dans lequel cet associé réside fiscalement. La société C n'est pas imposée sur la part des bénéfices de la société de personnes qui lui revient durant l'Année 1. Par conséquent, aucun impôt couvert n'est attribué à la juridiction D durant l'Année 1.

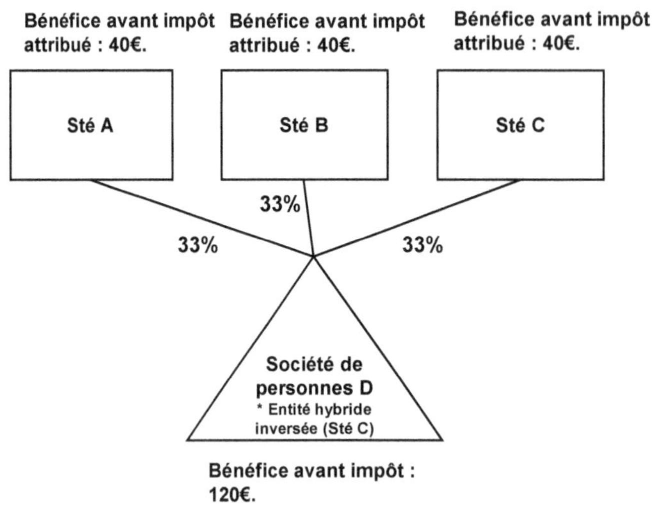
Bénéfice avant impôt attribué : 40€.
Bénéfice avant impôt attribué : 40€.
Bénéfice avant impôt attribué : 40€.
Sté A
Sté B
Sté C
33%
33%
33%
Société de personnes D
* Entité hybride inversée (Sté C)
Bénéfice avant impôt : 120€.

Exemple 3.4.2G. Agrégation par juridiction : Établissements stables des propriétaires dotés d'une transparence fiscale partielle

Énoncé des faits

1. Les données sont les mêmes que dans l'Exemple 3.4.2F à cette différence près que la société de personnes D est gérée et contrôlée dans la juridiction D et exerce régulièrement des activités dans cette même juridiction D. La société de personnes D est considérée comme une entité fiscalement transparente par les juridictions A, B et D. En vertu de la législation de la juridiction D, la société A, la société B et la société C ont chacune un établissement stable dans la juridiction D et sont redevables dans la juridiction D de l'impôt sur les bénéfices afférent à leur part du bénéfice de la société de personnes D. En outre, les sociétés A et B sont imposées dans leurs juridictions respectives sur leur part des bénéfices de D. La juridiction C ne considère pas la société de personnes D comme fiscalement transparente. La société de personnes D réalise un bénéfice de 120 € durant l'Année 1.

Question

2. À quelles juridictions les bénéfices de la société de personnes D et les impôts sur ces bénéfices sont-ils attribués ?

Réponse

3. Les établissements stables des sociétés A, B et C sont considérés comme des entités constitutives (ES-Entités constitutives) du groupe d'EMN ABC. La part de chaque ES-entité constitutive dans le bénéfice de la société de personnes D est affectée à la juridiction D. Les impôts couverts payés par les ES-entités constitutives sont attribués à la juridiction D. Les impôts couverts payés par la société A et la société B sur leur part des bénéfices de la société de personnes D sont aussi attribués à la juridiction D.

Analyse

4. La société de personnes D est une entité apatride car elle ne réside fiscalement dans aucun pays. Cependant, le bénéfice de D est attribué aux entités constitutives qui sont des établissements stables de ses propriétaires en vertu de la législation de la juridiction D. La juridiction D répartit le bénéfice entre les établissements stables de la société A, de la société B et de la société C conformément aux statuts de la société de personnes. Par conséquent, la quote-part de bénéfice avant impôt attribuée à chaque ES-entité constitutive est égale à 40 €. L'impôt sur les bénéfices réalisés dans la juridiction D est attribué à la juridiction D. En outre, les sociétés A et B sont imposées dans les juridictions où elles résident fiscalement durant l'Année 1 sur la part des bénéfices de la société de personnes D qui leur revient. L'impôt payé par chaque associé sur la part des bénéfices de la société de personnes qui lui revient est attribué à la juridiction D.

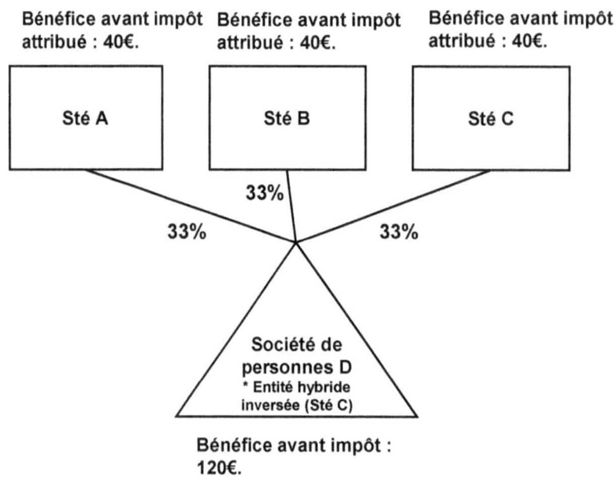
Bénéfice avant impôt attribué : 40€.
Bénéfice avant impôt attribué : 40€.
Bénéfice avant impôt attribué : 40€.
Sté A
Sté B
Sté C
33%
33%
33%
Société de personnes D
* Entité hybride inversée (Sté C)
Bénéfice avant impôt : 120€.

Chapitre 4 – Exemples

Exemple 4.2.1A. Report en avant de l'impôt payé localement

Énoncé des faits

1. L'exemple ci-après illustre l'application de la règle sur les reports en avant de l'impôt payé localement dans le cas où l'actionnaire n'a payé aucun impôt au titre de la RIR au cours d'un exercice antérieur. Supposons que l'EMN-1 est propriétaire de la filiale A qui est imposable dans la Juridiction A et que le taux de l'impôt minimum est de 10 %. La base d'imposition de la filiale A au titre des règles GloBE est égale à 1 000 durant chacune des Années 1, 2 et 3. La filiale A paie un impôt de 140 durant l'Année 1, 80 durant l'Année 2 et 50 durant l'Année 3. L'EMN-1 n'a jamais payé d'impôt à la Juridiction A au titre de la RIR.

Filiale A	Année 1	Année 2	Année 3
Revenu	1 000	1 000	1 000
Impôt minimum (10 %)	100	100	100
Impôt payé dans le pays (Juridiction A)	140	80	50
Excédent d'impôt	40	0	0
Report d'impôt utilisé	0	20	20
Solde du report en avant de l'impôt payé localement	40	20	0
Impôt GloBE (impôt supplémentaire à concurrence de 10 %)	0	0	30

Question

2. Quel est le montant de l'impôt dû en vertu des règles GloBE et celui des reports en avant d'impôt en vertu des règles GloBE pour les Années 1 à 3 ?

Réponse

3. Le report en avant d'impôt au titre des règles GloBE est de 40 à la fin de l'Année 1, de 20 à la fin de l'Année 2 et de 0 à la fin de l'Année 3. Le montant de l'impôt dû au titre des règles GloBE est de 0 pour l'Année 1, 0 pour l'Année 2 et 30 pour l'Année 3.

Analyse

4. Comme on l'a vu ci-dessus, les excédents d'impôt de la filiale A se montent à 40 durant l'Année 1 et l'EMN-1 crée un report en avant de l'impôt payé localement à hauteur de ce montant au titre de l'Année 1. Pendant l'Année 2, la filiale A a payé moins que l'impôt minimum sur sa base d'imposition GloBE et elle a utilisé une partie des reports en avant de l'impôt payé localement égale à 20 de manière à porter sa charge fiscale dans la Juridiction A à hauteur du taux minimum. L'EMN-1 a réduit le report en avant de l'impôt payé localement au titre de l'Année 1 d'un montant égal à celui qu'elle a consommé durant l'Année 2. Durant l'Année 3, la filiale A a majoré sa charge fiscale dans la Juridiction A d'un montant égal au solde du report en avant de l'impôt payé localement au titre de l'Année 1 de manière à la porter à 70. Cependant, même après l'ajout du report en avant aux impôts payés durant l'Année 3, le TEI calculé pour la base d'imposition GloBE de la filiale A est inférieur au taux d'imposition minimum (impôt de 70 / base d'imposition GloBE de 1 000 = TEI de 7 %). En conséquence, l'EMN-1 est soumise à un impôt supplémentaire de 30 (impôt minimum de 100 – charge fiscale de 70) pour la Juridiction A durant l'Année 3.

Exemple 4.2.1B. Crédit d'impôt RIR

Énoncé des faits

1. L'exemple suivant illustre l'application du Crédit d'impôt RIR. Supposons que l'EMN-2 est propriétaire d'une filiale, la filiale A, qui est imposable dans la Juridiction A et que le taux de l'impôt minimum convenu est de 10 %. Au début de l'Année 4, l'EMN-2 a payé pour la Juridiction A un impôt RIR égal à 100 au titre de l'Année 2 et à 20 au titre de l'année 3. La filiale A n'avait jamais eu d'excédent d'impôt avant l'Année 4. Durant l'Année 4, la filiale A a réalisé un bénéfice de 1 000 et payé un impôt de 275 dans la Juridiction A. Durant l'Année 5, la filiale A a réalisé un bénéfice de 1 000 et payé un impôt de 20 dans la Juridiction A.

Filiale A	Année 2	Année 3	Année 4	Année 5
Revenu	1 000	1 000	1 000	1 000
Impôt payé dans le pays (Juridiction A)	0	80	275	20
Impôt minimum (10 %)	100	100	100	100
Impôt RIR (impôt supplémentaire à concurrence de 10 %)	100	20	0	25
Excédent d'impôt (impôt payé dans le pays – impôt minimum)	0	0	175	0
Report en avant de l'impôt payé localement (excédent d'impôt – crédit d'impôt RIR créé au titre de l'année – excédent d'impôt utilisé pour réduire le montant de l'impôt supplémentaire à concurrence d'un taux minimum)	0	0	55	0
Crédit d'impôt utilisé au titre de la RIR	0	0	0	25
Impôt payé au titre de la RIR (total)	100	120	0	0
Crédit d'impôt RIR (total)	0	0	120	95

Question

2. Quel sera le Crédit d'impôt RIR de MNE-2 dans ce scénario?

Réponse

3. Au début de l'Année 6, l'EMN-2 dispose d'un crédit d'impôt RIR de 95 et son report en avant de l'impôt payé localement dans la Juridiction A au titre de l'Année 4 est égal à 0.

Analyse

4. Comme on l'a vu plus haut, l'excédent d'impôts payés par la filiale A durant l'Année 4 est de 175 par rapport au taux de l'impôt minimum. Les excédents d'impôt donnent lieu à des Crédits d'impôt RIR pour les impôts RIR payés durant les années 2 et 3. Le solde des impôts payés en trop, soit 55, donne droit à un report en avant de l'impôt payé localement.

5. Durant l'Année 5, la filiale A a payé 20 d'impôt RIR et accru le montant ajusté de ses impôts couverts à concurrence du report en avant de l'impôt payé localement, qui se monte à 55. Le TEI de la filiale A calculé par elle-même est de 7.5 % (donc inférieur au taux minimum) et son impôt supplémentaire à concurrence d'un taux minimum est de 25. Cependant, l'EMN-2 a utilisé ses 25 de crédits d'impôt RIR de manière à abaisser le montant de l'impôt à payer à 0. Au début de l'Année 6, le report en avant de l'impôt payé localement et les crédits d'impôt RIR dont peut se prévaloir l'EMN-2 sont égaux à 0 pour le premier et 95 pour les seconds.

Exemple 4.2.1C. Application d'un Crédit d'impôt RIR à l'impôt RIR qui est dû au titre d'une autre juridiction

Énoncé des faits

1. L'exemple ci-après montre comment le crédit d'impôt RIR peut être imputé sur des impôts RIR qui sont dus au titre d'une autre juridiction à cause d'un résultat faiblement imposé. Supposons que la société mère A est une société constituée et imposable dans le Pays A qui a adopté les règles GloBE et que le taux convenu de l'impôt minimum est de 10 %. La société mère est propriétaire de la filiale B dans le Pays B et de la filiale C dans le Pays C. Durant l'Année 1, la filiale B réalise un bénéfice de 1 000 et ne paie aucun impôt dans le Pays B, tandis que la filiale C réalise un bénéfice de 1 000 et paie un impôt de 100 dans le Pays C. Durant l'Année 2, la filiale B réalise un bénéfice de 400 et paie un impôt de 100 dans le Pays B et la filiale C réalise un bénéfice de 1 000 sur lequel elle paie un impôt de 20 dans le Pays C.

	Filiale B			Filiale C		
	Année 1	Année 2	Année 3	Année 1	Année 2	Année 3
Revenu	1 000	400	1 000	1 000	1 000	1 000
Impôt payé dans le pays	0	100	100	100	20	100
Impôt minimum (10 %)	100	40	100	100	100	100
Impôt RIR (impôt supplémentaire à concurrence de 10 %)	100	0	0	0	80	0
Crédit d'impôt utilisé au titre de la RIR	0	0	0	0	**60**	0
Impôt payé au titre de la RIR	100	0	0	0	20	0
Excédent d'impôt (impôt payé dans le pays – impôt minimum)	0	60	0	0	0	0
Report en avant de l'impôt payé localement (excédent d'impôt – Crédit d'impôt RIR créé pour l'année)	0	0	0	0	0	0
Impôt payé au titre de la RIR (total)	100	40	40	0	20	20
Crédit d'impôt RIR	0	**60**	0	0	0	0

Question

2. La société mère peut-elle utiliser un crédit d'impôt RIR naissant dans le Pays B pour réduire une dette fiscale future au titre de la RIR qui naît dans le Pays C ?

Réponse

3. Oui.

Analyse

4. Comme on l'a vu ci-dessus, la société mère paie un impôt de 100 au Pays A en vertu de la règle d'inclusion du revenu sur les bénéfices réalisés par la filiale B durant l'Année 1 parce que l'impôt payé dans le Pays B sur les bénéfices de la filiale B était inférieur au taux d'imposition minimum. Durant l'Année 2, la filiale B paie dans le Pays B un impôt supérieur de 60 à l'impôt minimum sur les bénéfices réalisés

dans le Pays B. Toujours durant l'Année 2, la société mère encourt en vertu de la règle d'inclusion du revenu une dette fiscale de 80 au titre des bénéfices réalisés par la filiale C qui ont été imposés à un taux inférieur au taux minimum.

5. À la fin de l'Année 2, la société mère crée un crédit d'impôt RIR de 60 à cause des impôts payés en trop durant l'Année 2. La société mère a le droit d'imputer le crédit d'impôt RIR de 60 sur le montant de l'impôt RIR qu'elle a à payer dans le Pays A au titre des bénéfices réalisés dans le Pays C durant cette même année. (Le crédit d'impôt RIR de 60 qui naît dans le Pays B durant l'Année 2 et est consommé dans le Pays C durant cette même année 2 est inscrit en caractères gras dans le graphique ci-dessus). Après avoir utilisé le crédit d'impôt, la société mère paie un impôt RIR de 20 au titre des bénéfices réalisés dans le Pays C durant l'Année 2. Au début de l'Année 3, la société mère a payé un impôt RIR de 40 au titre des bénéfices réalisés dans le Pays B durant l'Année 1 et elle a payé un impôt RIR de 20 durant l'Année 2 au titre du Pays C sans avoir droit à un crédit d'impôt RIR.

Exemple 4.2.2A. Diminution de l'impôt dû dans un pays après le dépôt de la déclaration

Énoncé des faits

1. L'exemple ci-après décrit l'application de l'approche basée sur l'ajustement des reports en avant au traitement d'une diminution des impôts dus dans un pays après le dépôt de la déclaration.

2. Supposons que l'EMN 1 est soumise à une règle d'inclusion du revenu dans le pays où elle réside fiscalement, qu'elle possède une seule entité, la société X Corp, qui réside fiscalement dans la Juridiction X et que les reports en avant de l'impôt payé localement puissent être employés de manière à réduire le montant de l'impôt à payer sur les 10 années suivant celle au cours de laquelle ils ont été créés. Les impôts couverts de X Corp dans la Juridiction X étaient supérieurs de 100 à l'impôt minimum sur ses bénéfices durant l'Année 1 et de 80 durant l'Année 2. X Corp a donc créé un Report en avant de l'impôt payé localement égal à 100 pour l'Année 1 et à 80 pour l'Année 2.

3. Durant l'Année 3, X Corp a déposé une demande de remboursement pour 100 d'impôts payés à la Juridiction X durant l'Année 1. Durant l'Année 4, X Corp a déposé une demande de remboursement pour 30 d'impôts payés à la Juridiction X durant l'Année 2. Durant l'Année 6, X Corp et la Juridiction X ont réglé la demande de remboursement relative à l'Année 1 au moyen d'un remboursement de 60 et la Juridiction X a remboursé 30 au titre de la demande de remboursement concernant l'Année 2. Les remboursements de l'Année 6 étaient le règlement pour solde de tout compte des demandes de remboursement déposées par X Corp pour l'Année 1 et l'Année 2. Avant l'Année 6, X Corp avait consommé un montant de 10 au titre du Report en avant de l'impôt payé localement pour l'Année 1 lors du calcul due son TEI dans la Juridiction X pour une année taxable.

Question

4. Quel est le montant de l'ajustement des reports en avant dans ce scénario ?

Réponse

5. En partant du calcul du TEI de l'Année 6 pour la Juridiction X, X Corp dispose d'un Report en avant de l'impôt payé localement de 30 pour l'Année 1 et de 50 pour l'Année 2, dont il peut se servir pour augmenter le charge d'impôt couverte inscrite au numérateur du TEI afin d'atteindre le taux d'impôt minimum dans la Juridiction X.

Analyse

6. Au début de l'Année 6, les diminutions de l'impôt dû dans la Juridiction X postérieures au dépôt de la déclaration réduisent les Reports en avant de l'impôt payé localement à concurrence de 60 pour l'Année 1 et de 30 pour l'Année 2.

Exemple 4.2.2B. Augmentation de l'impôt dû dans un pays après le dépôt de la déclaration.

Énoncé des faits

1. L'exemple ci-après décrit l'application de l'approche basée sur l'ajustement des reports en avant au traitement d'une augmentation des impôts dus dans un pays après le dépôt de la déclaration.

2. Supposons que l'EMN 2 est soumise à une règle d'inclusion du revenu dans le pays où elle réside fiscalement et qu'elle possède une seule entité, la société Y Corp, qui réside fiscalement dans la Juridiction Y. Durant l'Année 1, l'EMN2 a payé à la Juridiction Y un impôt RIR de 80. Durant l'Année 3, la Juridiction Y a revu à la hausse pour un montant supplémentaire de 100 le montant de l'impôt dû au titre de l'Année 1 et, au cours de l'Année 5, un tribunal de la Juridiction Y a rendu un jugement définitif selon lequel Y Corp est redevable d'un impôt supplémentaire de 100 au titre de l'Année 1.

Question

3. Quel sera le montant du crédit d'impôt RIR et du Report en avant de l'impôt payé localement dans le cadre de ce scénario?

Réponse

4. Au début de l'Année 5, Y Corp crée un crédit d'impôt RIR de 80, puis un Report en avant de l'impôt payé localement pour un montant de 20 au titre de l'Année 1.

Analyse

5. L'EMN2 n'a pas payé d'impôt RIR à la Juridiction Y et Y Corp n'a pas payé d'impôts en trop à la Juridiction Y durant aucune des années postérieures à l'Année 1.

Chapitre 6 – Exemples

Exemple 6.1A. Calcul du TEI dans le cas où l'entité mère ultime n'applique pas la RIR – Juridiction à fiscalité élevée

Énoncé des faits

1. Le groupe d'EMN se compose de huit entités constitutives situées dans les juridictions A, B, C et D. La holding Hold Co réside fiscalement dans le Pays A et est l'entité mère ultime d'un groupe d'EMN soumis aux règles GloBE. Hold Co détient en direct les actions de la société B (résidant fiscalement dans le Pays B), de la société C (résidant fiscalement dans le Pays C) et de la société D 5 (résidant fiscalement dans le Pays D). La société D5 est soumise à un taux d'imposition de 5 %. La société B détient les actions de la société D 1 et de la société D2 (toutes deux résidentes fiscales dans le Pays D) qui sont soumises à un taux d'imposition de 0 %.

2. La société B détient les actions de la société D1 et de la société D2 (toutes deux résidentes fiscales dans le Pays D) qui sont soumises à un taux d'imposition de 0 %. La société C détient les actions de la société D3 et de la société D4 (toutes deux résidentes fiscales dans le Pays D) qui sont soumises à un taux d'imposition de 25 %.

3. Le Pays B et le Pays C ont adopté une règle d'inclusion du revenu. Supposons que le taux minimum est de 11 %.

Graphique A A.1. 1

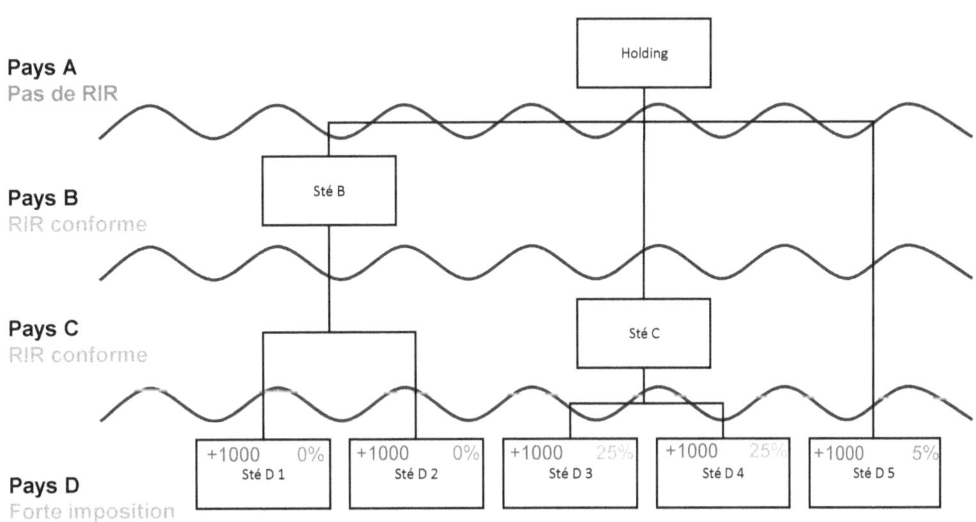

Questions

4. Comment le TEI des entités constitutives situées dans le Pays D doit-il être calculé ? L'agrégation par juridiction doit-elle s'appliquer à toutes les entités constitutives du groupe d'EMN ou seulement aux entités constitutives qui sont contrôlées par les sociétés mères appliquant la règle d'inclusion du revenu ?

5. Dans ce cas, la société B et la société C sont-elles tenues d'appliquer la RIR aux bénéfices réalisés par les entités constitutives situées dans le Pays D ?

Réponses

6. Le TEI est calculé en prenant en compte toutes les entités constitutives du groupe d'EMN qui sont situées dans la même juridiction indépendamment du fait que les sociétés mères appliquent la RIR.

7. Dans le cas présent, la société B et la société C ne sont pas tenues d'appliquer leur règle d'inclusion du revenu parce que le Pays D est considéré comme un pays à fiscalité élevée.

Analyse

8. Le TEI des entités constitutives du groupe d'EMN est calculé selon la méthode de l'agrégation par juridiction. Par conséquent, un impôt sera dû en vertu des règles GloBE si le TEI d'un pays dans lequel opère le groupe d'EMN est inférieur au taux minimum convenu.

9. Dans cet exemple, la société B et la société C seront tenues d'appliquer la RIR selon la démarche descendante parce que la holding est située dans une juridiction qui n'a pas adopté les règles GloBE. Elles ne sont néanmoins pas obligées d'appliquer leur règle d'inclusion du revenu parce que leurs filiales sont situées dans un pays dont le TEI est supérieur au taux minimum.

10. Dans ce cas, le TEI des entités constitutives situées dans le Pays D est égal à 11 % (55 d'impôts payés divisés par 5 000 de bénéfices). Le calcul du TEI n'est pas affecté par le fait que les différentes entités constitutives situées dans le Pays D appartiennent à des sociétés mères différentes qui sont obligées d'appliquer la règle (société B et société C). Le TEI dans le Pays D n'est donc pas inférieur au taux minimum.

11. Si l'agrégation par juridiction était calculée en fonction du fait que la société mère applique la RIR, la société B serait obligée d'appliquer la RIR parce que ses deux filiales (société D 1 et société D 2) sont soumises à un TEI inférieur au taux minimum. Cependant, l'agrégation par juridiction prend en compte toutes les entités constitutives du groupe d'EMN qui sont situées dans une même juridiction quelles que soient les entités sous le contrôle de la société mère appliquant la règle d'inclusion du revenu. Par conséquent, les entités constitutives situées dans le Pays D ne sont pas toutes soumises à un TEI inférieur au taux minimum.

Exemple 6.1B. Calcul du TEI dans le cas où l'entité mère ultime n'applique pas la RIR – Juridiction à faible fiscalité

Énoncé des faits

1. Les faits sont les mêmes que dans l'Exemple 6.1.1A à cette différence près que le bénéfice de la société D 5 est exonéré d'impôt dans le Pays D.

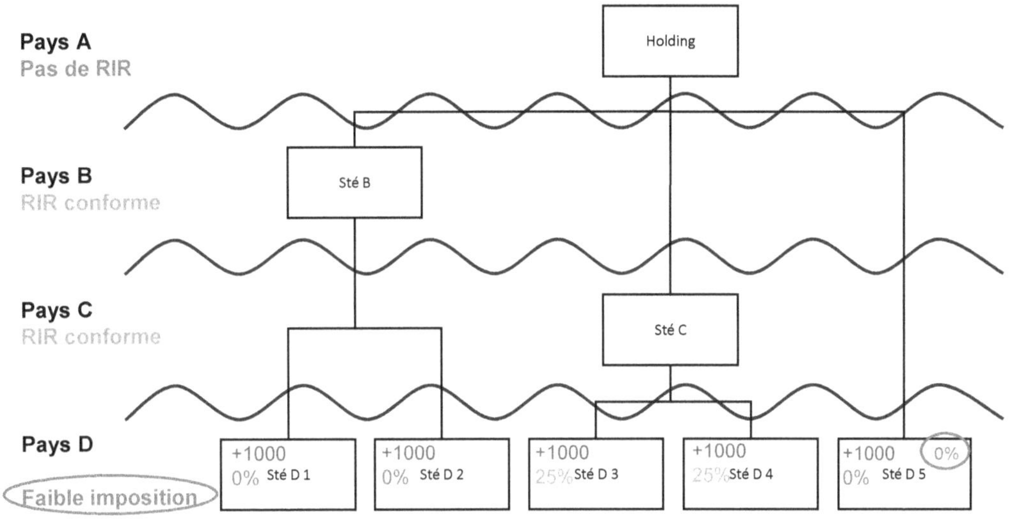

Questions

2. Comment le TEI des entités constitutives situées dans le Pays D doit-il être calculé ? L'agrégation par juridiction doit-elle s'appliquer à toutes les Entités constitutives du Groupe d'EMN ou seulement aux Entités constitutives qui sont contrôlées par les Sociétés mères appliquant la RIR ?

3. Dans ce cas, la société B et la société C sont-elles tenues d'appliquer la RIR aux bénéfices réalisés par les entités constitutives situées dans le Pays D ?

Réponses

4. Le TEI est calculé en prenant en compte toutes les entités constitutives du groupe d'EMN qui sont situées dans la même juridiction indépendamment du fait que les sociétés mères appliquent la RIR.

5. Dans le cas présent, la société B et la société C sont tenues d'appliquer leur RIR parce que le Pays D est considéré comme un pays à faible fiscalité.

Analyse

6. Le Pays D est une juridiction à faible fiscalité parce que le TEI sur les bénéfices des entités constitutives qui y sont situées (500/5 000 = 10 %) est inférieur au taux minimum de 11 %. Par conséquent, la société B et la société C ont la qualité de sociétés mères parce qu'elles possèdent des participations dans des entités constitutives situées dans une juridiction à faible fiscalité et ne sont pas contrôlées par une autre entité constitutive qui soit soumise à une règle d'inclusion du revenu. Le pourcentage de l'impôt supplémentaire à concurrence d'un taux minimum est de 1 % (TEI minimum de 11 % - TEI de 10 %). Il s'ensuit que le montant de l'impôt supplémentaire affecté à chaque entité constitutive située dans le Pays D est égal à 10 (bénéfice ajusté de 1 000 x 1 %) pour un total de 50.

7. La société B et la société C doivent payer chacune un montant de 20. Dans les deux cas, la société mère détermine la part de l'impôt supplémentaire qui lui échoit en multipliant l'impôt supplémentaire calculé pour chaque entité constitutive par sa part dans le capital de l'entité concernée (100 % x 10).

8. La société D 5 n'est pas contrôlée par une société mère. En conséquence, les 10 d'impôt supplémentaire à concurrence d'un taux minimum qui ont été calculés pour la Société D 5 sont répartis entre les autres entités constitutives conformément à la règle sur les paiements insuffisamment imposés.

Exemple 6.3.1A. Fonctionnement de la RIR dans le cas d'une société mère ne détenant pas le contrôle

Énoncé des faits

1. Les données sont les mêmes que dans l'Exemple 6.1B à cette différence près que les actions de la société D 2 sont détenues par la holding Hold Co (60 %) et par la société B (40 %).

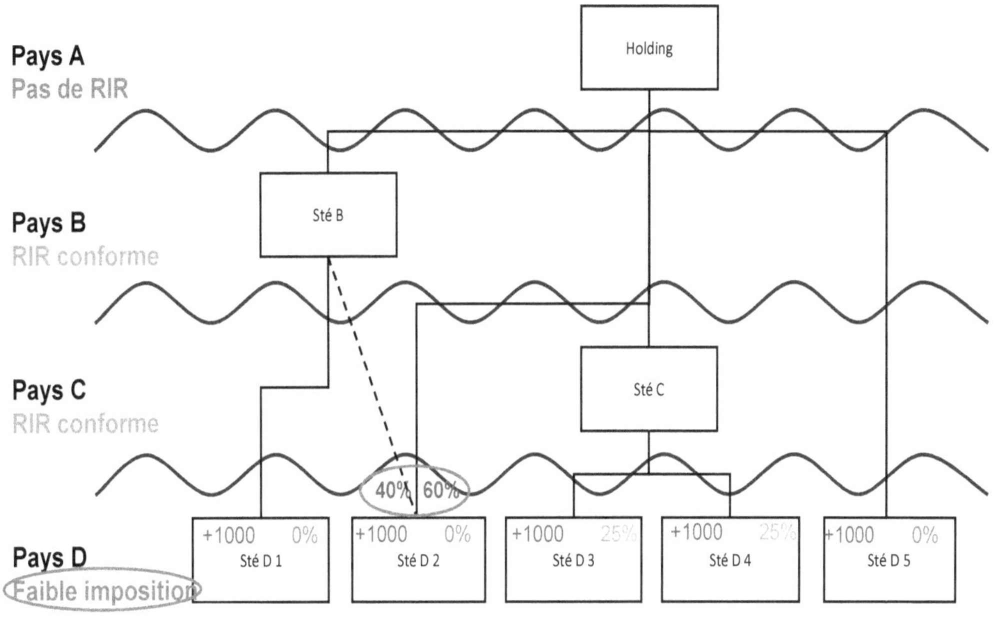

Questions

2. Les sociétés mères sont-elles obligées d'appliquer la RIR aux entités constitutives qui ne sont pas sous leur contrôle ?

3. Dans ce cas, la société B est-elle obligée d'appliquer la RIR pour les bénéfices de la société D 2 ?

Réponses

4. Les sociétés mères doivent appliquer la RIR aux entités ou aux entités juridiques même si elles ne les contrôlent pas dès lors qu'elles sont toutes deux des entités constitutives d'un même groupe d'EMN.

5. Dans ce cas, la société B est obligée d'appliquer la RIR à 40 % des bénéfices de la société D 2.

Analyse

6. Le Pays D est une juridiction à faible fiscalité parce que les entités constitutives qui y sont situées sont soumises à un critère de taux d'imposition effectif de 10 %, c'est-à-dire moins que le taux minimum de 11 %. Le taux de l'impôt supplémentaire à concurrence d'un taux minimum est de 1 % et le montant de cet impôt supplémentaire calculé selon les règles du chapitre 4 pour chaque entité constitutive située dans le Pays D est égal à 10 (bénéfice ajusté de 1 000 x 1 %).

7. Le montant de l'impôt supplémentaire incombant à la société B est déterminé en fonction de la part du capital détenue par la société B. Par conséquent, la société B doit payer 14 - 10 au titre des bénéfices de la société D1 (100 % x 10) et 4 au titre de ceux de la société D2 (40 % x 10). La société B doit appliquer la RIR aux bénéfices de la société D2 parce les deux entités sont contrôlées par l'EMU et sont des entités constitutives du groupe d'EMN. Le fait que la société B ne contrôle pas la société D2 n'a aucune importance pour l'application de la RIR proportionnellement à sa part du capital.

8. Comme dans l'Exemple 6.1B, la société C doit payer 20 sur les bénéfices des sociétés D 3 et D 4.

9. La société D 5 n'est pas contrôlée par une société mère. En conséquence, les 10 d'impôt supplémentaire à concurrence d'un taux minimum qui ont été calculés pour la société D 5 sont répartis entre les autres entités constitutives conformément à la règle sur les paiements insuffisamment imposés. En outre, l'impôt supplémentaire de 10 calculé pour la société D 2 qui ouvre droit à un crédit d'impôt de 4 pour l'impôt supplémentaire affecté en vertu de la règle d'inclusion du revenu doit être réparti entre les autres entités constitutives conformément à la règle sur les paiements insuffisamment imposés.

Exemple 6.3.2A. Schéma d'optimisation fiscale faisant appel à des structures sous contrôle partagé

Énoncé des faits

1. La holding Hold Co est l'entité mère ultime d'un groupe d'EMN familial soumis aux règles GloBE. La holding détient la totalité des actions de la société B, entité située dans le Pays B. La société B détient la totalité des actions de la société C1, entité située dans le Pays C. La holding détient aussi la totalité des actions de la société C2, située dans le Pays C.

2. Le TEI des sociétés C 1 et C 2 est inférieur au taux minimum. Par conséquent, la holding serait obligée d'appliquer la règle d'inclusion du revenu à 100 % des bénéfices de la société C 1 et de la société C 2. Supposons que les règles en matière de structures de propriété partagée s'appliquent dans le cas où au moins 10 % du capital d'une société mère intermédiaire sous contrôle partiel sont détenus directement ou indirectement par des personnes qui ne sont pas des entités constitutives du groupe d'EMN.

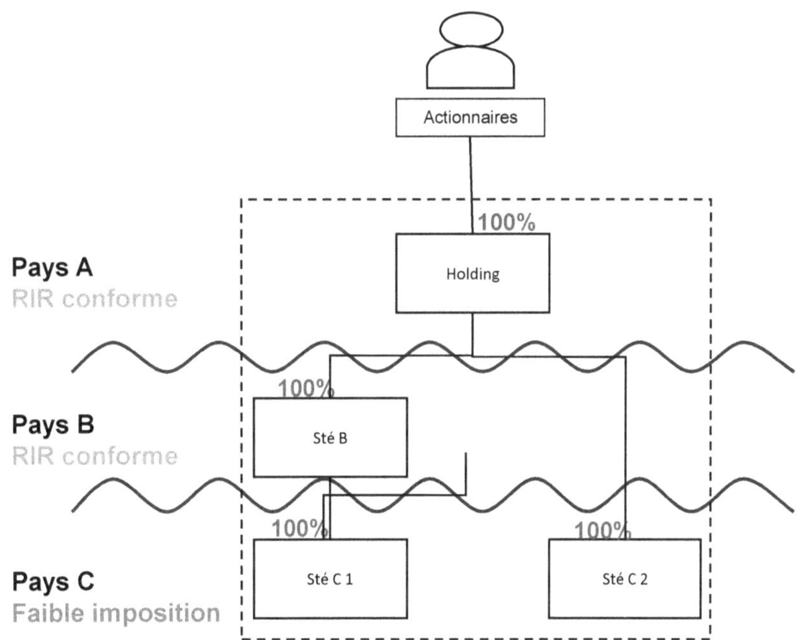

3. Pour échapper aux règles GloBE, la holding Hold Co cède 40 % de ses actions dans la société B et dans la société C 2 à ses propres actionnaires. Si le critère du TEI et le montant de l'impôt dû en vertu des règles GloBE étaient fondés uniquement sur la part du capital des sociétés C1 et C2 qui est détenue par l'entité mère ultime, cette réorganisation réduirait le montant de l'impôt dû en vertu des règles GloBE de 40 %.

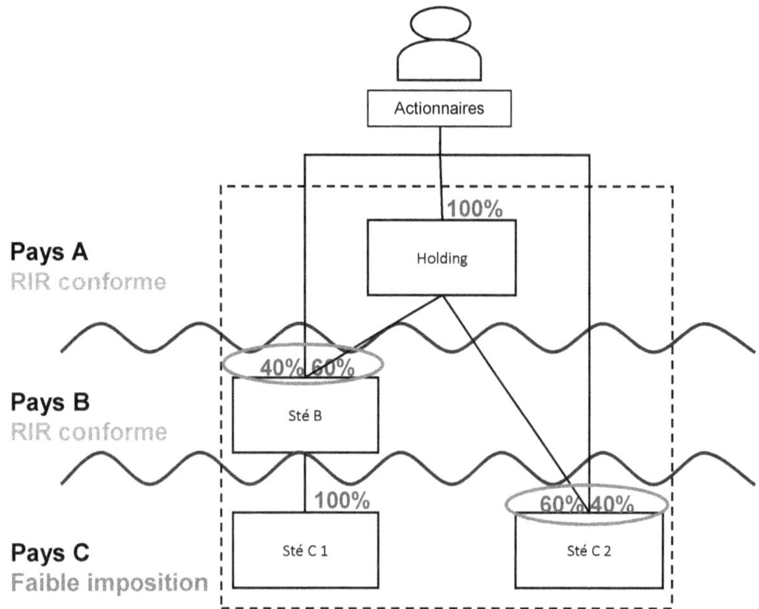

Question

4. Quelle réponse les règles en matière de structures de propriété partagée apporteront-elles à ce schéma d'optimisation fiscale ?

Réponse

5. Les règles en matière de propriété partagée ne portent que sur les sociétés mères intermédiaires sous contrôle partiel. Les entités sous contrôle partiel qui sont situées dans un pays à faible fiscalité ne font pas partie de leur champ d'application.

Analyse

6. D'après les règles en matière de propriété partagée, la société B serait obligée d'appliquer la règle d'inclusion du revenu. Il s'ensuit que cette réorganisation n'aurait aucun effet sur le montant de l'impôt supplémentaire payé en vertu des règles GloBE au titre des bénéfices de la société C 1.

7. Néanmoins, les règles en matière de propriété partagé ne s'appliquent pas à 40 % du bénéfice de la société C 2 parce que cette dernière n'est pas une société mère intermédiaire sous contrôle partiel. Dans ce cas, l'entité faiblement imposée est l'entité constitutive sous contrôle partiel. Ce résultat demeurerait inchangé même si une entité intermédiaire était intercalée entre la holding et la société C 2 sous réserve que les actions de cette dernière appartiennent encore aux actionnaires de la holding.

Exemple 6.3.2B. Problèmes posés en l'absence de règles en matière de propriété partagée

Énoncé des faits

1. Les règles GloBE n'ont pas adopté de règles en matière de propriété partagée. Le TEI et l'impôt supplémentaire à concurrence d'un taux minimum des entités faiblement imposées sont calculés sur la base de la quote-part de bénéfices faiblement imposés qui revient à l'EMU, laquelle dépend de la part du capital détenue par cette dernière.

2. La holding Hold Co est l'EMU d'un groupe d'EMN familial soumis aux règles GloBE. Hold Co réside fiscalement dans le Pays A, lequel n'a pas adopté la règle d'inclusion du revenu. Elle détient 60 % des actions de la société B, une entité constitutive du groupe située dans le Pays B qui a adopté les règles GloBE. Les 40 % restants des actions de la société B appartiennent à des actionnaires minoritaires qui ne sont pas des entités constitutives du groupe d'EMN. La société B détient 100 % des actions de la société C, une entité constitutive située dans le Pays C. La société C a un taux effectif d'imposition de 0 %. Dans cet exemple, le taux de l'impôt minimum est de 11 %.

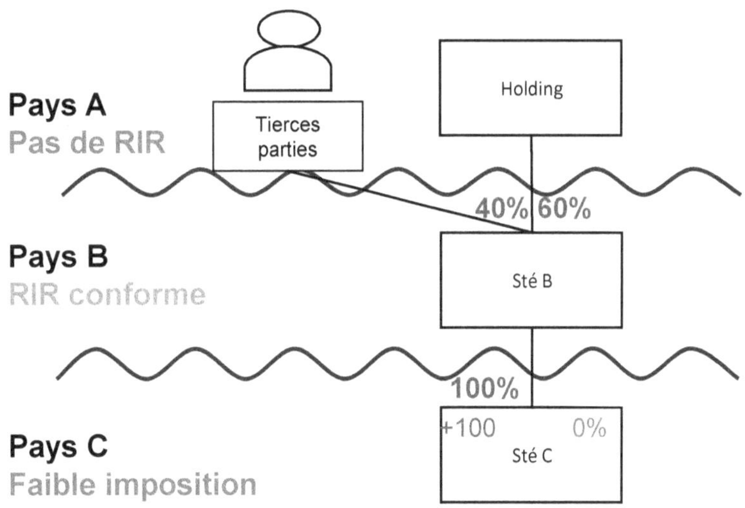

Questions

3. Comment les règles GloBE fonctionneraient-elles en l'absence de règles en matière de propriété partagée dans ce cas de figure ?

4. Quels sont les problèmes que suscite l'absence de règles en matière de propriété partagée ?

Réponse

5. Dans cet exemple, la société B sera tenue d'appliquer la règle d'inclusion du revenu parce que la holding est située dans un pays qui n'a pas adopté la RIR La société B serait obligée d'appliquer la règle d'inclusion à 60 % des bénéfices de la société C, c'est-à-dire le pourcentage du capital détenu par l'EMU. Le taux d'imposition effectif de la holding serait de 36 % parce qu'elle détient 60 % de la participation de la société mère appliquant la RIR, les 24 % restants étant à la charge des actionnaires minoritaires.

6. L'EMU aurait moins d'impôts à payer en vertu de la RIR si l'impôt supplémentaire à concurrence d'un taux minimum était payé par une société mère intermédiaire dont elle ne détient qu'une partie du capital. Les actionnaires minoritaires supporteraient une partie de l'impôt supplémentaire qui incombe à l'EMU même si la règle visait à exclure les intérêts minoritaires.

Analyse

7. Les règles GloBE auraient pu adopter une approche dans laquelle le TEI et l'impôt supplémentaire à concurrence d'un taux minimum sont calculés en fonction de la part du capital de l'entité faiblement imposée qui est détenue par l'EMU. Si l'EMU applique la règle d'inclusion du revenu ou si cette dernière est appliquée par une société mère intermédiaire dont la totalité du capital appartient à cette EMU, les règles fonctionnent parfaitement bien (indépendamment de l'exonération des bénéfices revenant aux actionnaires minoritaires) parce que le TEI et l'impôt supplémentaire sont calculés en fonction de la part des bénéfices faiblement imposés qui revient à l'EMU en proportion de sa part dans le capital.

8. Cependant, si une entité mère intermédiaire dont une partie seulement du capital appartient à l'EMU est obligée d'appliquer la règle, il en résultera une faille dans la règle d'inclusion du revenu parce que la charge fiscale supportée par l'EMU sera plus faible. Dans ce cas, le bénéfice revenant aux actionnaires minoritaires sera taxé même si le but de cette politique était de ne pas les pénaliser.

9. Dans cet exemple, l'impôt supplémentaire prélevé par la juridiction dont relève la société B est limité par le pourcentage du capital de la société C qui est détenu par l'entité mère ultime. En conséquence, la société B appliquera la règle d'inclusion à 60 % du bénéfice de la société C. Cela signifie qu'en réalité la holding paiera l'impôt supplémentaire sur 36 % de la part qui lui revient au titre de sa participation dans la société (60 % x 60 % = 36 %). Les 24 % restants réduiront indirectement le rendement des actions détenues par les actionnaires minoritaires parce qu'ils ont aussi des actions de la société B, c'est-à-dire l'entité soumise à l'impôt en vertu de la RIR.

10. Il serait possible d'éviter cet inconvénient en appliquant la règle d'inclusion du revenu proportionnellement à la part des bénéfices faiblement imposés qui revient à la société mère intermédiaire. Une telle disposition garantirait que l'entité mère ultime est soumise indirectement à la règle d'inclusion du revenu au prorata de la part des bénéfices faiblement imposés qui lui revient. Dans notre exemple, cela signifie que la société B devrait appliquer la RIR à 100 % des bénéfices de la société C. Cependant, le calcul du taux effectif d'imposition et de l'impôt supplémentaire à concurrence d'un taux minimum varierait selon que la ou les sociétés mères appliquent ou non la RIR, ce qui causerait toute une série de problèmes.

Approche adoptée

11. Dans l'approche adoptée, le pourcentage de l'impôt supplémentaire à concurrence d'un taux minimum calculé pour le Pays C est de 11 % (taux de l'impôt minimum de 11 % – TEI de 0 %). L'impôt supplémentaire calculé pour la société C est donc égal à 11 [(bénéfice de) 100 x (pourcentage de l'impôt supplémentaire de) 11 %]. La société B calcule sa part de l'impôt supplémentaire au titre de la société C en fonction du pourcentage du capital de la société C qu'elle détient, soit 100 %, de sorte que le montant de l'impôt supplémentaire qu'elle doit payer est de 11. Par conséquent, le montant effectivement payé par la holding est égal à 6.6, le reliquat de la charge fiscale, soit 4.4, étant à la charge des actionnaires minoritaires de la société B.

12. Le pourcentage de l'impôt supplémentaire à concurrence d'un taux minimum calculé pour le Pays C est de 11 % (taux de l'impôt minimum de 11 % – TEI de 0 %). Si l'impôt supplémentaire prévu par les règles GloBE était calculé en fonction du pourcentage du capital de la société C qui est détenu par la holding, Hold Co devrait payer un impôt supplémentaire égal à 6.6 (100 x 60 % x 11 %). Mais la holding est située dans un pays qui n'a pas adopté les règles GloBE. C'est pourquoi la société B est tenue d'appliquer la règle d'inclusion du revenu en vertu de l'approche descendante. Si la société B devait payer 6.6, le montant effectivement dû par la holding serait de 3.96. La charge fiscale restante de 2.64 serait supportée par les actionnaires minoritaires.

Exemple 6.3.2C. Coordination entre l'EMU et les sociétés mères intermédiaires sous contrôle partiel pour l'application de la RIR

Énoncé des faits

1. Les données sont les mêmes que dans l'Exemple 6.2.2B, à cette différence près que les règles GloBE incluent les règles en matière de contrôle partagé, que le Pays A a adopté une règle d'inclusion et que la holding détient en outre 100 % des actions de la société B 2 (située dans le Pays B), qui elle-même détient 100 % des actions de la société C 2 (située dans le Pays C). Le bénéfice de la société C 2 est soumis à un taux effectif d'imposition de 0 %. Supposons que les règles en matière de structures de propriété partagée s'appliquent dans le cas où au moins 10 % du capital d'une société mère intermédiaire sous contrôle partiel est détenu directement ou indirectement par des personnes qui ne sont pas des entités constitutives du groupe d'EMN.

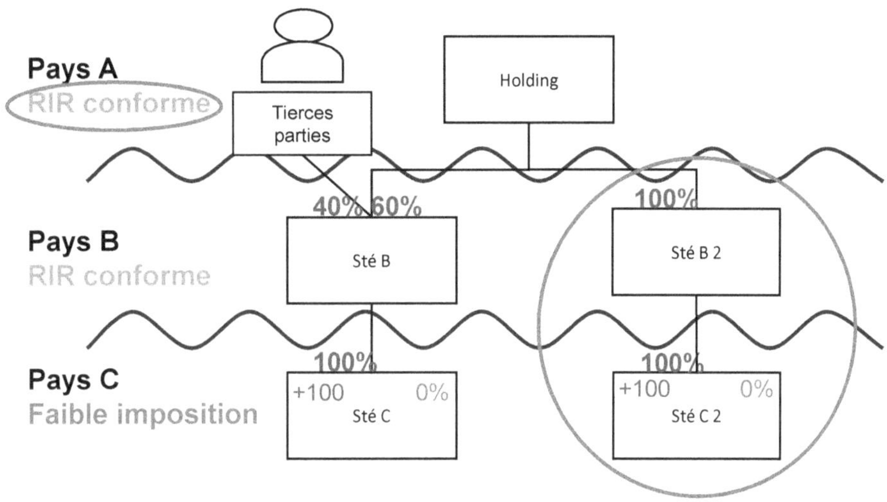

Question

2. Comment la règle d'inclusion serait-elle appliquée dans ce cas de figure ?

Réponse

3. La société B serait tenue d'appliquer la RIR aux bénéfices de la société C parce qu'elle est une société mère intermédiaire sous contrôle partiel, tandis que la holding devrait exempter ces bénéfices de sa règle d'inclusion et n'appliquer cette dernière qu'aux bénéfices de la société C 2.

Analyse

4. Le TEI du Pays C est de 0 %, de sorte que le pourcentage de l'impôt supplémentaire à concurrence d'un taux minimum est égal à 11 % [(taux de l'impôt minimum de 11 % – TEI de 0 %)]. L'impôt supplémentaire calculé pour la société C et la société C 2 est égal à 11 pour chacune d'entre elles [(bénéfice de) 100 x (pourcentage de l'impôt supplémentaire de) 11 %].

5. En vertu de l'approche descendante, la holding est tenue d'appliquer la règle d'inclusion du revenu. Cependant, la société B doit aussi appliquer la règle d'inclusion aux bénéfices de la société C conformément aux règles en matière de structures de propriété partagée parce qu'elle est une société mère intermédiaire sous contrôle partiel.

6. La société B doit payer un montant de 11 (100 % x 11) au titre de sa RIR.

7. La holding aussi est tenue d'appliquer la règle d'inclusion. Cependant, afin d'éviter une double imposition, elle ne calculera son impôt supplémentaire à concurrence d'un taux minimum que sur sa part des bénéfices de la société C 2, si bien qu'elle devra payer un impôt de 11 (100 % x 11).

8. En l'absence de règles en matière de contrôle partagé, le montant de l'impôt supplémentaire que devrait la holding pour les entités constitutives situées dans le Pays C serait de 17.6 [(60 % x 11) + (100 % x 11)] en lieu et place du montant total de 22 payé par le groupe d'EMN au titre de l'impôt supplémentaire à concurrence d'un taux minimum (11 payés par la société B + 11 payés par la holding).

Exemple 6.3.2D. Coordination entre plusieurs sociétés mères intermédiaires sous contrôle partiel

Énoncé des faits

1. Dans cet exemple, la holding est l'entité mère ultime d'un groupe d'EMN soumis aux règles GloBE. La holding est située dans le Pays A. Elle détient 60 % des actions de la société B, entité située dans le Pays B. Les 40 % restants des actions de la société B appartiennent à des actionnaires minoritaires qui ne sont pas des entités constitutives du groupe d'EMN. La société B détient 60 % des actions de la société C, entité située dans le Pays C. Les 40 % restants des actions de la société C appartiennent à des actionnaires minoritaires qui ne sont pas des entités constitutives du groupe d'EMN.

2. La société C détient 100 % des actions de la société D, entité située dans le Pays D. La société D détient 100 % des actions de la société E située dans le Pays E et dont les bénéfices sont soumis à un TEI inférieur au taux minimum. Les bénéfices de toutes les autres entités constitutives sont imposés à un taux supérieur au taux minimum. Les règles GloBE ont été adoptées par les Pays A, B, C et D. Supposons que les règles en matière de structures de propriété partagée s'appliquent dans le cas où au moins 10 % du capital d'une société mère intermédiaire sous contrôle partiel sont détenus directement ou indirectement par des personnes qui ne sont pas des entités constitutives du groupe d'EMN.

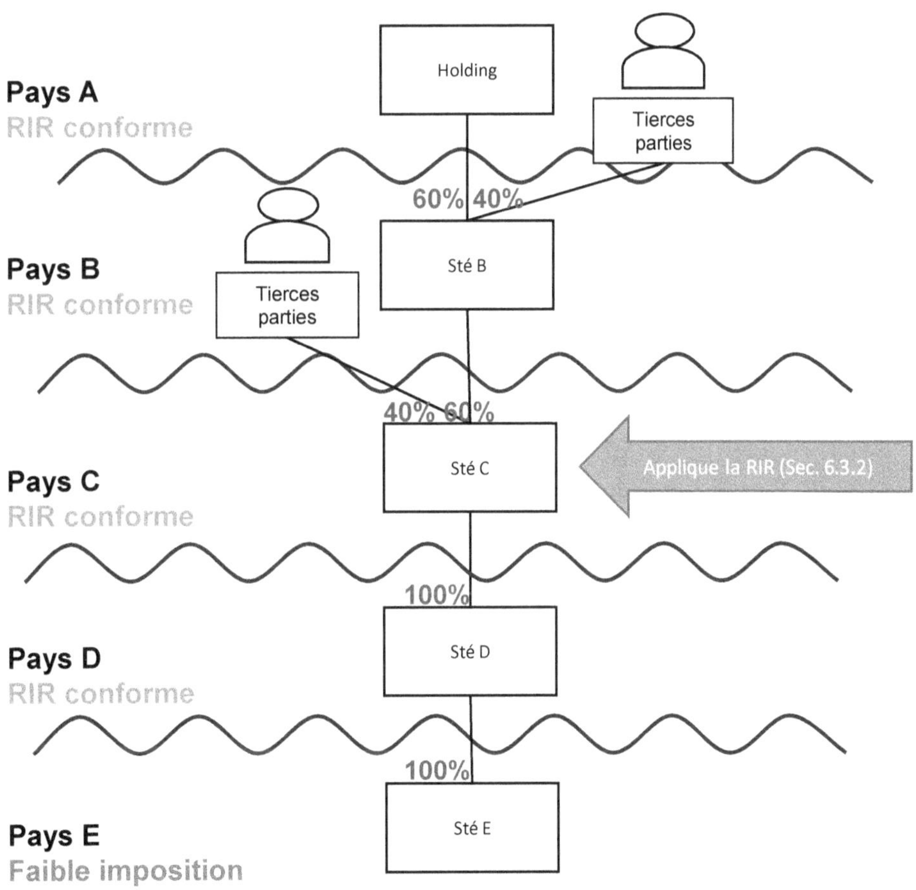

Question

3. Lesquelles de ces entités constitutives sont des sociétés mères intermédiaires sous contrôle partiel et, parmi ces dernières, lesquelles doivent appliquer en priorité la règle d'inclusion du revenu ?

Réponse

4. Les sociétés B, C et D sont toutes des sociétés mères intermédiaires sous contrôle partiel parce que plus de 10 % de leur capital est détenu directement ou indirectement par des personnes qui ne sont pas des entités constitutives du groupe d'EMN (tierces parties).

5. La société C doit appliquer la RIR conformément aux règles en matière de structures de propriété partagée (section 6.3.2). La société B et la société D ne sont pas tenues d'appliquer la RIR aux bénéfices de la société E.

Analyse

6. La société B est une société mère intermédiaire sous contrôle partiel parce que plus de 10 % de son capital est détenu directement ou indirectement par des personnes qui ne sont pas des entités constitutives du groupe d'EMN (tierces parties). De même, la société C est aussi une société mère intermédiaire sous contrôle partiel parce qu'au moins 10 % de son capital est détenu directement ou indirectement par des personnes qui ne sont pas des entités constitutives (à savoir ses actionnaires minoritaires et ceux de la société B). La société D est aussi une société mère intermédiaire sous contrôle partiel parce qu'au moins 10 % de son capital est détenu directement ou indirectement par des personnes qui ne sont pas des entités constitutives du groupe d'EMN (à savoir les actionnaires minoritaires de la société C et les actionnaires minoritaires de la société B).

7. Il y a ensuite lieu de se demander laquelle de ces entités doit appliquer la règle d'inclusion du revenu. La réponse à cette question est importante, à la fois pour assurer la coordination entre les juridictions et pour éviter les doubles impositions.

8. Telles qu'elles sont définies dans l'approche descendante, les sociétés mères incluent les sociétés mères intermédiaires sous contrôle partiel C'est pourquoi toutes les sociétés mères intermédiaires sous contrôle partiel sont aussi des « sociétés mères » au regard de l'approche descendante. Le deuxième paragraphe des règles en matière de structures de propriété partagée prévoit une exception à l'approche descendante parce qu'il stipule qu'une société mère détenant au moins une partie du capital de l'entité constitutive faiblement imposée par le truchement d'une société mère intermédiaire sous contrôle partiel ne doit pas appliquer la règle d'inclusion du revenu dans la mesure où les revenus en question ont déjà été soumis à la RIR de la société mère intermédiaire sous contrôle partiel.

9. Dans cet exemple, la société B est une société mère de la société C par le truchement de laquelle elle détient des participations dans l'entité constitutive faiblement imposée (société E). De plus, les bénéfices faiblement imposés sont déjà soumis à la règle d'inclusion de la société C. Par conséquent, la société B n'appliquera pas la RIR parce qu'elle est déjà soumise à celle de la société C. Le même raisonnement vaut pour la holding, qui est dispensée d'appliquer la RIR parce qu'elle est une société mère de la société C.

10. Une analyse différente est nécessaire pour déterminer laquelle des autres sociétés mères intermédiaires sous contrôle partiel doit appliquer la règle d'inclusion du revenu. Selon la deuxième phrase du premier paragraphe des règles en matière de contrôle partagé, une société mère intermédiaire sous contrôle partiel n'appliquera pas la règle d'inclusion du revenu si la totalité de son capital est détenue directement ou indirectement par des entités constitutives tenues d'appliquer la RIR.

11. Dans cet exemple, la totalité du capital de la société D est détenue par la société C, entité constitutive soumise à la règle d'inclusion du revenu. La société D n'appliquera donc pas la RIR parce que la société C l'appliquerait aux bénéfices faiblement imposés. Ce raisonnement obéit à la logique de l'approche descendante.

12. La société C serait donc la seule société mère intermédiaire sous contrôle partiel qui soit obligée d'appliquer la règle d'inclusion du revenu puisque les sociétés B et D ne peuvent l'appliquer dans ce cas. De plus, en tant que société mère de C, la holding est également tenue d'appliquer la règle d'inclusion.

Exemple 6.3.2E. Coordination entre plusieurs sociétés mères intermédiaires sous contrôle partiel dans le cas où l'une d'entre elles est faiblement imposée

Énoncé des faits

1. Les données sont les mêmes que dans l'Exemple 4.2.3D à cette différence près que le bénéfice de la société C est également soumis à un taux effectif d'imposition inférieur au taux minimum.

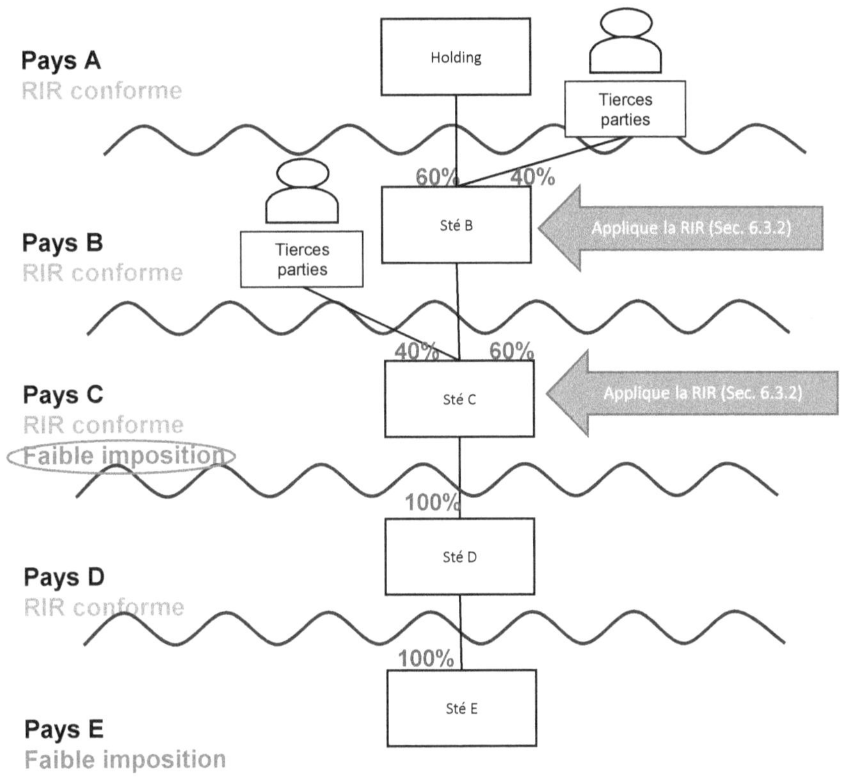

Question

2. Lesquelles de ces entités constitutives sont des sociétés mères intermédiaires sous contrôle partiel et, parmi ces dernières, lesquelles doivent appliquer en priorité la règle d'inclusion du revenu ?

Réponse

3. Comme dans l'Exemple 6.3.2D, les sociétés B, C et D sont toutes des sociétés mères intermédiaires sous contrôle partiel parce qu'au moins 10 % de leur capital est détenu directement ou indirectement par des personnes qui ne sont pas des entités constitutives du groupe d'EMN (tierces parties).

4. Comme dans l'Exemple 6.3.2D, la société C est la seule société mère et société mère intermédiaire sous contrôle partiel ayant à appliquer la règle d'inclusion aux bénéfices de la société E. Cependant, la société B est une société mère intermédiaire sous contrôle partiel ayant l'obligation d'appliquer la RIR aux bénéfices faiblement imposés de la société C.

Analyse

5. La société C est la seule société mère et société mère intermédiaire sous contrôle partiel à devoir appliquer la RIR d'après l'analyse exposée dans l'Exemple 6.3.2D puisque les faits pertinents sont les mêmes.

6. La société B doit néanmoins appliquer la règle d'inclusion aux bénéfices de la société C parce qu'elle est une société mère intermédiaire sous contrôle partiel possédant des actions d'une entité faiblement imposée. La holding doit exclure de sa règle d'inclusion les bénéfices de la société C parce qu'ils ont déjà été soumis à la RIR de la société B.

Exemple 6.3.2F. Coordination entre plusieurs sociétés mères intermédiaires sous contrôle partiel dans le cas où elles possèdent des participations différentes dans une entité faiblement imposée

Énoncé des faits

1. Les faits sont les mêmes que dans l'Exemple 4.2.3D à cette différence près que la société C ne détient que 50 % des actions de la société D, les 50 % restants étant logés chez la société B. Par conséquent, la société B est indirectement propriétaire de 80 % des bénéfices de la société E (30 % du fait de sa participation dans C et 50 % du fait de sa participation dans D).

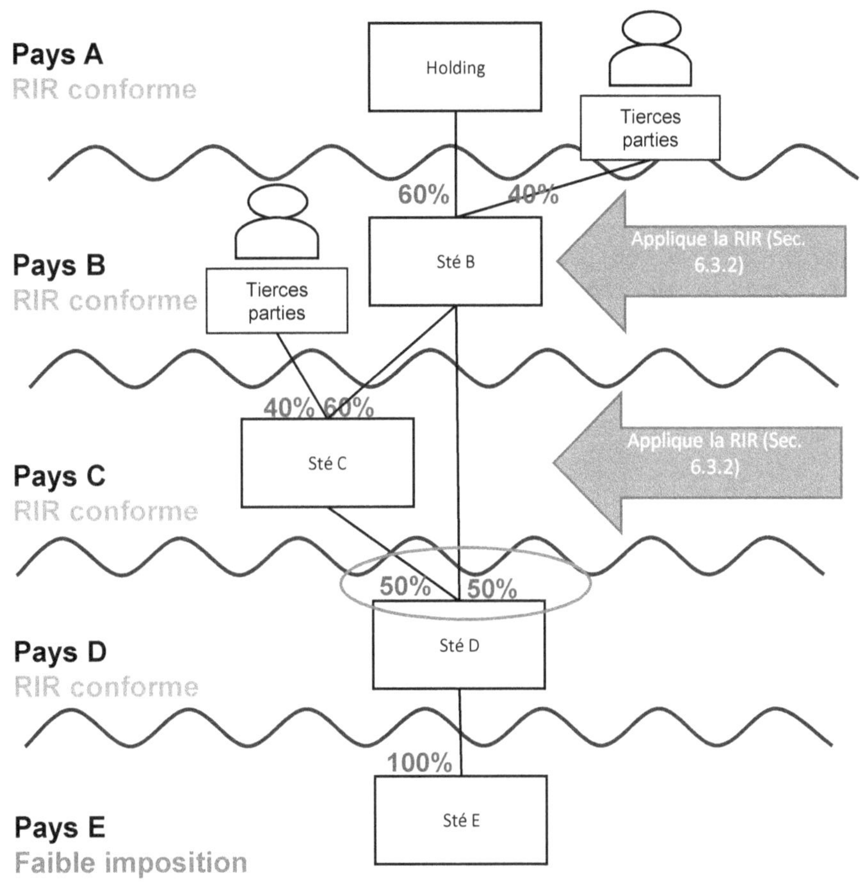

Question

2. Lesquelles de ces entités constitutives sont des sociétés mères intermédiaires sous contrôle partiel et, parmi ces dernières, lesquelles doivent appliquer en priorité la RIR ?

Réponse

3. Comme dans l'Exemple 6.3.2D, les sociétés B, C et D sont toutes des sociétés mères intermédiaires sous contrôle partiel parce qu'au moins 10 % de leur capital est détenu directement ou indirectement par des personnes qui ne sont pas des entités constitutives du groupe d'EMN (tierces parties).

4. Comme dans l'Exemple 6.2.3D, la société C demeure prioritaire pour l'application de la règle d'inclusion du revenu à 50 % du bénéfice de la société E. Cependant, la société B est toujours obligée d'appliquer la RIR aux 50 % restants du bénéfice faiblement imposé.

Analyse

5. L'analyse décrite dans l'Exemple 6.3.2D sert de point de départ pour le traitement des 50 % des bénéfices faiblement imposés afférents aux participations des sociétés B, C et D. La société B n'a pas à appliquer la RIR parce qu'elle est une société mère dont les droits à cette partie des bénéfices faiblement imposés viennent de la participation qu'elle possède par le truchement d'une société mère intermédiaire sous contrôle partiel (la société C) qui est soumise à l'obligation d'appliquer la RIR.

6. Il convient ensuite de se demander quelle société mère intermédiaire sous contrôle partiel doit appliquer la règle d'inclusion aux 50 % restants revenant aux sociétés B et D du fait de leurs participations. Dans ce cas, D ne doit pas appliquer la RIR parce qu'elle est une société mère intermédiaire sous contrôle partiel dont la totalité du capital appartient à des entités constitutives devant appliquer la RIR (en l'occurrence les société B et C). En conséquence, la société B devrait appliquer la règle d'inclusion aux 50 % restants des bénéfices faiblement imposés. Cette règle obéit à la logique de l'approche descendante et évite de taxer deux fois les bénéfices revenant aux actionnaires minoritaires de la société C.

7. La holding n'a pas à appliquer la règle d'inclusion aux bénéfices de la société E parce qu'ils ont été soumis dans leur totalité à la RIR d'une société mère intermédiaire sous contrôle partiel.

8. Le fait que la société D n'est pas contrôlée par B ou C n'a aucune importance parce que toutes sont des entités constitutives d'un même groupe d'EMN puisqu'elles sont contrôlées par la holding.

Exemple 6.3.2G. Coordination entre l'EMU et une société mère intermédiaire sous contrôle partiel dans le cas où toutes deux doivent appliquer la règle d'inclusion du revenu

Énoncé des faits

1. Les faits sont les mêmes que dans l'Exemple 4.2.3D à cette différence près que 40 % des actions de la société B sont détenues par la société A, entité constitutive du groupe d'EMN dont la totalité du capital appartient à la holding.

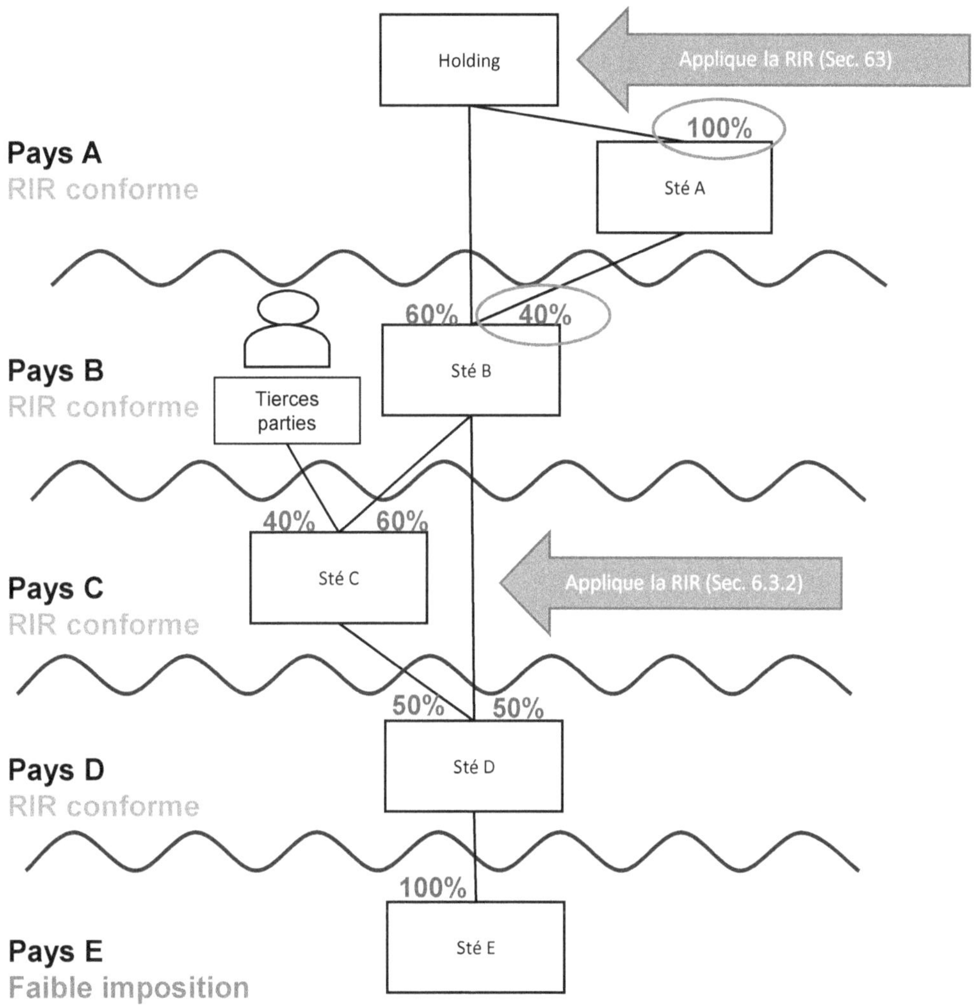

Question

2. Lesquelles de ces entités constitutives sont des sociétés mères intermédiaires sous contrôle partiel et, parmi ces dernières, lesquelles doivent appliquer en priorité la règle d'inclusion du revenu ?

Réponse

3. Les sociétés C et D sont des sociétés mères intermédiaires sous contrôle partiel parce qu'au moins 10 % de leur capital est détenu directement ou indirectement par des personnes qui ne sont pas des entités constitutives du groupe d'EMN (tierces parties). La société B n'est pas une société mère intermédiaire sous contrôle partiel comme dans l'Exemple 6.3.2D parce que la totalité de son capital appartient directement ou indirectement à la holding.

4. Comme dans les Exemples 6.2.3D et 6.2.3F, la société C a encore la priorité pour appliquer la règle d'inclusion du revenu à 50 % des bénéfices de la société E. Cependant, la holding doit appliquer la RIR aux 50 % restants.

Analyse

5. Dans cet exemple, les sociétés C et D sont des sociétés mères intermédiaires sous contrôle partiel. La société B n'est pas une société mère intermédiaire sous contrôle partiel parce que la totalité de son capital appartient directement ou indirectement à l'EMU.

6. Comme dans l'Exemple 6.2.3F, la société C a la priorité pour appliquer la règle d'inclusion du revenu à 50 % des bénéfices de la société E.

7. Cependant, contrairement à l'Exemple 6.2.3F, la holding a la priorité sur la société B pour appliquer la RIR conformément à l'approche descendante parce que B n'est pas une société mère intermédiaire sous contrôle partiel. Le Pays B doit donc désactiver sa règle d'inclusion du revenu. Cependant, la holding n'appliquerait sa règle d'inclusion qu'à 50 % des bénéfices de la société E parce que les autres 50 % sont déjà soumis à la RIR d'une société mère intermédiaire sous contrôle partiel (la société C) en vertu des règles en matière de contrôle partagé.

8. En revanche, la société D n'a pas à appliquer la règle d'inclusion parce que la totalité de son capital appartient à des entités constitutives tenues d'appliquer la RIR (en l'occurrence la holding et la société C).

Exemple 6.3.2H. Coordination entre plusieurs sociétés mères intermédiaires sous contrôle partiel et une société mère intermédiaire située dans une juridiction qui n'a pas adopté la règle d'inclusion du revenu

Énoncé des faits

1. Les faits sont les mêmes que dans l'Exemple 4.2.3D à cette différence près que le Pays C n'a pas adopté la règle d'inclusion du revenu.

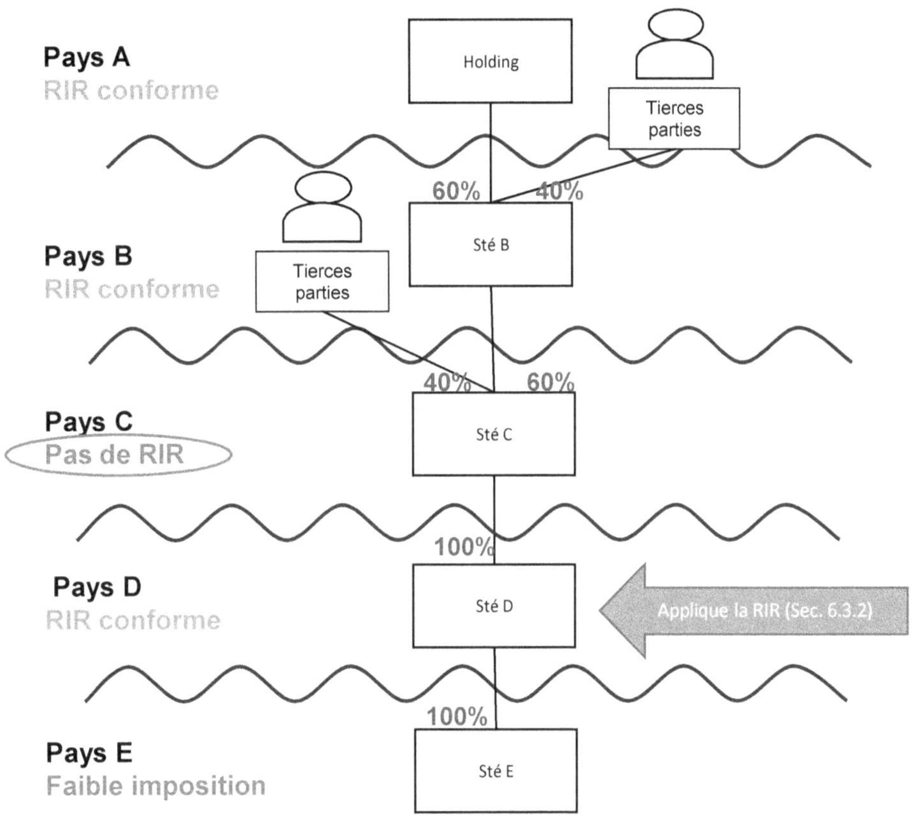

Question

2. Lesquelles de ces entités constitutives sont des sociétés mères intermédiaires sous contrôle partiel et, parmi ces dernières, lesquelles doivent appliquer en priorité la règle d'inclusion du revenu ?

Réponse

3. Les sociétés B et D sont des sociétés mères intermédiaires sous contrôle partiel parce qu'au moins 10 % de leur capital est détenu directement ou indirectement par des personnes qui ne sont pas des entités constitutives du groupe d'EMN (tierces parties). La société C n'est pas une société mère intermédiaire sous contrôle partiel au regard des règles en matière de contrôle partagé.

4. La société D doit appliquer la RIR conformément aux règles en matière de structures de propriété partagée (section 6.3.2). La société B n'est pas tenue d'appliquer la RIR aux bénéfices de la société E.

Analyse

5. Contrairement à l'Exemple 6.3.2D, la société C n'est pas une société mère intermédiaire sous contrôle partiel parce qu'elle n'est pas située dans une juridiction qui a adopté une RIR. Il s'ensuit que soit la société B, soit la société D doit appliquer la RIR.

6. Dans ce cas, la société D n'est pas soumise à la restriction énoncée dans la deuxième phrase du premier paragraphe des règles en matière de structures de propriété partagée parce qu'une partie seulement de son capital est détenue par une entité constitutive devant appliquer la RIR. La société B ne détient (indirectement) que 60 % du capital de la société D. En conséquence, la société D doit appliquer la RIR.

7. En revanche, la société B ne peut appliquer la RIR parce qu'elle est une société mère détenant une partie du capital de l'entité constitutive faiblement imposée (en l'occurrence la société E) par le truchement d'une société mère intermédiaire sous contrôle partiel (la société D) qui a appliqué la RIR conformément au deuxième paragraphe des règles en matière de contrôle partagé. C'est pourquoi la société B est tenue d'exclure le bénéfice de la société E de la RIR.

8. De même, la holding doit exclure de sa règle d'inclusion du revenu les bénéfices de la société E parce qu'ils ont déjà été soumis à la RIR d'une société mère intermédiaire sous contrôle partiel (la société D).

9. L'application des règles a pour résultat que la totalité des bénéfices faiblement imposés est soumise aux règles GloBE. Si la société B devait appliquer la règle, elle ne le ferait que pour 60 % des bénéfices faiblement imposés.

Exemple 6.3.2I. Coordination entre une société mère intermédiaire sous contrôle partiel et deux sociétés mères intermédiaires situées dans une juridiction qui n'a pas adopté la règle d'inclusion du revenu

Énoncé des faits

1. Les faits sont les mêmes que dans l'Exemple 4.2.3D à cette différence près que les Pays C et D n'ont pas adopté la règle d'inclusion du revenu.

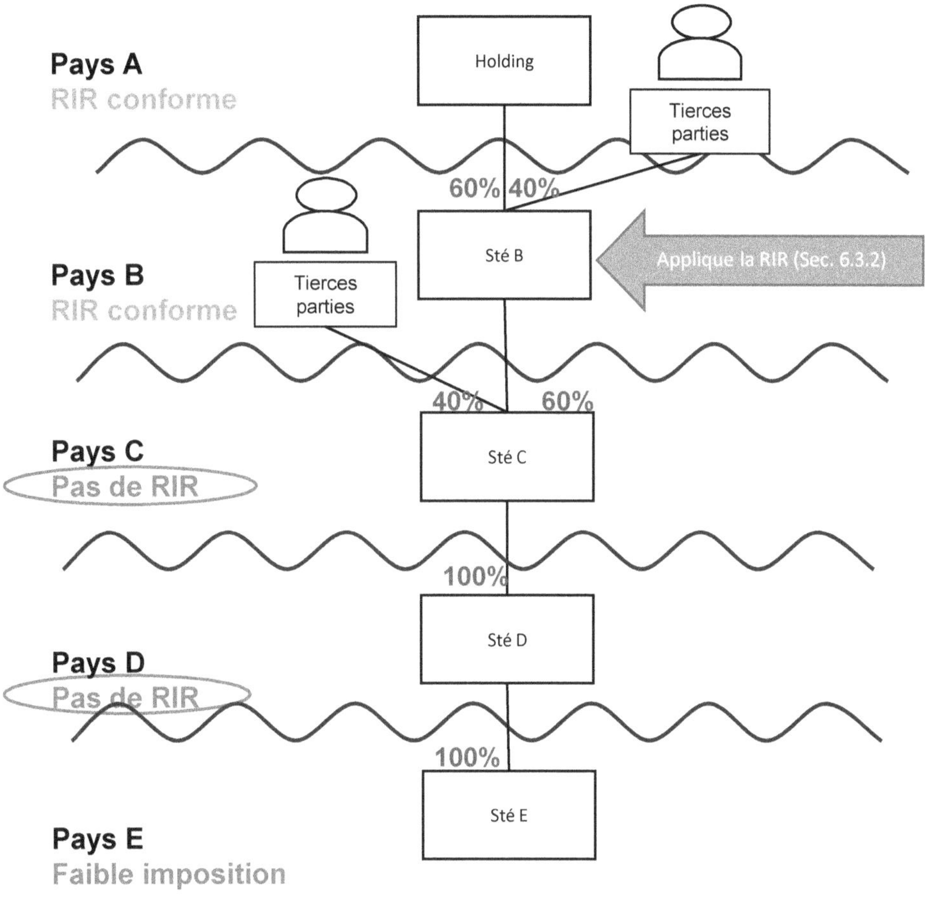

Question

2. Lesquelles de ces entités constitutives sont des sociétés mères intermédiaires sous contrôle partiel et, parmi ces dernières, lesquelles doivent appliquer en priorité la RIR ?

Réponse

3. La société B est la seule société mère intermédiaire sous contrôle partiel et a la priorité sur la holding pour l'application de la règle d'inclusion du revenu.

Analyse

4. Dans cet exemple, seule la société B est une société mère intermédiaire sous contrôle partiel. Les sociétés C et D ne remplissent pas les conditions requises par la définition d'une société mère intermédiaire sous contrôle partiel parce qu'elles sont situées dans des pays qui n'ont pas adopté la règle

d'inclusion du revenu. C'est pourquoi la société B est obligée d'appliquer la RIR aux bénéfices de la société E.

5. La société B devrait collecter 60 % de l'impôt supplémentaire relatif à la société E parce qu'elle ne détient indirectement que 60 % de son capital. Les 40 % restants ne seraient pas taxés selon les règles GloBE parce qu'ils ne sont pas soumis à une RIR et que la règle sur les paiements insuffisamment imposés ne s'appliquerait pas étant donné que la société E est contrôlée par une entité constitutive soumise à une RIR.

6. La holding doit exempter le bénéfice de la société E de sa RIR parce qu'elle est la société mère d'une société mère intermédiaire sous contrôle partiel qui applique la RIR.

Exemple 6.3.2J. Différence entre une société mère intermédiaire sous contrôle partiel et une entité faiblement taxée sous contrôle partiel

Énoncé des faits

1. La holding Hold Co est l'EMU d'un groupe d'EMN soumis aux règles GloBE et elle est située dans une juridiction ayant adopté la RIR. La holding détient 60 % des actions de la société B, entité située dans le Pays B. Les 40 % restants des actions appartiennent à des actionnaires minoritaires qui ne sont pas des entités constitutives du groupe d'EMN. Le Pays B a adopté la RIR. La société B détient 100 % des actions de la société C 1, une entité constitutive située dans le Pays C.

2. La holding détient en outre 60 % des actions de la société C 2, une entité située dans le Pays C.

3. Le bénéfice de la société C 1 (100) est soumis à un impôt couvert de 5, tandis que celui de la société C 2 (100) est exonéré d'impôt. Dans cet exemple, le taux de l'impôt minimum adopté par les règles GloBE est de 10 %. Supposons que les règles en matière de structures de propriété partagée s'appliquent dans le cas où au moins 10 % du capital d'une société mère intermédiaire sous contrôle partiel est détenu directement ou indirectement par des personnes qui ne sont pas des entités constitutives du groupe d'EMN.

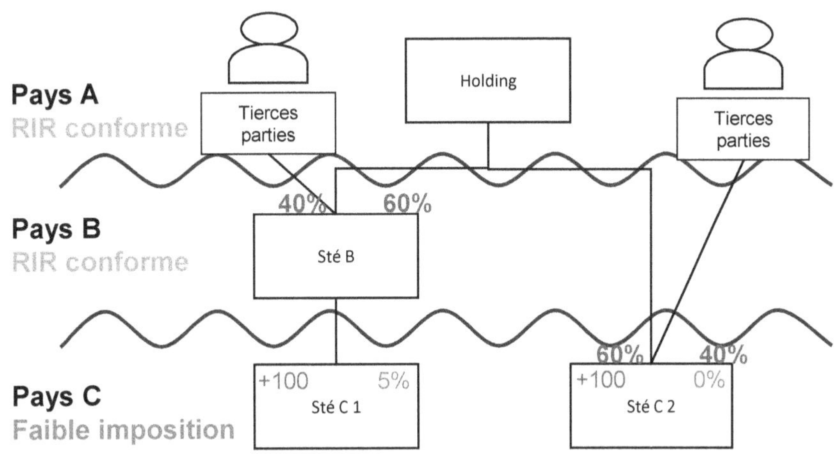

Question

4. Quel est le montant des bénéfices réalisés par les entités constitutives situées dans le Pays C qui est soumis aux règles GloBE et quel est le montant de l'impôt supplémentaire à concurrence d'un taux minimum payé par le groupe d'EMN ?

Réponse

5. Le montant des bénéfices soumis aux règles GloBE est égal à 160 et celui de l'impôt supplémentaire payé par le groupe d'EMN est égal à 12.

Analyse

6. Le TEI de la société C 1 et de la société C 2 est de 2.5 %. Le groupe d'EMN doit donc payer un impôt de 15. L'impôt supplémentaire calculé pour la société C 1 et la société C 2 est égal à 7.5 pour chacune d'entre elles [(bénéfice de) 100 x écart avec le TEI de 7.5].

7. La holding doit appliquer la RIR en fonction du pourcentage du capital qu'elle détient selon l'approche descendante (section 6.3). La société B doit aussi appliquer la RIR selon les règles en matière de structures de propriété partagée (section 6.3.2).

8. La société B doit payer un montant de 7.5 (100 % x 7.5). En revanche, la holding n'applique la RIR qu'aux bénéfices de la société C 2 parce que ceux de la société C 1 ont déjà été soumis à la RIR de la société B, de telle sorte qu'elle doit payer 4.5 (60 % x 7.5).

9. Le groupe d'EMN a payé un montant total de 12 au titre de l'impôt supplémentaire à concurrence d'un taux minimum (7.5 payés par la société B + 4.5 payés par la holding). Les règles sur le structures de propriété partagée ne s'appliquent pas aux bénéfices de la société C 2 parce que l'entité faiblement imposée est l'entité sous contrôle partiel (et non la société mère intermédiaire sous contrôle partiel). Par conséquent, le reliquat d'impôt de 3 qui correspond à 40 % du bénéfice de la société C 2 ne serait pas collecté par le groupe d'EMN. Dans certains cas, une version simplifiée de la RIR pourrait s'appliquer au bénéfice de la société C 2.

Exemple 7.4.3A. Exemple illustrant le fonctionnement de la première clé de répartition de la règle sur les paiements insuffisamment imposés (sans plafonnement)

Énoncé des faits

1. Une EMN dont la société mère est située dans la juridiction P opère dans les juridictions A, B, C et D. On suppose en outre que le TEI de l'EMN dans la juridiction P (juridiction de l'entité mère ultime), dans la juridiction A et dans la juridiction B est supérieur au taux minimum. La société P détient en direct la totalité des actions des sociétés A1, B et C. La société A1 et la société C possèdent respectivement la totalité des actions de la société A2 et de la société D. La société A1 et la société A2 résident fiscalement dans le même pays (juridiction A). Les sociétés B, C et D résident respectivement dans la juridiction B, la juridiction C et la juridiction D sur le plan fiscal. Les juridictions A et B ont adopté la règle sur les paiements insuffisamment imposés.

2. Les TEI de cette EMN dans les juridictions C et D sont inférieurs au taux minimum. Un impôt supplémentaire à concurrence d'un taux minimum est calculé pour les bénéfices réalisés dans ces deux juridictions. Le montant de l'impôt supplémentaire à concurrence d'un taux minimum est de 200 pour les bénéfices réalisés dans la juridiction C et de 75 pour ceux qui ont été réalisés dans la juridiction D[2]. Aucune règle d'inclusion du revenu ne s'applique aux bénéfices réalisés dans les juridictions C et D parce que les juridictions P et C n'ont pas adopté la règle d'inclusion.

3. La structure des paiements directs impliquant des entités constitutives établies dans les juridictions où le TEI de l'EMN dans la juridiction est inférieur au taux minimum est la suivante :

- La société A1 a effectué des paiements à destination de la société C pour un montant de 750.
- La société A2 a effectué des paiements à destination de la société D pour un montant de 100.
- La société B a effectué des paiements à destination de la société C pour un montant de 250 et de la société D pour un montant de 200.

4. Ces faits sont résumés dans le graphique suivant.

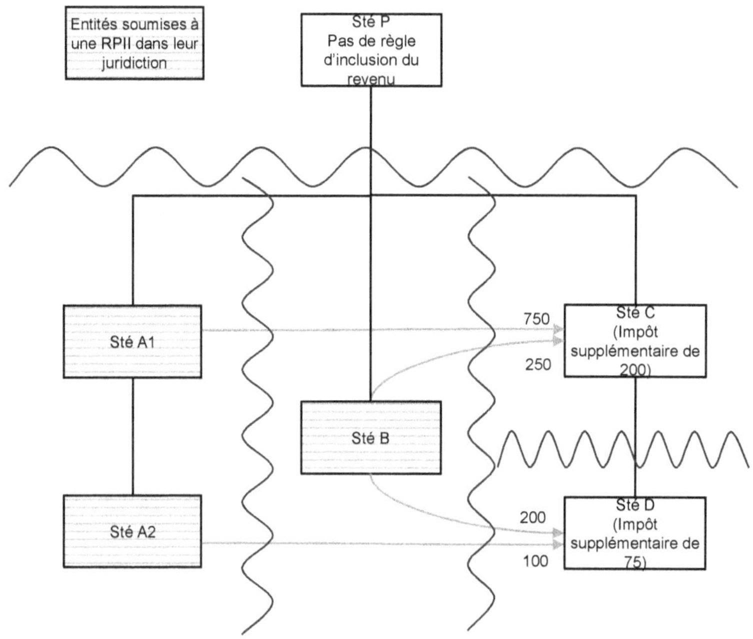

Question

5. Comment les impôts supplémentaires calculés pour les bénéfices réalisés dans les juridictions C et D sont-ils répartis au moyen de la première clé de répartition de la RPII ?

Réponse

6. Les montants d'impôt supplémentaire à concurrence d'un taux minimum (200 et 75) sont répartis comme suit :

- L'impôt supplémentaire affecté à la société A1 est égal à 150 (75 % x 200)
- L'impôt supplémentaire affecté à la société A2 est égal à 25 (33.33 % x 75)
- L'impôt supplémentaire affecté à la société B est égal à 100 (25 % x 200 + 66.66 % x 75)

7. Il n'est pas tenu compte de l'incidence d'un éventuel plafonnement sur le montant affecté au moyen de la première clé de répartition aux fins de cet exemple. Si un plafond était appliqué de manière à limiter le montant des impôts supplémentaires affectés au moyen de la première clé de répartition, le solde de l'impôt supplémentaire serait affecté au moyen de la deuxième clé de répartition.

Analyse

8. Si l'EMN a un taux effectif d'imposition inférieur au taux minimum fixé dans plusieurs pays où elle opère, la première clé de répartition serait appliquée à l'impôt supplémentaire qui est dû sur les bénéfices réalisés dans chaque pays considéré séparément. Cet exemple a pour but d'illustrer ce mécanisme. Il n'est pas tenu compte de l'incidence d'un éventuel plafonnement sur le montant affecté au moyen de la première clé de répartition aux fins de cet exemple.

Affectation de l'impôt supplémentaire à concurrence d'un taux minimum calculé pour les bénéfices de la société C

9. L'impôt supplémentaire calculé pour les bénéfices de la société C est affecté aux contribuables soumis à la RPII qui sont établis dans les juridictions A et B proportionnellement aux paiements directs que ces entités ont effectués à destination de la société C. La répartition des paiements directs reçus par la société C est la suivante :

Contribuables soumis à la RPII	Montant des paiements directs effectués au profit de la société C	Répartition des paiements directs
Sté A1	750	$\frac{750}{1000} = 75\%$
Sté B	250	$\frac{250}{1000} = 25\%$
Total	1000	100%

10. Le montant de l'impôt supplémentaire calculé pour les bénéfices de la société C est de 200. L'impôt supplémentaire à concurrence d'un taux minimum est affecté aux contribuables soumis à la RPII qui sont établis dans les juridictions A et B proportionnellement au montant des paiements directs calculé ci-dessus. Ce mécanisme aboutit à la répartition suivante :

Contribuables soumis à la RPII	Pourcentage des paiements directs	Impôt supplémentaire affecté
Sté A1	75%	$75\%\ x\ 200 = 150$
Sté B	25%	$25\%\ x\ 200 = 50$
Total	100%	200

11. Il n'est pas tenu compte de l'incidence d'un éventuel plafonnement sur le montant affecté au moyen de cette clé de répartition aux fins de cet exemple. S'il reste un impôt supplémentaire à concurrence d'un taux minimum non affecté sur les bénéfices réalisés dans le pays C à l'issue de l'application de ce plafond, ce reliquat d'impôt sera affecté au moyen de la deuxième clé de répartition.

Affectation de l'impôt supplémentaire à concurrence d'un taux minimum calculé pour les bénéfices de la société D

12. L'impôt supplémentaire calculé pour les bénéfices de la société D est affecté aux contribuables soumis à la RPII qui sont établis dans les juridictions A et B proportionnellement aux paiements directs que ces entités ont effectués à destination de la société D. La répartition des paiements directs reçus par la société D est la suivante :

Contribuables soumis à la RPII	Montant des paiements directs effectués au profit de la Société D	Pourcentage des paiements directs
Sté A2	100	$\frac{100}{300} = 33.33\%$
Sté B	200	$\frac{200}{300} = 66.66\%$
Total	300	100%

13. Le montant de l'impôt supplémentaire calculé pour les bénéfices de la société D est de 75. L'impôt supplémentaire à concurrence d'un taux minimum est affecté aux contribuables soumis à la RPII qui sont établis dans les juridictions A et B proportionnellement au montant des paiements directs calculé ci-dessus. Ce mécanisme aboutit à la répartition suivante :

Contribuables soumis à la RPII	Pourcentage des paiements directs	Impôt supplémentaire affecté
Sté A2	33.33%	$33.33\%\ x\ 75 = 25$
Sté B	66.66%	$66.66\%\ x\ 75 = 50$
Total	100%	75

14. Il n'est pas tenu compte de l'incidence d'un éventuel plafonnement sur le montant affecté au moyen de cette clé de répartition aux fins de cet exemple. S'il reste un impôt supplémentaire non affecté sur les bénéfices réalisés dans le pays D à l'issue de l'application de ce plafond, ce reliquat d'impôt sera affecté au moyen de la deuxième clé de répartition.

Montant total de l'impôt supplémentaire à concurrence d'un taux minimum affecté au moyen de la première clef de répartition

15. Le montant de l'impôt supplémentaire à concurrence d'un taux minimum calculé pour les bénéfices réalisés dans les juridictions C et D est cumulatif. C'est pourquoi les montants d'impôt supplémentaire suivants sont affectés aux contribuables soumis à la règle sur les paiements insuffisamment imposés qui sont établis dans les juridictions A et B :

Contribuables soumis à la RPII	Affectation de l'impôt supplémentaire calculé pour les bénéfices réalisés dans la juridiction C	Affectation de l'impôt supplémentaire calculé pour les bénéfices réalisés dans la juridiction D	Montant total de l'impôt supplémentaire
Sté A1	150	n.d.	150
Sté A2	n.d.	25	25
Sté B	50	50	100
Total	200	75	275

16. Le montant de l'impôt supplémentaire à concurrence d'un taux minimum affecté au moyen de la première clé de répartition s'établit comme suit :

- L'impôt supplémentaire affecté à la société A1 est égal à 150
- L'impôt supplémentaire affecté à la société A2 est égal à 25
- L'impôt supplémentaire affecté à la société B est égal à 100

17. Il n'est pas tenu compte de l'incidence d'un éventuel plafonnement sur le montant affecté au moyen de cette clé de répartition aux fins de cet exemple. S'il reste un impôt supplémentaire à concurrence d'un taux minimum non affecté sur les bénéfices réalisés dans les pays C ou D à l'issue de l'application de ce plafond, ce reliquat d'impôt sera affecté au moyen de la deuxième clé de répartition.

Exemple 7.4.3B. Exemple illustrant le fonctionnement de la RPII dans le cas où la première clé de répartition ne s'applique pas

Énoncé des faits

1. Les hypothèses de cet exemple sont celles qui avaient été retenues pour l'Exemple 7.4.3A à cette différence près qu'aucun paiement direct n'est effectué par des entités soumises à une RPII au profit d'entités situées dans des juridictions où le TEI de l'EMN est inférieur au taux minimum. Par conséquent, aucun impôt supplémentaire n'est affecté au moyen de la première clé de répartition, seule la seconde s'appliquant.

2. Ces faits sont récapitulés dans le graphique suivant.

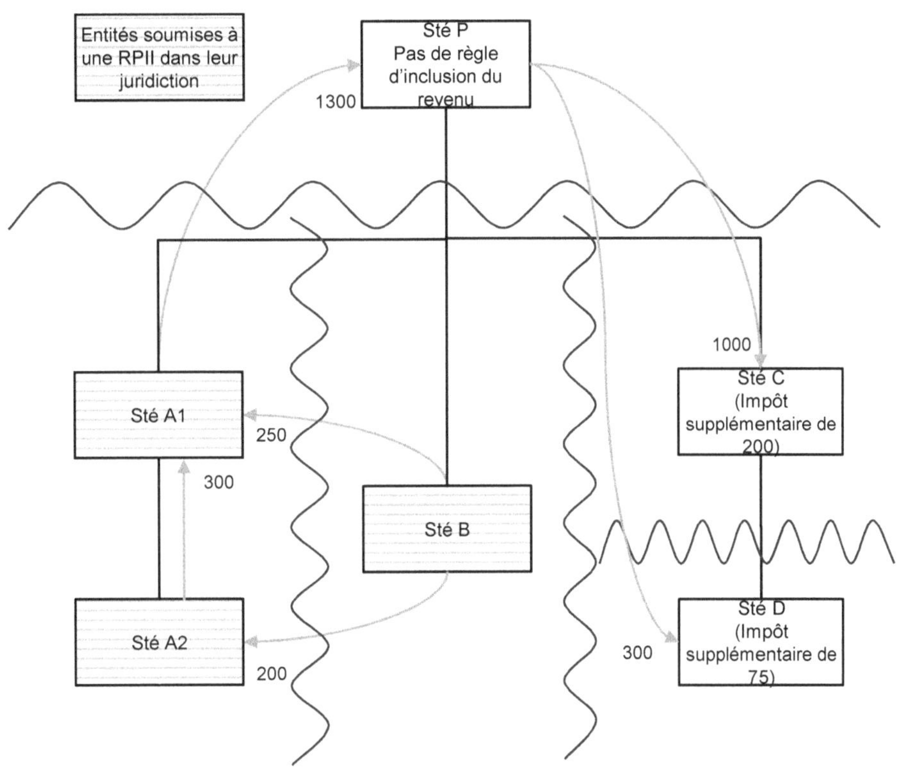

Question

3. Comment les impôts supplémentaires à concurrence d'un taux minimum calculés pour les bénéfices réalisés dans les juridictions C et D sont-ils répartis en vertu de la RPII ?

Réponse

4. La première clé de répartition de la RPII ne s'applique pas dans ce cas de figure. La deuxième clé s'applique au reste (c'est-à-dire, dans le cas présent, au montant total) de l'impôt supplémentaire.

5. La deuxième clé de répartition de la RPII ventile le montant total de l'impôt supplémentaire (200 + 75 = 275) proportionnellement aux dépenses nettes intragroupe des contribuables soumis à la RPII. Les dépenses nettes intragroupe des sociétés A1, A2 et B représentent respectivement 58 %, 8 % et 34 % du total de leurs dépenses nettes intragroupe.

6. L'impôt supplémentaire est donc réparti comme suit entre ces entités :

- L'impôt supplémentaire affecté à la société A1 est égal à 159.5 (58 % x 275)
- L'impôt supplémentaire affecté à la société A2 est égal à 22 (8 % x 275)
- L'impôt supplémentaire affecté à la société B est égal à 93.5 (34 % x 275)

Analyse

7. La première clé de répartition de la RPII ne s'applique pas dans ce cas de figure. Pour la deuxième clé de répartition, tous les soldes restants d'impôts supplémentaires (c'est-à-dire ceux qui n'ont pas été affectés au moyen de la première clé) sont agrégés de manière à former une seule masse d'impôts supplémentaires qui sera répartie entre les contribuables soumis à la RPII en fonction de leur part des dépenses nettes intragroupe.

8. Les transactions entre parties liées donnent les dépenses nettes intragroupe ci-après :

Contribuables soumis à la RPII	Produits des parties liées	Dépenses des parties liées	Montant net des dépenses intragroupe
Sté A1	300 + 250 = 550	1300	550 – 1300 = (750)
Sté A2	200	300	200 – 300 = (100)
Sté B	-	250+200 = 450	(450)

9. La répartition des dépenses nettes intragroupe peut être déterminée sur la base de ces dépenses nettes intragroupe calculées au niveau des entités.

Contribuables soumis à la RPII	Montant net des dépenses intragroupe	Répartition des dépenses nettes intragroupe
Sté A1	(750)	$\frac{\mathbf{750}}{\mathbf{1300}} = \mathbf{58\%}$
Sté A2	(100)	$\frac{\mathbf{100}}{\mathbf{1300}} = \mathbf{8\%}$
Sté B	(450)	$\frac{\mathbf{450}}{\mathbf{1300}} = \mathbf{34\%}$
Total	(1300)	100%

10. Le montant total de l'impôt supplémentaire peut ensuite être réparti entre les sociétés A1, A2 et B en fonction de leur part respective dans les dépenses nettes intragroupe.

Contribuables soumis à la RPII	Répartition des dépenses nettes intragroupe	Impôt supplémentaire affecté
Sté A1	58%	$\mathbf{58\%\ x\ 275 = 159.5}$
Sté A2	8%	$\mathbf{8\%\ x\ 275 = 22}$
Sté B	34%	$\mathbf{34\%\ x\ 275 = 93.5}$
Total	100%	275

11. La différence avec l'impôt supplémentaire affecté au moyen de la deuxième clé de répartition dans l'Exemple 4.3.2A est due au fait que, pour la deuxième clé de répartition, l'impôt supplémentaire est agrégé avant d'être ventilé entre toutes les entités constitutives en fonction de leur part respective dans les dépenses nettes intragroupe.

Exemple 7.4.3C. Exemple illustrant le fonctionnement de la RPII dans le cas où la première clé de répartition ne s'applique pas et où une entité a reçu des produits nets de parties liées aux fins de la deuxième clé de répartition

Énoncé des faits

1. Les hypothèses retenues pour cet exemple sont les mêmes que dans l'Exemple 7.4.3B. On suppose en outre que la société B a reçu de la société P un autre paiement intragroupe pour un montant de 500.

2. Ces faits sont récapitulés dans le graphique suivant.

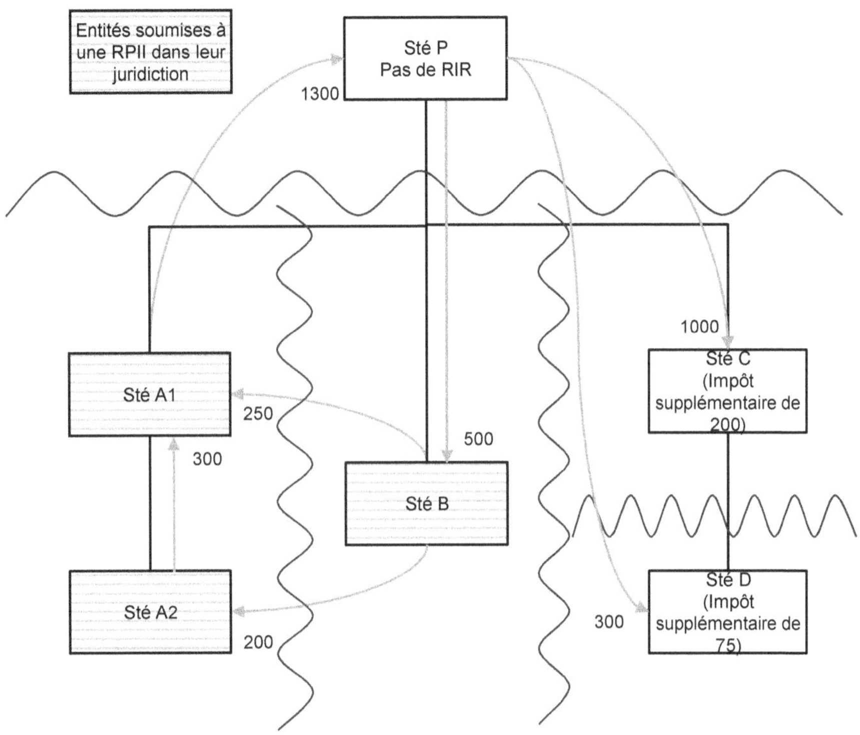

Question

3. Comment les impôts supplémentaires à concurrence d'un taux minimum calculés pour les bénéfices réalisés dans les juridictions C et D sont-ils répartis en vertu de la RPII ?

Réponse

4. La première clef de répartition de la RPII ne s'applique pas dans ce cas de figure. La deuxième clef s'applique au montant total de l'impôt supplémentaire.

5. La deuxième clé de répartition de la RPII ventile le montant total de l'impôt supplémentaire (200 + 75 = 275) proportionnellement aux dépenses nettes intragroupe des contribuables soumis à la RPII. Les dépenses nettes intragroupe des sociétés A1 et A2 représentent respectivement 88 % et 12 % du total de leurs dépenses nettes intragroupe. Il n'est pas tenu compte des produits nets intragroupe de la société B pour ce calcul.

6. L'impôt supplémentaire est donc réparti comme suit entre ces entités :

- L'impôt supplémentaire affecté à la société A1 est égal à 242 (88 % x 275)
- L'impôt supplémentaire affecté à la société A2 est égal à 33 (12 % x 275)

Analyse

7. La première clé de répartition de la RPII ne s'applique pas dans ce cas de figure. Pour la deuxième clé de répartition, tous les soldes restants d'impôts supplémentaires (c'est-à-dire ceux qui n'ont pas été affectés au moyen de la première clé) sont agrégés de manière à former une seule masse d'impôts supplémentaires qui sera répartie entre les contribuables soumis à la RPII en fonction de leur part des dépenses nettes intragroupe.

8. Les transactions entre parties liées donnent les dépenses nettes intragroupe ci-après :

Contribuables soumis à la RPII	Produits des parties liées	Dépenses des parties liées	Montant net des dépenses intragroupe
Sté A1	300 + 250 = 550	1300	550 – 1300 = (750)
Sté A2	200	300	200 – 300 = (100)
Sté B	500	250+200 = 450	Produits nets des parties liées

9. La répartition des dépenses nettes intragroupe peut être déterminée sur la base de ces dépenses nettes intragroupe calculées au niveau des entités. Il n'est pas tenu compte des entités ayant reçu des produits nets intragroupe pour ce calcul.

Contribuables soumis à la RPII	Montant net des dépenses intragroupe	Répartition des dépenses nettes intragroupe
Sté A1	(750)	$\frac{750}{850} = 88\%$
Sté A2	(100)	$\frac{100}{850} = 12\%$
Sté B	Produits nets des parties liées	n.d.
Total	(850)	100%

10. Le montant total de l'impôt supplémentaire peut ensuite être réparti entre les sociétés A1 et A2 en fonction de leur part respective dans les dépenses nettes intragroupe.

Contribuables soumis à la RPII	Répartition des dépenses nettes intragroupe	Impôt supplémentaire affecté
Sté A1	88%	$88\%\ x\ 275 = 242$
Sté A2	12%	$12\%\ x\ 275 = 33$
Total	100%	275

Exemple 7.4.3D. Exemple illustrant le fonctionnement de la RPII dans le cas où une entité constitutive soumise à la RPII réside dans une juridiction dont le TEI applicable à l'EMN est inférieur au taux minimum

Énoncé des faits

1. Les hypothèses retenues pour cet exemple sont les mêmes que dans l'Exemple 7.4.3B. On suppose en outre que la société B est établie dans une juridiction où le TEI applicable à l'EMN pour l'année en cours est inférieur au taux minimum.

Question

2. Comment les impôts supplémentaires à concurrence d'un taux minimum calculés pour les bénéfices réalisés dans les juridictions C et D sont-ils répartis en vertu de la RPII ?

Réponse

3. La première clé de répartition de la RPII ne s'applique pas dans ce cas de figure. La deuxième clé s'applique au montant total de l'impôt supplémentaire.

4. La deuxième clé de répartition de la RPII ventile le montant total de l'impôt supplémentaire (200 + 75 = 275) proportionnellement aux dépenses nettes intragroupe des contribuables soumis à la RPII. La société B n'a pas le droit d'appliquer la RPII parce qu'elle est établie dans une juridiction où le TEI applicable à l'EMN est inférieur au taux minimum. Il n'est donc pas tenu compte des dépenses nettes intragroupe de la société B pour ce calcul.

5. Les dépenses nettes intragroupe des sociétés A1 et A2 représentent respectivement 88 % et 12 % du total de leurs dépenses nettes intragroupe.

6. L'impôt supplémentaire est donc réparti comme suit entre ces entités :

- L'impôt supplémentaire affecté à la société A1 est égal à 242 (88 % x 275)
- L'impôt supplémentaire affecté à la société A2 est égal à 33 (12 % x 275)

Analyse

7. La première clé de répartition de la RPII ne s'applique pas dans ce cas de figure. Pour la deuxième clé de répartition, tous les soldes restants d'impôts supplémentaires (c'est-à-dire ceux qui n'ont pas été affectés au moyen de la première clé) sont agrégés de manière à former une seule masse d'impôts supplémentaires qui sera répartie entre les contribuables soumis à la RPII en fonction de leur part des dépenses nettes intragroupe.

8. Seules les entités constitutives qui sont éligibles pour appliquer la RPII sont prises en compte pour ce calcul. La société B n'a pas le droit d'appliquer la RPII et n'est pas un contribuable soumis à la RPII parce qu'elle est établie dans une juridiction où le TEI de l'EMN est inférieur au taux minimum. Il n'est donc pas tenu compte des dépenses nettes intragroupe de la société B pour ce calcul.

9. Les transactions entre parties liées donnent les dépenses nettes intragroupe ci-après pour les contribuables soumis à la RPII :

Contribuables soumis à la RPII	Produits des parties liées	Dépenses des parties liées	Montant net des dépenses intragroupe
Sté A1	300 + 250 = 550	1300	550 – 1300 = (750)
Sté A2	200	300	200 – 300 = (100)

10. La répartition des dépenses nettes intragroupe peut être déterminée sur la base de ces dépenses nettes intragroupe calculées au niveau des entités. Il n'est pas tenu compte des contribuables soumis à la RPII ayant reçu des produits nets intragroupe pour ce calcul.

Contribuables soumis à la RPII	Montant net des dépenses intragroupe	Répartition des dépenses nettes intragroupe
Sté A1	(750)	$\frac{\mathbf{750}}{\mathbf{850}} = \mathbf{88\%}$
Sté A2	(100)	$\frac{\mathbf{100}}{\mathbf{850}} = \mathbf{12\%}$
Total	(850)	100%

11. Le montant total de l'impôt supplémentaire peut ensuite être réparti entre les sociétés A1 et A2 en fonction de leur part respective dans les dépenses nettes intragroupe.

Contribuables soumis à la RPII	Répartition des dépenses nettes intragroupe	Impôt supplémentaire affecté
Sté A1	88%	$\mathbf{88\%}\ \boldsymbol{x}\ \mathbf{275 = 242}$
Sté A2	12%	$\mathbf{12\%}\ \boldsymbol{x}\ \mathbf{275 = 33}$
Total	100%	275

Exemple 7.5.2A. Illustration de la manière dont fonctionne le plafonnement de l'impôt supplémentaire qui peut être affecté depuis la juridiction de l'EMU

Énoncé des faits

1. La société P, société mère ultime d'un groupe d'EMN relevant des règles du Pilier Deux, détient directement trois filiales : les sociétés A, B et C.

2. La société P et ses filiales sont situées respectivement dans les juridictions P, A, B et C.

3. La société réalise un chiffre d'affaires total de 2 000 millions et a des charges de 1 800 millions. Le bénéfice de la société P est égal à 200 millions et son TEI dans la juridiction P est de 9 % alors que le taux minimum est de 10 %.

4. Le TEI de l'EMN dans les juridictions A, B et C est supérieur au taux minimum.

5. Seule la juridiction A a adopté la RPII. La société A est soumise à un taux d'impôt sur les sociétés de 20 % dans sa juridiction.

6. La société A a effectué un paiement de 1 million au profit de la société P et un autre paiement de 6 millions à la société B. De leur côté, les sociétés B et C ont effectué des paiements directs à destination de la société P pour des montants respectifs de 2 et 4 millions.

7. Ces hypothèses simplifiées et les montants correspondants sont récapitulés dans le graphique ci-dessous.

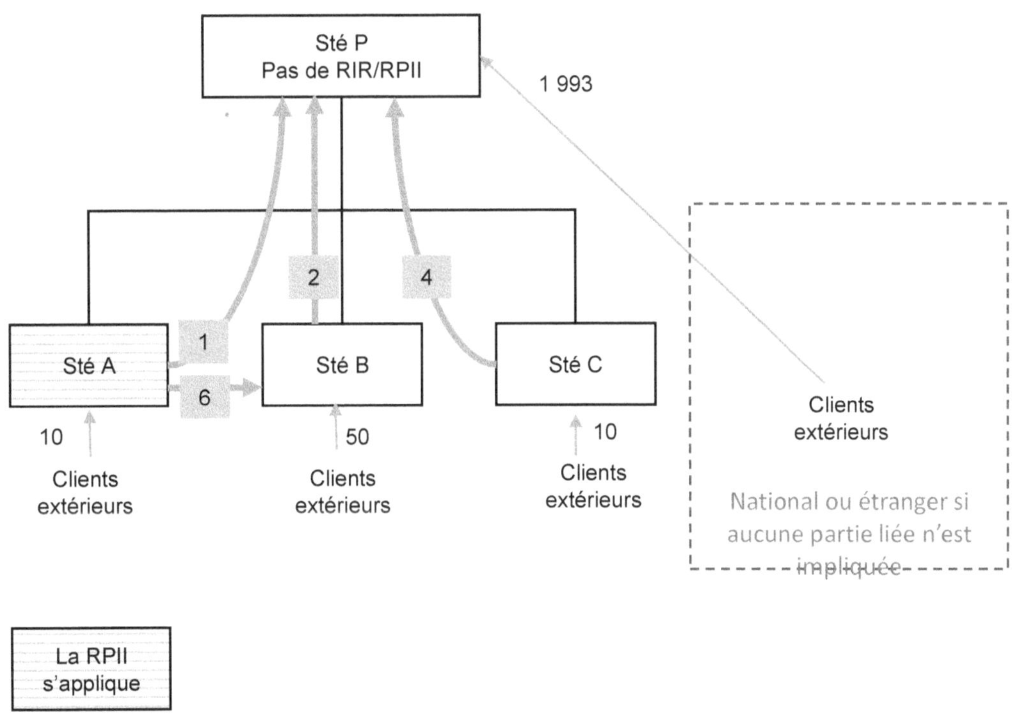

Question

12. Quel est le montant de l'impôt supplémentaire affecté à la société A en vertu de la RPII ?

Réponse

13. Le montant de l'impôt supplémentaire affecté à la société A après application du plafond qui peut être affecté depuis la juridiction de l'EMU est de 70 000.

Analyse

14. Le pourcentage de l'impôt supplémentaire est la différence entre le taux minimum (dont on suppose qu'il est de 10 %) et le TEI de l'EMN dans la juridiction à faible fiscalité (dont on suppose qu'il est de 9 %). Le pourcentage de l'impôt supplémentaire pour la Juridiction P dans ce cas de figure est de 1 %.

15. Dans ce scénario, les produits intragroupe de source étrangère n'excèdent pas le bénéfice faiblement imposé dans la juridiction à faible fiscalité.

- Les produits intragroupe de source étrangère dans la Juridiction P sont égaux à 1 million + 2 millions + 4 millions = 7 millions.
- Le bénéfice ajusté total dans la Juridiction P selon les règles GloBE est égal au bénéfice de la société P puisqu'aucune autre entité constitutive n'est établie dans cette juridiction. Ce bénéfice est égal à 200 millions.

16. Comme les produits intragroupe de source étrangère ne dépassent pas le bénéfice faiblement imposé dans la juridiction à faible fiscalité, l'impôt supplémentaire calculé ci-dessus est plafonné.

17. Le plafond est calculé en appliquant le pourcentage de l'impôt supplémentaire aux produits intragroupe de source étrangère dans la juridiction P, à savoir :

1 % x 7 millions = 70 000.

18. L'impôt supplémentaire à ventiler dans le groupe serait donc plafonné à 70 000 dans cet exemple.

19. Ce montant plafonné serait affecté en totalité à la société A en vertu de la RPII par application de la première clé de répartition puisque la société A est la seule entité du groupe soumise à la RPII et qu'elle a effectué des paiements directs à destination de la société P.

20. En supposant que cette filiale a été soumise à l'IS au taux de 20 % dans sa juridiction, le refus de déduction du paiement de 1 million aboutirait à un impôt supplémentaire de 200 000 au maximum. Ce plafond ne serait pas atteint, de sorte que la totalité de l'impôt supplémentaire de 70 000 serait affectée à la société A.

Exemple 9.3.1A. – Lien entre le calcul du taux nominal ajusté et l'exemption prévue par les dispositions des conventions fiscales sur l'élimination de la double imposition.

Énoncé des faits

1. Imaginons que les États R et S aient signé une convention de double imposition incluant un article sur les redevances reprenant les dispositions de l'article 12 du Modèle de Convention fiscale de l'OCDE (OCDE, 2018[1]), mais en y ajoutant la règle d'assujettissement à l'impôt, et que l'État R ait adopté la méthode de l'exemption prévue par l'article 23 A pour l'élimination de la double imposition. Le taux légal est de 20 % dans l'État R mais, en vertu d'un régime spécial pour certains produits de redevances, 80 % de leur montant est exclu de l'assiette imposable. En l'absence de tout autre ajustement, cela signifie que 20 % de ces redevances sont imposées au taux de 20 %, d'où un taux nominal ajusté de 4 % seulement.

2. Imaginons en outre que le seuil de déclenchement convenu pour l'ajustement du taux nominal dans le cadre de la RAI est de 7.5 % et que toutes les autres conditions requises pour son application sont remplies. SCO, résidant dans l'État S, effectue un paiement de redevances couvert à destination de RCO, qui réside dans l'État R.

Question

3. Comment la règle d'assujettissement à l'impôt serait-elle appliquée dans ce cas de figure ?

Réponse

4. La prise en compte de l'exemption prévue par la convention fiscale aurait pour effet de faire tomber le taux nominal ajusté à 0 % et de porter l'impôt supplémentaire qui peut être appliqué dans l'État S à 7.5 %, privant ainsi l'État R de son droit d'imposition de 4 % et réaffectant un droit d'imposition exclusif à l'État S (dans la limite du taux minimum convenu).

Analyse

5. À première vue, étant donné que le taux nominal ajusté appliqué au paiement des redevances avant prise en compte de l'obligation pour l'État R d'accorder une exemption en vertu de l'article 23A est inférieur au taux de 7.5 % fixé comme seuil de déclenchement, l'État S a le droit d'appliquer un impôt supplémentaire de 3.5 % en vertu de la RAI. L'État R est seulement obligé d'accorder une exemption en vertu de l'article 23A dans le cas où l'État S a la possibilité de taxer en vertu de la convention fiscale. L'État S ne peut taxer ces redevances en vertu de la convention que dans la mesure où la RAI s'applique. Dans ce cas, l'État R est obligé d'exonérer les redevances conformément à l'article 23 A. La prise en compte de l'obligation prévue par cette convention a pour effet de ramener le taux nominal ajusté à 0 % et de porter le taux de l'impôt supplémentaire au même niveau que le seuil de déclenchement, soit 7.5 %.

Exemple 9.3.3A – Lien entre l'application de la règle d'assujettissement à l'impôt et les dispositions des conventions fiscales relatives à l'élimination de la double imposition (exemption)

Énoncé des faits

1. Les données sont les mêmes que dans l'exemple 9.3.1A. à cette différence près qu'on ne tient pas compte de l'obligation pour l'État R d'appliquer la méthode de l'exemption prévue par l'article 23 A du Modèle de Convention fiscale de l'OCDE (OCDE, 2018[1]) dans le calcul du taux nominal ajusté aux fins de la RAI.

Question

2. Comment la règle d'assujettissement à l'impôt serait-elle appliquée dans ce cas de figure ?

Réponse

3. La conséquence de l'absence de prise en considération de l'exemption prévue par la convention dans le calcul du taux nominal ajusté est que ce taux ajusté est de 4 % dans l'État R. Ce résultat est dû au fait que le droit interne exclut de la base d'imposition 80 % des redevances. Par conséquent, le taux de l'impôt supplémentaire que peut appliquer l'État S est de 3.5 %.

Analyse

4. Le taux légal est de 20 % dans l'État R mais, en vertu d'un régime spécial pour certains produits de redevances, 80 % de leur montant est exclu de l'assiette imposable. Cela signifie que 20 % de ces redevances sont imposées au taux de 20 %, d'où un taux nominal ajusté de 4 % seulement. On suppose que le taux nominal ajusté à partir duquel se déclenche la RAI est égal à 7.5 % et que toutes les conditions requises pour son application sont réunies. SCO, résidant dans l'État S, effectue un paiement de redevances couvert à destination de RCO, qui réside dans l'État R. Comme le taux nominal ajusté de l'impôt appliqué au paiement des redevances est inférieur au seuil de déclenchement de 7.5 %, l'État S a le droit d'appliquer un impôt supplémentaire de 3.5 % en vertu de la RAI. L'État R est alors tenu d'exempter les redevances conformément à l'article 23 A.

Exemple 9.3.3B. – Lien entre l'application de la règle d'assujettissement à l'impôt et les dispositions des conventions fiscales relatives à l'élimination de la double imposition (méthode de l'imputation)

Énoncé des faits

1. Les données sont les mêmes que dans l'exemple 9.3.3A. à cette différence près que l'État R applique la méthode de l'imputation au lieu de celle de l'exemption.

Question

2. Comment la règle d'assujettissement à l'impôt serait-elle appliquée dans ce cas de figure ?

Réponse

3. Comme dans l'exemple 9.3.3A, le taux nominal ajusté dans l'État R sera de 4 % et le taux de l'impôt supplémentaire qui peut être appliqué dans l'État S est de 3.5 %. Par conséquent, le paiement est taxé à hauteur de 4 % (qui se décomposent en un taux de 0.5 % net de la déduction au titre du crédit dans l'État R et un taux de 3.5 % dans l'État S).

Analyse

4. L'État R appliquerait à présent un impôt de 4 % et accorderait un crédit imputable sur cet impôt pour l'impôt de 3.5 % prélevé par l'État S. L'État S appliquerait un impôt supplémentaire de 3.5 %.

Exemple 9.3.3C. − Effets de la désactivation des dispositions des conventions fiscales sur l'élimination de la double imposition dans le cas où la règle d'assujettissement à l'impôt s'applique

Énoncé des faits

1. Les données sont les mêmes que dans les exemples 9.3.3A et 9.3.3B ci-dessus.

Question

2. Quels sont les effets de la désactivation des dispositions des conventions fiscales sur l'élimination de la double imposition dans le cas où la règle d'assujettissement à l'impôt s'applique ?

Réponse

3. Que la méthode de l'exemption ou celle de l'imputation soit adoptée, la suspension des dispositions sur l'élimination de la double imposition aurait pour conséquence que l'État R taxerait le produit des redevances au taux de 4 % sans accorder aucune exemption ni aucun crédit en vertu de l'article 23 A ou B et que l'État S appliquerait un impôt supplémentaire au taux de 3.5 %. Aucun droit d'imposition ne serait réaffecté au détriment de la juridiction de résidence.

Analyse

4. Pour obtenir ces résultats, l'obligation pour la juridiction de résidence d'accorder une exemption ou un crédit d'impôt en vertu des dispositions d'une convention fiscale sur l'élimination de la double imposition pourrait ne pas s'appliquer si la juridiction de la source se borne à exercer un droit d'imposition reconnu par la convention fiscale parce qu'elle applique un impôt supplémentaire en vertu de la RAI.

Exemple 9.3.3D. – Effets des dispositions d'une convention fiscale sur l'élimination de la double imposition dans le cas où les conditions d'application de la RAI sont remplies mais où il est permis à la juridiction de la source d'appliquer sans restriction un taux plus élevé que celui de l'impôt supplémentaire en vertu de la convention

Énoncé des faits

1. Imaginons qu'une convention fiscale autorise la juridiction de la source à taxer les redevances au taux de 5 % et qu'elle inclut la règle d'assujettissement à l'impôt. Conformément à l'approche basée sur l'ordre d'application des règles qui est décrite dans le paragraphe XX du rapport, la juridiction de la source peut appliquer le plus élevé du taux stipulé par la convention et du taux de l'impôt supplémentaire. Si nous reprenons les données de l'exemple 9.3.3C, la juridiction de la source a le droit d'appliquer un taux de 5 % parce que ce dernier est supérieur au taux de 3.5 % retenu dans cet exemple pour l'impôt supplémentaire.

Question

2. Comment la RAI serait-elle appliquée dans ce cas de figure ?

Réponse

3. Dans ce scénario, la RAI est déclenchée (parce que toutes les conditions sont réunies pour son application) mais n'est pas appliquée parce que la juridiction de la source exerce un droit d'imposition existant qui ne dépend pas de ces conditions et qui aboutit à un taux d'imposition plus élevé dans la juridiction de la source). Par conséquent, l'impôt prélevé par l'État S est conforme à la convention, pas seulement parce que la règle d'assujettissement à l'impôt joue, et l'État R est tenu d'éliminer la double imposition au moyen d'une exemption ou d'une imputation.

Analyse

4. Si l'obligation pour la juridiction de résidence d'exempter le revenu ou d'accorder un crédit d'impôt en vertu des dispositions de la convention sur l'élimination de la double imposition n'était pas soumise à des restrictions dans ce scénario, l'État de résidence accorderait une exemption ou un crédit d'impôt à hauteur de l'impôt prélevé dans la juridiction de la source (dans la limite du montant de l'impôt prélevé sur le même revenu par la juridiction de résidence). L'application de la méthode de l'exemption aboutit à un impôt nul dans la juridiction de résidence et un impôt de 5 % dans celle de la source, de sorte que l'impôt total est de 5 %. La méthode de l'imputation donnera le même résultat, la juridiction de résidence accordant un crédit d'impôt déductible chez elle-même au titre de l'impôt prélevé sur ce revenu dans la juridiction de la source. Ce crédit d'impôt couvrira intégralement l'impôt de 4 % en vigueur dans la juridiction de résidence, si bien que le montant net de l'impôt payé dans ce pays sera nul tandis que la juridiction de la source prélèvera un impôt de 5 %. Dans un cas comme dans l'autre, le montant total de l'impôt dû dans la juridiction de résidence et dans celle de la source est de 5 %, c'est-à-dire moins que le taux minimum (dont on suppose qu'il est de 7.5 %).

Exemple 9.3.3E. – Effets des dispositions d'une convention fiscale sur l'élimination de la double imposition dans le cas où les conditions d'application de la RAI sont remplies mais où il est permis à la juridiction de la source d'appliquer un taux plus élevé que celui de l'impôt supplémentaire (limitation proportionnelle)

Énoncé des faits

1. Les données sont les mêmes que dans l'exemple 9.3.3D.

Question

2. Comment pourrait-on éviter l'effet de seuil illustré ci-dessus ?

Réponse

3. Quoique le résultat illustré dans l'exemple 9.9.3D. ne change pas la situation qui prévalait avant que la RAI soit envisagée, il montre que la combinaison de l'imposition dans les juridictions de résidence et de la source d'un paiement couvert remplissant toutes les conditions requises pour que la RAI s'applique donnera un prélèvement plus faible que si la règle s'était appliquée de manière à produire un impôt supplémentaire. Pour éviter ce résultat sans priver la juridiction de la source du droit qui lui est reconnu par la convention fiscale bilatérale d'imposer le revenu à un taux supérieur à celui de l'impôt supplémentaire, l'obligation pour la juridiction de résidence d'accorder un dégrèvement par la méthode de l'exemption ou de l'imputation pourrait être limitée proportionnellement. Le taux combiné dans les juridictions de résidence et de la source serait ainsi porté au niveau du taux minimum prévu pour la RAI (dont on suppose qu'il est égal à 7.5 %).

Analyse

4. L'application des dispositions d'une convention fiscale relatives à l'élimination de la double imposition assortie d'une limitation proportionnelle aurait les effets ci-après :

- Avec la méthode de l'exemption, la juridiction de résidence exonérerait 37.5 % du revenu pour lequel cette juridiction dispose d'un droit d'imposition avant application des clauses de la convention sur l'élimination de la double imposition, de telle sorte que son taux d'imposition tomberait de 4 % à 2.5 % (pour atteindre le taux cible de 2.5 %, la proportion du revenu taxable à 4 % dans la juridiction de résidence devra être ramenée à 2.5/4 x 100 = 62.5 %, si bien que 37.5 % de ce revenu devra être exonéré).
- Avec la méthode de l'imputation, la juridiction de résidence accorderait un crédit d'impôt plafonné à 1.5 % pour l'impôt de 5 % prélevé par la juridiction de la source (au lieu du taux plein de 4 %), si bien que la juridiction de résidence appliquerait un impôt au taux de 4 % -1.5 % = 2.5 %.

  Dans les deux cas, l'impôt combiné des juridictions de résidence et de la source serait alors égal au taux minimum fixé pour la RAI (supposé égal à 7.5 %).

Chapitre 10 – Exemples

Exemple 10.2.1A. – Lien entre la RAI et la règle d'inclusion du revenu

Énoncé des faits

1. Le groupe d'EMN se compose de quatre entités constitutives situées dans les juridictions A, B et C. La holding Hold Co réside fiscalement dans le Pays A et est l'entité mère ultime d'un groupe d'EMN soumis aux règles GloBE. Hold Co détient en direct les actions de la société B (résidant fiscalement dans le Pays B) et de la société C 1 (résidant fiscalement dans le Pays C).

2. La société C 1 détient des immobilisations incorporelles du groupe ayant une grande valeur et en concède la licence à la société B, laquelle a effectué un paiement de 100 à destination de la société C 1. Le Pays C impose les bénéfices au taux de 25 % et dispose d'un régime préférentiel exonérant 80 % du produit des redevances. La société C 1 reçoit en outre d'autres paiements de source étrangère en provenance de tiers pour un montant de 100 qui ne sont pas imposables dans le Pays C. On suppose que la holding et la société B n'ont pas de bénéfice.

3. La holding est soumise à une règle d'inclusion du revenu dans le Pays A.

4. Les Pays B et C ont conclu une convention fiscale conforme au Modèle de Convention fiscale de l'OCDE (OCDE, 2018[1]) et incorporant une règle d'assujettissement à l'impôt.

5. On suppose que le seuil minimum de déclenchement pour l'ajustement du taux nominal dans le cadre de la RAI est de 7.5 % et que le taux minimum résultant des règles GloBE est de 10 %.

6. Ces hypothèses simplifiées et les montants correspondants sont récapitulés dans le graphique ci-dessous.

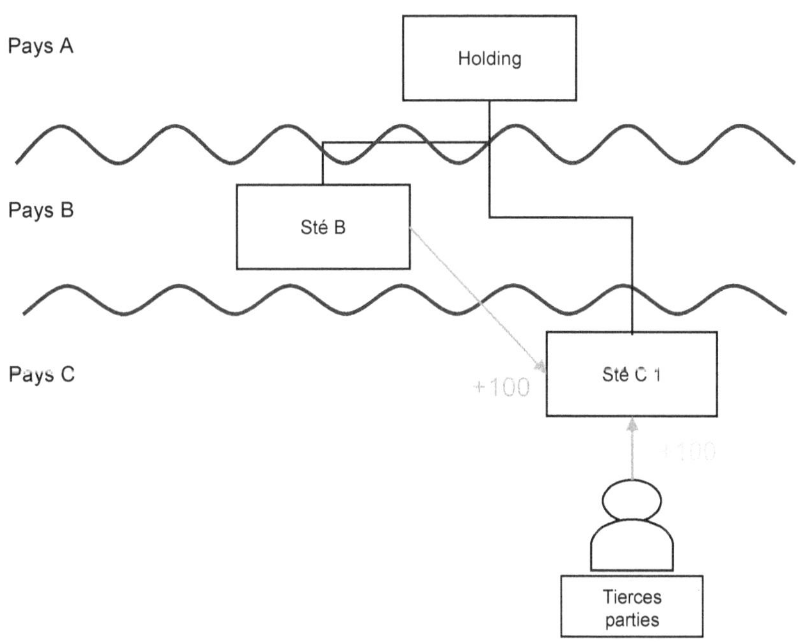

Question

7. Comment les règles d'assujettissement à l'impôt (RAI) et d'inclusion du revenu (RIR) s'influencent-elles mutuellement selon ces hypothèses ?

Réponse

8. L'impôt supplémentaire dû en vertu de la RAI est de 2.5 % et il est prélevé dans le Pays B, tandis que l'impôt supplémentaire dû en vertu de la RIR après prise en compte de l'impôt prélevé en vertu de la RAI est de 12.5 % et il est prélevé dans le Pays A.

Analyse

9. La RAI s'applique avant la RIR. Le paiement reçu par la société C 1 est soumis à un taux nominal ajusté de 5 %, lequel est obtenu en réduisant de 80 % le taux nominal de l'IS de 25 % en raison de l'exonération de 80 % du produit des redevances.

10. Comme le taux nominal est inférieur à 7.5 % et le paiement est un paiement couvert au regard de la RAI, la RAI s'applique dans le Pays B. La société B doit appliquer une retenue à la source au taux de l'impôt supplémentaire, soit 2.5 %, c'est-à-dire la différence entre le taux minimum (7.5 %) et le taux nominal ajusté (5 %).

11. La holding est soumise à une RIR dans le Pays A. La RIR fonctionne comme une règle applicable aux SEC puisqu'elle oblige une société mère à prendre en compte et à imposer les bénéfices d'une filiale qui sont soumis à un taux effectif d'imposition inférieur au taux minimum.

12. Le taux effectif d'imposition est calculé en divisant le montant des impôts couverts par celui des bénéfices. Les impôts couverts incluent les retenues à la source prélevées par les juridictions de la source. Le taux effectif d'imposition de la société C 1 se calcule comme suit :

- Impôts couverts : 2.5 (2.5 % de retenue à la source en vertu de la RAI3 x 100) + 5 (IS prélevé dans le pays C) = 7.5
- Base d'imposition (supposée égale au montant du produit pour les besoins de cet exemple) : 100+100 = 200.
- TEI = Impôt couvert / Base d'imposition = 3.75 %

13. Le TEI de la société C 1 est inférieur au taux minimum. Par conséquent, la holding est obligée d'appliquer la RIR aux bénéfices de la société C 1. Le taux de l'impôt supplémentaire est de 10 % - 3.75 % = 6.25 %). Le taux de l'impôt supplémentaire au titre de la RIR est égal à 6.25 % x 200 = 12.5.

Exemple 10.2.1B. – Lien entre la RAI et la règle sur les paiements insuffisamment imposés

Énoncé des faits

1. Les données sont les mêmes que dans l'Exemple 6.2.1A à cette différence près que le Pays A ne s'est pas doté de la RIR tandis que le Pays B a intégré une règle sur les paiements insuffisamment imposés.

2. On suppose en outre que le taux de l'IS en vigueur dans le Pays B est de 20 %.

Question

3. Comment la règle d'assujettissement à l'impôt (RAI) et la règle sur les paiements insuffisamment imposés (RPII) s'influencent-elles mutuellement selon ces hypothèses ?

Réponse

4. L'impôt supplémentaire prélevé en vertu de la RAI est de 2.5 et il est prélevé dans le Pays B tandis que l'impôt supplémentaire prélevé en vertu de la RPII après prise en compte de l'impôt prélevé en vertu de la RAI est de 12.5, également prélevé dans le Pays B.

Analyse

5. La RAI s'applique avant la RPII. Le paiement reçu par la société C 1 est soumis à un taux nominal ajusté de 5 %, lequel est obtenu en réduisant de 80 % le taux nominal de l'IS de 25 % en raison de l'exonération de 80 % du produit des redevances.

6. Comme le taux nominal est inférieur à 7.5 % et le paiement est un paiement couvert au regard de la RAI, la RAI s'applique dans le Pays B. La société B doit appliquer une retenue à la source au taux de l'impôt supplémentaire, soit 2.5 %, c'est-à-dire la différence entre le taux minimum (7.5 %) et le taux nominal ajusté (5 %).

7. La holding n'est soumise à aucune RIR dans le Pays A. La règle sur les paiements insuffisamment imposés sert de dispositif de sécurité complétant la règle d'inclusion du revenu parce qu'elle permet aux autres filiales d'un groupe d'EMN d'ajuster les paiements intragroupe et de collecter l'impôt supplémentaire qui n'avait pas été prélevé au stade de la RIR.

8. Dans la RPII, le taux effectif d'imposition est déterminé selon le même mécanisme que dans la RIR, c'est-à-dire en divisant le montant des impôts couverts par celui des bénéfices. Les impôts couverts incluent les retenues à la source prélevées par les juridictions de la source. Le taux effectif d'imposition de la société C 1 se calcule comme suit :

- Impôts couverts : 2.5 (2.5 % de retenue à la source en vertu de la RAI[4] x 100) + 5 (IS prélevé dans le pays C) = 7.5
- Base d'imposition (supposée égale au montant du produit pour les besoins de cet exemple) : 100+100 = 200.
- TEI = Impôt couvert / Base d'imposition = 3.75 %

9. Le TEI de la société C 1 est inférieur au taux minimum. Par conséquent, la société B est obligée d'acquitter un impôt supplémentaire au titre des bénéfices de la société C 1. Le taux de l'impôt supplémentaire est de 10 % - 3.75 % = 6.25 %. Le montant de l'impôt supplémentaire au titre de la RIR est égal à 6.25 %x 200 = 12.5. Le montant de la déduction à refuser est obtenu en divisant le montant de l'impôt supplémentaire affecté au contribuable soumis à la RPII par le taux de l'IS auquel cette entité est soumise. La société B est passible de l'IS au taux de 20 %, si bien que le Pays B est en droit de refuser la déduction de 12.5/20 % = 62.5.

Références

OCDE (2018), *Modèle de Convention fiscale concernant le revenu et la fortune : Version abrégée 2017*, OECD Publishing, Paris, https://doi.org/10.1787/mtc_cond-2017-fr. [1]

Notes

[1] Le délai de deux ans applicable aux distributions que nous avons retenu dans cet exemple n'a qu'un but illustratif. Le délai qui sera retenu par les règles GloBE n'a pas encore été fixé par le Cadre inclusif.

[2] Ces montants d'impôt supplémentaire à concurrence d'un taux minimum sont des hypothèses

[3] La date de comptabilisation de la retenue à la source est la même que celle du produit sous réserve que le paiement soit effectué au plus tard durant l'exercice suivant celui au cours duquel ce produit a été enregistré en comptabilité. C'est pourquoi, même si le produit des redevances avait été comptabilisé en produit à recevoir durant l'exercice précédant celui au cours duquel le paiement a effectivement eu lieu (et durant lequel a retenue à la source a été payée), la retenue à la source serait considérée comme un impôt couvert rattaché au même exercice.

[4] La date de comptabilisation de la retenue à la source est la même que celle du produit sous réserve que le paiement soit effectué au plus tard durant l'exercice suivant celui au cours duquel ce produit a été enregistré en comptabilité. C'est pourquoi, même si le produit des redevances avait été comptabilisé en produit à recevoir durant l'exercice précédant celui au cours duquel le paiement a effectivement eu lieu (et durant lequel a retenue à la source a été payée), la retenue à la source serait considérée comme un impôt couvert rattaché au même exercice.

www.ingramcontent.com/pod-product-compliance
Lightning Source LLC
LaVergne TN
LVHW080649011026
849160LV00014B/1367